“十三五”国家重点图书出版规划项目
交通运输科技丛书·公路基础设施建设与养护
港珠澳大桥跨海集群工程建设关键技术与创新成果书系
国家科技支撑计划资助项目（2011BAG07B03）

长寿命钢桥面铺装关键技术

Key Technology for the Long Life Pavement on Steel Bridge Deck

孟凡超　苏权科　徐　伟
邹桂莲　张革军　方明山　等　著

人民交通出版社股份有限公司
China Communications Press Co.,Ltd.

内 容 提 要

本书主要依据港珠澳大桥国家科技支撑计划项目课题成果编写而成,全书共分6章,第1章综述了钢桥面铺装国内外技术与应用现状、关键技术的提出与分析、主要技术成果;第2章论述了钢桥面铺装荷载条件、温度环境、结构受力;第3章讨论了钢桥面铺装材料性能要求与设计、典型钢桥面铺装材料、环氧沥青混合料黏弹性行为、环氧沥青铺装层疲劳性能及耐久极限、铺装层混合料疲劳损伤与寿命预测;第4章介绍了钢桥面铺装加速加载试验;第5章阐述了钢桥面铺装施工及质量控制;第6章总结了新技术在港珠澳大桥钢桥面铺装工程中的应用。本书的研究成果为港珠澳大桥钢桥面铺装提供了直接支撑,为我国钢桥面铺装设计和施工积累了重要资料和经验,对提高我国钢桥面铺装耐久性和使用性能具有重要意义。

本书主要供从事桥梁工程研究、设计、施工和管理的工程技术人员使用,亦可供桥梁工程等相关专业方向师生在教学与学习中参考使用。

Abstract

This book is mainly based on the achievements of the National Science and Technology Support Program of Hong Kong-Zhuhai-Macao Bridge Project. The book is divided into six chapters. The first chapter summarizes the state of the art for technology and application of steel bridge deck pavement in domestic and overseas, the key technologies proposed and analyzed, the main technical achievements; the second chapter discusses the steel deck pavement load conditions, temperature environment, the pavement structure mechanics; the third chapter discusses the steel deck pavement material performance requirements and design, the typical steel deck pavement materials, epoxy asphalt the viscoelastic behavior of the mixture, the fatigue property and the durability limit of the epoxy asphalt pavement, the fatigue damage and the life prediction of the pavement mixture; the 4th chapter introduces the accelerated loading test of the steel bridge deck pavement; the 5th chapter describes the steel bridge deck pavement construction and quality control; the 6th chapter summarizes the new technology application in the Hong Kong-Zhuhai-Macao Bridge steel deck pavement. This book's research results provide direct support for the steel deck pavement of the Hong Kong-Zhuhai-Macao Bridge. It has accumulated important information and experience for the design and construction of steel deck pavement in China. It is of great significance to improve the durability and serviceability of steel deck pavement in China.

This book can be mainly used by engineers and technicians engaged in the research, design, construction and management of bridge engineering. It can be also used by teachers and students in bridge engineering and other related specialties for reference in teaching and learning.

港珠澳大桥跨海集群工程建设关键技术与创新成果书系
编审委员会

《长寿命钢桥面铺装关键技术》

编 写 组

组　　长：孟凡超　苏权科

副 组 长：徐　伟　邹桂莲　张革军　方明山

编写人员：张劲文　谢红兵　苏宗贤　陈太聪　杨东来
曾利文　刘明虎　吴伟胜　张　梁　周山水
邓　科　李国亮　赵英策　张　鹏　常志军
文　锋　金秀男　于高志　朱　定　洪一栋
李书亮　鲁华英

总 序
General Preface

科技是国家强盛之基，创新是民族进步之魂。中华民族正处在全面建成小康社会的决胜阶段，比以往任何时候都更加需要强大的科技创新力量。党的十八大以来，以习近平同志为总书记的党中央作出了实施创新驱动发展战略的重大部署。党的十八届五中全会提出必须牢固树立并切实贯彻创新、协调、绿色、开放、共享的发展理念，进一步发挥科技创新在全面创新中的引领作用。在最近召开的全国科技创新大会上，习近平总书记指出要在我国发展新的历史起点上，把科技创新摆在更加重要的位置，吹响了建设世界科技强国的号角。大会强调，实现"两个一百年"奋斗目标，实现中华民族伟大复兴的中国梦，必须坚持走中国特色自主创新道路，面向世界科技前沿、面向经济主战场、面向国家重大需求。这是党中央综合分析国内外大势、立足我国发展全局提出的重大战略目标和战略部署，为加快推进我国科技创新指明了战略方向。

科技创新为我国交通运输事业发展提供了不竭的动力。交通运输部党组坚决贯彻落实中央战略部署，将科技创新摆在交通运输现代化建设全局的突出位置，坚持面向需求、面向世界、面向未来，把智慧交通建设作为主战场，深入实施创新驱动发展战略，以科技创新引领交通运输的全面创新。通过全行业广大科研工作者长期不懈的努力，交通运输科技创新取得了重大进展与突出成效，在黄金水道能力提升、跨海集群工程建设、沥青路面新材料、智能化水面溢油处置、饱和潜水成套技术等方面取得了一系列具有国际领先水平的重大成果，培养了一批高素质的科技创新人才，支撑了行业持续快速发展。同时，通过科技示范工程、科技成果推广计划、专项行动计划、科技成果推广目录等，推广应用了千余项科研成果，有力促进了科研向现实生产力转化。组织出版"交通运输建设科技丛书"，是推进科技成果公开、加强科技成果推广应用的一项重要举措。"十二五"期间，该丛书共出版 72 册，全部列入"十二五"国家重点图书出版规划项目，其中 12 册获得国家出版基金支持,6册获中华优秀出版物奖图书提名奖,行业影响力和社会知名度不断扩大,逐渐成为交通运输高端学术交流和科技成果公开的重要平台。

"十三五"时期,交通运输改革发展任务更加艰巨繁重,政策制定、基础设施建设、运输管理等领域更加迫切需要科技创新提供有力支撑。为适应形势变化的需要,在以往工作的基础上,我们将组织出版"交通运输科技丛书",其覆盖内容由建设技术扩展到交通运输科学技术各领域,汇集交通运输行业高水平的学术专著,及时集中展示交通运输重大科技成果,将对提升交通运输决策管理水平、促进高层次学术交流、技术传播和专业人才培养发挥积极作用。

当前,全党全国各族人民正在为全面建成小康社会、实现中华民族伟大复兴的中国梦而团结奋斗。交通运输肩负着经济社会发展先行官的政治使命和重大任务,并力争在第二个百年目标实现之前建成世界交通强国,我们迫切需要以科技创新推动转型升级。创新的事业呼唤创新的人才。希望广大科技工作者牢牢抓住科技创新的重要历史机遇,紧密结合交通运输发展的中心任务,锐意进取、锐意创新,以科技创新的丰硕成果为建设综合交通、智慧交通、绿色交通、平安交通贡献新的更大的力量!

杨传堂

2016年6月24日

序
Preface

2003年,港珠澳大桥工程研究启动。2009年,为应对由美国次贷危机引发的全球金融危机,保持粤、港、澳三地经济社会稳定,中央政府决定加快推进港珠澳大桥建设。港珠澳大桥跨越珠江口伶仃洋海域,东接香港特别行政区,西接广东省珠海市和澳门特别行政区,是“一国两制”框架下粤、港、澳三地合作建设的重大交通基础设施工程。港珠澳大桥建设规模宏大,建设条件复杂,工程技术难度、生态保护要求很高。

2010年9月,由科技部支持立项的“十二五”国家科技支撑计划“港珠澳大桥跨海集群工程建设关键技术研究与示范”项目启动实施。国家科技支撑计划,以重大公益技术及产业共性技术研究开发与应用示范为重点,结合重大工程建设和重大装备开发,加强集成创新和引进消化吸收再创新,重点解决涉及全局性、跨行业、跨地区的重大技术问题,着力攻克一批关键技术,突破瓶颈制约,提升产业竞争力,为我国经济社会协调发展提供支撑。

港珠澳大桥国家科技支撑计划项目共设五个课题,包含隧道、人工岛、桥梁、混凝土结构耐久性和建设管理等方面的研究内容,既是港珠澳大桥在建设过程中急需解决的技术难题,又是交通运输行业建设未来发展需要突破的技术瓶颈,其研究成果不但能为港珠澳大桥建设提供技术支撑,还可为规划研究中的深圳至中山通道、渤海湾通道、琼州海峡通道等重大工程提供技术储备。

2015年底,国家科技支撑计划项目顺利通过了科技部验收。在此基础上,港珠澳大桥管理局结合生产实践,进一步组织相关研究单位对以国家科技支撑计划项目为主的研究成果进行了深化梳理,总结形成了“港珠澳大桥跨海集群工程建设关键技术与创新成果书系”。书系被纳入了“交通运输科技丛书”,由人民交通出版社股份有限公司组织出版,以期更好地面向读者,进一步推进科技成果公开,进一步加强科技成果交流。

值此书系出版之际，祝愿广大交通运输科技工作者和建设者秉承优良传统，按照党的十八大报告“科技创新是提高社会生产力和综合国力的战略支撑，必须摆在国家发展全局的核心位置”的要求，努力提高科技创新能力，努力推进交通运输行业转型升级，为实现“人便于行、货畅其流”的梦想，为实现中华民族伟大复兴而努力！

港珠澳大桥国家科技支撑计划项目领导小组组长

本书系编审委员会主任

周海涛

2016 年 9 月

前　言

Foreword

20 世纪 90 年代初，我国高速公路建设进入了快速发展时期，同期也开始大量建设公路钢箱梁桥梁，钢桥面铺装的研究和实践也就随之提到了设计、研究、管理人员的工作之中，由于技术人员对我国钢桥面铺装的认识和再认识有一个过程，因此，我国对于钢桥面铺装的研究和实践也走过了一条曲折道路，积累了不少的经验和教训。

港珠澳大桥工程的特殊区位、建设条件、质量要求和多重功能决定了它将面对四大挑战，即建设管理的挑战、工程技术的挑战、施工安全的挑战和环境保护的挑战。

针对港珠澳大桥“长寿命、高质量”这一核心目标，为了能较好地解决钢桥面铺装的耐久性问题，实现 15 ~ 20 年的使用寿命目标，特别立项开展了国家科技支撑计划项目（课题编号：2011BAG07B03）“海上装配化桥梁建设关键技术——连续钢箱梁桥面系统长寿命最优设计方法及关键技术”的研究，其主要内容包括对港珠澳大桥钢桥面铺装方案所开展的深入调查分析、试验研究，对国内外典型钢桥面铺装使用情况进行的深入调查分析，对典型铺装材料进行的对比研究，对 MA 浇注式沥青混凝土和热拌环氧沥青混凝土铺装等典型铺装方案进行的试验研究分析，根据上述调查研究分析所提出的港珠澳大桥钢桥面铺装推荐方案；此外，针对推荐方案的铺装材料性能、施工技术、施工质量控制等进行了系统研究，并通过仿真加速加载试验对铺装方案和关键技术指标进行了试验评价，在此基础上制定港珠澳大桥钢桥面铺装施工图技术要求和施工质量控制要求；研究取得的科技成果在港珠澳大桥建造中得到了全面成功的应用。

港珠澳大桥作为我国首座采用“大型化、工厂化、标准化、装配化”施工方案的海上超长桥梁，钢桥面铺装的设计施工也体现了“四化”的建设理念。本书是根据国家科技支撑计划项目（课题编号：2011BAG07B03）“海上装配化桥梁建设关键技术——连续钢箱梁桥面系统长寿命最优设计方法及关键技术”的研究成果编写而成，全书共分6章，第1章概述了钢桥面铺装国内外技术与应用现状、关键技术的提出与分析、主要技术成果；第2章论述了钢桥面铺装荷载条件、温度环境、结构受力；第3章讨论了钢桥面铺装材料性能要求与设计、典型钢桥面铺装材料、环氧沥青混合料黏弹性行为、环氧沥青铺装层疲劳性能及耐久极限、铺装层混合料疲劳损伤与寿命预测；第4章介绍了钢桥面铺装加速加载试验；第5章阐述了钢桥面铺装施工及质量控制；第6章总结了新技术在港珠澳大桥钢桥面铺装工程中的应用。港珠澳大桥钢桥面铺装的研究成果为我国钢桥面铺装设计和施工积累了重要资料和经验，对提高我国钢桥面铺装耐久性和使用性能具有重要意义。

工程实践及经验教训告诉我们，钢桥面铺装体系是一种结构物，它有别于一般路面结构技术要求，钢桥面铺装体系中各层材料的安全性和耐久性主要取决于设计温度标准、车辆轴载标准（应计入超载系数）、高温抗剪及抗拉强度标准等性能指标，铺装体系中各层材料不能存在性能短板，体系结构以简单为宜，一般来说上述性能指标越高可靠性就越高，钢桥面铺装应该具有一定的结构安全系数；鉴于钢桥面铺装的高温性能与低温性能是一对矛盾体，对于高温地区的钢桥面铺装应主要解决提高铺装在运营期间的抗高温车辙性能，低温性能、抗疲劳性能的要求应适当降低；此外，经研究设计形成的钢桥面铺装体系各层材料方案必须根据设计温度、车辆轴载（计入超载系数）等条件进行小构件性能仿真模拟试验验证及大构件仿真模拟加速加载试验验证，尤其是要验证在设计高温条件下的大构件仿真模拟加速加载试验铺装设计性能指标。实践经验表明，钢桥面铺装的试验验证轮压压应力应高于1.25倍设计轴载压应力，设计高温应尽可能不低于65℃，GMA单层动稳定度应不低于550次/mm或铺装组合试件动稳定度应不低于3 500次/mm。施工必须严格按照仿真试验验证确定的铺装各层材料技术要求、配合比实施，不可随意调整改变。

由于时间仓促且水平有限，书中不妥之处望读者批评指正。

作　者

2016年9月

目　录

Contents

第1章 绪 论

1.1 国内外技术与应用现状

随着我国公路建设的发展,已有数十座大跨径钢桥建成投入使用,在交通运输中发挥着巨大作用,还有多座大跨径钢桥即将建设,但较严重的钢桥面铺装早期破坏情况影响了大跨径桥梁的交通功能发挥。钢桥铺装问题已成为我国公路建设中亟待解决的技术难题。我国的公路钢桥建设起步较晚,主要自20世纪90年代末开始了大规模钢桥建设,在桥梁结构方面已达国际先进水平,但钢桥面铺装早期破坏一直没有得到很好的解决。虽然桥面铺装为桥梁的附属部分,但对桥梁功能的发挥起着关键作用。

大跨径钢桥面铺装是一个世界性的技术难题,我国特殊的交通、气候等条件也导致钢桥面铺装问题尤其突出,钢桥面铺装早期损坏和维修严重影响了大跨径桥梁的交通功能。我国工程技术科研人员在过去的近20年时间里不断开展课题攻关,努力解决钢桥面铺装技术难题,在铺装结构设计、材料开发应用、施工技术、维修养护等方面取得了显著成果,有效提高了钢桥面铺装性能和使用寿命。但我国钢桥面铺装技术应用时间较短,多数工程还需要经过更长时间的检验,目前应用的部分技术仍不成熟,需要进一步总结已有的工程经验,针对具体工程开展相关课题的研究,以期更好地解决这些工程难题,为道路桥梁建设提供技术支持,推动我国钢桥面铺装技术的进步。尤其近年钢桥面铺装新技术、新材料、新方案出现的较多,有必要对国内外钢桥面铺装技术的发展以及存在的问题和难点进行系统的调研,分析比较不同方案的特点和适用性,根据调研分析提出针对钢桥面铺装建议及尚需解决的技术问题,并开展钢桥面铺装的相关大跨径课题研究。

我国钢桥面铺装技术是在不断借鉴国外已有经验基础上逐步发展的,但由于桥面铺装对气候条件、交通荷载特点、桥面板结构刚度等环境因素非常敏感,国外成功的经验不一定适合我国的综合环境因素,因此有必要在借鉴国外经验基础上,重点研究探索适合我国具体环境特点的钢桥面铺装方案。在大跨径钢桥面铺装研究过程中,对国内外钢桥面铺装发展及动态进行了详细的调研分析,总结我国钢桥面铺装成功的经验和失败原因,以便为大跨径钢桥面铺装的研究及方案设计提供更全面的决策支持数据信息,并探索适合我国气候环境、交通特点的钢桥面铺装材料方案,以进一步推进我国正交异性钢桥面铺装技术发展。

1.1.1 钢桥面铺装结构

1.1.1.1 正交异性钢桥面定义和历史背景

正交异性钢桥面结构由横向横隔梁、纵向加劲肋及其共同支撑的桥面板组成(图 1-1),桥面结构横纵两个方向弹性性能不同,同一方向不同位置桥面刚度也存在差异。这些因素形成了正交异性钢桥面板的刚度及变形的不均匀性,这种桥面板特点也对正交异性桥面铺装性能提出了更高的要求。

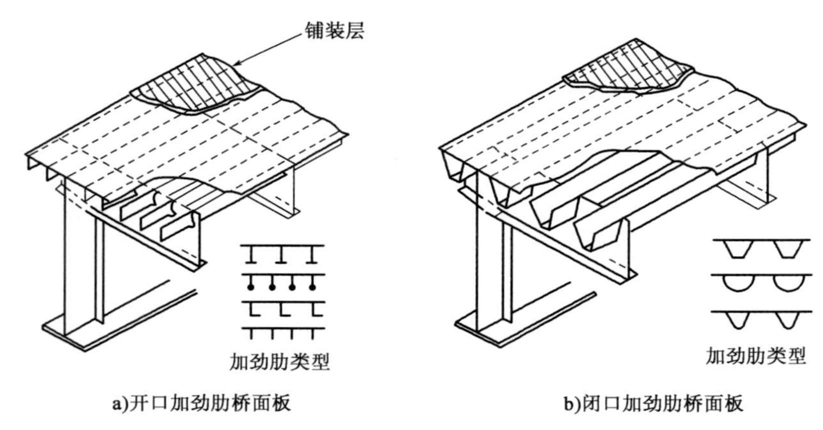

图 1-1 正交异性桥面板基本类型

正交异性钢桥面结构前期的发展动力主要是第二次世界大战后德国重建大跨径桥梁,而当时处于钢材短缺的背景,正交异性钢桥面具有节省钢材的优点。世界上第一座正交异性钢桥面桥梁是 1950 年建成的德国内卡河(Necker)上的 Kurpfalz 桥,第一座正交异性钢桥面悬索桥是 1951 年建成的德国莱茵河上的 Cologne-Muelheim 桥。北美洲第一座正交异性钢桥面桥梁是 1964 建成的渥太华曼恩港大桥,英国第一座正交异性钢桥面桥梁也是 1964 年建成的第四公路大桥,荷兰第一座正交异性钢桥面桥梁是 1968 年建成的 Hartel 桥和 Harmsen 桥。正交异性钢桥面结构后期的发展动力主要来自其较轻的自重,使得这些构件易于预制和安装,并具有优良的力学性能。

正交异性桥面板的理论和试验研究从 20 世纪 70 年代开始,在 20 世纪 90 年代得以加强。通常采用梯形纵向加劲肋,而 V 形加劲肋以同样的截面积可以提供更大的刚度,结构形式更有效。闭口加劲肋质量较开口加劲肋轻,减少焊接量和外露需要喷涂防腐的钢板表面积,因此闭口加劲肋适用于公路桥梁。但闭口加劲肋承受局部二次变形应力,对于抗疲劳性能不利。为了提高加劲肋及桥面板结合位置的抗疲劳性能,可以采用增加桥面板厚度,减小加劲肋厚度的方法。AASHTO 规定了最小桥面板厚度为 14mm,加劲肋腹板间距最大为 25 倍桥面板厚度。欧洲主要根据经验进行设计,不对加劲肋与桥面顶面结点处构造提出比例要求。

1.1.1.2　钢桥面铺装层组成和要求

在钢桥面上铺筑沥青铺装层的目的主要有3个：

(1)提供舒适抗滑性能的行驶路面；

(2)提供平整的行驶路面，以弥补桥面板的不平整；

(3)提供防水层，保护桥面钢板。

一般难以由一种材料达到以上功能，而是由不同功能材料共同组成铺装结构系统，通常桥面铺装由黏结层、缓冲层、黏附层、磨耗层等组成。铺装各层如下：

①黏结底层(bonding layer)：提供钢板表面与缓冲层之间的可靠黏结；

②缓冲层(isolation layer)：保护钢板，避免腐蚀，并在钢板与磨耗层之间形成一个保护过渡层；

③黏附层(adhesion layer)：提供磨耗层与缓冲层之间的可靠黏结；

④磨耗层(wearing layer)：传递交通荷载，提高必要抗滑构造及平整度。

当然在实际铺装结构中，可以通过一种材料获得几个功能，或一个功能进一步由几层材料共同承担。

1.1.2　钢桥面铺装材料

1.1.2.1　铺装材料性能要求

对于钢桥面铺装材料一般需要满足以下基本要求：

①铺装材料需要具有抗车辙性能；

②铺装材料具有低温抗裂性能；

③各层铺装材料之间需要具有可靠的黏结；

④铺装材料提供充分的抗滑能力。

对各层铺装材料的具体要求：

(1)黏结底层

为桥面钢板提供可靠抗腐蚀保护，并牢固黏结钢板与上面的铺装层，需要具有可靠的抗剪性能，一般黏结底层材料的黏结力较高才能满足以上要求。

(2)缓冲层

能够抵抗油、水、矿物的侵蚀，对温度条件具有较强的适应性，在钢板与磨耗层间形成缓和过渡，并能抵抗疲劳破坏。

(3)黏附层

具有耐久性、可靠性、稳定性，且施工简便。

(4)磨耗层

具有良好的表面抗滑能力、平整度及低噪声性能，具有抗老化、耐腐蚀性能，对温度适应能力强，具有可靠高温稳定性及抗疲劳性能。

1.1.2.2 桥面铺装各层常用材料

1）黏结层

（1）热沥青

热沥青黏结层应用的较广泛，优点是施工方便，工期短，并具有较好的黏附性；缺点是在高温环境下抗剪性能、黏结强度降低，对温度比较敏感。

（2）乳化沥青

乳化沥青黏结层材料需要完全破乳干燥后才能施工上面铺装层，因此施工周期较长，黏结性能较热沥青低，德国应用经验表明该材料性能不理想。

（3）合成树脂（或环氧沥青）

合成树脂黏结层可为独立层或在其表面撒布的碎石共同组成，碎石可以增加与上面铺装层的黏结力。不同合成树脂黏结层需要特殊的施工工艺。由于合成树脂的密实性，该材料可以同时具有缓冲层和保护钢板免于腐蚀的功能。一般树脂类黏结层具有较强的黏结、抗剪强度。

2）缓冲层

（1）密实玛蹄脂层

采用8～10mm厚的玛蹄脂作为缓冲层，有时加入橡胶颗粒，在其上面铺筑浇注式沥青混凝土，这种结构在德国较常用。

（2）玛蹄脂封层撒布碎石

在玛蹄脂封层上面撒布碎石，该材料具有较高的弹性、良好密实性及黏结性能，并能增加剪切抗力。

（3）热固性聚合物或树脂类材料

为了实现钢板与磨耗层间刚度平缓过渡和增加黏结强度，可采用热固性聚合物或树脂类材料缓冲层。

3）磨耗层

磨耗层材料可分为碾压型沥青混合料和浇注式沥青混凝土，这两种材料各有不同特点，浇注式沥青混凝土对高温车辙较敏感，并且易产生抗滑性能降低问题，同时浇注式沥青混凝土施工工艺难度较大；而浇注式沥青混凝土抵抗疲劳开裂的性能较强，与钢桥面板间的黏结性能优于碾压型沥青混合料，并具有良好的密实性。碾压型沥青混凝土一般高温稳定性较好，但易于产生疲劳开裂。为了综合这两种材料的优点，减少缺点，德国开发了特殊的沥青混凝土，即高沥青含量的碾压型沥青混凝土。

磨耗层混合料的黏结材料可分为热塑性材料和热固性材料，沥青属于热塑性材料，树脂属于热固性材料。从性能上比较树脂是优良的铺装材料,但树脂类材料施工难度较大、造价较高。

国内外典型钢桥面铺装材料包括浇注式沥青混凝土、环氧沥青混凝土、SMA 等,以下主要介绍较特殊的浇筑式沥青混凝土、环氧沥青混凝土。

1)浇筑式沥青混凝土(沥青玛蹄脂)

(1)浇注式沥青混凝土特点

沥青玛蹄脂或浇注式沥青混凝土的产生与应用具有较强的经验性,一些国家逐渐积累应用经验并形成不同特点的浇注式沥青混凝土技术。各国的浇注式沥青混凝土组成上有一些差异,以下分别对沥青玛蹄脂的集料最大粒径、级配、空隙率、沥青含量进行比较分析。德国、英国、荷兰、美国的浇注式沥青混凝土(沥青玛蹄脂)集料最大粒径比较见图 1-2,美国的沥青玛蹄脂集料粒径最大,荷兰的最小。美国、荷兰、英国、德国沥青玛蹄脂级配及富勒级配比较见图 1-3,英国的浇注式沥青混凝土级配最细,美国的最粗,荷兰与德国的较接近。

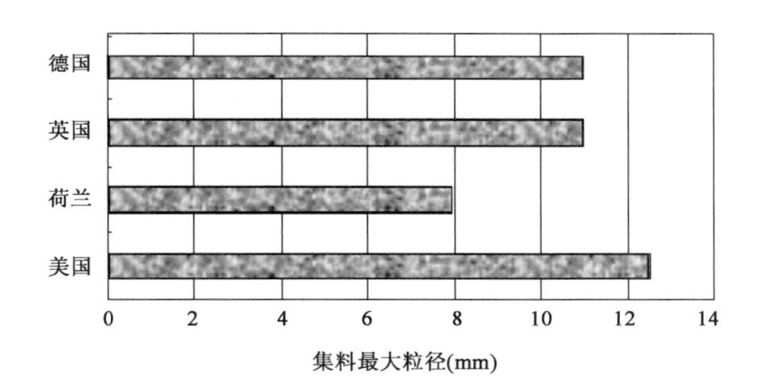

图 1-2 不同国家浇注式沥青混凝土集料最大粒径对比

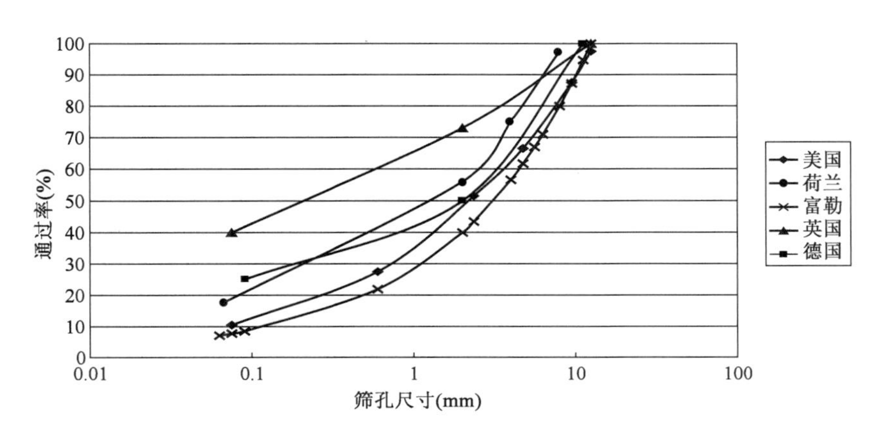

图 1-3 不同国家浇注式沥青混凝土集料级配对比

沥青玛蹄脂的空隙很小,但并非完全无空隙,荷兰、英国、美国的沥青玛蹄脂的最大空隙率比较见图1-4，图中数据表明英国的沥青玛蹄脂最大空隙率为1%，美国的沥青玛蹄脂最大空隙率为3%，浇注式沥青混凝土的空隙主要是由于拌和过程中混入空气形成非连通空隙，可以达到密水性能要求。

各国沥青玛蹄脂的沥青含量也存在一定差异，如荷兰、德国、美国的沥青玛蹄脂沥青含量对比见图1-5，图中数据表明英国的沥青玛蹄脂的沥青含量最高，其沥青含量为12%。

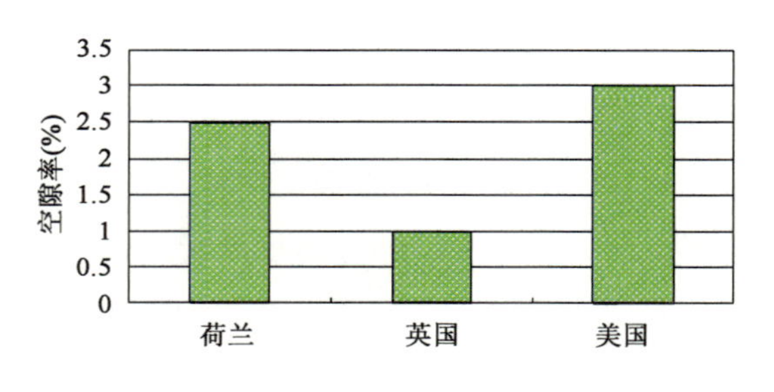

图1-4　不同国家浇注式沥青混凝土最大空隙率对比

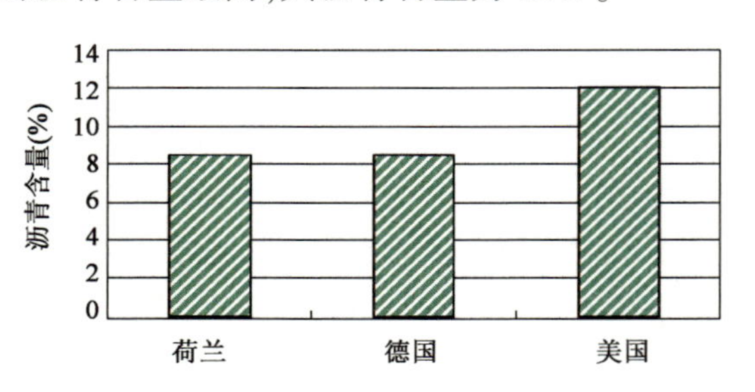

图1-5　不同国家沥青玛蹄脂沥青含量对比

对各国沥青玛蹄脂的集料最大粒径、级配、空隙率、沥青含量比较分析表明，各国沥青玛蹄脂材料组成存在一定差异，不同材料组成的沥青玛蹄脂的性能及适应环境也会存在差异。因此，我们在借鉴国外桥面铺装材料设计过程中，需要分析各种材料的特点及适应性，进行有选择的借鉴、参考，并逐渐发展适合我国具体环境特点的浇注式沥青混凝土。

世界上典型正交异性钢桥面浇注式铺装应用情况反映出浇注式桥面铺装性能表现差别较大，有的使用寿命超过20年，有的不到2年，其中英国的浇注式沥青混凝土桥面铺装性能表现较好。在桥面刚度低、超载、高温的情况下铺装层发生破坏较早，桥面刚度大或温度温和地区的铺装性能表现较好，即桥面铺装性能与桥面板刚度及温度环境是直接相关的。

(2)浇注式沥青混凝土发展趋势

随着交通荷载的增加，对桥面铺装高温性能提出的要求不断提高，单纯添加TLA沥青在一些环境已经不能够满足要求，目前已开始采用聚合物改性沥青玛蹄脂，完全采用聚合物改性沥青作为胶结料或聚合物改性沥青与TLA沥青(特立尼达湖沥青，下同)混合作为胶结料。同时生产过程环保问题也要求减少TLA沥青用量，减少有害气体排放，因为在常规沥青玛蹄脂中加入TLA，施工过程中比直溜沥青产生更多的有害气体。

由于聚合物改性沥青玛蹄脂不仅具有优良的高温性能，也具有良好的低温性能，聚合物改性沥青玛蹄脂可以作为钢桥面铺装防水层、保护层或磨耗层。但是聚合物改性材料对加热比常规材料更敏感，过高温度或长时间加热能够导致改性剂产生变化，降低或改变改性沥青胶浆性能。如果聚合物改性沥青黏度过高，浇注式施工难度很大，这也是聚合物改性沥青玛蹄脂路用性能与施工性能之间需要平衡的矛盾。因此必须确保聚合物改性沥青的均匀性和热稳定性，采取有效措施避免或降低施工过程中聚合物改性沥青的离析和变化。

2）环氧沥青混凝土

环氧沥青混凝土组成与特点如下：

环氧沥青是将环氧树脂加入沥青中，与掺入沥青中的固化剂反应，形成不可逆的热固性材料。这种材料改变了沥青的热塑性质，环氧沥青混合料具有优良的物理力学性质，也具有良好的路用性能。环氧沥青属于双相材料，其中连续相为热固性环氧树脂，非连续相为沥青，环氧沥青混凝土集料的最大粒径一般为10mm。最早是在20世纪60年代中期，由California Bay桥梁管理处开始尝试使用环氧沥青铺装材料。自此以后环氧沥青铺装材料在美国、加拿大的正交异性桥面上得到广泛的应用。

国外从20世纪60年代开始研究并推广应用环氧沥青混合料。日本间山正一、菅原照雄在20世纪70年代对环氧沥青混合料配置、模量、强度等性能进行了研究。荷兰的壳牌石油公司、日本Watanabegumi公司、美国的ChemCo Systems公司也都生产出环氧沥青专利产品。1967年环氧沥青混合料首次用作美国San Mateo-Hayward大桥正交异性钢桥面铺装层。近40多年来，环氧沥青桥面铺装在美国、加拿大、荷兰和澳大利亚等国得到应用，其中美国应用最为广泛，美国和日本还编写了相应环氧沥青桥面铺装规范。

环氧沥青在低温时具有良好的韧性，高温时不熔化，环氧沥青路面具有更优良的稳定性，具有优异的抗裂性，同时具有密水性。环氧沥青混混合料在高温、低温情况下均表现出优良的抗疲劳性能，具有良好的耐久性能，在桥面铺装上得到广泛的应用。环氧沥青作为钢桥面铺装材料不仅具有良好的抗疲劳、抗车辙、抗推移等性能，而且与钢板组成较理想的复合结构，能够对正交异性钢桥面起到增强刚度作用，减小钢桥面挠度，延长钢桥面板的使用寿命。

从世界上已建环氧沥青混合料钢桥面铺装使用情况来看，成功的、失败的情况都有。美国环氧沥青钢桥面铺装专家认为，环氧沥青铺装破坏的原因主要是由于设计时对桥梁所处温度环境、交通荷载、钢桥面刚度等因素考虑不足，或由于施工控制不严造成。他们认为在正确的设计和施工控制前提下，环氧沥青铺装在设计年限内一般不会出现破坏。我国近年环氧沥青铺装发展较快，最早应用有10年时间，整体表现较好，部分桥梁环氧沥青铺装出现局部病害，分析表明这与施工控制、超载等因素有关。

1.1.3 国外钢桥面铺装研究与工程

1.1.3.1 德国钢桥面铺装技术发展情况

德国是钢桥面铺装研究最早的国家，德国桥面铺装标准发展情况反映出德国桥面铺装技术标准近30年的发展，在1992年制定了较系统的钢桥面铺装标准。随着交通荷载及新材料发展，近年德国的钢桥面铺装技术也在不断完善和发展，尤其是近年随着轴载、交通量增加，桥面铺装出现一些病害，相关部门开始着手研究进一步的解决措施。

1)德国桥面铺装黏结层特点

德国采用环氧、涂料、卷材等作为黏结防水层,封闭混凝土表面混凝土桥面铺装,主要是解决浇注式沥青混凝土产生气泡问题。在德国,卷材很少用于钢桥面,钢桥面主要采用环氧胶砂。黏结防水层主要特点及问题如下:

(1)采用卷材减少气泡,卷材双面黏砂,也在发展开发带孔卷材;

(2)黏结层的完全黏结非常重要,而且要封闭混凝土表面;

(3)金属底层卷材,但铜的底层生锈、铝的底层也生锈,不锈钢的底层刚度太大,柔性差,一般5年生锈。

(4)沥青砂黏层耐久性不好,不均匀,防水差,但可以按照沥青玛蹄脂进行设计施工,作为防水层;

(5)在德国单层卷材用得最多,但上面必须为浇注式沥青混凝土,双层卷材可以用于其他碾压型沥青混凝土,但上面卷材可能被破坏;

(6)人造材料流动性差,操作难度大,使用较少。

2)德国钢桥面铺装结构特点

德国钢桥面铺装标准ZTV-BEL ST-92,确定3种桥面板保护防锈层:

(1)钢桥面一般由一层环氧底层及其上面一层环氧层撒布碎石构成保护防锈层,环氧层上面无撒布碎石情况下,设置一层黏结层以加强与保护层的黏结;

(2)钢桥面首先由沥青材料作为底层,在其上撒布沥青黏结层材料,再在黏结层上面撒布碎石(粒径 >2mm),或直接在其上铺装浇注式沥青混凝土;

(3)钢桥面由环氧层作为保护底层,在其上铺设熔接沥青卷材(SBS或APP)。这种铺设防水卷材新防水层方案是借鉴卷材在混凝土桥面铺装成功应用经验,目前在欧洲混凝土桥面铺装中主要采用聚合物防水卷材作为黏结防水材料。

保护层及磨耗层一般采用浇注式沥青混凝土。在某些情况磨耗层可以采用沥青混凝土或SMA(Stone Mastic Asphalt),SMA的应用范围在逐渐增加。只有在非常特殊的情况下才允许采用SMA作保护层,并且对空隙率有特殊要求,一般沥青混凝土绝对不允许作为保护层。保护层或磨耗层的厚度一般为35mm。

Guss沥青混凝土在德国一般采用25℃针入度为25~45(0.1mm)的直馏沥青胶浆,混合适当比例的天然沥青。德国所使用的天然沥青和日本相同,采用TLA天然湖沥青,一般德国常用掺配天然沥青比例25%~50%。德国浇注式沥青混凝土桥面铺装主要是依靠经验进行设计、施工,通过贯入度试验检验浇注沥青混合料的热稳定性。

1.1.3.2 荷兰钢桥面铺装状况

1940年前荷兰就开始使用沥青玛蹄脂混凝土作为地面、水槽的铺面。沥青玛蹄脂混凝土表现出优良的耐久性,后来用于正交异性钢桥面铺装,主要是利用沥青玛蹄脂混凝土的优良变形性能,能够适应和追随钢桥面的变形,而不产生疲劳开裂。早期的沥青玛蹄脂混凝土设计主要基于经验。

至2001年荷兰有86座正交异性桥面板钢桥,部分桥梁成为公路干线的节点。在1970年前正交异性钢桥面铺装很少出现问题,但是在1970年后荷兰及其他国家的正交异性钢桥面铺装病害问题发展得非常快,主要可归纳为以下原因:

(1)交通量的增加;

(2)车辆轴载的增加;

(3)新型轮胎的增加(如超级单轮);

(4)轻型桥面结构的应用;

(5)缺少有力的规范。

因此在1970年后需要研究其他类型的沥青桥面铺装,如热碾压型沥青混合料,改性沥青混合料等。由于浇注式沥青混凝土的变形特点主要取决于沥青胶浆性能,接下来研究的铺装材料重点是提高抗变形能力,但也遇到了车辙、开裂、滑动脱层等病害。

荷兰代尔夫特理工大学(TU Delft)道路研究所Molenaar教授及Medani博士在钢桥面铺装力学分析、材料试验、材料设计等方面进行了深入研究,并提出“正交异性钢桥面铺装设计新思想”,其设计思想主要体现是结合钢桥面铺装的受力特点进行铺装材料设计分析。

(1)在欧洲一般路面与钢桥面铺装的差异:

①普通路面一般采用热碾压沥青混凝土,而钢桥面铺装一般采用浇注式沥青混凝土;

②钢桥面铺装的不同结构材料之间的黏结问题是一个重要特点;

③钢桥面铺装的应变水平明显高于普通路面应变水平;

④钢桥面铺装的使用寿命低于一般路面使用寿命;

⑤由于钢桥面铺装的受力特点,动态荷载对钢桥面铺装的破坏作用更强。

(2)钢桥面铺装存在的问题:

①没有广泛接受的正交异性桥面铺装设计规范,各国根据本国经验采用不同材料、厚度的铺装;

②计算模型的基本假设不相同,用于计算一般路面临界应力应变的线弹性或线黏弹性模型,不能用于计算钢桥面铺装的设计;

③路面工程的疲劳试验结果用于钢桥面铺装设计时,需要特别注意对疲劳试验数据的解释;

④由于缺乏对钢桥面铺装受力特点的掌握,使钢桥面铺装寿命短于设计寿命或一般路面寿命;

⑤钢桥面铺装需要建立非线性模型进行计算及设计。

1.1.3.3 瑞典钢桥面铺装研究情况

1)瑞典钢桥面铺装材料情况

自1970年,丹麦开始采用沥青玛蹄脂作为混凝土桥面防水层,沥青玛蹄脂由TLA改性沥青、矿粉、砂配置而成。210℃温度下,在玻纤格栅网上浇注10mm厚的沥青玛蹄脂构成防水层,这种防水层性能良好,也是瑞典应用最多的防水层方案。自1990年起,聚合物改性沥青玛蹄脂得到了广泛的发展,该发展主要是来自两方面的要求,首先是生产过程环保的要求,减少有害气体排放,因为在常规沥青玛蹄脂中加入TLA,施工中比直溜沥青产生更多的有害气体;另一方面来自防水卷材具有优良低温性能的竞争。聚合物改性沥青中含有4%的SBS改性剂。

聚合物改性沥青玛蹄脂防水层已经作为瑞典的桥面铺装选择方案,由于其优良的高低温性能,目前已经大部分取代了常规的沥青玛蹄脂。同时聚合物改性沥青玛蹄脂也逐渐用于桥面铺装的保护层或磨耗层。但是聚合物改性材料对加热比常规材料更敏感,过高温度或长时间加热能够导致改性剂产生变化,降低或改变改性沥青胶浆性能。因此必须确保聚合物改性沥青的均匀性和热稳定性,采取有效措施避免或降低施工过程中聚合物改性沥青的离析和变化。沥青玛蹄脂防水层在欧洲其他国家也有应用,如芬兰、英国、瑞士、挪威等,但应用比例较低,缺少相关的聚合物改性沥青及沥青玛蹄脂规范指标。

瑞典研究聚合物改性沥青玛蹄脂抵抗长时间高温加热性能的过程为,加热试验共进行60h,前50h沥青玛蹄脂温度控制在190℃,接下来6h温度控制在215℃,最后4h温度控制在230℃。最后进行相关试件性能检验,包括回收沥青性能评价等。

2)瑞典滨海高大桥钢桥面铺装方案

瑞典滨海高大桥主跨1 210m、总长1 800m的钢箱梁悬索桥于1997年建成通车,环境温度为-40~30℃,日均最低气温-20℃。瑞典国家公路局于1992年对该桥桥面铺装立项进行研究,其中重点对防水层及铺装层进行研究,防水层材料方案包括3.5mm厚SBS改性沥青防水卷材,4mm厚SBS改性沥青细粒式沥青玛蹄脂,4mm厚常规沥青细粒式沥青玛蹄脂。由于需要兼顾高低温性能,桥面铺装主要考虑SBS改性沥青材料。

滨海高大桥钢桥面铺装研究组根据研究试验结果,并综合考虑确定以图1-6方案为选定方案。

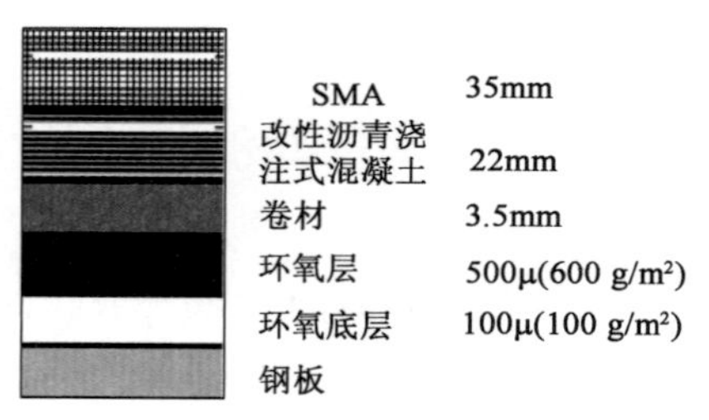

图1-6 滨海高大桥钢桥面铺装方案

1.1.3.4 日本钢桥面铺装研究情况

1)日本钢桥面铺装技术发展情况

日本钢桥面铺装的研究工作始于20世纪50年代,1955年完成的新六桥(东京都)双层沥青混凝土铺装,可以说是日本国内最初取得的成果。日本于1956年引进、发展来自德国 Guss asphalt 技术规范,开始研究将这种技术应用于钢桥面铺装工程。

1961 年沥青铺装纲要(日本道路协会,1961 年版) 纳入并且公布与钢桥面铺装有关的技术规范及准则。包含钢桥面铺装和一般道路沥青铺装比较,必须考虑的项目有加热混合式沥青铺装、橡胶沥青铺装及沥青橡胶乳液(asphalt rubber latex) 薄层铺装共 3 种。

1960 年后日本大型桥梁所使用的桥面铺装着重于减轻自重,因此在 1967 年版的铺装纲要当中,追加了树脂铺装及块状沥青铺装 (asphalt block pavement,限定用于人行步道桥)两种铺装。同时增加了考虑下列两点:

(1)与钢桥面的附着性及融和性良好,抵抗反复疲劳性能优良。

(2)钢桥面接缝处的铺装平坦性可以加以改善,并减少龟裂。

1978 年版铺装纲要则随着交通量剧增及重车增加的趋势,而追加下列性能要求:铺装沥青混合料抵抗流动性必须是优越的。自 1973 年 10 月起,本州四国联络桥集团(以下简称“本四集团”) 着手有关钢桥面铺装的探讨,委托日本道路协会的“本州四国联络桥桥面铺装调查特别委员会”及建设省土木研究所开始各项研究,而在 1977 年 3 月制定了“本州四国联络桥桥面铺装基准(案)”。进而整理归纳出 1982 年版的“本州四国联络桥桥面铺装基准(案)”(以下简称“桥面铺装基准”),而此基准即实际供给本州四国联络桥(以下简称“本四连络桥”)使用。

以本四连络桥有关的调查研究成果为基础,在 1988 年版的沥青铺装纲要中公布了一般的桥面铺设的设计、施工技术的标准。

2)日本钢桥面铺装主要结构形式

日本主要桥面铺装结构一般为下面层采用 30 ~ 40mm 浇注式沥青混凝土,磨耗层采用 30 ~ 40mm 沥青混凝土,一般不采用单独的防水层,只是在清理后的钢桥面上涂布溶剂型黏结层。Guss 沥青混凝土主要的特点是,组成成分中沥青胶浆及矿物填料的含量很高,为了要达到不透水的目的,骨料级配所使用的粗粒料、细粒料都比一般级配细,Guss 沥青混凝土在日本许多联络桥,例如本州四国联络桥梁、白鸟大桥中都已成功使用。Guss 沥青混凝土的特点就是采用高剂量沥青胶浆,它所使用的沥青胶浆不同于一般沥青混凝土所使用的。由于 Guss 沥青混凝土必须在 240℃左右的高温下持续加温搅拌 40 ~ 60min,因此所选用的沥青胶浆必须具有良好的高温稳定性,而 Guss 沥青混凝土所选用的沥青胶浆是由天然沥青和直馏沥青经适当比例混合后形成的硬质沥青。

3)日本典型钢桥面铺装表现

1998 年通车的明石海峡大桥也采用日本钢桥面铺装典型结构,下面层浇注式沥青混凝土,磨耗层采用沥青混凝土,通车 10 余年的明石海峡大桥表现良好,见图 1-7。明石海峡大桥的交通以轿车为主,而且主梁采用钢衍式加劲梁,有利于降低桥面铺装温度。

图 1-7 日本明石海峡大桥桥面铺装(2009 年)

1.1.3.5 美国钢桥面铺装研究情况

美国是自 1967 年开始引入正交异性桥面板结构形式,桥面板及桥面铺装设计规范主要是参考借鉴德国相关规范。

1967 年,美国学者 Metcalf 对环氧沥青桥面铺装材料进行了模拟疲劳对比试验,试件宽 4in(1in = 0.025 4m),长 18in,铺装厚 1.5in,钢板厚 5/8in,荷载为 3 116N,荷载施加在梁中间钢板下表面,荷载频率为 5Hz,试验温度为 21.1℃,比较普通沥青混凝土与环氧沥青混凝土的疲劳性能。试验数据表明环氧沥青混凝土抗疲劳性能明显优于普通沥青混凝土,该试验结果促使环氧沥青铺装在美国广泛应用。

1973 年,美国 AASHTO 桥梁设计规范首次列入正交异性钢桥面设计条款,但在此规范中,以及后续版本和技术文献中几乎没有关于桥面铺装的要求、设计指导的信息。美国 1994 年桥梁设计规范(AASHTO LFRD,Load and Resistance Factor Design Method)中对正交异性钢桥设计要求有了重要变化,规定桥面顶板厚度不低于 14mm 或加劲肋最大间距的 4%,在此条件下桥面局部挠度比规定从 1/300 降为约 1/1 200。当然这个挠度标准是针对规定车辆轴载的,如果车辆超载严重可能造成桥面铺装的强度破坏,因此对过桥车辆荷载必须进行监控,严禁超载车辆通行。1994 年,AASHTO 规范要求桥面铺装作为正交异性桥面板结构体系的一部分进行考虑,依据由试验确定的弹性性能进行研究。

在美国正交异性钢桥面铺装表现差异较大,有的表现优良,有的表现较差,在很大程度与钢桥面的刚度、重载交通数量和比例及铺装类型和铺装层厚度相关,尤其近年交通荷载显著增加,对钢桥面铺装性能提出了更高的要求。

环氧沥青铺装在美国的钢桥面铺装中应用非常广泛,德国浇注式沥青混凝土基本没有在美国桥面铺装中应用过,英国沥青玛蹄脂在美国桥面铺装中也没有广泛应用。

1.1.4 国内钢桥面铺装研究与工程

1.1.4.1 我国钢桥面铺装研究状况

随着我国公路建设的发展,我国已建成及即将建成的大跨径正交异性桥面板钢桥已有 20 多座,如马房大桥、厦门海沧大桥、广东虎门大桥、武汉白沙州长江大桥、江阴长江大桥、南京长江二桥、重庆鹅公岩长江大桥、宜昌长江大桥、武汉军山长江大桥、汕头礐石大桥、安庆长江大桥、润扬长江大桥、上海卢浦大桥、南京长江三桥、苏通大桥、湛江海湾大桥等。

我国的科研工程技术人员在钢桥面铺装研究、设计、施工等方面进行了大量研究工作和探索尝试，取得了较好的效果。但大多数正交异性钢桥面铺装出现了早期病害，主要是高温车辙、横向推移、纵向推移、开裂等病害。我国正交异性钢桥面铺装病害是我国的气候环境、交通荷载特点、桥面板刚度、铺装材料等综合因素作用的反映，尤其我国的大跨径桥梁多处于气候炎热地带，并且超载问题也较严重。大跨径正交异性桥面板钢桥的桥面铺装问题仍然是我国公路建设中亟待解决的技术难题。

我国从20世纪80年代开始修建正交异性桥面板钢桥，对于钢桥面铺装技术的研究也是从这一时期开始。研究最早开始于广东马房桥，对正交异性钢桥面铺装的系统研究是自20世纪90年代的广东虎门大桥开始。在此期间铺装层主要采用密级配SMA热碾压型沥青混凝土，并从南京长江二桥开始采用环氧沥青混凝土作用铺装材料，从江阴长江大桥开始采用浇注式沥青混凝土作为桥面铺装材料。

我国主要大跨径钢桥面铺装结构及使用情况统计数据表明，在近十余年时间内我国已有近20座大跨径钢桥建成通车，反映出我国桥梁建设的高速发展。我国的钢桥面铺装材料初期以双层SMA型结构为主，并开始应用环氧沥青及浇注式沥青混凝土铺装材料，表明我国钢桥面铺装材料也在不断改进和完善。我国初建的钢桥桥面板相对较薄，为12mm厚，最近新建钢桥桥面板厚度已经提高到14mm，这也反映出设计人员开始从钢桥面板刚度角度综合考虑系统解决钢桥面铺装问题。钢桥面铺装使用情况表明，双层SMA型结构桥面铺装出现早期破坏的情况较严重，浇注式沥青混凝土桥面铺装也有出现早期损坏，环氧沥青桥面铺装目前表现较好，但还需要时间进一步考验。

1.1.4.2　我国钢桥面铺装材料研究

1）SMA桥面铺装材料研究

我国钢桥面铺装采用SMA铺装方案以来，经过大量的试验研究及在实体工程实施中的不断积累，主要在两个方面有明显提高：高黏度改性沥青性能的改善及有机合成纤维的采用。随着高黏度改性沥青技术研究的深入和经验的积累，针对每座钢桥不同的使用条件，可以研制满足不同性能要求的改性沥青配方，其性能均能达到SHRP分级的PG82-22级或PG82-28级。

采用木质素纤维作为SMA混合料的稳定剂是通常的惯例，最初钢桥面改性沥青SMA铺装也采用木质素纤维，也有研究表明有机合成长纤维对提高SMA混合料的热稳性、疲劳开裂性、水损害等特性有所提高。

2）浇注式沥青混凝土

我国大陆应用浇注式沥青混凝土桥面铺装是从1999年建成的江阴长江大桥开始的，铺装层为单层50mm的浇注式沥青混凝土，采用重交AH-70沥青+TLA湖沥青调制的改性沥青，主

要是借鉴英国的沥青玛蹄脂的基础上,在研究工作中采取了四项改进措施:

①调整混合沥青的配比, 提高 TLA 所占比例;

②降低可溶性沥青用量;

③增加主骨料(6.0 ~ 10mm)的用量;

④保证矿粉与沥青的比例。

在 2004 年建成的安庆长江大桥桥面铺装中,采用下面层浇注式沥青混凝土,上面层为 SMA 的方案。通过 SBS 改性沥青掺加 TLA 的复合改性措施来提高浇注式沥青混凝土的高温稳定性。但这种复合改性沥青的黏度较高,施工温度需要提高到 240℃,这样可能会造成 SBS 改性沥青的老化,降低改性效果,并且目前这种复合改性沥青浇注式沥青混凝土的高温稳定性是否适合我国的气候、交通环境还需要进一步考验。

3) 环氧改性沥青混凝土

国外从 20 世纪 60 年代开始研究应用环氧沥青混合料,环氧沥青混合料作为高性能材料,在国外工程中得到了较广泛应用。荷兰壳牌石油公司、日本 Watanabegumi 公司、美国 ChemCo Systems 公司已开发生产出环氧沥青专利产品,环氧沥青混合料价格约为普通沥青混合料的数倍,并且施工技术要求较高。

国内环氧沥青研究最早主要应用于防腐涂层方面,将煤焦油沥青、环氧树脂、固化剂及其他辅剂混合后制成环氧沥青涂料。

环氧沥青作为路面材料在国内研究起步较晚,最初研究的环氧煤焦油沥青主要用于路面裂缝修补。上海市政工程管理处与同济大学在 1992 年至 1995 年对环氧沥青混合料进行了较系统的研究,提出了热拌、冷拌环氧沥青混合料路面设计与施工指南,并在上海龙吴路铺筑了 $200m^2$ 试验路。这项研究没有延续下去,而其研究成果也由于环氧沥青材料价格较高,也没有在国内实际工程中得到应用。1998 年长沙交通学院在同济大学研究成果的基础上也开展了环氧沥青混合料的试验研究。

2000 年东南大学开始在南京长江二桥研究应用美国 ChemCo Systems 公司成品环氧沥青,其后在润扬长江大桥,江阴长江大桥等钢桥面铺装中应用环氧沥青混凝土,并在江阴长江大桥桥面铺装维修中尝试应用日本近代化成株式会社生产的环氧沥青材料,在环氧沥青混凝土桥面铺装研究、设计、施工中积累了丰富的经验。

1.1.4.3 我国典型钢桥的铺装使用状况

1) 马房大桥钢桥面铺装状况

广东肇庆马房大桥建成于 1984 年,是公路铁路两用桥,公路桥为 14 孔 64m 简支箱梁,正交异性钢桥面,桥长 919.6m,桥面行车道宽 9m。

1984 年 12 月马房大桥竣工通车, 但是第一次沥青铺装结构在通车不到 3 个月, 就开始出现许多横、斜与弧形裂缝，以及坑槽、中央分道线扭曲等病害。随着交通量的增加以及自然环境因素的影响，病害日益扩大，铺装层出现纵向和网状开裂，进而导致严重坑槽与钢板裸露，严重影响了钢桥的使用寿命和行车安全。1989 年为寻求解决桥面铺装的病害问题，开展了“正交异性钢桥面板新铺装层试验研究”的研究项目，并于 1989 年 11 月 22 日完成了 60m 长、4.5m 宽、总面积 288m^2 的试验段。试验段经过 20 个月的使用，除箱梁腹板顶上铺装层表面出现微裂缝外，其他均完好无损。根据试验段铺装方案，于 1992 年 9 月完成全桥 14 孔的沥青铺装层的大面积翻修重铺工作。但是大面积铺装路段，逐渐出现了松散、推移、车辙与坑洞等损坏，严重的地方整个铺装结构完全脱落，露出钢板，已经过多次养护维修，仍然难以满足正常行车的要求。2001 年对马房大桥钢桥面铺装进行了整体翻修。2001 年桥面铺装维修方案特点是：在防腐层上采用碎石胶黏结层，在铺装层混合料中掺加橡胶粉，掺加橡胶粉的沥青混合料劲度模量明显降低，采用多碎石型沥青混合料作为铺装层，在靠近肇庆岸一侧的第 1 跨平坡段，下面层采用多空隙（空隙率 20%）沥青混凝土，作为排水结构层，采用改性沥青防水黏结层。铺装层厚 8cm，上面层为 4cm SAC13，下面层为 4cm SAC10，采用环氧富锌漆作为钢桥面防腐层。

2001 年 8 月桥面铺装重铺通车，分别在 2001 年 11 月、2002 年 2 月、2002 年 5 月、2002 年 8 月进行桥面铺装使用情况检测。经过 1 年的使用，桥面基本没有产生变形、推移病害，在 2003 年 7 月开始出现裂缝，2004 年桥面铺装开始出现较严重的纵向裂缝及局部网裂。

2）青马大桥钢桥面铺装状况

青马大桥自 1997 年开放交通，2004 年 7 月调查表明桥面铺装状况良好，除极少数气泡鼓起情况外，基本没有出现病害，无开裂、车辙、推移等病害，表面平整、粗糙。青马大桥桥面铺装方案特点如下：

（1）青马大桥桥面铺装采用 TLA（70%）加重交沥青（30%）混合沥青的浇注式沥青混凝土，混合沥青 25℃针入度为 10 ~ 15（0.1mm），粉胶比为 2.2 ~ 2.9。其细集料采用石灰岩；粗集料采用火成岩或石灰岩，14mm 筛孔通过率 100%，6.3mm 筛孔筛余为 60%；磨耗层碎石采用火成岩集料，磨光值大于 62，预拌 1.5% ~ 2.2% 针入度为 50（0.1mm）的沥青，每吨碎石撒布 100 ~ 130m^2，磨耗层集料来源于英国。沥青玛蹄脂可溶性沥青含量为 8.25%。

（2）青马大桥桥面铺装层厚度为 40mm，最小厚度不低于 35mm。

（3）青马大桥桥面板厚 16mm，加劲肋 8mm 厚，正交异性桥面刚度较大（高于国内钢桥）。

（4）青马大桥结构通风良好，桥面温度最高约 47℃，与普通密闭钢箱梁桥面温度相差较大。

（5）青马大桥重载车辆比例较低，基本无超载情况。

（6）浇注式沥青混凝土施工温度不超过 230℃，青马大桥桥面铺装施工控制非常严格，桥面铺装整体均匀性良好。

（7）青马大桥采用薄层环氧黏结层，由环氧胶浆拌和 3 ~ 5mm 氧化铝集料（块），铺筑成

7mm 厚的防水黏结层。

青马大桥桥面铺装与国内其他钢桥面铺装的不同之处表现在：

(1)青马大桥桥面板刚度明显高于国内其他钢桥面刚度,青马大桥桥面板厚 16mm,加劲肋厚 8mm;

(2)青马大桥桥面温度最高为 47℃,明显低于国内主要钢桥面铺装温度;

(3)青马大桥基本无超载情况,重载比例相对较低。

以上桥面板刚度、桥面铺装温度、交通荷载特点也是钢桥面铺装设计中必须考虑的三个前提条件,桥面铺装材料的适用性也取决于这三个条件。因此在借鉴已有的成功桥面铺装经验时,需要分析相应的桥面铺装使用环境、桥面板刚度特点等因素,有针对性地进行桥面铺装设计。

图 1-8 为青马大桥桥梁内部情况照片,纵向桁架之间为空腹式桁架横梁,中部空间可容纳行车道及路轨,大桥上层桥面中部和下层桥面路轨两侧均设有通气空格,形成流线型带有通气空格的闭合箱形加劲梁,这种结构有利于降低桥面铺装温度。

青马大桥桥面铺装 2004 年状况照片见图 1-9,照片反映出桥面铺装处于良好的状况,无开裂、车辙、推移等病害,表面平整、粗糙。但在 2009 年对局部车辙进行了维修。

图 1-8　青马大桥桥梁内部结构照片

图 1-9　青马大桥 2004 年铺装整体情况照片

3)虎门大桥钢桥面铺装状况

虎门大桥于 1997 年 5 月建成通车, 钢桥面铺装于 1998 年 12 月进行铣刨罩面处理,2003 年 9 月至 2003 年 11 月实施钢桥面铺装大修工程。

1997 年初在进行桥面铺装时,是国内首次进行大跨度悬索桥钢箱梁铺装, 采用 SMA 体系进行铺装。由于当时对 SMA 在钢箱梁上应用的认识不深, 经验欠缺, 所设计的铺装层的热稳性不够,导致通车后第二年夏天铺装层开始出现不同程度的推移和车辙, 路面车道标线扭曲,最大位移达到 16cm,但未见裂缝出现。为保证钢桥面铺装的使用性能, 1998 年 12 月对铺装进行了铣刨表面 2 ~2.5cm,重铺 3cm 厚 SMA10 的处理,总厚度控制不大于 7cm。重铺的沥青混合料中改性沥青增加了聚乙烯(PE),铺装层的高温稳定性得到提高,在随后的一年中,总体使用状况较好，损坏形式主要是局部小坑槽。随着虎门大桥车流量的增长，钢桥面铺装层也经过了几个夏天的考验，桥面损坏随之加剧，破坏形式是先出现裂缝，裂缝发展密集后铺装层失效，出现坑槽，维修的坑槽也不断增大。铺装层也时有推移和车辙出现，维修的难度和工作量相应增大。

2003 年初，下游桥面铺装层开裂、推移、拥包等病害的出现日趋频繁，尤其是雨后病害更易产生。铺装层破损后钢板易外露生锈，难以满足舒适行车要求。经过对比目前应用的环氧改性沥青、浇注式沥青和 SMA 沥青混凝土 3 种钢桥面铺装的方案，考虑施工的具体情况和性价比，决定采用改进后的 SMA10 方案进行铺装。

虎门大桥桥面铺装的使用及维修情况表明，双层 SMA 铺装方案的高温稳定性、抗疲劳开裂性能仍然是一个需要解决的技术难题。

4）江阴长江公路大桥钢桥面铺装状况

江阴长江公路大桥是连接京沪、同三国道主干线的主要过江通道，1999 年 9 月底建成通车。大桥开通后，交通量迅猛增长，特别是京沪高速公路通车以后，超载车数量和超载量均大幅增加，日交通流量达到 30 000 辆，其中轴载超过 10t 的车辆有 7 000 多辆，而大于 15t 的严重超载车辆有 3 600 多辆，根据现场调查，超载车的平均轮胎压力均在 0.97MPa 以上，最大达到 1.38MPa。

江阴长江公路大桥采用浇注式沥青铺装，江阴长江公路大桥通车后桥面铺装层逐渐出现大面积破坏，特别是 2002 年进入冬季以后，损坏急剧恶化，出现铺装层整块推移、脱落，大范围维修成为当务之急。

从江阴长江公路大桥使用 3 年多的情况分析，桥面损坏严重的只是超重车辆行驶较多的慢车道和中间车道，而超车道基本没有裂缝。在超载管理方面，目前正采取各种措施严格控制轴载超过 150% 的超重车过桥，因此决定采用原铺装方案，仅对配合比等做一些细小的调整。主桥面铺装维修从 2003 年 8 月 1 日开始到 9 月 30 日结束，在本次维修过程中还穿插施工了 6 个实桥试验段，目的是给江阴长江公路大桥维修作技术储备，也为我国悬索桥钢桥面铺装技术的发展提供试验的场所。

2003 年翻修的江阴长江公路大桥钢桥面铺装在 2004 年又出现了严重的开裂及车辙病害，车辙最大深度超过 30mm，2004 年铺装病害照片见图 1-10。

图 1-10 2004 年江阴大桥钢桥面浇注式铺装维修一年后第一车道状况

对试验段进行的检测表明，3 个环氧沥青混凝土桥面铺装试验段的表现良好，基本没有出现病害。根据试验段使用情况，确定采用铣刨浇注式沥青混凝土铺装层，采用加铺环氧沥青桥面铺装方案进行翻修。

5)台湾地区钢桥面铺装状况

台湾部分钢桥面铺装效果不理想,部分出现车辙及脱层病害。台湾地区钢桥面铺装目前所面临的问题如下:

(1)大部分桥梁位居交通要冲,在铺面需要进行维修时很难封闭交通,甚至没有替代道路,对交通形成很大的冲击;

(2)由于台湾地区砂石短缺,兴建中的快速道路或重要的联络桥多为钢桥,传统沥青混凝土是否适用于钢桥面有必要进行研究;

(3)由于钢桥面的刚性较混凝土板小得多,承受载重车时变形较大。一般钢桥面上铺设沥青混凝土的厚度约80mm,沥青混凝土必须有较好抗挠曲变形能力,以适应车轮荷重所产生的较大变形,并提供良好的服务能力。

Guss沥青混凝土在台湾地区的新东大桥、高屏溪斜张桥、大直桥桥面铺装上都已经成功应用。

1.1.5 钢桥面铺装研究进展分析

在钢桥面铺装课题研究过程中,对国内外钢桥面铺装发展及动态进行了详细的调研分析,总结我国钢桥面铺装成功的经验和失败原因,以便为钢桥面铺装课题的研究及方案设计提供更全面的决策支持和数据信息,并探索适合气候环境、交通特点的钢桥面铺装材料方案,以进一步推进我国正交异性钢桥面铺装技术发展。

世界范围的正交异性钢桥面铺装技术也是在不断发展完善中,到20世纪90年代才形成较完整的正交异性钢桥面铺装技术标准体系。但欧洲、美国、日本等钢桥面铺装研究较早的国家和地区,钢桥面铺装病害问题也并没有得到完全解决,尤其是近年随着交通荷载、轴载的增加,欧美等国家的钢桥面铺装病害问题也明显增多。这些国家针对钢桥面铺装出现的新问题,从结构理论、材料设计、试验研究等方面开展研究工作,寻求适应不断发展的交通环境的钢桥面铺装解决方案。世界上钢桥面铺装技术的发展,也为我国钢桥面铺装的进步提供了参考借鉴。

我国开展正交异性钢桥面铺装研究已经约20余年,从桥面铺装结构力学分析、材料设计、施工控制等方面进行大量研究工作,积累了一些成功的经验,但整体上我国钢桥面铺装病害问题仍然较严重。20世纪90年代我国钢桥面铺装主要采用双层SMA热碾压型沥青混凝土,但双层SMA热碾压型沥青混凝土钢桥面铺装方案在世界其他国家应用的很少,并从2000年南京长江二桥开始采用环氧沥青混凝土作用铺装材料,从江阴长江大桥开始采用浇注式沥青混凝土作为桥面铺装材料,2004年在安庆长江大桥钢桥面铺装上开始使用浇注式沥青混凝土加铺碾压式沥青混凝土磨耗层铺装方案。目前这些典型桥面铺装方案的使用效果表明:

(1)环氧沥青混凝土钢桥面铺装方案表现差异较大,部分铺装表现较好,也有铺装通车后出现局部鼓包开裂等病害,环氧沥青混凝土钢桥面铺装方案还需要进一步时间的验证在我国应用的长期性能表现。

(2)双层SMA热碾压型沥青混凝土、浇注式沥青混凝土钢桥面铺装均出现较严重的车辙、开裂、推移等早期病害,使用寿命为3~5年。而目前双层SMA沥青混凝土、浇注式沥青混凝土桥面铺装所采用的沥青材料基本达到了非常高的等级,其施工温度也基本接近了极限温度,如何进一步改善和提高这两种铺装材料性能也是研究人员面临的技术难题。

(3)浇注式沥青混凝土加铺碾压式沥青混凝土磨耗层铺装方案,部分工程桥面铺装出现推移和车辙病害。

大跨径桥梁钢桥面铺装维修一方面造成很大的经济损失,另一方面造成交通延误等不利的社会影响,目前我国许多大跨径钢桥桥面需要维修,还有多座钢桥即将建成,亟须研究设计适合我国环境特点的钢桥面铺装方案。

1.2　关键技术的提出与分析

1.2.1　我国钢桥面铺装主要需要解决的问题

目前我国钢桥面铺装技术整体上处于探索和发展阶段,需要进一步总结已有经验教训和我国的交通环境特点以开展研究工作,以下问题是需要解决的重点技术问题:

(1)提高钢桥面铺装的高温稳定性、抗疲劳和耐久性,解决钢桥面铺装早期病害和使用寿命短的问题;

(2)基于我国钢桥面铺装使用环境特点,研究设计适应我国高温、重载等特点的钢桥面铺装结构体系;

(3)掌握钢桥面铺装受力变形特点及其损伤破坏影响因素,进行钢桥面铺装结构体系优化设计;

(4)掌握环氧沥青铺装施工管理和控制技术,提高环氧沥青铺装施工质量,并降低环氧沥青铺装工程成本。

1.2.2　港珠澳大桥钢桥面铺装需要解决的关键技术问题

针对港珠澳大桥钢桥面铺装,需要解决以下关键技术问题:

(1)港珠澳大桥钢桥面铺装方案的选择与确定。我国应用的钢桥面铺装应该说基本覆盖了世界上典型的铺装方案,每种铺装方案的特点和差别也较显著,而且多数铺装方案整体上应用时间还不长,工程项目在选择钢桥面铺装方案时存在较大难度。纵观国内外钢桥面铺装应用及性能表现情况，很难简单地确定某种钢桥面铺装方案的优劣。已有钢桥面铺装应用工程经验也表明，从气候、交通、桥面结构、施工等综合因素考虑选择钢桥面铺装方案是非常必要和关键的。需要根据港珠澳大桥特点和要求，综合考虑多方面因素确定合适的钢桥面铺装方案。

（2）MA 浇注式沥青混凝土高温稳定性。MA 浇注式沥青混凝土是一种高沥青含量混合料，具有优良的密水性和黏附追随性，在钢桥面铺装上有广泛应用。MA 浇注式沥青混凝土由于材料组成特点，高温稳定性也是 MA 一个薄弱环节，与一般沥青混凝土相比，MA 车辙动稳定度较低，因此在高温环境下应用 MA，重点需要解决 MA 高温稳定性问题，针对港珠澳大桥钢桥面铺装，重点开展了 MA 高温稳定性研究，确定 MA 浇注式沥青混凝土高温稳定性影响因素和评价指标。

（3）GMA 浇注式沥青混合料施工工艺。英国传统 MA 浇注式沥青混凝土钢桥面铺装具有优良的工程应用案例，表现出较好的路用性能和耐久性，对于港珠澳大桥钢桥面铺装工程规模，传统的 MA 施工工艺很难满足港珠澳大桥工期要求。采用 GA 生产方式生产 MA 可以显著提高工效，需要评价 GMA 浇注式沥青混凝土是否可以达到 MA 的性能水平。

（4）加速加载试验评价方案和方法。加速加载试验可在较短时间内完成对铺装方案的与工程较接近的评价，由于加速加载试验费用高、周期长，钢桥面铺装工程中采用加速加载试验的案例较少，同时钢桥面铺装加速加载试验方法、评价指标、评价方法也都缺乏参考依据。因此根据港珠澳大桥钢桥面铺装方案特点和评价目标，确定加速加载试验方法、试验设备、评价指标和评价方法等内容，以实现通过加速加载试验对铺装方案进行有效评价，指导港珠澳大桥钢桥面铺装施工图设计。

1.3 主要技术成果

充分考虑港珠澳大桥钢桥面铺装承受的交通荷载与气候等环境条件，研究确定连续钢箱梁桥面铺装寿命的影响因素和耐久性要求，通过试验研究确定铺装材料力学性能与参数，采用理论分析与数值模拟相结合的技术手段，提出港珠澳大桥钢桥面铺装设计的成套技术标准、关键指标和试验方法。

开展钢箱梁正交异性板桥面铺装的力学与工作状态分析，通过必要的试验研究与结构试验，形成长寿命钢箱梁桥面铺装结构设计及耐久性评估技术，针对先期研究推荐的两种铺装结构进行耦合材料老化与损伤影响的铺装结构寿命预测与耐久性分析，并据此提出实现设计寿命目标的技术措施。

基于当前尚无相当于港珠澳大桥规模的钢桥面铺装工程实例的现状，研究海洋气候条件下超长钢桥面铺装施工关键技术，提出港珠澳大桥钢桥面铺装施工工艺要求、施工质量控制技术与检验标准、港珠澳大桥钢桥铺装施工质量监控技术要求与实施指南。

钢桥面铺装体系是一种结构物，钢桥面铺装体系中各层材料的安全性和耐久性主要取决于设计温度标准、车辆轴载标准（计入超载系数）、高温抗剪及抗拉强度标准等性能指标，铺装体系中各层材料不能存在性能短板，铺装体系结构以简单为宜，一般来说上述性能指标越高可靠性就越高，钢桥面铺装应该具有一定的结构安全系数；此外，经研究设计形成的钢桥面铺装体系各层材料方案必须根据设计温度、交通轴载（计入超载系数）等条件进行小构件性能模拟试验验证及大构件仿真模拟加速加载试验验证；施工必须严格按照仿真试验验证确定的铺装各层材料技术要求、配合比实施，不可随意调整改变。

钢桥面铺装温度主要受到环境温度、日照、主梁结构形式等因素影响，一般钢箱梁钢桥面铺装温度显著高于开口截面主梁钢桥面铺装，开口截面主梁钢桥面铺装高温值低于钢箱梁钢桥面铺装10～15℃。

我国钢桥面铺装温度范围可分三个区间，见表1-1。

我国钢箱梁桥面铺装设计温度区间建议表 表1-1

区 域	温度范围	区 域	温度范围
Ⅰ	-30～60℃	Ⅲ	-5～75℃
Ⅱ	-10～65℃		

钢桥面铺装设计温度区间范围标准应结合桥梁的具体条件确定，一般铺装材料比较容易满足低温性能要求，但其高温性能差异较大，能够达到较高要求者很少。

此外，实践表明，为了确保我国钢桥面铺装的设计寿命与质量，其设计车轴荷载标准应结合具体情况考虑超载系数，钢箱梁桥面铺装体系各层材料的设计高温状态下抗拉强度应不小于0.5MPa、设计高温状态下抗剪强度应不小于1.5MPa。

本章参考文献

[1] Trot, J. J., Wilson, D. S. Asphalt Surfacing for Steel Bridge Decks[J]. Queens Highway, 28(2), 1962.

[2] Philips, B. L. Surfacing of Orthotropic Steel Decked Bridges. Report on Overseas Mission, Material Research Division[R]. Country Roads Board of Victoria, Australia, 1973.

[3] Nakanishi H, Okochi T, Goto K. The structural evaluation for an asphalt pavement on a steel plate deck [C]// World of Asphalt Pavements, International Conference, 1st, 2000, Sydney, New South Wales, Australia. 2000.

[4] Medani, T. O. Asphalt Surfacing Applied to Orthotropic Steel Bridge Decks, A Literature Study. Report 7-01-127-1[R]. Netherlands: Road and Railroad Res. Lab. Delft University of Technology, March, 2001.

[5] Hicks R G, Dussek I J, Seim C. Asphalt Surfaces on Steel Bridge Decks[J]. Transportation Research Record Journal of the Transportation Research Board, 2000, 1740:135-142.

[6] Wolchuk R. Steel Orthotropic Decks: Developments in the 1990s[J]. Transportation Research Record Journal of the Transportation Research Board, 1999, 1688(1688):30-37.

[7] Seim C, Ingham T. Influence of Wearing Surfacing on Performance of Orthotropic Steel Plate Decks[J]. Transportation Research Record, 2004, 1892(1):98-106.

[8] 樊叶华,杨军,钱振东,等. 国外浇注式沥青混凝土钢桥面铺装综述[J]. 2003(6):1-4.

[9] Stenko M. S. ,Chawalwala A. J. Thin Polysulfide Epoxy Bridge Deck Overlays[J]. Transportation Research Record,2001,1749:64-67.

[10] Medani T. O. ,et al. Material Behaviour of Mastic Asphalt for Orthotropic Steel Deck Bridges[J]. CROW Workshop Road Engineering,June 2002,Ede,the Netherlands.

[11] Medani T. O. Towards a New Design Philosophy for Surfacings on Orthotropic Steel Bridge Decks. Report 7-01-127-2[R]. Netherlands:Road and Railroad Res. Lab. Delft University of Technology,June,2001.

[12] Medani T. O. 3D-FEM for the Estimation of the Behaviour of Asphaltic Surfacings on Orthotropic Steel Deck Bridges[C]. Proceedings of the 3rd Int. Symposium on 3D Finite Element for Pavement Analysis,Amsterdam, the Netherlands,April 2002.

[13] Groenendijk J. Accelerated Testing and Surface Cracking of Asphaltic Concrete Pavements[D]. Delft University of Technology,Netherlands,1998. Gurney,T. Fatigue of Steel Bridge Decks. Transport Research Laboratory,Department of Transport,HMSO Publication Centre,London,1992.

[14] Medani T. O. ,et al . Estimation of the Acre Material Model's Parameters of mastic Asphalt for Orthotropic Steel Deck Bridges[J]. CROW Workshop Road Engineering,June 2002,Ede,the Netherlands.

[15] Medani T O, Scarpas A, Kolstein M H, et al. Design Aspects for Wearing Courses on Orthotropic Steel Bridge Decks[C]// International Conference on Asphalt Pavements,2002.

[16] Ylva Edwards and Pereric Westergren. Polymer modified waterproofing and pavement system for the High Coast Bridge in Sweden Research,testing and experience[R]. VTI rapport 430A,2001.

[17] 李洪涛,黄卫. 浇注式沥青混凝土在日本桥面铺装上的应用[J]. 华东公路,1999(3).

[18] 梁智涛,丁小军. 明石海峡大桥桥面铺装[J]. 国外公路,1999(6):7-11.

[19] J. L. Hulsey,Liao Yang,Lutfi Raad. Wearing Surfaces for Orthotropic Steel Bridge Decks[J]. Transportation Research Record,1999,1654(1):141-150.

[20] Hulsey J L, Raad L, Connor B. Deck Wearing Surfaces for the Yukon River Bridge[C]// International Conference on Cold Regions Engineering,2002:400-411.

[21] Dyab Khazem,Kenneth Serzan. First Suspension Bridge with Steel Orthotropic Box Girder in the United States [J]. Transportation Research Record No. 04-4743,National Research Council,Washington D. C. ,2004:1-18.

[22] 潘承纬. Guss 沥青混凝土成效特性之研究[D]. 台湾中央大学土木系,2002.

[23] 余叔藩,陈仕周,等.大跨径悬索桥钢桥面沥青铺装技术[J].中国公路学报,1998(3):32-40.

[24] 张力,陈仕周.钢桥面铺装技术的研究与发展[J].公路,2001(1):2-5.

[25] 吕伟民.钢桥桥面沥青铺装的现状与发展[J].中外公路,2002,22(1):7-9.

第2章　钢桥面铺装使用环境条件

钢桥面铺装设计需要考虑的环境因素主要包括:交通荷载特点、气候环境条件、桥面板刚度特性。

(1)交通荷载特点。由于我国经济社会发展的特点,我国交通荷载的重载比例较高,加上严重的超载问题,我国车辆的轴载、轮胎压力显著高于欧美等国,这也对钢桥面铺装设计、材料性能提出了更高的要求。

(2)气候环境条件。我国长江流域在北纬30°附近,大跨径桥梁多数位于北纬30°附近或以南地区,而美国大部分国土位于北纬30°以北,西欧处于北纬45°附近,因此我国大部分大跨径桥梁所处位置的气温较高,与世界上其他国家大跨径桥梁桥址气温相差较大。由世界典型地区代表城市的日均最高温度分布情况可见,我国大跨径桥梁所处位置的气温明显高于欧美等地气温,而且高温延续时间长,又由于我国的钢桥多为封闭式钢箱梁结构,因此,我国钢桥面铺装的使用环境温度显著高于欧美等国情况。而沥青混凝土桥面铺装材料又是温度敏感性材料,因此国外的钢桥面铺装方案很难适应中国的气候条件要求。日本大阪、美国的得克萨斯州等少数地区与我国主要大跨径钢桥位置的气温较接近,这些地区的钢桥面铺装方案可以为我国钢桥面铺装设计提供一些参考的信息,但也要结合交通荷载特点、桥面刚度及桥梁结构类型等因素综合考虑。

(3)桥面板刚度特性。我国初建的钢桥桥面板相对较薄,为12mm厚,最近新建钢桥的桥面板厚度已经提高到14mm或16mm,加上我国车辆轴载较高,对于刚度较低桥面板的桥面铺装设计,如何改善提高铺装材料性能也是一个技术难题。

因此,从气候环境条件、交通荷载特点、桥面板刚度特性三个因素来看,我国的钢桥面铺装的环境要求较国外严格苛刻,钢桥面铺装问题的解决难度非常大。

2.1　钢桥面铺装荷载条件分析

2.1.1　港珠澳大桥交通轴载条件分析

以下根据2013年《港珠澳大桥跨界交通需求再评估》的交通量预测,并参考港珠澳大桥邻近类似工程——深圳湾大桥的交通荷载特点,分析港珠澳大桥的交通轴载条件。

深圳湾大桥2007年11月以来逐月日均车流量统计见图2-1,目前日均车流量低于设计日均车流量29 800辆的50%。

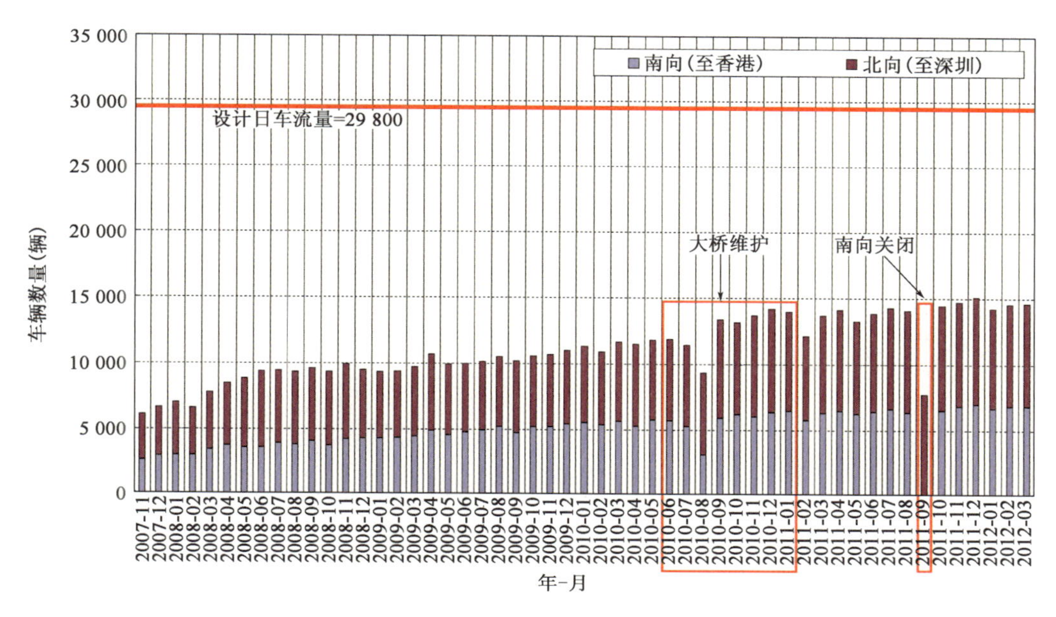

图2-1 深圳湾大桥逐月平均日车流量(2007年11月以来)

重型车比例统计见图2-2,整体上约占30%,为设计的50%,图中数据也显示2009年以来重型车比例有下降趋势。

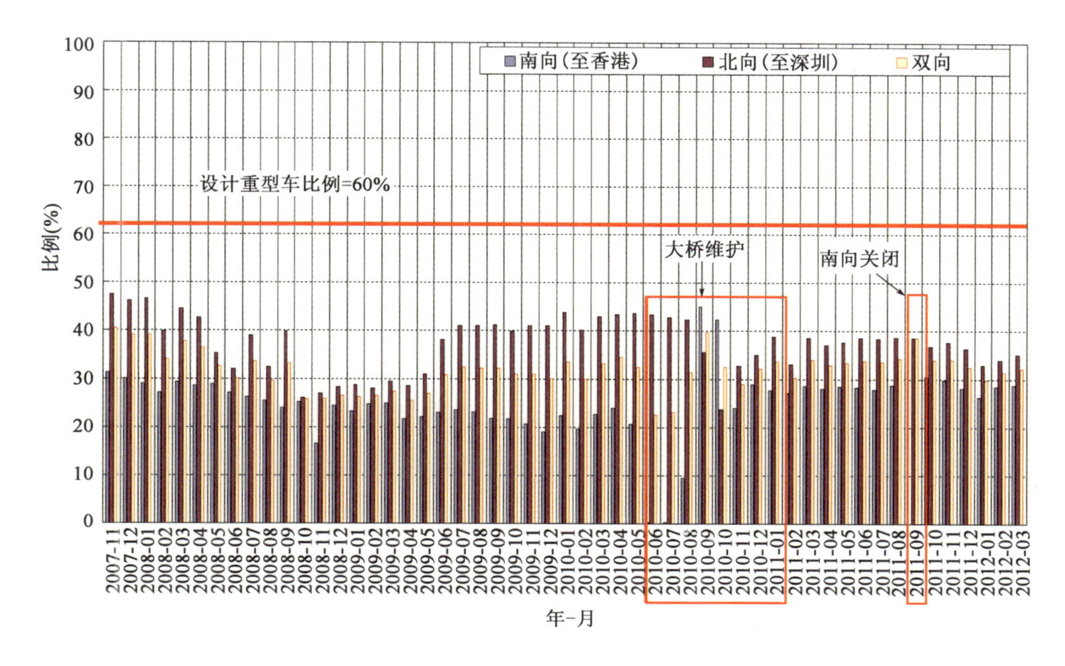

图2-2 深圳湾大桥逐月重型车比例(2007年11月以来)

深圳湾大桥 2013 年 1～3 月轴载统计数据见图 2-3，图中数据显示约 90% 轴载低于 7t，超载轴载基本低于 12t，超载比例很低。车辆类型统计见图 2-4，图中显示小汽车占约 60%，重型车比例约占 30%。日均车流量约 15 000 辆/日。

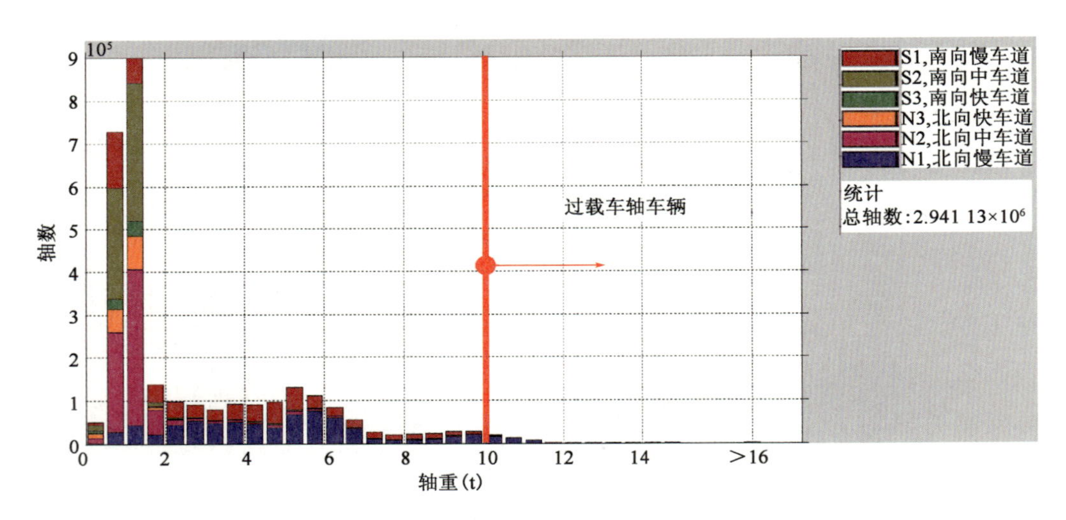

图 2-3　深圳湾大桥各车道轴数和轴重(2012 年 1～3 月)

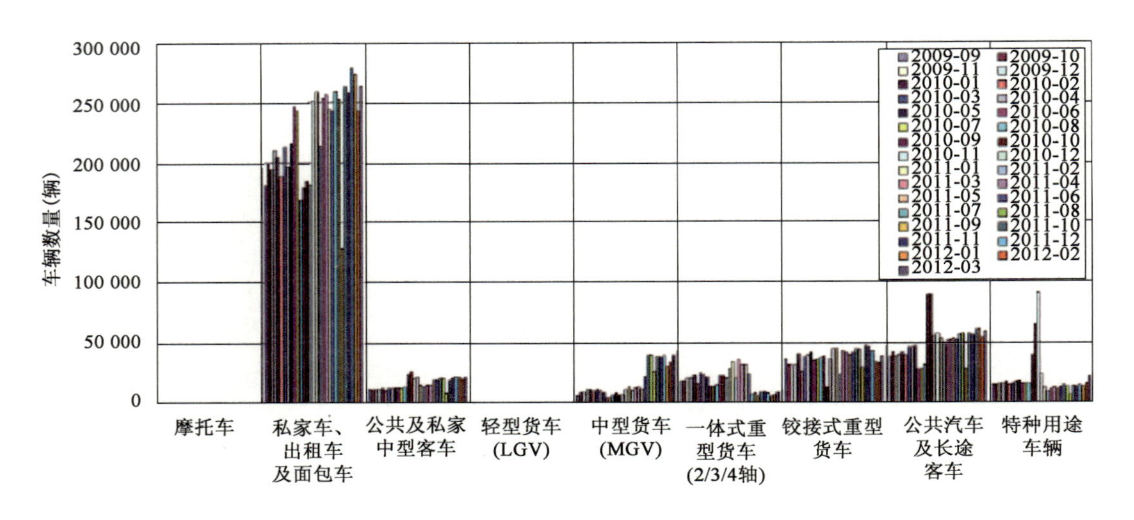

图 2-4　深圳湾大桥各类车辆(双向)月度通行数量(2009 年 6 月以来)

依据表 2-1 深圳湾大桥 2012 年一季度交通荷载情况，初步换算标准轴次，未来 15 年设计年限的 BZZ-100 累计 $8\times10^6\sim1.0\times10^7$，参照表 2-2 我国沥青路面设计规范标准，深圳湾大桥交通荷载属于中等交通范围。

参考深圳湾大桥交通轴载特点，分析认为港珠澳大桥未来交通荷载重载比例较低，并且基本不需考虑超载问题。

深圳湾大桥交通荷载(车辆数量、车重及车型)　　表 2-1

内　容		南向(至香港)	北向(至深圳)	双向(合计)	
车型	车型描述	台	台	台	%
C1	摩托车	1	104	105	0.0
C2	私家车、出租车及面包车	382 030	400 161	782 191	60.0
C3	公用及私家中型客车	38 141	24 197	62 338	4.8
C4	轻型货车(LGV)	203	473	676	0.1
C5	中型货车(MGV)	38 393	65 408	103 801	8.0
C6	一体式重型货车(2/3/4 轴)	5 966	14 756	20 722	1.6
C7	铰接式重型货车	42 572	63 286	105 858	8.1
C8	公共汽车及长途客车	83 090	92 283	175 373	13.4
C9	特种车辆	19 219	32 436	51 655	4.0
2012 年第 1 季度		609 615	693 104	1 302 719	100.0

注:1. Cars:私家车、出租车及轻型乘用车(2 类)-GVW(Gross Vehicle Weight,车辆总质量) <3t (2 轴)。
2. LGV:公用及私家中型客车,轻型货车(3 类及 4 类)-GVW(Gross Vehicle Weight,车辆总质量) <5.5t(2 轴)。
3. MGV:中型货车,公共汽车及长途客车(5 类及 8 类)-GVW(Gross Vehicle Weight,车辆总质量) <24t(2 ~3 轴)。
4. HGV:一体式重型货车,铰接式重型货车(6 类及 7 类)-GVW(Gross Vehicle Weight,车辆总质量) >24t(2 ~6 轴)。

我国沥青路面设计规范交通等级　　表 2-2

交通等级	BZZ-100 累计标准轴次 N_c (次/车道)	大客车及中型以上的各种货车交通量 [辆/(天・车道)]
轻交通	$<3\times10^6$	<600
中等交通	$3\times10^6\sim1.2\times10^7$	600 ~1 500
重交通	$1.2\times10^7\sim2.5\times10^7$	1 500 ~3 000
特重交通	$>2.5\times10^7$	>3 000

2.1.2　交通荷载设计标准

港珠澳大桥预测交通量与《工可报告》预测结果对比(辆/日)见表 2-3,对比表明最新的港珠澳大桥交通量预测与《工可报告》差异主要表现为小客车数量增加 10.2% ~50.3%,而货车数量降低 28.5% ~33.2%。

港珠澳大桥预测交通量与《工可报告》预测结果对比　　表 2-3

港珠澳大桥预测车辆数(辆/日)					
年份	小型客车	大型客车	货柜车	普通货车	合计
2017	7 141	1 264	3 241	2 752	14 398
2020	10 863	1 992	4 858	3 319	21 032
2030	18 854	3 390	8 553	4 712	35 509
2036	24 900	4 332	11 929	6 083	47 245
工可预测车辆数(辆/日)					
2017	4 750	1 450	4 800	3 850	14 850
2020	8 000	2 150	7 150	5 000	22 300

续上表

年份	小型客车	大型客车	货柜车	普通货车	合计
2030	15 700	3 500	11 850	7 150	38 200
2036	22 600	4 400	15 650	9 100	51 750
与工可预测对比变化幅度(%)					
2017	50.3%	-12.8%	-32.5%	-28.5%	-3.0%
2020	35.8%	-7.3%	-32.1%	-33.6%	-5.7%
2030	20.1%	-3.1%	-27.8%	-34.1%	-7.0%
2036	10.2%	-1.5%	-23.8%	-33.2%	-8.7%

根据深圳湾大桥交通轴载特点和《港珠澳大桥跨界交通需求再评估(第一阶段初稿)》交通量预测,按照8%年增长率,计算港珠澳大桥铺装设计年限15年交通量为1.14×10^7次/车道,属于中等交通条件。

2.2 钢桥面铺装温度环境分析

桥梁的温度场随外界环境条件改变而变化。温度变化除引起桥梁结构变形外,截面温度梯度变化还会引起附加的温度应力。这种温度效应会影响桥梁结构的设计,而温度升降引起的交变温度效应,还可能导致结构破坏。

由于钢箱梁普遍采用内箱封闭空间的建造方法,其传热性能较差。由太阳辐射和与环境的对流换热得到的热量聚集在箱体内不易向外散发出去,引起整个钢箱梁桥体的温度升高。高温易造成铺装层的承载力下降,使桥面出现严重的车辙;铺装层与钢板间的黏结强度降低,在荷载作用下,铺装层与钢板间发生推移和脱空,从而影响路面平整度和行车质量。这样,路面高温对沥青混合料的抗变形设计提出了新的要求。准确估计沥青混合料的设计温度,对于指导沥青混合料的设计,具有重要意义。

温度成为影响钢桥面铺装最为关键的环境因素之一,各大桥梁的钢桥面铺装设计研究过程中均十分重视,见表2-4。由于桥梁所在地区的经纬度不同,各桥梁桥面铺装的设计温度范围也存在一定差异,多数桥面铺装的设计工作温度范围取在-15~70℃之间,在此温度范围内铺装必须具有良好的高温稳定性与低温抗裂性。

部分大跨径钢桥桥面铺装设计温度(℃) 表2-4

桥梁名称	桥梁所在地经纬度	全年平均	极端最高	极端最低	月均最高	月均最低	设计温度
江阴长江公路桥	N32°,E120°	15.2	38.1	-14.2	32.0	1.4	-15~70
南京长江第二大桥	N32°,E118°	15.3	43.0	-14.0	32.5	1.5	15~70
厦门海沧大桥	N24°,E118°	20.9	38.1	14.0	28.5	1.5	5~70
宜昌长江公路大桥	N30°,E111°	16.0	43.9	-14.6	28.1	2.8	-15~70
武汉白沙洲长江大桥	N30°,E114°	16.6	41.3	-17.3	28.9	3.9	-15~75
武汉军山长江大桥	N30°,E114°	16.6	41.3	-18.1	28.9	3.9	-22~80
重庆鹅公岩大桥	N29°,E106°	22.0	44.0	-4.0	30.0	5.6	-4~75

桥梁的温度场会随着外界环境的变化而变化，钢箱桥梁结构与外界的热交换，不仅受变化复杂的气象条件影响，而且与所处的地理位置、周围地貌以及桥梁本身的构造有关。从控制温度荷载的角度考虑，只需针对使结构产生最不利温度荷载的极端气候条件进行分析。对于钢箱桥梁铺装层的温度效应来说，一般研究晴朗无云天气，气温变化较大且风速较小这种不利气象条件下的温度响应。在这种气象条件下，影响结构温度分布的主要气象因素有太阳辐射强度、气温变化和风速等。

本节以傅立叶热传导定律为理论基础，根据气象部门提供的气象资料，运用有限元手段，对钢桥桥面温度场的分布进行系统研究。

2.2.1　温度场分析的理论方法

物体内部的温度分布取决于物体内部的热量交换，以及物体与外部介质之间的热量交换，一般认为是与时间相关的。物体内部的热交换采用以下的热传导方程（Fourier 方程）来描述。

$$\rho c\frac{\partial T}{\partial t}=\frac{\partial}{\partial x}\left(\lambda_x\frac{\partial T}{\partial x}\right)+\frac{\partial}{\partial y}\left(\lambda_y\frac{\partial T}{\partial y}\right)+\frac{\partial}{\partial z}\left(\lambda_z\frac{\partial T}{\partial z}\right)+\overline{Q} \tag{2-1}$$

式中，T 为物体某点任一时刻的温度；ρ 为密度；c 为比热容；λ_x、λ_y、λ_z 分别为 x、y、z 方向导热系数；t 为时间；$\overline{Q}$ 为内热源密度。

除了热传导方程，计算物体内部的温度分布随时间的改变，还需要指定初始条件和边界条件。初始条件是指物体最初的温度分布情况：

$$T|_{t=0}=T_0(x,y,z) \tag{2-2}$$

边界条件是指物体外表面与周围环境的热交换情况。在传热学中一般把边界条件分为三类。

(1)给定物体边界上的温度，称为第一类边界条件。物体表面上的温度或温度函数为已知：

$$T|_{\mathrm{s}}=T_{\mathrm{s}}(x,y,z,t) \tag{2-3}$$

(2)给定物体边界上的热量输入或输出，称为第二类边界条件。已知物体表面上热流密度：

$$\left(\lambda_x\frac{\partial T}{\partial x}n_x+\lambda_y\frac{\partial T}{\partial y}n_y+\lambda_z\frac{\partial T}{\partial z}n_z\right)\bigg|_{\mathrm{s}}=q_{\mathrm{s}}(x,y,z,y) \tag{2-4}$$

式中，n_x、n_y、n_z 为边界外法线的方向余弦；$q_{\mathrm{s}}(x,y,z,t)$ 为边界上给定的热流密度。

(3)由于物体表面与外界环境之间的温度差引起的热交换，称为第三类边界条件：

$$\left(\lambda_x\frac{\partial T}{\partial x}n_x+\lambda_y\frac{\partial T}{\partial y}n_y+\lambda_z\frac{\partial T}{\partial z}n_z\right)\bigg|_{\mathrm{s}}=q_{\mathrm{c}}+q_{\mathrm{r}} \tag{2-5}$$

式中，q_{c} 为对流换热发生的热流密度；q_{r} 为辐射换热发生的热流密度。

当物体置于正在流动的且其温度不同于该物体的流体之中时，则会有对流产生。且温差越大，热量交换就越大，若物体表面温度为 T，周围环境温度为 T_a，则热流密度可表示为：

$$q_c = h_c(T - T_a) \tag{2-6}$$

式中，h_c 为换热系数，其取值直接影响着对流换热量的大小。

影响对流换热系数的因素包括流体物理性质(如密度、黏度、热导率、比热容)、对流的起因(如自然对流或强制对流)、流体流动的状态(如湍流或层流)等。徐丰对各种对流换热公式进行了归纳，将对流换热系数表示为风速的函数：

$$h_c = 2.7v + 6 \tag{2-7}$$

$$h_c = 3.06v + 4.11 \tag{2-8}$$

$$h_c = \begin{cases} 3.0v + 4.35 & v \leqslant 5\text{m/s} \\ 6.31v^{0.656} + 3.25e^{-1.9v} & v > 5\text{m/s} \end{cases} \tag{2-9}$$

$$h_c = \begin{cases} 4.0v + 5.6 & v \leqslant 5\text{m/s} \\ 7.15v^{0.78} & v > 5\text{m/s} \end{cases} \tag{2-10}$$

对比几种不同的对流换热系数公式后发现，当风速 v 低于 5m/s 时，由各式计算的对流换热系数的值差并不大，随着风速增加，对流换热系数计算值的差异性越大。我国多数地区年平均风速在 1 ~ 4m/s 之间，年大风日数较少，与平均风速范围相对应的对流换热系数的变化范围在 8 ~ 16W/(m^2 · K)之间。

严格来讲，对流换热系数随风速与风向的改变是个随机过程，但准确估计风速与风向的时程变化很不现实。从已有箱梁温度场的计算分析结果来看，将对流换热系数近似地取为常数在工程精度范围内是可行的。兰中秋等和逯彦秋等把日间和夜间对流换热系数分别取为 10W/(m^2 · K)、14W/(m^2 · K)。本文在分析钢箱梁铺装层温度时采用文献[3]中的对流换热系数。

铺装层表面以电磁波形式向外界发射辐射(长波辐射)，同时吸收来自大气及周围环境发射的辐射，辐射热交换的热流密度 q_r 可按下式计算：

$$q_r = h_r \sigma A(A^4 - T_a^4) \tag{2-11}$$

式中，h_r 为辐射换热系数；σ 为波尔滋蔓系数，取 $5.67 \times 10^{-8}\text{W} \cdot \text{m}^{-2} \cdot \text{K}^{-4}$；$A$ 为表面积。其中，$h_r = F\varepsilon$，F 为辐射面 1 到辐射面 2 的形状系数，取值为 0 ~ 1，一般情况下 F 取 1；ε 为表面材料辐射率。

对于钢箱梁桥的温度分布，影响因素主要有太阳直接辐射和钢桥周围的环境温度。下面将对这二者进行详细的论述。

2.2.2 影响钢桥温度分布的气象因素

桥梁的日照温度变化很复杂，影响因素较多，主要有以下几个方面：太阳直接辐射、散射辐射、地面或水面反射、气温变化、风速以及地理纬度、结构物的材料和结构朝向、结构物附近的地貌条件等。因此，桥梁由于日照温度变化引起的表面和内部温度变化，是一个随机变化的复杂函数。表面温度变化具有明显的谐波曲线特性，但又随壁板朝向不同而有明显的差别。其中既有太阳辐射引起的明显局部性，又有材料的热传导特性带来的不均匀性，难以直接求得函数解，只能应用数值方法进行近似地计算。通过大量的实测资料分析得出：在结构物所在地的地理纬度、方位角以及地形条件确定的情况下，影响结构日照温度变化的主要因素是太阳辐射强度、气温变化和风速。当铺装结构表面温度达到最大时，风速几乎接近于零，为了求得铺装最大表面温度，风速这个因素也可忽略，从设计控制温度荷载考虑，影响铺装结构表面温度的因素可简化为只有太阳辐射与气温变化这两个因素。因此风速对铺装结构日照温度变化影响此处不予详细讨论。

2.2.2.1　太阳辐射强度的计算

太阳辐射是钢箱桥梁从外界吸收能量的主要来源。太阳辐射强度与季节、地理位置等关系密切，以下即为计算太阳辐射所需要的一些参数。

地球中心与太阳中心的连线与地球赤道平面的夹角称为赤纬角，用 δ 表示，则测量日的赤纬角大小为：

$$\delta = 23.45 \cdot \sin\left(360 \cdot \frac{284 + n}{365}\right) \tag{2-12}$$

式中，n 为自 1 月 1 日起算的日序数，若测量日为 12 月 21 日，则 $n = 355$。

某一时刻，日心到地心连线所在的子午圈与地球上观察者所在的子午圈之间的夹角，称为该时刻的太阳时角。每天 24h 太阳旋转 360°，相当于太阳时角每小时变化 15°。由于地球公转轨道是椭圆形的，所以太阳时角应按真太阳时计算，真太阳时与人们平常所习惯的平均尺度的平太阳时的差值称为时差。若将真太阳时用角度表示时，又称当地太阳时角 ω，其计算公式为

$$\omega = \left(H_S \pm \frac{L - L_S}{15} + \frac{e}{60} - 12\right) \times 15 \tag{2-13}$$

式中，H_S 为该地区标准时间(h)；L 为当地经度；L_S 为地区标准时间位置的经度，对我国来说，$L_S = 116.47°$(北京东经经度)；对于东半球，式中"±"号取正号，对于西半球则取负号；e 为测量日的时差，其计算公式为

$$e = 9.87\sin 2B - 7.53\cos B - 1.5\sin B \tag{2-14}$$

式中，$B = \frac{360(n - 81)}{364}$，其中 n 的含义同式(2-12)。

太阳高度角 h 是地球表面上某点和太阳的连线与地平线之间的夹角，可用下式计算：

$$\sin h = \sin\phi \cdot \sin\delta + \cos\delta \cdot \cos\phi \cdot \cos\omega \tag{2-15}$$

式中，ϕ 为当地纬度，其余含义同上。

太阳方位角 a 是太阳至地面上某给定点连线在地面上的投影与南向(当地子午线)的夹

角。太阳偏东时为负，偏西时为正，其计算公式为：

$$\sin a=\frac{\cos\delta\cdot\sin\omega}{\cos h} \tag{2-16}$$

若此式算得的 $\sin a$ 大于 1 或 $\sin a$ 的绝对值较小时，换用下式计算：

$$\cos a=\frac{\sin h\cdot\sin\phi-\sin\delta}{\cos h\cdot\cos\phi} \tag{2-17}$$

太阳入射角 i 为太阳射线与壁面法线之间的夹角，即壁面上某点至壁面法线之间的夹角。某时刻太阳入射角（即太阳射线与壁面法向之间的夹角）i 的计算式为：

$$\cos i=\cos\theta\cdot\sin h+\sin\theta\cdot\cos h\cdot\cos\varepsilon \tag{2-18}$$

式中，θ 为壁面角，即壁面与水平面之间的夹角，垂直面 $\theta=90°$、水平板壁 $\theta=0°$；ε 为壁面太阳方位角，即壁面上某点和太阳之间的连线在水平面上的投影与壁面法线在水平面上的投影之间的夹角，$\varepsilon=\alpha-\gamma$，其中 γ 为壁面法线在水平面上的投影与正南向的夹角。壁面偏东为负；偏西为正；正南为零。

1）太阳直射辐射强度计算

任意平面上得到的太阳直射辐射，与阳光对该平面的入射角有关，如果某平面的倾角为 0 时，则平面所接受的太阳辐射强度为：

$$I_{D\theta}=I_{DN}\cos i=I_0P^m\cos i \tag{2-19}$$

式中，I_0 为太阳常数，其值为 1 367W/m^2；m 为大气质量，$m=1/\sin h$，h 即为式（2-15）中的太阳高度角；P 为该地区某时的大气透明率，P 值受空气成分如水蒸气、烟气、尘埃、臭氧和气溶胶，以及海拔高度等复杂因素的影响，而且存在明显的地区差别。实际计算中往往是根据实测资料通过统计分析，提出有关经验计算公式。

国内外许多学者对不同地区晴天大气透明度系数进行了深入的分析，提出了各种不同计算模型、经验公式或建议值。方先金利用全国 68 个甲种太阳辐射观测站的资料，通过统计分析，对我国复合透明度系数的计算方法和分布规律进行了研究，表 2-5 为部分站点的晴天大气透明度累年平均值。

累年平均透明度系数 表 2-5

地区	拉萨	广州	南京	北京	兰州	乌鲁木齐	爱辉
一月	0.853	0.644	0.668	0.738	0.555	0.703	0.803
七月	0.798	0.600	0.672	0.647	0.691	0.695	0.755

上述学者的研究结果所反映的是一般的平均状况，对于钢箱梁桥结构温度效应研究所对应的极值气象条件来说，其结果可能是偏小的。在特别晴朗大气条件下的太阳直接辐射可能比这种“平均晴天模型”所算出的结果高出 5% ~15%。Kehlbeck 在对混凝土桥梁温度应力的研究中，提出了基于布格-兰伯特定律的太阳瞬时辐射强度计算模型，Elbadry 又对此进行了简化。将该计算模型中的有关图表数据进行整理和拟合，可以形成如下近似计算公式：

$$P=0.9^{t_u k_a} \tag{2-20}$$

式中，k_a 为大气相对气压，随海拔高度变化，见表2-6；t_u 为林克氏混浊度系数，随大气状况和季节变化，可按照下面经验公式计算：

相对气压随海拔高度的变化　　表2-6

海拔高度(m)	0	500	1 000	1 500	2 000	2 500	3 000
相对气压	1	0.94	0.89	0.84	0.79	0.74	0.69

$$t_u=A_{tu}-B_{tu}\cos\frac{360°N}{365} \tag{2-21}$$

式中，A_{tu}、B_{tu} 为经验系数，分别表示不同大气状况下，林克氏混浊度系数的年平均值和变化幅度，见表2-7。本处按大城市地区取值。

林克氏浑浊度系数　　表2-7

参　　数	山　　区	乡　　村	大　城　市	工　业　区
A_{tu}	2.2	2.8	3.7	3.8
B_{tu}	0.5	0.6	0.5	0.6

对于水平面，$\theta=0°$，桥梁表面接受的太阳直接辐射为

$$I_{DH}=I_{DN}\sin h=I_0P^m\sin h \tag{2-22}$$

对于垂直面，$\theta=90°$，桥梁表面接受的太阳直接辐射为

$$I_{DV}=I_{DN}\cos h\cos\varepsilon=I_0P^m\cos h\cos\varepsilon \tag{2-23}$$

2）太阳散射辐射

桥梁结构外表面从空中所接受的散射辐射包括三项，即天空散射辐射，地面或水面辐射和大气长波辐射。天空散射辐射是关键项。

天空散射辐射是阳光经过大气层时，由于大气中的薄雾和少量尘埃等，使光线向各个方向反射和折射，形成一个由整个天穹所照射的散乱光。因此，天空散射辐射也是中波辐射。

对于晴天水平面的天空散射辐射强度 I_{dH}，可用 Berlage 公式计算：

$$I_{dH}=\frac{1}{2}I_0\cdot\sin h\cdot\frac{1-P^m}{1-1.4\ln P}\cdot\cos^2\frac{\theta}{2} \tag{2-24}$$

式中，θ 为所在平面与水平面的夹角。对于垂直面，$\theta=90°$，其所接受的天空散射辐射强度 I_{dV}：

$$I_{dV}=\frac{1}{2}I_{dH} \tag{2-25}$$

太阳光线射到海水面上以后，其中一部分被水面所反射。与水平面呈 θ 角的倾斜面获得的地面反射辐射强度 $I_{R\theta}$ 为：

$$I_{R\theta}=\rho_0 I_{SH}\left(\frac{1}{2}-\frac{1}{2}\cos\theta\right)=\rho_0 I_{SH}\left(1-\cos^2\frac{\theta}{2}\right) \tag{2-26}$$

式中，I_{SH} 为水平面所接受的太阳总辐射强度，$I_{SH}=I_{DH}+I_{dH}$。ρ_0 为水面的平均反射率，一般小于10%，此处取10%。

阳光透过大气层到达地面的途中,其中一部分被大气中的水蒸气和二氧化碳所吸收,同时它们还吸收来自地面的反射辐射,使其具有一定的温度,会向地面进行长波辐射,其辐射强度 I_{sky} 为:

$$I_{sky}=\sigma\cdot T_{sky}^{4}\cdot\phi=\sigma T_{a}^{4}\cdot\left(0.51+0.208\sqrt{e_{a}}\right)\cdot\phi(\text{单位 W/m}^{2})\tag{2-27}$$

式中,σ 的含义同上;T_{sky} 为天空当量温度(单位 K);T_a 为室外空气干球温度(单位 K);e_a 为空气中水蒸气分压强(单位 kPa);ϕ 为接受辐射的表面对天空的角系数,垂直墙面 ϕ 取0.5,屋顶平面 ϕ 取 1。相对而言,长波辐射对箱梁温度场的影响较小,本书不考虑长波辐射的影响。

根据上述关于气象学中太阳辐射的理论,可进行太阳辐射日变化的拟合。港珠澳大桥连接香港、珠海、澳门三地,香港的地理位置为北纬 22°9′至 22°37′,东经 113.52°至 114.30°;澳门的地理位置为北纬 22°14′,东经 113°35′,所以此处在做太阳辐射强度变化规律研究时地理位置可取北纬 22°,东经 113°。按照前述方法模拟太阳辐射的日变化过程,以 6 月 21 日为例,其变化曲线见图 2-5。

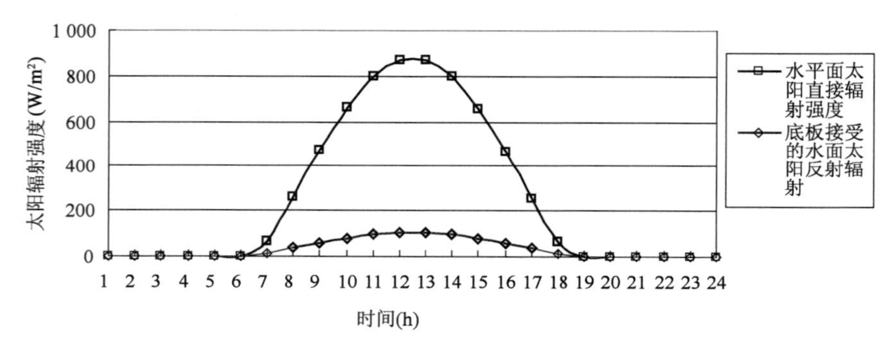

图 2-5 太阳辐射强度时程曲线

2.2.2.2 环境温度的变化规律

室外空气和太阳辐射强度一样具有逐日、逐年周期性变化的特性,除了某些日子会发生突变外,一般较为一致。因此可以根据历年实测的日温数值,找出日气温变化规律,再进行曲线拟合得出用于计算每日任意时刻气温的数学表达式。对于晴天,一般下午 2 至 3 时气温达到最高;而在凌晨 4 至 5 时达到最低,其变化具有简谐波的形状,但又非严格的正弦或余弦形式。

环境温度的变化用 2 个正弦函数组合模拟如下:

$$T_{a}=\overline{T}_{a}+\widetilde{T}_{a}\left[0.96\sin\omega(t-t_{0})+0.14\sin2\omega(t-t_{0})\right]\tag{2-28}$$

式中,$\overline{T}_a$ 为日平均气温;$\widetilde{T}_a$ 为气温振幅;t_0 为最大太阳辐射时(正午 12 点)与最高气温出现时的差值加 1,一般可取 $t_0=3\text{h}$;t 为时间,规定早晨六点时,$t=0\text{h}$;ω 为角频率,$\omega=\dfrac{2\pi}{24}(1/\text{h})$。其

中，$\bar{T}_{a}=(T_{amax}+T_{amin})/2$，$\tilde{T}_{a}=(T_{amax}-T_{amin})/2$，$T_{amax}$、$T_{amin}$分别为日最高和最低气温。

参考《港珠澳大桥主体工程桥梁技术设计》第三册《钢桥面铺装》给出的气象资料，珠海地区极端最高气温为38.9℃，最高年平均气温为25.7℃，按照式(2-28)拟合得到该地区对钢桥温度场分布最为不利的气温变化时程曲线，见图2-6。

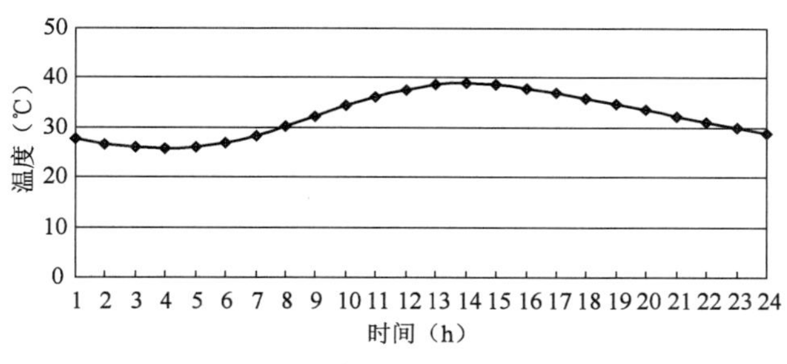

图2-6　气温变化时程曲线

2.2.3　瞬态温度场分析的一般有限元列式

有限单元法的理论背景是把微分方程的边值问题转换为等价的求泛函极值问题。该方法把求解域 D(边界为 Γ)离散为 m 个单元，n 个节点，每个单元求解域 D^{e}(边界为 Γ^{e})上的温度场函数 T^{e}对应于微分方程和边界条件的泛函为：

$$J^{e}=\iint_{D^{e}}\left\{\frac{\lambda}{2}\left[\left(\frac{\partial T}{\partial x}\right)^{2}+\left(\frac{\partial T}{\partial y}\right)^{2}\right]+\rho c\frac{\partial T^{e}}{\partial \tau}T^{e}\right\}\mathrm{d}x\mathrm{d}y+\int_{\Gamma^{e}}h\left(\frac{1}{2}(T^{e})^{2}-T_{a}T^{e}\right)\mathrm{d}s \tag{2-29}$$

整体泛函 $J=\sum J^{e}$，求解温度场即找出满足泛函 J 取极值的温度场分布。

$$J[T(x,y)]=J(T_{1},T_{2},\cdots,T_{n})=\sum_{e=1}^{m}J^{e}(T^{e}) \tag{2-30}$$

式中，$T_{1},T_{2},\cdots,T_{n}$ 为节点温度，单元温度 T^{e} 可以表示为：

$$T^{e}(x,y)=\sum_{j=1}^{r}N_{j}T_{j}^{e} \tag{2-31}$$

式中，N_{j} 为插值函数；T_{j}^{e}为单元 e 的第 j 个节点的温度；r 为单元 e 的 j 节点总数；j 为节点在单元内部的排列序号，即节点的局部编码。

泛函取极值时，其对整个求解域上的所有节点温度的偏导均为0，即

$$\sum\frac{\partial J^{e}(T^{e})}{\partial T_{i}}=0\qquad(i=1,2,\cdots,n) \tag{2-32}$$

在 τ 时刻，对于一个包含节点的具体单元，把$\frac{\partial T^{e}}{\partial \tau}=0$ 作为常数处理，则有：

$$\frac{\partial J^{e}(T^{e})}{\partial T_{i}}=\iint_{D^{e}}\left\{\frac{\lambda}{2}\left[\frac{\partial T^{e}}{\partial x}\frac{\partial}{\partial T_{i}}\left(\frac{\partial T^{e}}{\partial x}\right)+\frac{\partial T^{e}}{\partial y}\frac{\partial}{\partial T_{i}}\left(\frac{\partial T^{e}}{\partial y}\right)\right]+\rho c\frac{\partial T^{e}}{\partial \tau}\frac{\partial T^{e}}{\partial T_{i}}\right\}\mathrm{d}x\mathrm{d}y+$$

$$\int_{\Gamma^{e}}h\left(\frac{1}{2}\frac{\partial T^{e}}{\partial T_{i}}-T_{a}\frac{\partial T^{e}}{\partial T_{i}}\right)\mathrm{d}s \tag{2-33}$$

设 i 节点在单元 e 中的局部编码为 k，则 $T_k^e = T_i$，由式(2-32)可知

$$\frac{\partial T^e}{\partial x} = \sum_{j=1}^{r} \frac{\partial N_j}{\partial x} T_j^e \tag{2-34}$$

$$\frac{\partial T^e}{\partial y} = \sum_{j=1}^{r} \frac{\partial N_j}{\partial y} T_j^e \tag{2-35}$$

$$\frac{\partial}{\partial T_i}\left(\frac{\partial T^e}{\partial x}\right) = \frac{\partial N_k}{\partial x} \tag{2-36}$$

$$\frac{\partial}{\partial T_i}\left(\frac{\partial T^e}{\partial y}\right) = \frac{\partial N_k}{\partial y} \tag{2-37}$$

$$\frac{\partial T^e}{\partial T_i} = N_k \tag{2-38}$$

$$\frac{\partial T^e}{\partial \tau} = \sum_{j=1}^{r} N_j \frac{\partial T_j^e}{\partial \tau} = \sum_{j=1}^{r} N_j \dot{T}_j^e \tag{2-39}$$

把式(2-34)～式(2-39)代入式(2-32)得到

$$\frac{\partial J^e(T^e)}{\partial T_i} = \sum_{j=1}^{r} G_{kj}^e T_j^e + \sum_{j=1}^{r} C_{kj}^e \dot{T}_j^e + \sum_{j=1}^{r} H_{kj}^e T_j^e - P_k^e \tag{2-40}$$

式中：

$$G_{kj}^e = \iint_{D^e} \lambda \left(\frac{\partial N_k}{\partial x}\frac{\partial N_j}{\partial x} + \frac{\partial N_k}{\partial y}\frac{\partial N_j}{\partial y}\right) \mathrm{d}x\mathrm{d}y \tag{2-41}$$

$$C_{kj}^e = \iint_{D^e} \rho c N_k N_j \mathrm{d}x\mathrm{d}y \tag{2-42}$$

$$H_{kj}^e = \int_{\Gamma^e} h N_k N_j \mathrm{d}s \tag{2-43}$$

$$P_k^e = \int_{\Gamma^e} h N_k T_{\mathrm{a}} \mathrm{d}s \tag{2-44}$$

设 $K_{kj}^e = G_{kj}^e + H_{kj}^e$，则式(2-40)变为

$$\frac{\partial J^e(T^e)}{\partial T_i} = \sum_{j=1}^{r} K_{kj}^e T_j^e + \sum_{j=1}^{r} C_{kj}^e \dot{T}_j^e - P_k^e \tag{2-45}$$

按照每个单元节点的局部编码和总体编码的对应关系，由 K_{kj}^e、C_{kj}^e、P_k^e 分别可组装出总体温度刚度矩阵 $[K]$、总体蓄热刚度矩阵 $[C]$ 和总体温度荷载向量 $\{P\}$。根据式(2-45)得到矩阵形式的有限元方程：

$$[K]\{T\} + [C]\{\dot{T}\} = \{P\} \tag{2-46}$$

式中，$\{T\}$ 为总体节点温度向量；$\{\dot{T}\}$ 为总体节点温度对时间的导数向量。将时间域离散为若干时间点，在任意两相邻时刻 τ_n 与 τ_{n+1}，式(2-31)都成立，即

$$[K]\{T\}_n+[C]\{\dot{T}\}_n=\{P\}_n \tag{2-47}$$

$$[K]\{T\}_{n+1}+[C]\{\dot{T}\}_{n+1}=\{P\}_{n+1} \tag{2-48}$$

取时间步长为 $\Delta\tau$,令

$$\{\dot{T}\}_n=\frac{1}{\Delta\tau}[\{T\}_{n+1}-\{T\}_n] \tag{2-49}$$

联立式(2-47)~式(2-49)可得

$$\left([K]+\frac{1}{\Delta\tau}[C]\right)\{T\}_{n+1}-\frac{1}{\Delta\tau}[C]\{T\}_n-\{P\}_{n+1}=0 \tag{2-50}$$

从初始温度场开始,每隔一个时间步长求解一个温度场,通过将前一时间步求得的结果作为下一个时间步的初始条件,循环求解,即得到每一时刻的温度场。

2.2.4 温度场有限元分析

2.2.4.1 分析模型

由于环境气候因素的多样性、随机性和不确定性,钢箱桥梁铺装层的温度分布是一个复杂边界条件的三维瞬态热传导问题,为便于分析,需要进行简化和假定。根据沥青混凝土桥面铺装层的实际情况,研究由 n 层不同材料组成的层状桥面结构的温度问题,做如下假设:

(1)桥面铺装层各层均为完全均匀和各向同性的连续体;

(2)桥面铺装层结构为带状物,不考虑温度沿桥面纵向分布的变化;

(3)桥面铺装层各层间接触良好,层间温度和热流连续。

通过上述的假定,钢箱梁温度场分析简化为二维的瞬态分析,即桥梁宽度和高度方向。箱梁截面见图2-7。

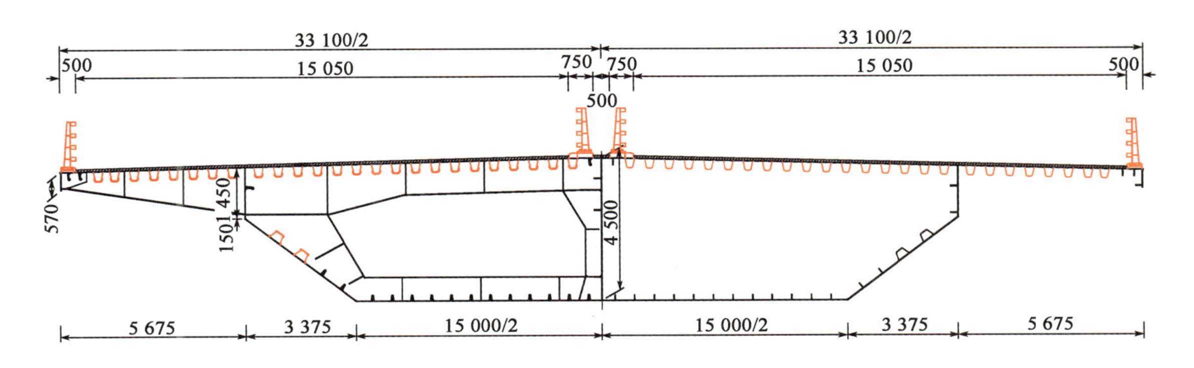

图2-7 箱梁截面(尺寸单位:mm)

2.2.4.2 材料参数

材料的物性参数包括密度、比热容、导热系数等,一般由现场试验测得,本章参考文献[3]

进行取值,见表2-8。不考虑箱内空气与箱内钢板表面的自然对流换热,空气在箱内一般充当隔热层,将其视为一种隔热介质。各计算参数的取值见表2-9。

材料的物性参数 表2-8

材料	比热容 [kJ/(kg·℃)]	导热系数 [W/(m·℃)]	质量密度 (kg/m^3)
顶层铺装	1 200	1.456	2 400
底层铺装	1 200	1.456	2 400
钢板	460	58.2	7 850
空气	1.005	0.025	1.225

计算参数取值 表2-9

参数	取值	参数	取值
日间对流换热系数[$W/(m^2 \cdot ℃)$]	10	桥面铺装对大气辐射吸收率	0.93
夜间对流换热系数[$W/(m^2 \cdot ℃)$]	14	大气对桥面铺装辐射吸收率	0.82
铺装层吸收系数	0.90	钢板辐射吸收系数	0.40
钢板吸收系数	0.53		

根据该桥所在地区的经纬度、大气透明度、大气质量,计算出该地区的日太阳辐射强度曲线,拟合结果见图2-5。大气环境温度根据所提供的历史气象资料按照所述方法进行拟合,拟合结果见图2-6。

2.2.4.3 有限元模型

使用通用有限元软件Strand7进行瞬态非线性温度场分析,采用四节点平面四边形单元,模型中将空气视为一种介质参与热传递。箱梁截面有限元模型见图2-8。箱梁边腹板、斜底板、底板和悬臂板的底部接收水面反射辐射,箱梁顶面接收太阳直接辐射。箱梁外围四周与周围环境发生对流换热。边界条件是关于时间的函数,在Strand7中对太阳辐射和环境温度用表格形式输入,然后再施加到相应的边界上,在进行温度场的瞬态分析时,软件自动读取每个时刻所对应的边界条件。时间步长1/12h,计算时间为8×24h。

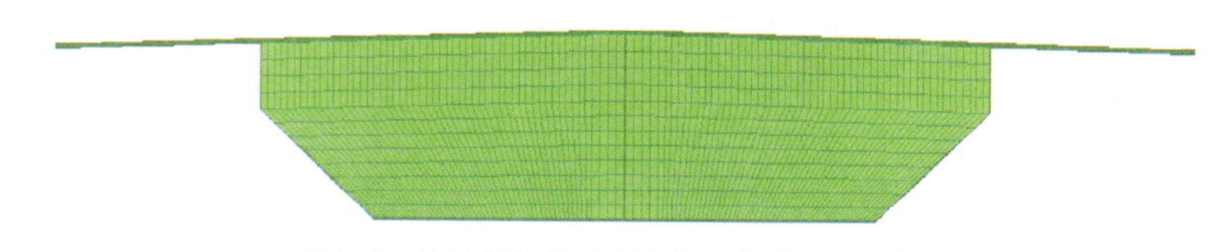

图2-8 温度场分析有限元模型(包含箱内空气)

2.2.4.4 初始条件

对箱梁进行瞬态热分析需要给定初始温度分布。初始温度分布是未知的,计算时可以先假设一个合理的初始分布,如温度值等于早晨六点的环境温度,连续进行多天的时程分析,每天都采用同样的边界条件，经过若干天后，每天每时刻所对应的温度应趋于一致，表明假定截面初始温度所造成的影响已消除。

2.2.4.5　分析结果

1）箱内各个部位的温度随时间变化情况

选取铺装层不同深度处、箱梁腹板不同位置以及箱内底板某处位置，其温度随时间变化曲线见图2-9。从图中可以看出，钢桥面铺装层表面温度几乎与气温同步周期性变化。早晨5:00～6:00之间，铺装层表面温度最低，而后逐渐升高，在中午14:00左右达到最高值，接着又逐渐降低。铺装层内部出现最高温度的时刻较铺装层表面有所延迟。

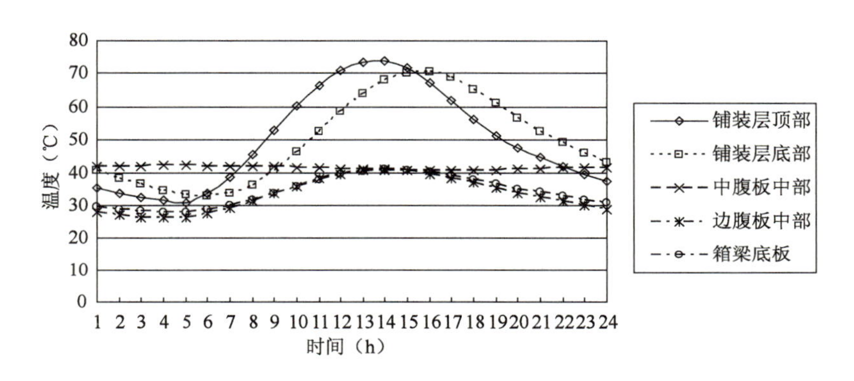

图2-9　箱梁各部位温度随时间变化曲线

由于钢箱梁内部空气传热能力较低，且对于封闭钢箱梁，箱内空气几乎不流动，箱梁内的空气起到隔热作用，无法及时将桥面板的热流量传递到箱梁底部，使得箱内顶板和箱内上部空气保持较高温度，箱梁顶板和底板存在较大温差。

2）铺装层最高工作温度的确定

根据分析结果可得到钢桥铺装表面出现最高温度时刻整个截面的温度分布情况，见图2-10。从中可以看出，整个截面的最高温度出现在铺装层表面，为74.0℃。

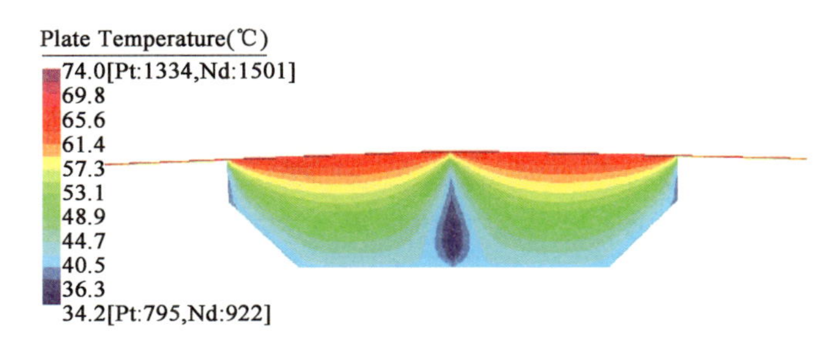

图2-10　截面温度云图

3）竖向温差分布

在桥梁结构分析中计入日照温度场对主梁的影响时，一般以某一特定时刻上缘、下缘最大温差时刻对应的主梁竖向温度场作为温度控制荷载。该桥连接香港、珠海、澳门三地。其中英国 BS 5400 规范对于铺装层厚度为 40mm 的钢箱梁的截面温度梯度规定见图 2-11,由图可知箱梁顶底温差为 33℃。

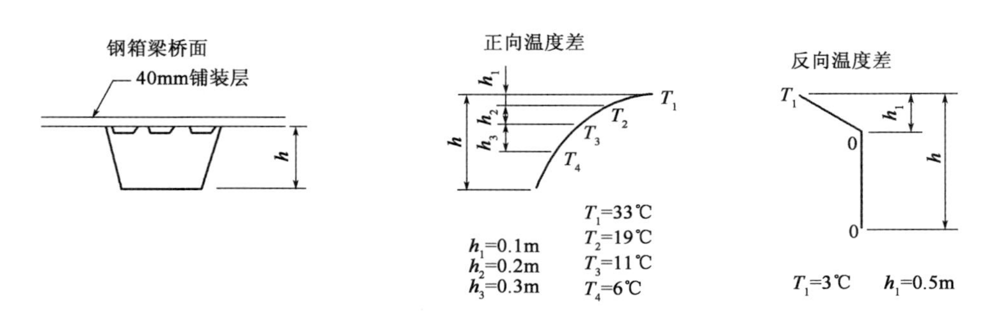

图 2-11　英国 BS 5400 规范中钢箱梁温差曲线

图 2-12 为箱梁截面出现最高温度时刻顶部钢板的上表面和底部钢板下表面的温度分布。由图 2-12 可知,温度沿着箱梁横向分布较为均匀,在箱内顶板与悬臂交界处会有温度的突变,悬臂部分温度与箱内顶板温度相差达到 15℃。钢箱梁的悬臂部分板由于热流量能通过顶部底部及时与大气进行对流换热,因而温度较箱梁顶部温度低。

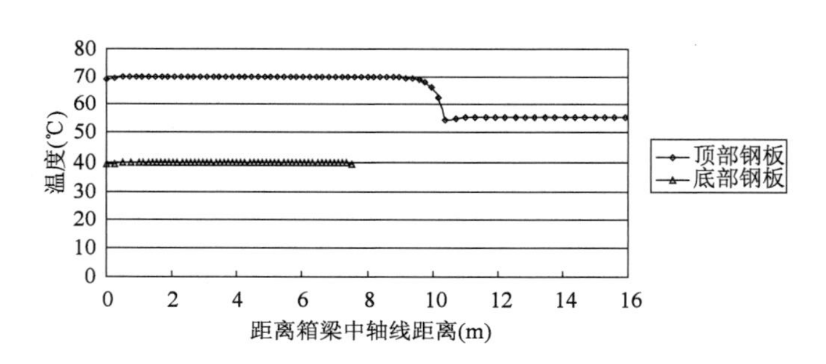

图 2-12　顶底钢板沿箱梁横向温度分布

在箱内顶板和底板各取一点,顶底钢板温差随时间变化情况见图 2-13。顶底温度差最小值出现在早晨时段,随着太阳的升起温差逐渐增大,至太阳落山时刻达到最大值。随着太阳辐

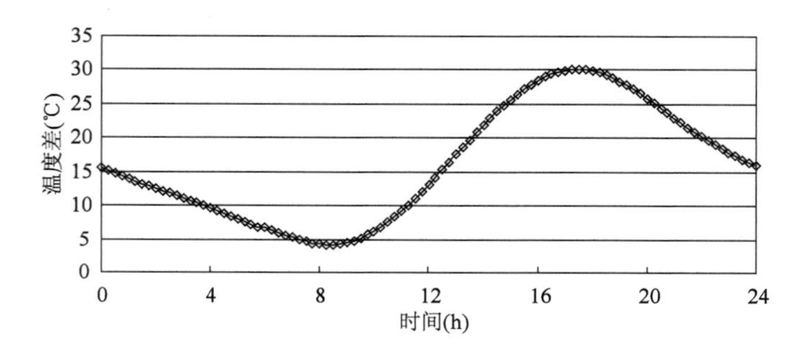

图 2-13　顶底板温度差随时间变化情况

射的消失，顶底温差逐渐降低。从整个时程曲线中可知，顶底的温度差最大为30℃。将本书分析所得截面最大温度差与英国BS 5400规范中关于钢箱梁截面温度梯度的规定作比较。本书分析结果与英国BS 5400规范规定的截面温度梯度相差3℃。由于本书分析的钢桥的铺装层厚度为70mm，较英国BS 5400规范中规定的40mm厚30mm，有可能造成两者截面最大温度相差3℃。

选择箱梁顶板和底板温度差最大的节点以及边腹板沿梁高方向的温度来研究梁高方向的温差分布。将英国BS 5400规范（设计基准温度20℃、整体升温20.9℃、最大温差33℃）底板温度基数提高至与温度场分析所得温度差最大时刻底板的温度一致。温度场分析所得温度梯度与英国BS 5400规范比较见图2-14。从图中可以看出，温度场分析得到的腹板温度梯度为非线性分布，同英国BS 5400规范有一定范围的偏差，但由于钢箱梁的腹板厚相对桥宽非常小，其占截面刚度的比例较小，腹板部位由于温度梯度引起的温度效应对于整个箱梁的温度效应贡献不大，此处的偏差可不予考虑。

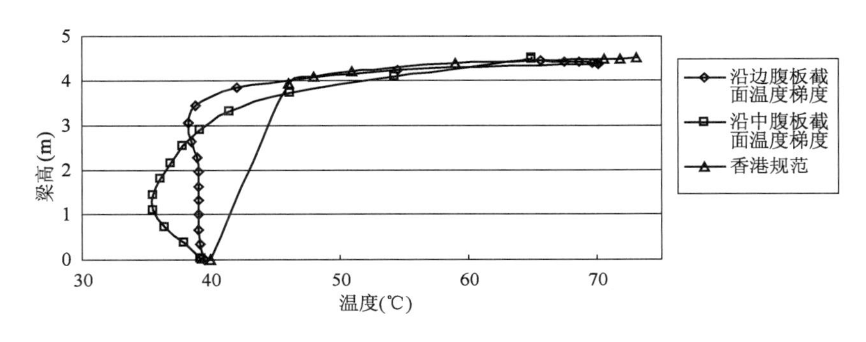

图2-14　箱梁竖向正温度梯度

从图2-14中可以看出，温度场分析得到的截面最大温度梯度分布与英国BS 5400规范比较接近。在设计该桥时，采用英国BS 5400规范来考虑温度效应是合理的。

2.2.5　邻近大桥的钢桥面铺装温度场验算

2.2.5.1　模型计算

港珠澳大桥邻近有若干座钢箱梁大桥，其中包括虎门大桥和深圳湾大桥等，都进行了钢桥面和沥青铺装的现场温度实测。为进一步校验港珠澳大桥钢桥面铺装温度场计算的合理性，现特别针对虎门大桥和深圳湾大桥也进行同样的瞬态温度场有限元计算分析。

如图2-15和图2-16所示分别为虎门大桥和深圳湾大桥的钢箱主梁标准横断面图，其中虎门大桥钢桥面顶板厚12mm，沥青铺装厚70mm；深圳湾大桥钢桥面顶板厚18mm，沥青铺装厚55mm。两桥的钢箱主梁均为整体式单箱主梁，与港珠澳大桥相似，温度场的分布规律对于港珠澳大桥有一定的参考价值。

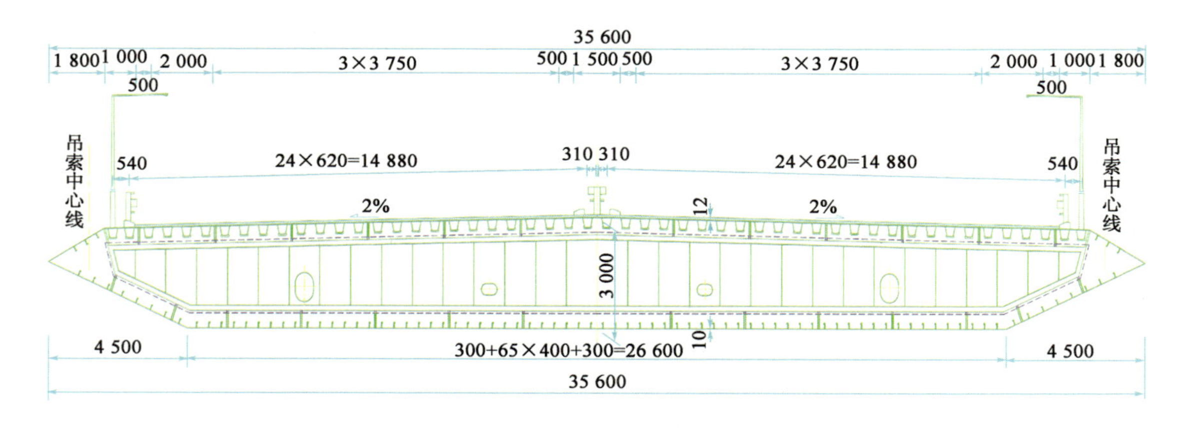

图 2-15　虎门大桥钢箱主梁标准横断面(尺寸单位:mm)

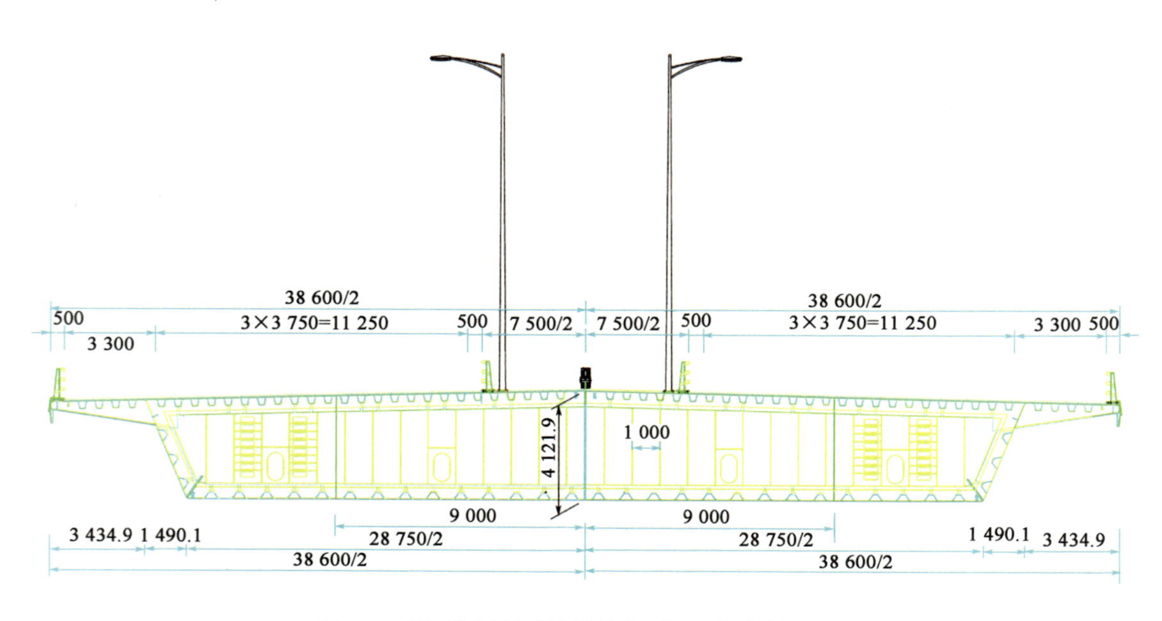

图 2-16　深圳湾大桥钢箱主梁标准横断面(尺寸单位:mm)

采用前述港珠澳大桥的温度计算参数进行计算,其中,箱梁斜腹板处的太阳辐射参数根据虎门大桥和深圳湾大桥主梁的斜腹板实际倾角进行了相应修正。

最终计算得到箱梁各部位的温度随时间变化情况,以及最高温度分布云图,如图 2-17 ~ 图 2-20所示。由图可以看出,虎门大桥铺装层的最高温度出现在铺装层表面,为 75.1℃;上边腹板由于没有铺装遮蔽,受到太阳直接辐射,因此最高温度达到 78.4℃,超过铺装层,但钢板材料的导热系数远大于铺装材料,因此上边腹板的升温和降温都比铺装层要快。另外,深圳湾大桥铺装层的最高温度出现在铺装层表面,为 76.4℃;边腹板由于有顶板遮蔽,仅受到太阳辐射的水面反射,因此温度变化规律与箱梁底板相似。

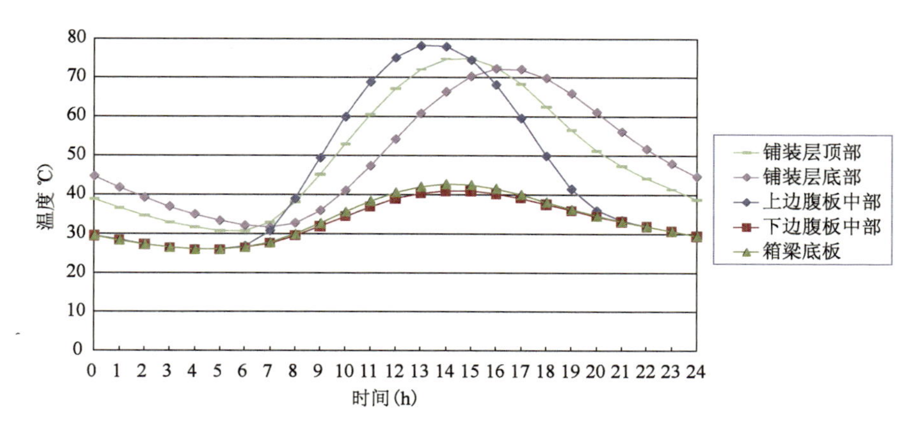

图 2-17 箱梁各部位温度随时间变化曲线(虎门大桥)

图 2-18 截面温度云图(虎门大桥)

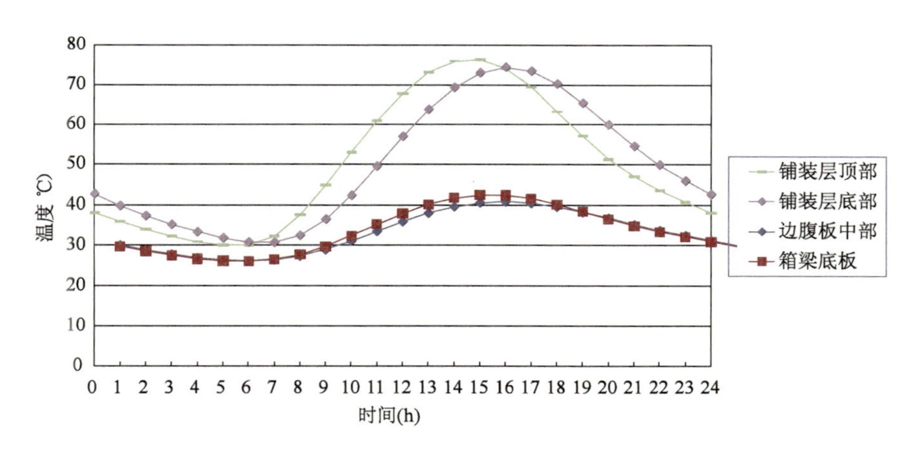

图 2-19 箱梁各部位温度随时间变化曲线(深圳湾大桥)

图 2-20 截面温度云图(深圳湾大桥)

由于大桥现场在2011年1~3月期间还进行了实桥温度场测量,因此,为了进行对比校验,下面再根据现场实测大气温度,对两座大桥钢箱梁在1~3月的温度场分布进行模拟计算。其中,计算所依据的实测大气温度参数如下:最高26.5℃,日温差10.5℃。根据这些参数,再采用式(2-28),可得到1~3月间的典型气温变化时程曲线如图2-21所示。大桥箱梁瞬态温度场的其余计算参数如前所述。

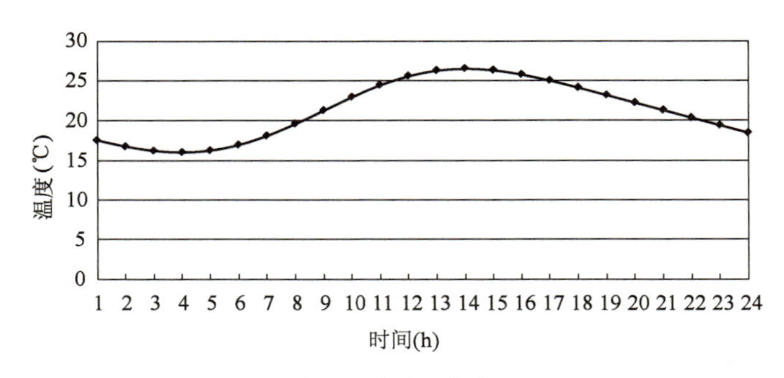

图2-21 气温变化时程曲线(1~3月)

最终计算得到箱梁各部位的温度随时间变化情况,以及最高温度分布云图,如图2-22~图2-25所示。由图可以看出,1~3月,虎门大桥铺装层的最高温度为64.4℃,上边腹板的最高温度为67.1℃;深圳湾大桥铺装层的最高温度为65.6℃。两座大桥在1~3月期间的钢箱梁温度分布及变化规律与极端高温情况下的规律相似,最高温度下降约10℃,与大气温度的下降幅度接近。

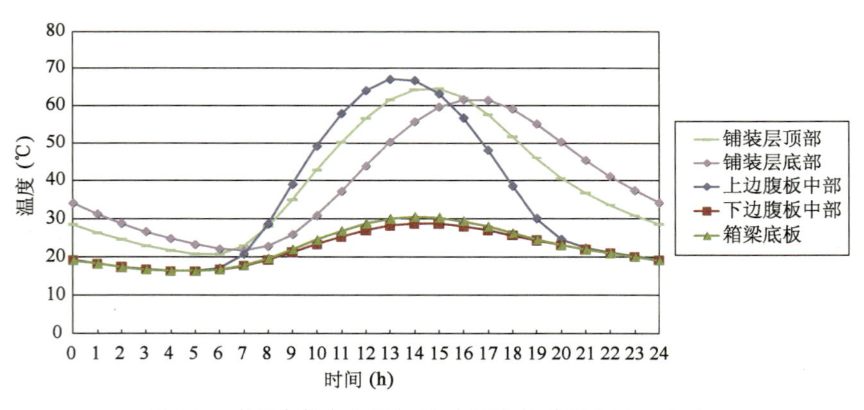

图2-22 箱梁各部位温度随时间变化曲线(虎门大桥1~3月)

图2-23 截面温度云图(虎门大桥1~3月)

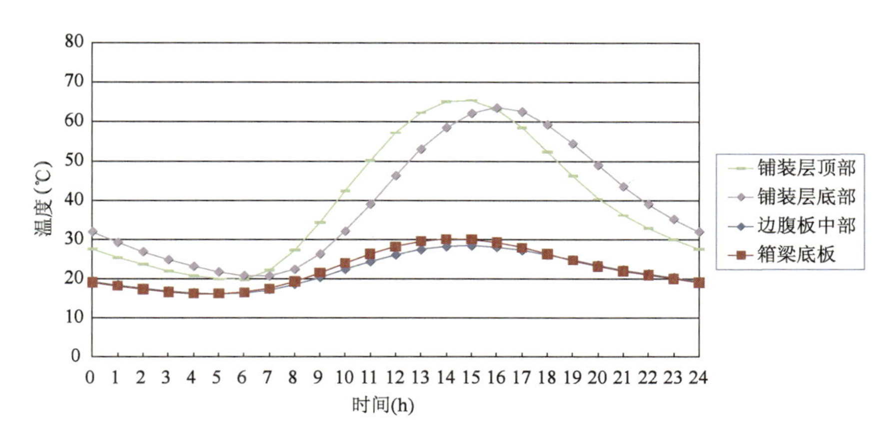

图 2-24 箱梁各部位温度随时间变化曲线(深圳湾大桥 1 ~ 3 月)

图 2-25 截面温度云图(深圳湾大桥 1 ~ 3 月)

2.2.5.2 与现场实测结果的对比分析

综合前面三座大桥的温度场分析结果,并与现场实测结果进行对比,总结如表 2-10 所示。表中,"铺装层"一行取的是铺装层顶部的计算结果,"箱梁顶板"一行取的是铺装层底部的计算结果(具体计算结果显示两者温度一致,上述图表中为显示简洁未列出),"箱梁底板"一行取的是箱梁底板的计算结果;"—"代表无相关数据。

三座大桥钢箱梁温度分析与实测结果(℃) 表 2-10

项 目	港珠澳大桥	虎 门 大 桥			深圳湾大桥			
	极端高温计算	极端高温计算	8 月实测	1 ~ 3 月计算	极端高温计算	8 月实测	1 ~ 3 月计算	1 ~ 3 月实测
最高气温	38.9	38.9	37.0	26.5	38.9	35.7	26.5	26.5
铺装层	74.0	75.1	60.0	64.4	76.4	59.4	65.6	44.1
箱梁顶板	70.1	72.2	—	61.6	74.5	54.5	63.7	43.8
箱梁底板	40.2	42.8	—	30.5	42.6	—	30.2	26.4

由表 2-10 所列数据,可观察得到如下若干结论:

(1)由计算可得,铺装层表面最高温度比最高气温高 30 ~ 35℃,比箱梁顶板最高温度高 2 ~ 4℃,钢箱梁顶底板温差为 30 ~ 33℃;

(2)由实测可得,铺装层表面最高温度比最高气温高 18 ~ 24℃,比箱梁顶板最高温度高

1～5℃，钢箱梁顶底板温差约为18℃；

(3)计算所得温度比实测结果高10～15℃，其原因主要在于计算所取的太阳辐射强度、气温变化和风速等参数大多为极端不利情况，这种情况出现的概率较低，而现场实测所对应的温度参数的出现概率较高；另外各材料的热工参数也按理论值来进行计算，与实际情况有一定偏差，因此，计算与实测结果存在差异是合理的。尽管如此，计算与实测所得的温度场分布规律还是大致相符，由此也可以对港珠澳大桥的实桥温度进行合理的推断，即在日常环境条件下，港珠澳大桥铺装层的最高工作温度约为60℃。

2.3 钢桥面铺装结构受力分析

2.3.1 分析方法

钢桥面铺装层直接铺设在正交异性板上，而正交异性钢桥面板柔度大，在移动车辆荷载、风荷载、不断变化的温度荷载及地震等因素的影响下，钢桥受力复杂，在纵横隔板以及加劲肋与钢桥面板连接部位出现应力集中，对铺装层的受力有显著的影响。钢桥铺装层的受力远较一般的带基层路面铺装复杂。

沥青铺装层通过黏结层与钢桥面板牢固黏结成一体，共同承担车辆荷载引起的变形与应力。铺装层对钢桥面板有一定的加劲作用，而铺装层与钢板之间的黏结状况对铺装层的应力有较大的影响。因此，在进行铺装层的分析设计时就必须将铺装层与钢桥面板结合起来考虑。

受正交异性钢桥结构类型特殊的影响，钢桥面铺装层的温度受外界环境变化的影响比带基层的路面铺装复杂。由于钢桥面板的导热系数比混凝土或路基材料大得多，钢箱梁及正交异性钢桥面板的昼夜温差和季节性温度变化幅度也比相同地区的普通沥青路面基层大，因此，钢桥面铺装的极端高温比相同地区的沥青路面大，而极端低温则比后者低。除铺装层自身温度变化之外，钢桥的温度的日变化和季节性变化同样引起铺装层的变形。

由于加劲肋的加劲支撑作用，在车辆荷载作用下，加劲肋、横肋(横隔板)、纵隔板顶部的铺装层表面出现负弯矩，铺装层最大拉应变出现在铺装层表面，铺装层表面最大拉应力超过铺装材料的极限抗拉强度，在铺装表面即出现裂缝。

钢桥面铺装体系由正交异性钢桥面系和铺装层组成。早期对钢桥铺装的研究主要集中在铺装材料特性方面，未能意识到钢桥结构的正交异性对铺装层受力性能的影响。近年来，世界各国桥梁工作者逐渐注意到正交异性钢桥面系结构参数的变化对铺装层受力性能的重要影响，在研究铺装层时，综合桥面系统、铺装层材料以及铺装结构设计为一体，逐渐为学术界和工程界所重视。

德国最早开始钢桥铺装体系的研究，其后美国、英国、丹麦、荷兰、日本以及其他一些国家和地区也先后进行了研究。国内外关于正交异性钢桥面铺装体系的研究主要包括以下几个方面：①钢板自身厚度及板下加劲肋、横隔板的形状、尺寸以及焊接的方式；②外界环境（温度、风荷载等）的变化导致铺装体系的变形；③车辆荷载作用铺装层表面不同位置时产生的应力应变变化规律。

钢桥铺装研究要追溯到钢桥面板的研究，1957 年 Pelikan 与 Esslinger 共同提出 Pelikan-Esslinger 方法，简称 P. E. 法，该法把钢桥面铺装体系分为三个子系统，通过分部计算然后将结果叠加并修正，得到柔性支承上正交异性桥面板的静力解。然后又对正交异性钢桥面板进行一系列简化，给出了不计偏心的正交异性加劲板的位移方程。Sheikh 和 Mukhopadhyay 用有限条方法对加劲梁的几何非线性进行了分析，成功地将非线性板理论应用于正交异性加劲板的计算。Shanmugam 利用能量方法研究了各向异性桥面板单向面内荷载作用下的应力应变和位移。小西一郎将正交异性钢桥面板看成是支承在刚度无穷大的主梁上的按等间距排列的弹性横肋上的正交异性连续板，得出了荷载作用下正交异性加劲板位移的理论解。

Guenther 等从钢桥面板厚度、主梁附近补强加劲肋、沥青铺装层的材料特性及铺装层强度等方面探讨了影响铺装层耐久性的因素。Touran 和 Okereke 对北美地区的 12 座正交异性钢箱梁桥进行了广泛调查，对该类梁桥的实用性及桥面铺装的服役状态进行了总结分析，并对铺装病害产生的原因进行了初步的探讨。Battista 和 Pfeil、Zhu 和 Law 等人通过有限元计算和试验分析，对正交异性钢桥面铺装体系在交通荷载作用下的疲劳开裂进行了静力及动力的分析研究。

我国自 20 世纪 90 年代开展了钢桥面铺装的系统研究。重庆公路科研所的科研人员在承担的湖北宜昌大桥、重庆鹅公岩大桥和虎门大桥的钢桥面铺装技术研究中，进行了室内环道模型试验和环道模型的三维有限元模拟，分析在汽车轮载作用下钢桥面板各个结构部位的应力、应变分布状况，为桥面铺装层结构设计和研究提供了一些理论依据。为了研究高温状态钢桥面铺装的车辙，他们将沥青混凝土看作黏弹性体进行分析，选择既能反映沥青混合料瞬时弹性变形，又能反映黏弹性变形过程的 VanderPoe 模型和 Burgers 模型，并针对沥青混合料黏性流动变形增量随加载时间逐渐减小并渐趋稳定的特点对 Burgers 模型进行了改进。

徐军和陈忠延在具有相同截面面积的开口纵肋和闭口纵肋钢桥面板静力试验的基础上，提出简化的计算模型，并采用有限元法对正交异性钢桥面板弹性阶段的应力特性进行了分析，研究了构造布置对铺装应变的影响。

顾兴宇和李昶等分别用有限元法和有限条法分析了大跨径斜拉桥和悬索桥铺装层的受力情况，他们将铺装层简化成为顶板的一部分，应用板壳单元对一整段钢箱梁进行了静、动力分析，得出了支撑条件、箱梁尺寸、U 肋尺寸等构造因素对铺装受力的影响，以及桥面铺装结构在行车荷载作用下的动响应。

东南大学桥面铺装课题组采用实体单元分析了简化支撑的正交异性桥面板铺装结构，研究了不同的荷载位置下，对应不同沥青混凝土模量值的正交异性钢桥面铺装层的应力应变特性以及钢板的黏结性能，确定了最不利加载位置和铺装层材料的各项力学指标对铺装层受力的影响。为了研究铺装层沥青混合料的黏弹塑性，课题组的研究人员应用 Perzyna 理论对沥青混合料铺装层行车荷载响应特性进行数值模拟，给出铺装层在行车荷载作用下的永久变形，对铺装层的局部拥包及车辙等现象进行了评价。

肖秋明和查旭东对沥青混凝土钢桥面铺装的剪应力进行了分析，根据刚性支撑的弹性层理论，分析了钢桥面沥青混凝土铺装层与钢箱梁在汽车正常行驶与紧急制动情况下的剪应力，并在分析结果的基础上，提出了黏结层的抗剪指标。

王辉等针对典型的钢桥桥面铺装体系，采用 SAP 有限元软件，分析了在车载作用下铺装层内拉应力的变化规律。分析表明，铺装层内的最大横向拉应力远远大于最大纵向拉应力，最大横向拉应力通常出现在梯形加劲肋顶部的铺装层表面，并且铺装层的模量也对拉应力影响很大。

赵锋军等根据桥面铺装结构承载特性，提出了采用叠层梁作为桥面沥青铺装层间应力计算的简化模型。其假设钢板和沥青铺装层均满足平衡与变形协调条件，梁端部剪应力分布与梁中部一致，在此基础上推导了简支叠层梁层间应力计算公式，最终得到桥面沥青铺装层间应力计算的实用公式。

邓强民等运用有限元正交数值模拟试验对大跨钢桥桥面铺装有限元分析简化模型参数进行了敏感性分析，利用子模型技术和综合评价方法对模型几何尺寸与边界约束条件进行了优化。

杨军等针对上面层为沥青玛碲脂碎石（SMA）、下面层为沥青玛碲脂（MA）的正交异性钢桥面铺装结构，建立钢桥面铺装有限元模型，通过三轴重复加载试验获得铺装材料的黏弹性参数，进行了车辙有限元计算；借助大型足尺环道试验，验证了模型单元及参数选择的可靠性；分析了铺装层厚度、超载、钢桥面结构形式等因素对于车辙深度的影响情况。

2.3.2 结构建模及计算参数

本书以港珠澳大桥为工程背景，研究了该桥铺装层的温度场分布和铺装层在车辆荷载及温度作用下的力学响应。

港珠澳大桥跨越珠江口伶仃洋海域，是连接香港特别行政区、广东省珠海市、澳门特别行政区的大型跨海通道，是列入《国家高速公路网规划》的重要交通建设项目。建设内容包括：海中主体工程（粤港分界线至珠海澳门口岸段）、香港口岸、珠海澳门口岸、香港侧接线、珠海侧接线及澳门连接桥。

海中主体工程采用桥隧组合方式,长约29.6km。其中海中桥梁长约22.9km;海底隧道采用沉管隧道方案,全长约6.7km,其中海中沉管隧道长5.9km(不含桥隧过渡段);两个隧道人工岛共长约1.25km。该项目近90%的桥梁为非通航孔桥,由于规模大,非通航孔桥梁总体布置和结构设计的合理性对全桥工程具有重要影响。

深水区非通航孔桥采用主跨110m的整幅钢箱连续梁+整幅墩身方案,桥跨布置为:(5×110)m+5×(6×110)m+(110+150+110)m+(110+126+458+126+110)m(青州航道桥)+5×(6×110)m+4×(5×110)m+5×(6×110)m+(129+2×258+129)m(江海直达船航道桥)+2×(5×110)m。该布置方案中,以6×110m跨梁段居多,其中标准联采用6×110m钢箱连续梁方案,如图2-26所示。本书在对钢桥铺装进行研究时,以6×110m钢箱梁桥为研究对象。

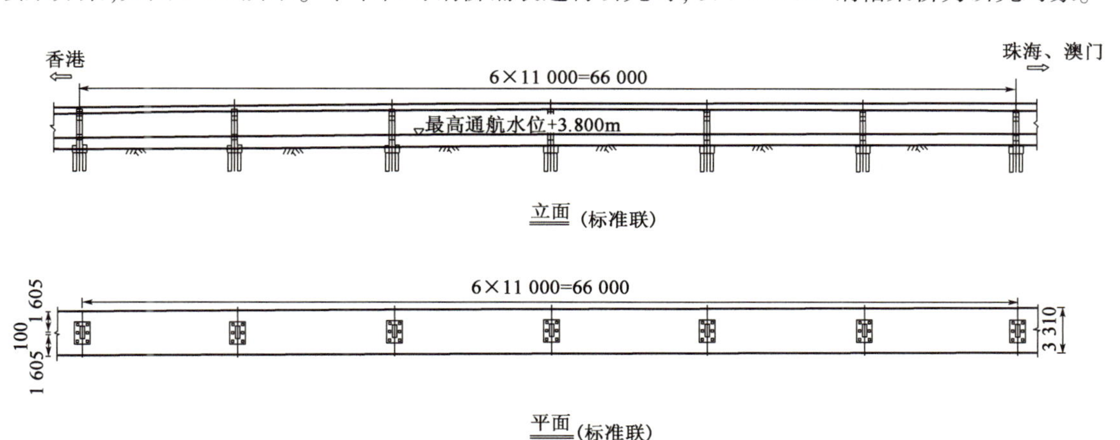

图2-26 桥型布置(尺寸单位:cm)

港珠澳大桥非通航孔桥标准联6×110m钢箱梁连续桥,如图2-27所示。

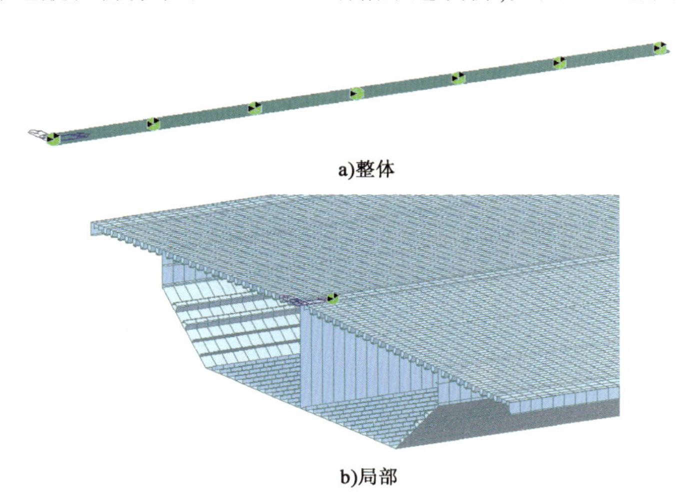

图2-27 港珠澳大桥非通航孔标准联6×110m连续钢箱梁桥示意图

铺装材料方案：

浇筑式沥青混凝土 + SMA（底层 30mm，顶层 40mm）。

分析内容：

（1）车载作用下的整体效应和局部效应联合分析，分别以沥青铺装层的横向拉应力、横向剪应力、纵向拉应力、纵向剪应力为指标，寻找各指标的最大值以及相应的车载布置情况；

（2）考虑体系温度变化以及主梁梯度温度变化的影响，计算沥青铺装层的横向拉应力、横向剪应力、纵向拉应力、纵向剪应力的变化情况。

2.3.2.1 计算准则和参数

1）汽车荷载

将《公路桥涵设计通用规范》（JTG D60—2004）第 4.3.1 条规定的公路—I 级汽车荷载提高 25% 用于设计计算。局部计算的冲击系数取 1.4。

2）温度作用

钢结构体系升温 20.9℃，体系降温 −29.8℃。

主梁梯度温度变化采用英国 BS 5400 规范，见图 2-11。

3）计算方法与对应的作用效应组合

本次沥青铺装的计算参考钢箱梁的设计方法，即采用容许应力法进行设计，相应的作用效应组合为：汽车 + 汽车冲击力 + 体系温度作用 + 梯度温度作用。其中，体系温度作用为 envelope（箱梁体系升温，箱梁体系降温），梯度温度作用为 envelope（箱梁梯度升温，箱梁梯度降温）。

4）材料计算参数

铺装层当量模量：20℃时弹性模量：7 000MPa。

15℃时弹性模量：12 000MPa。

2.3.2.2 钢桥面铺装体系有限元分析

应用有限元方法对钢桥面铺装体系进行力学分析时采用以下基本假定：

（1）沥青混凝土铺装层为连续、完全弹性、均匀、各向同性；

（2）正交异性钢桥完全安装完毕后再铺筑沥青铺装层，分析中不计正交异性钢桥的自重影响。

钢箱桥梁在车辆荷载的作用下有较大的变形，桥面铺装结构作为桥梁结构的附属部分，其刚度远小于钢箱梁桥的刚度，钢箱梁的整体变形会对铺装的受力产生影响，因此在分析铺装层的受力时，有必要考虑桥梁整体变形的影响。同时钢桥铺装在车辆荷载作用下产生明显的局部效应。

钢桥面铺装受力分析可以近似地处理为轮载作用下铺装结构的局部问题，如果在整桥模型中来分析桥面板的局部变形，需要考虑的模型规模大，对计算机的性能要求高，所以计算效率低。因此传统的做法是采用简化模型，如图2-28所示，即一般横向取6~8个U形加劲肋，纵向取3~4跨。边界条件一般为在横隔板底部完全固结，铺装层和钢桥面板在横向的两个边界约束。

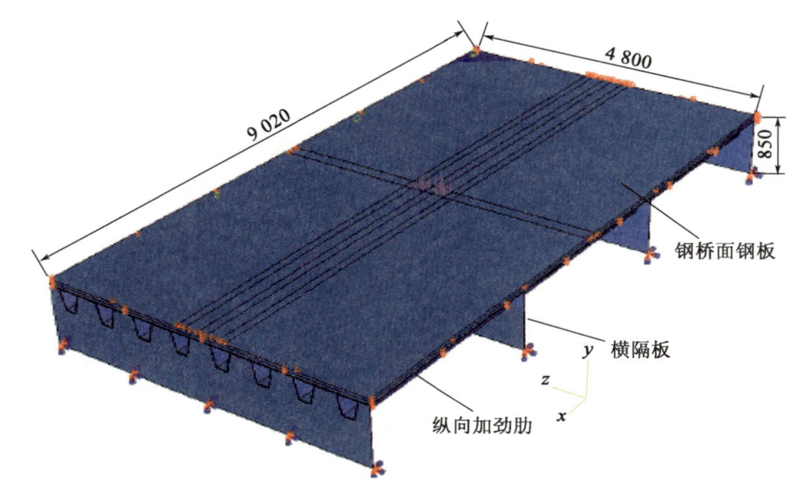

图2-28　简化模型(尺寸单位:mm)

简化的局部模型虽然简单，但其存在一些不足：

(1)局部模型边界条件多采用简单的固结或铰接，这和实际的边界条件有偏差；

(2)局部模型往往只能体现加劲肋、横隔板等细部构件变化对桥面铺装的影响，忽视了桥梁整体变形对桥面铺装的影响；

(3)局部模型不能反映桥型变化对桥面铺装的影响。

2.3.2.3　结构计算模型

由于软硬件的限制，无法在全桥范围内建立详细的三维实体桥面铺装分析模型。恰当的结构计算模型的选取，应能综合考虑汽车荷载及温度作用下结构的整体效应(各跨的相互作用效应)、空间效应(扁平钢箱梁在荷载作用下的剪力滞效应)及局部效应(车轮的局部加载效应)的影响，在获得可行的计算效率的同时保证计算的精度。

为此，采用两层次分析法进行逐步深入分析。

1)初步计算模型

为了能从总体上了解结构在不同荷载工况下的变形规律，首先在专业桥梁分析软件Midas Civil中建立全桥梁单元模型进行结构分析，以指导确定细化分析中的分析重点和模型细化位置。

在梁单元模型中,假定同一截面处的顶层铺装、底层铺装及钢箱梁均满足平截面变形假定,则针对顶层铺装、底层铺装及钢箱梁分别建立梁单元,各自间通过刚性连接在结点处相连。如图 2-29 所示为梁单元模型的局部放大图。

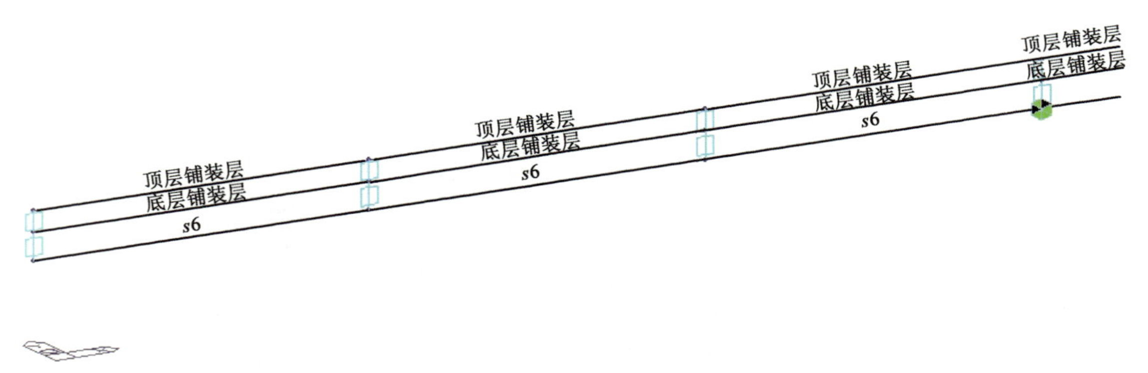

图 2-29　梁单元模型的局部示意图

如图 2-30 所示为采用梁单元模型进行初步分析后得到的整体变温、梯度变温及车道荷载作用下的结构整体变形图。由图可知,整体结构中以第一跨跨中、一二跨跨间支座、第二跨跨中处的整体变形较大,因此,在详细分析中,将重点对这三处建立精细模型进行不同荷载工况下的结构分析。

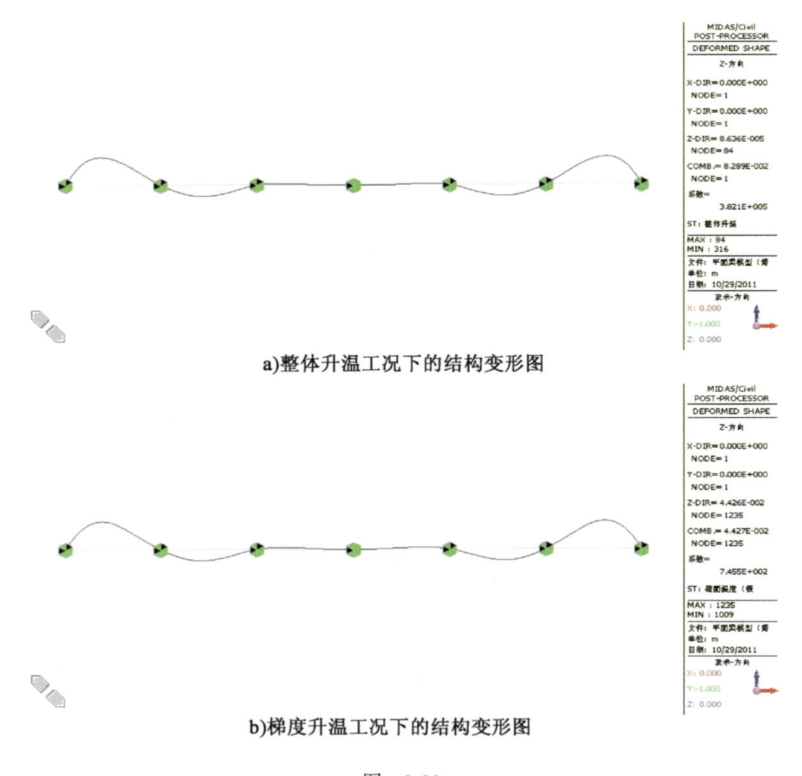

a)整体升温工况下的结构变形图

b)梯度升温工况下的结构变形图

图　2-30

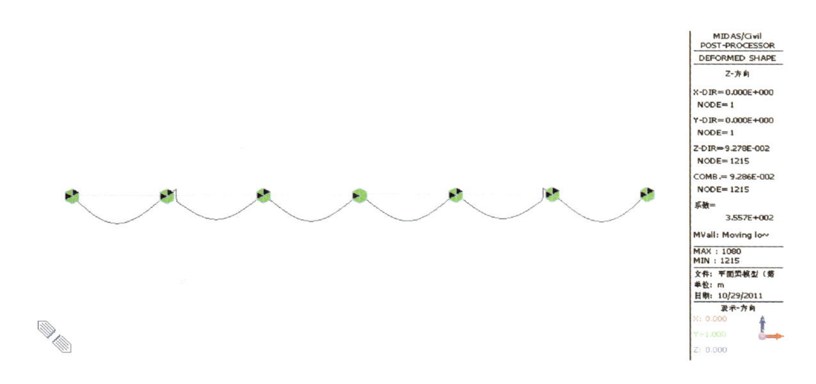

c)车道荷载工况下的结构变形包络图

图 2-30 梁单元模型的计算结果

2)精细计算模型

根据初步计算模型的分析结果,选定第一跨和第二跨为本次计算的分析重点,其中又以第一跨跨中、一二跨跨间支座及第二跨跨中为车辆荷载作用下局部分析的加载位置。

为充分考虑扁平钢箱梁在荷载作用下的剪力滞效应(结构空间效应),针对第一跨及第二跨的顶层铺装、底层铺装及钢箱梁均建立板壳模型,各自间通过刚性连接在结点处相连,其余第三至第六跨均类似于初步计算模型建立为梁单元模型。其次,由于在车辆荷载作用下,局部加载位置处的铺装层内不再满足平截面变形假定(此时钢箱梁顶板内仍满足),因此,针对第一跨跨中、一二跨跨间支座及第二跨跨中的顶层铺装、底层铺装均建立实体单元进行分析,以保证能有效反映车载作用下结构局部效应,底层铺装与钢箱梁顶板间通过刚性连接在结点处相连。具体模型如图 2-31 所示,该模型包含了 311 042 个节点,2 637 个梁单元,97 907 个板单元,201 096 个实体单元,39 720 个刚性杆单元。结构总自由度数接近 200 万。

2.3.2.4 车载模型

本文在对铺装层进行受力分析时采用的荷载有两种,局部加载和整体加载。局部加载处的车辆荷载模型采用《公路桥涵设计通用规范》(JTG D60—2004)中的公路一级车辆荷载布载方案,如图 2-32 所示,相应荷载值按增大 25% 进行计算。由于后轴轴载影响较大,本书局部加载时的轮载采用了双后轴轴载。车辆荷载后轴轴重 140kN,单轮轴重 70kN,采用单轮加载,车辆着地面积为 600mm(横向)×200mm(纵向),考虑 25% 的超载,轮压为 0.729MPa。

根据正交异性钢桥面板的几何特性,并且考虑车载相对加劲不同横向位置对铺装层受力有不同的影响,局部加载的横向位置按图 2-33 所示分 3 种情况,即荷位 1 为轮载中心施加于两加劲肋之间中心位置的正上方;荷位 2 为车载中心施加于加劲肋边位置的正上方;荷位 3 为车载中心施加于加劲肋中心位置的正上方。

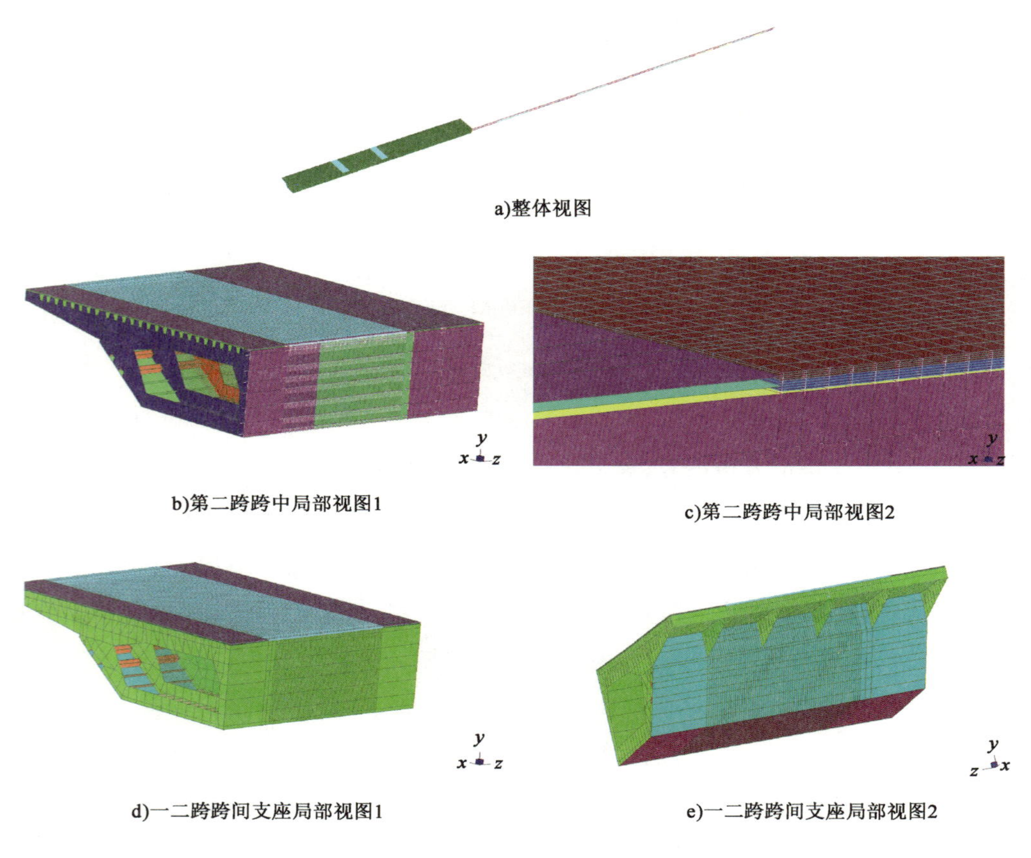

图 2-31　精细计算模型

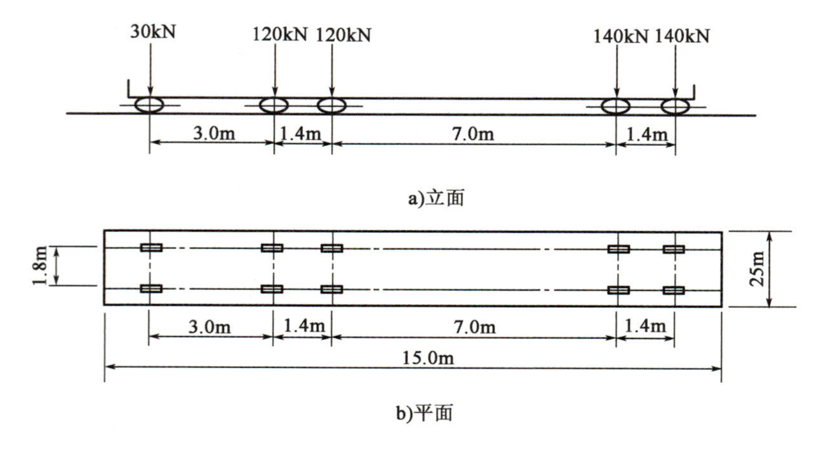

图 2-32　车辆荷载模型

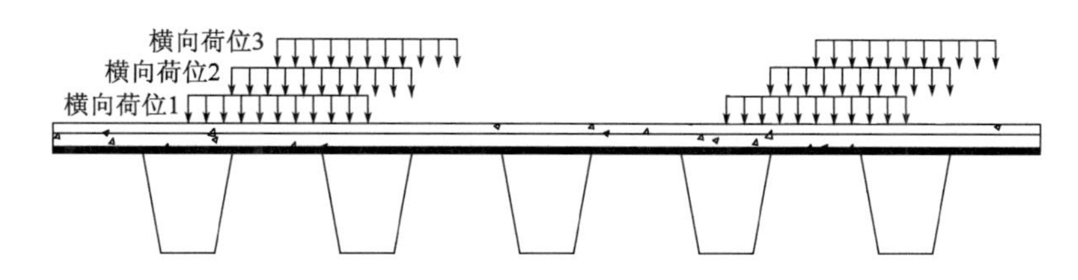

图 2-33　荷载沿桥面横向布置的 3 个作用位置

车载作用在纵向相对于横隔板和横肋的不同位置，铺装层受力会有比较大的不同。荷载的纵向位置分 3 种情况，分别对应荷载中心作用在横隔板顶、横隔板与横肋之间的跨中、横肋顶，见图 2-34。

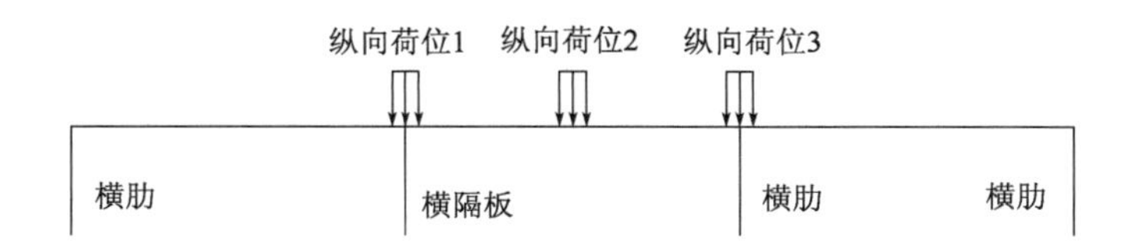

图 2-34　荷载沿桥面纵向布置的 3 个作用位置

除上述局部加载的车辆荷载外，为了得到车载作用下的最大响应结果，还需考虑结构整体效应的影响，即根据初步计算模型中得到的第一跨跨中、一二跨跨间支座及第二跨跨中处弯矩的影响线分析结果，分别按照最大正弯矩、最大负弯矩及最大正弯矩效应布设相应的车道荷载，其中需扣除局部车辆荷载作用处的加载桥段（共 15m）。

《公路桥涵设计通用规范》（JTG D60—2004）规定公路—Ⅰ级车道荷载的均布荷载标准值为 $q_k = 10.5\text{kN/m}$；当桥梁计算跨径等于或大于 50m 时，集中荷载标准值 $p_k = 360\text{kN}$。车道荷载的均布荷载标准值应满布于使结构产生最不利效应的同号影响线上；集中荷载标准值只作用于相应影响线中一个最大影响线峰值处。最不利节段的 15m 范围内车道荷载为 $15 \times 10.5 + 360 = 517.5(\text{kN})$，与《公路桥涵设计通用规范》（JTG D60—2004）规定的公路—Ⅰ级车辆荷载重力标准值，即 550kN 较为接近。

研究第一跨跨中节段时，车道荷载的布置方式为一、三、五跨布置车道荷载，第一跨跨中布置集中荷载；研究一二跨跨间支座节段时，车道荷载的布置方式为一、二、四、六跨布置车道荷载，第一跨跨中布置集中荷载；研究第二跨跨中节段时，车道荷载的布置方式为二、四、六跨布置车道荷载，第二跨跨中布置集中荷载。第一二跨上布置的车道荷载需将集中力转换成均布荷载，即集中力除以车道宽度。同时考虑多车道共同作用时的横向折减系数取为 0.67。

2.3.2.5　边界条件

根据该桥支座实际情况施加边界条件，除三四跨之间的支座限制三个方向的位移外，其他支座均只约束横向和垂直方向。

2.3.3 计算结果分析

2.3.3.1 确定最不利的荷载组合

由于车辆荷载在桥面的分布情况有多种可能,本文通过在各车道上布置几个具有代表性的荷载工况,以寻找各车道上均有车载时对铺装层受力最不利的荷载布置形式,从而得到考虑钢桥整体受力时铺装层的最大应力值。并与只考虑局部(单车道的局部区域加载标准车双后轴载)时进行比较。

针对第二跨跨中节段,横向参考图 2-33 的布载方式,在四个车道的横向分别布置三个荷位,见图 2-35;纵向荷位参考图 2-34,具体见图 2-36。总共有 36 种车辆荷载布置工况。

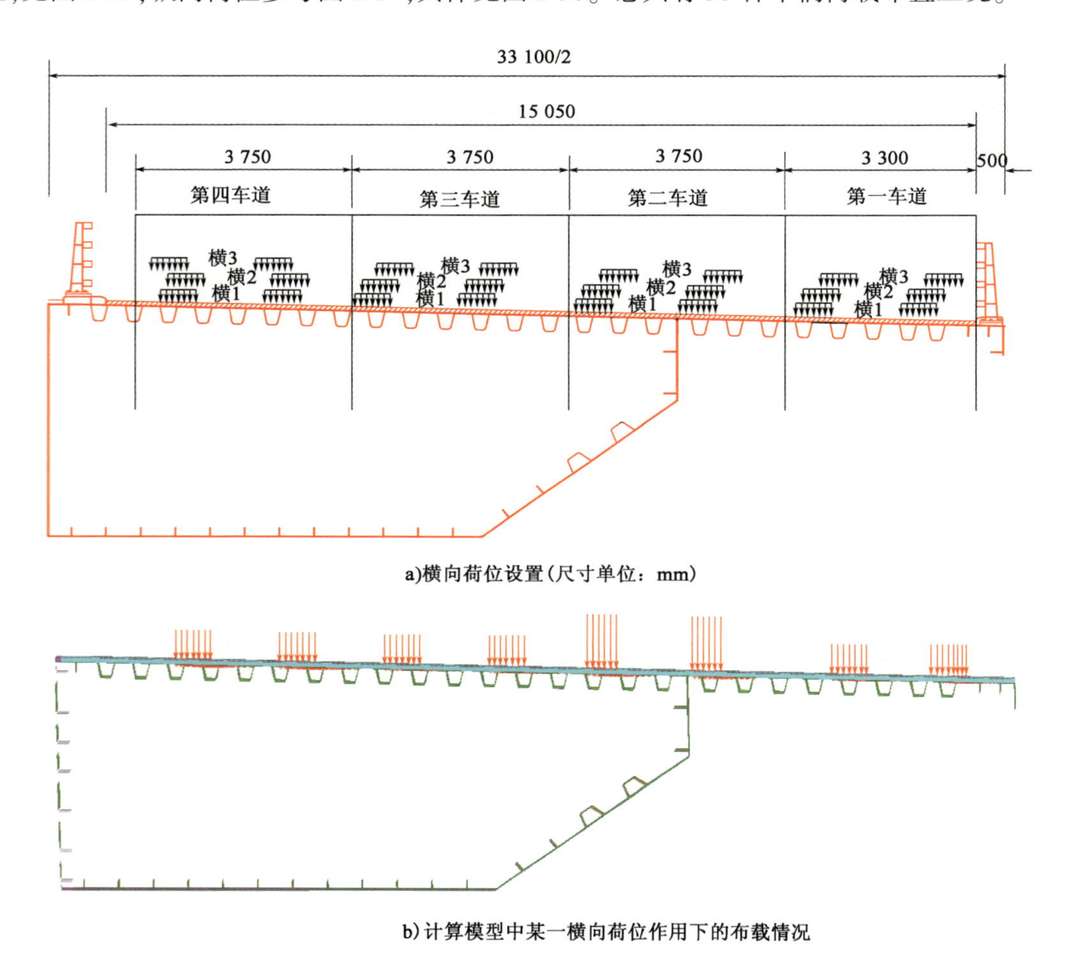

a)横向荷位设置(尺寸单位:mm)

b)计算模型中某一横向荷位作用下的布载情况

图 2-35 车辆荷载的横向布置

对所设置的 36 个荷载工况进行有限元分析,得到各工况下铺装层的最大应力值见表 2-11。找出各项最大应力值以及所对应的工况,其工况作为控制工况。

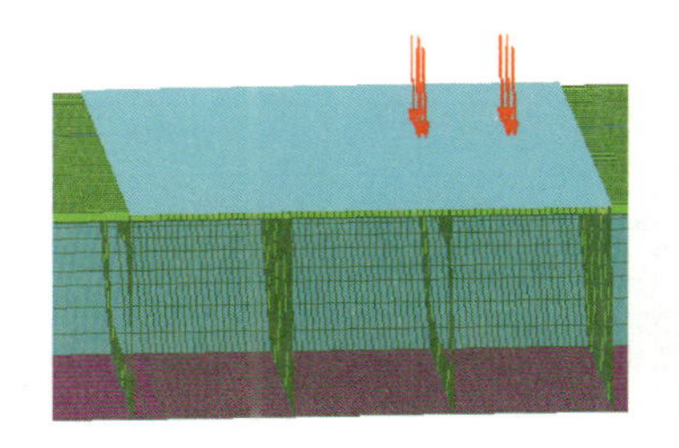
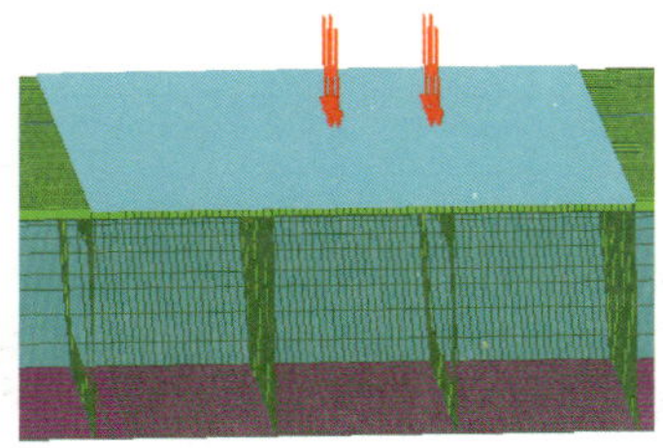
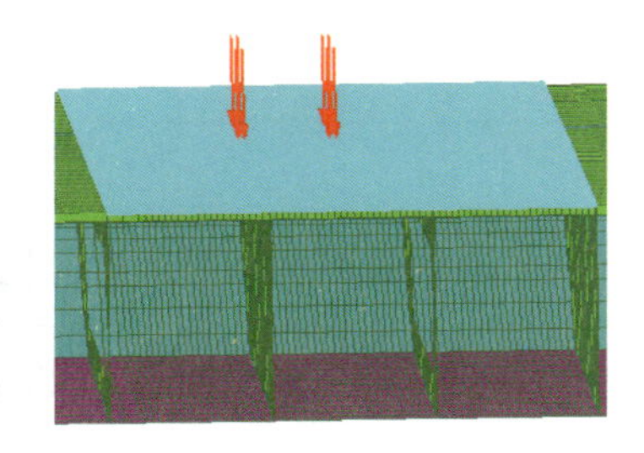

图 2-36　车载的纵向荷位布置

第二跨跨中节段不同荷位作用下铺装层的应力值(MPa)　　表 2-11

车　道	工　况	最大横向拉应力	最大纵向拉应力	最大横向剪应力	最大纵向剪应力
第一车道	纵 1_横 1	0.225	0.067	0.288	0.110*
	纵 1_横 2	0.172	0.072	0.222	0.083
	纵 1_横 3	0.267	0.080	0.212	0.103
	纵 2_横 1	0.210	0.168	0.287	0.096
	纵 2_横 2	0.161	0.178	0.222	0.077
	纵 2_横 3	0.257	0.149	0.211	0.071
	纵 3_横 1	0.225	0.027	0.287	0.109
	纵 3_横 2	0.169	0.035	0.222	0.082
	纵 3_横 3	0.265	0.037	0.212	0.103
第二车道	纵 1_横 1	0.402*	0.076	0.294	0.090
	纵 1_横 2	0.334	0.049	0.235	0.080
	纵 1_横 3	0.220	0.053	0.279	0.087
	纵 2_横 1	0.362	0.196	0.297	0.088
	纵 2_横 2	0.335	0.206*	0.214	0.074
	纵 2_横 3	0.210	0.206	0.210	0.073
	纵 3_横 1	0.370	0.064	0.298*	0.092
	纵 3_横 2	0.344	0.056	0.215	0.075
	纵 3_横 3	0.215	0.044	0.210	0.072
第三车道	纵 1_横 1	0.179	0.052	0.279	0.088
	纵 1_横 2	0.218	0.054	0.206	0.075
	纵 1_横 3	0.126	0.043	0.212	0.058
	纵 2_横 1	0.173	0.165	0.278	0.097
	纵 2_横 2	0.212	0.126	0.206	0.056
	纵 2_横 3	0.129	0.184	0.213	0.074
	纵 3_横 1	0.177	0.051	0.278	0.094
	纵 3_横 2	0.216	0.049	0.217	0.074
	纵 3_横 3	0.129	0.048	0.213	0.065

续上表

车道	工况	最大横向拉应力	最大纵向拉应力	最大横向剪应力	最大纵向剪应力
第四车道	纵1_横1	0.158	0.051	0.295	0.095
	纵1_横2	0.120	0.040	0.211	0.062
	纵1_横3	0.224	0.052	0.207	0.076
	纵2_横1	0.172	0.167	0.293	0.096
	纵2_横2	0.121	0.178	0.211	0.074
	纵2_横3	0.220	0.143	0.208	0.063
	纵3_横1	0.182	0.048	0.294	0.097
	纵3_横2	0.125	0.047	0.211	0.063
	纵3_横3	0.224	0.045	0.209	0.087

注：* 为所有车道中的最大值。

由表2-11结果可以看出，最大横向拉应力的控制荷载工况为第二车道的纵1_横1；最大纵向拉应力的控制荷载工况为第二车道的纵2_横2；最大横向剪应力的控制荷载工况为第二车道的纵3_横1；最大纵向剪应力的控制荷载工况为第一车道的纵1_横1。选定控制单元，查看所设定的36个荷载工况对应控制单元的各项应力值，见表2-12。

第二跨跨中节段所有荷载工况对应控制单元的应力(MPa) 表2-12

车道	工况	横向拉应力	纵向拉应力	横向剪应力	纵向剪应力
第一车道	纵1_横1	0.081 0	-0.020 1	-0.000 4	0.110 0*
	纵1_横2	0.081 9	-0.020 0	-0.000 4	0.075 8
	纵1_横3	0.083 9	-0.019 5	-0.000 4	0.039 6
	纵2_横1	0.081 6	-0.020 1	0.001 4	0.039 0
	纵2_横2	0.082 6	-0.019 8	0.001 3	0.040 4
	纵2_横3	0.084 7*	-0.019 1*	0.001 1	0.036 4
	纵3_横1	0.068 6	-0.020 0	0.003 1*	0.017 3
	纵3_横2	0.069 9	-0.019 7	0.002 9	0.018 1
	纵3_横3	0.072 6	-0.019 1	0.002 4	0.019 9
第二车道	纵1_横1	0.402 0*	0.039 6	-0.002 4	-0.000 7
	纵1_横2	0.312 0	0.044 1	-0.002 4	-0.000 8
	纵1_横3	0.133 0	0.023 6	-0.001 6	-0.001 7
	纵2_横1	0.362 0	0.196 0	0.002 8	-0.000 6
	纵2_横2	0.335 0	0.206 0*	0.000 5	-0.000 5
	纵2_横3	0.176 0	0.099 3	-0.002 9	-0.000 4
	纵3_横1	0.000 7	-0.224 0	0.298 0*	-0.000 7
	纵3_横2	-0.003 9	-0.204 0	0.215 0	-0.000 4
	纵3_横3	-0.003 2	-0.107 0	0.042 1	0.000 4*

续上表

车　道	工　况	横向拉应力	纵向拉应力	横向剪应力	纵向剪应力
第三车道	纵 1_横 1	0.019 9	-0.022 3*	0.000 1	-0.001 3
	纵 1_横 2	0.020 1	-0.022 5	0.000 1	-0.001 3
	纵 1_横 3	0.020 6	-0.023 0	0.000 1	-0.001 3*
	纵 2_横 1	0.021 4	-0.031 7	0.000 2	-0.002 1
	纵 2_横 2	0.021 8	-0.032 4	0.000 2	-0.002 1
	纵 2_横 3	0.022 6*	-0.033 6	0.000 2*	-0.002 1
	纵 3_横 1	0.017 0	-0.030 4	0.000 1	-0.002 3
	纵 3_横 2	0.017 4	-0.031 0	0.000 1	-0.002 3
	纵 3_横 3	0.018 2	-0.032 0	0.000 1	-0.002 3
第四车道	纵 1_横 1	0.013 8	-0.016 6	0.000 1	-0.001 0*
	纵 1_横 2	0.014 1*	-0.016 8	0.000 1	-0.001 1
	纵 1_横 3	0.013 6	-0.016 4*	0.000 1	-0.001 0
	纵 2_横 1	0.012 4	-0.018 5	0.000 1	-0.001 4
	纵 2_横 2	0.012 7	-0.018 9	0.000 1	-0.001 4
	纵 2_横 3	0.012 1	-0.018 1	0.000 1	-0.001 4
	纵 3_横 1	0.009 6	-0.018 3	0.000 1	-0.001 6
	纵 3_横 2	0.009 9	-0.018 7	0.000 1*	-0.001 6
	纵 3_横 3	0.009 4	-0.018 0	0.000 1	-0.001 6

注：* 为每个车道的最大值。

从表 2-12 中可以看出，对于横向拉应力指标最不利的荷载组合工况为第一车道纵 2_横 3 + 第二车道纵 1_横 1 + 第三车道纵 2_横 3 + 第四车道纵1_横 2；纵向拉应力指标最不利的荷载组合工况为第一车道纵 2_横 3 + 第二车道纵 2_横 2 + 第三车道纵 1_横 1 + 第四车道纵 1_横 3；横向剪应力指标最不利的荷载组合工况为第一车道纵 3_横 1 + 第二车道纵 3_横 1 + 第三车道纵 2_横 3 + 第四车道纵 3_横 2；横向剪应力指标最不利的荷载组合工况为第一车道纵 1_横 1 + 第二车道纵 3_横 3 + 第三车道纵 1_横 3 + 第四车道纵 1_横 3。

第二跨跨中节段对各项应力值最不利的荷载布置分别见图 2-37a) ~ d)。除双后轴载外，其他轴载等效为均布于车道上的荷载。研究第一跨跨中节段时的车辆荷载布置形式同第二跨跨中节段布载一致。

对于一二跨跨间支座节段采取同样的方法来寻找最不利的荷载布置方式，即每个车道的纵横向分别布设三个荷载工况，一共也有 36 个荷载工况。各工况下分析结果见表 2-13。从中可以看出，最大横向拉应力的控制荷载工况为第二车道的纵 2_横 1；最大纵向拉应力的控制荷载工况为第四车道的纵 2_横 2；最大横向剪应力的控制荷载工况为第四车道的纵 2_横 1；最大纵向剪应力的控制荷载工况为第三车道的纵 1_横 1。

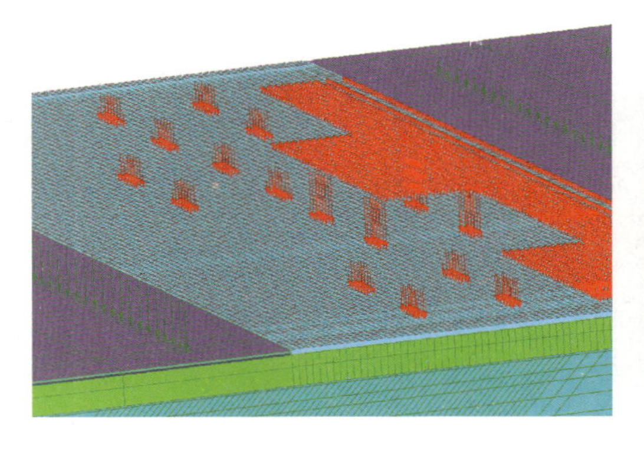

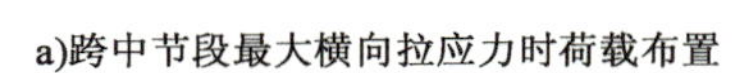
a)跨中节段最大横向拉应力时荷载布置

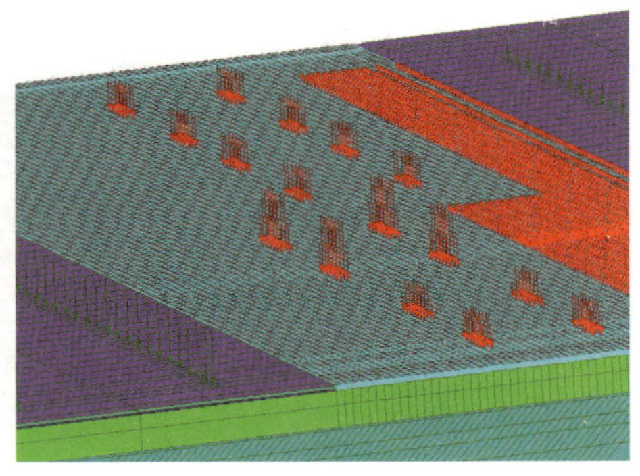

b)跨中节段最大纵向拉应力时荷载布置

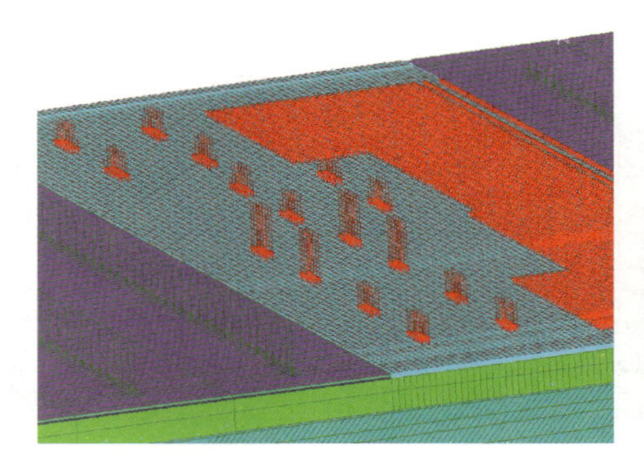

c)跨中节段最大横向剪应力时荷载布置

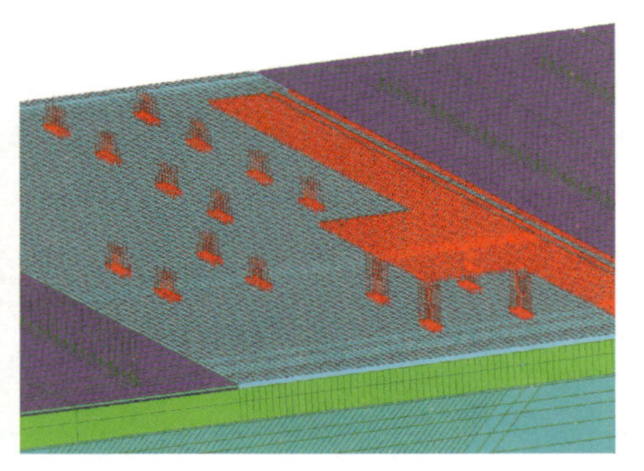

d)跨中节段最大纵向剪应力时荷载布置

图 2-37　跨中节段各项应力值最不利的荷载布置

一二跨跨间支座节段不同荷位作用下铺装层的应力值(MPa)　　表 2-13

车　道	工　况	最大横向拉应力	最大纵向拉应力	最大横向剪应力	最大纵向剪应力
第一车道	纵 1_横 1	0.129	0.067	0.178	0.061
	纵 1_横 2	0.110	0.077	0.146	0.047
	纵 1_横 3	0.105	0.076	0.102	0.058
	纵 2_横 1	0.118	0.075	0.184	0.064
	纵 2_横 2	0.109	0.086	0.152	0.053
	纵 2_横 3	0.151	0.086	0.108	0.046
	纵 3_横 1	0.140	0.062	0.182	0.070
	纵 3_横 2	0.121	0.068	0.150	0.053
	纵 3_横 3	0.139	0.071	0.107	0.064

续上表

车道	工况	最大横向拉应力	最大纵向拉应力	最大横向剪应力	最大纵向剪应力
第二车道	纵1_横1	0.163	0.085	0.179	0.064
	纵1_横2	0.129	0.094	0.146	0.063
	纵1_横3	0.096	0.088	0.171	0.072
	纵2_横1	0.236*	0.103	0.186	0.061
	纵2_横2	0.195	0.112	0.157	0.051
	纵2_横3	0.125	0.104	0.179	0.063
	纵3_横1	0.216	0.070	0.184	0.066
	纵3_横2	0.178	0.076	0.154	0.062
	纵3_横3	0.115	0.072	0.177	0.064
第三车道	纵1_横1	0.100	0.091	0.171	0.073*
	纵1_横2	0.090	0.078	0.104	0.048
	纵1_横3	0.086	0.098	0.111	0.043
	纵2_横1	0.110	0.115	0.180	0.063
	纵2_横2	0.122	0.100	0.106	0.038
	纵2_横3	0.094	0.123	0.113	0.040
	纵3_横1	0.107	0.102	0.177	0.067
	纵3_横2	0.113	0.091	0.117	0.052
	纵3_横3	0.093	0.103	0.113	0.050
第四车道	纵1_横1	0.096	0.092	0.178	0.070
	纵1_横2	0.082	0.098	0.111	0.047
	纵1_横3	0.090	0.080	0.108	0.050
	纵2_横1	0.106	0.115	0.187*	0.057
	纵2_横2	0.093	0.123*	0.113	0.040
	纵2_横3	0.123	0.100	0.106	0.034
	纵3_横1	0.105	0.100	0.184	0.065
	纵3_横2	0.090	0.103	0.112	0.045
	纵3_横3	0.115	0.090	0.112	0.049

注：* 为所有车道的最大值。

分别对于各项工况下的最大横向拉应力、最大纵向拉应力、最大横向剪应力、最大纵向剪应力，选择所有荷载工况中的最大应力值，相应的荷载工况为控制工况，最大应力值对应的单元为控制单元,再考察所有车辆荷载工况对应控制单元的应力值,以得到最为不利的荷载组合工况,分析结果见表2-14。

一二跨跨间支座节段所有荷载工况对应控制单元的应力(MPa)　　表2-14

车　道	工　况	横向拉应力	纵向拉应力	横向剪应力(10^{-3})	纵向剪应力(10^{-3})
第一车道	纵1_横1	0.039 3	0.001 3	-0.022 7	-0.011 4
	纵1_横2	0.040 5	0.001 2	-0.022 1	0.058 7
	纵1_横3	0.043 0	0.001 0	-0.020 7	0.218 0*
	纵2_横1	0.051 7	0.001 4	-0.011 3	-0.601 0
	纵2_横2	0.052 4	0.001 3	-0.010 4	-0.521 0
	纵2_横3	0.054 0	0.001 0	-0.008 6	-0.333 0
	纵3_横1	0.055 6	0.001 6*	-0.002 4	-1.380 0
	纵3_横2	0.0563	0.001 4	-0.001 7	-1.300 0
	纵3_横3	0.057 6*	0.001 1	-0.000 2*	-1.120 0
第二车道	纵1_横1	0.012 5	0.002 1	-0.039 9	-2.130 0
	纵1_横2	0.013 6	0.002 1	-0.040 3	-2.090 0
	纵1_横3	0.011 1	0.002 2	-0.039 6*	-1.940 0*
	纵2_横1	0.236 0*	0.003 7	-0.060 1	-2.520 0
	纵2_横2	0.166 0	0.003 7	-0.058 3	-2.520 0
	纵2_横3	0.057 0	0.003 7	-0.052 6	-2.430 0
	纵3_横1	0.157 0	0.006 1*	-0.062 4	-2.660 0
	纵3_横2	0.151 0	0.006 1	-0.059 3	-2.690 0
	纵3_横3	0.060 4	0.005 8	-0.051 0	-2.690 0
第三车道	纵1_横1	-0.001 0	0.000 9	0.018 2	73.200 0*
	纵1_横2	-0.001 0	0.000 9	-0.011 6	47.600 0
	纵1_横3	-0.001 0	0.000 9	-0.028 3	4.500 0
	纵2_横1	0.002 0	0.006 2	0.251 0*	-3.380 0
	纵2_横2	0.002 2	0.006 2	-0.188 0	-4.280 0
	纵2_横3	0.002 6	0.005 9	-0.314 0	-2.740 0
	纵3_横1	0.002 7	0.021 1*	-0.019 5	-0.761 0
	纵3_横2	0.003 1	0.020 1	-0.420 0	-0.938 0
	纵3_横3	0.003 7*	0.018 0	-0.484 0	-1.530 0
第四车道	纵1_横1	-0.001 1	-0.258 0	1.270 0	-0.112 0
	纵1_横2	-0.001 1	-0.242 0	0.491 0	-0.130 0
	纵1_横3	-0.001 1	-0.123 0	1.290 0	-0.091 7
	纵2_横1	-0.001 0	0.113 0	187.000 0*	0.243 0
	纵2_横2	-0.000 9*	0.123 0*	113.000 0	0.257 0*
	纵2_横3	-0.001 1	0.075 6	100.000 0	0.229 0
	纵3_横1	-0.001 8	0.086 7	16.400 0	0.052 7
	纵3_横2	-0.001 7	0.093 7	3.230 0	0.051 4
	纵3_横3	-0.001 9	0.068 1	18.200 0	0.052 9

注:*为每个车道的最大值。

从表2-14可以看出,其他车道的车辆荷载对控制点的横向拉应力和纵向拉应力贡献较大,而对剪应力的影响较小。对于横向拉应力指标最不利的荷载工况为第一车道纵3_横3+第二车道纵2_横1+第三车道纵3_横3+第四车道纵2_横2;纵向拉应力指标最不利的荷载工况为第一车道纵3_横1+第二车道纵3_横1+第三车道纵3_横1+第四车道纵2_横2;横向剪应力指标最不利的荷载工况为第一车道纵3_横3+第二车道纵1_横3+第三车道纵2_横1+第四车道纵2_横1;纵向剪应力指标最不利的荷载工况为第一车道纵1_横3+第二车道纵1_横3+第三车道纵1_横1+第四车道纵2_横2。

一二跨跨间支座节段各项应力最大值所对应的荷载工况分别见图2-38a)~d)。

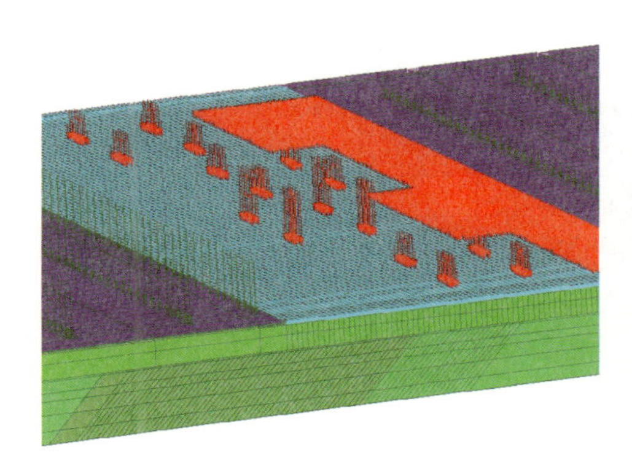

a)支座节段最大横向拉应力时荷载布置

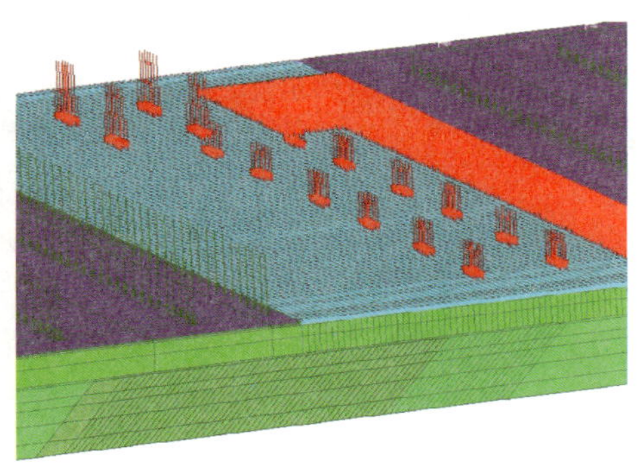

b)支座节段最大纵向拉应力时荷载布置

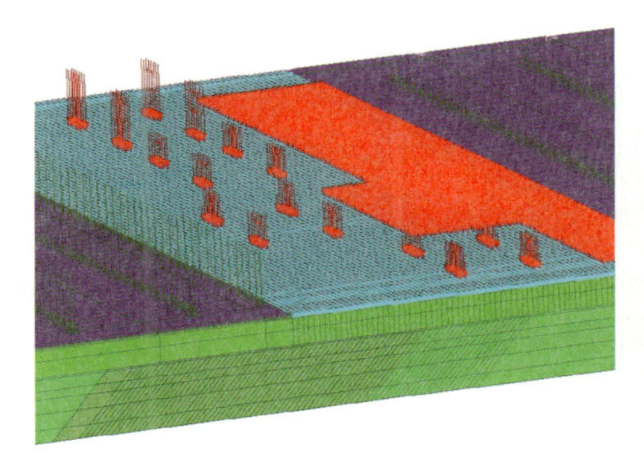

c)支座节段最大横向剪应力时荷载布置

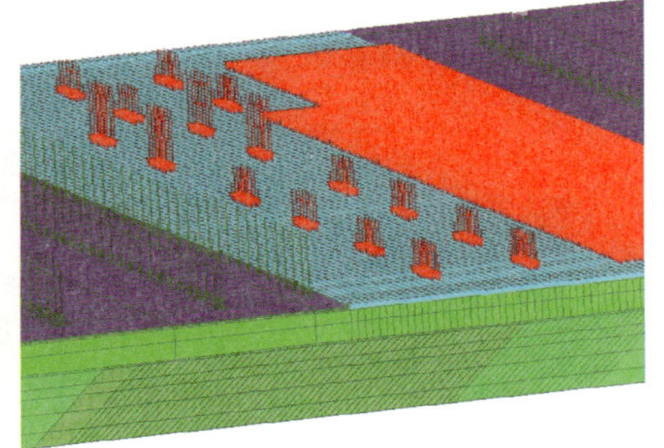

d)支座节段最大纵向剪应力时荷载布置

图2-38 一二跨跨间支座节段各项应力最大值所对应的荷载工况

2.3.3.2 整桥受车载作用结果

在确定所关注的节段铺装层受力最为不利的荷载布置后,对整桥模型进行有限元分析以得到第一边跨跨中、一二跨跨间支座、第二边跨跨中节段上的各项应力最大值。表2-15、表2-16所示为两种不同的铺装当量模量情况下的计算结果总结。

局部与整体车载作用下铺装层应力组合结果(20℃,未计冲击系数)　表 2-15

计算位置	受力类型	局部			整体		
		应力(kN)	应变	位置	应力(kN)	应变	位置
第一跨跨中	横向受拉	—	—	—	1.66	2.58×10^{-4}	—
	纵向受拉	—	—	—	-0.23	-3.97×10^{-5}	—
	横向受剪	—	—	—	0.41	1.47×10^{-4}	—
	纵向受剪	—	—	—	0.32	1.14×10^{-4}	—
一二跨跨间支座	横向受拉	0.93	1.27×10^{-4}	支座横肋与横隔板之间、边腹板顶、顶层铺装顶面	1.37	1.20×10^{-4}	
	纵向受拉	0.67	9.21×10^{-5}	支座横肋与横隔板之间、边腹板边6.752m、顶层铺装顶面	2.76	3.61×10^{-4}	支座横隔板边缘、边腹板边8.652m、顶层铺装顶面
	横向受剪	0.39	1.40×10^{-4}	支座横肋与横隔板之间、边腹板边8.352m、底层铺装底面	0.55	1.96×10^{-4}	支座横隔板边缘、边腹板边8.752m、底层铺装底面
	纵向受剪	0.04	1.60×10^{-5}	支座横肋与横隔板之间、边腹板边3.862m、底层铺装底面	0.35	1.24×10^{-4}	支座横肋边缘、边腹板边0.118m、底层铺装底面
第二跨跨中	横向受拉	1.33	1.87×10^{-4}	横肋与横隔板之间、边腹板顶、顶层铺装顶面	1.80	2.77×10^{-4}	横隔板与横肋间、边腹板边缘、顶层铺装顶面
	纵向受拉	0.63	8.64×10^{-5}	横肋与横隔板之间、边腹板边1.252m、顶层铺装顶面	-0.15	-2.87×10^{-5}	—
	横向受剪	0.45	1.59×10^{-4}	横肋与横隔板之间、边腹板边1.152m、底层铺装底面	0.44	1.58×10^{-4}	横肋与横隔板之间、边腹板边1.152m、底层铺装底面
	纵向受剪	0.15	5.36×10^{-5}	横隔板顶、边腹板边2.418m、底层铺装底面	0.32	1.14×10^{-4}	横肋与横隔板之间、边腹板边0.182m、底层铺装底面

局部与整体车载作用下铺装层应力组合结果(15℃,未计冲击系数)　表 2-16

计算位置	受力类型	局部			整体		
		应力(kN)	应变	位置	应力(kN)	应变	位置
第一跨跨中	横向受拉	—	—	—	2.26	2.11×10^{-4}	—
	纵向受拉	—	—	—	-0.53	-5.00×10^{-5}	—
	横向受剪	—	—	—	0.47	9.83×10^{-5}	—
	纵向受剪	—	—	—	0.47	7.66×10^{-5}	—

续上表

计算位置	受力类型	局部			整体		
		应力（kN）	应变	位置	应力（kN）	应变	位置
一二跨跨间支座	横向受拉	1.24	1.00×10^{-4}	支座横肋与横隔板之间、边腹板顶、顶层铺装顶面	2.12	1.09×10^{-4}	—
	纵向受拉	0.98	7.93×10^{-5}	支座横肋与横隔板之间、边腹板边6.752m、顶层铺装顶面	4.38	3.35×10^{-4}	支座横隔板边缘、边腹板边8.655m、顶层铺装顶面
	横向受剪	0.46	9.61×10^{-5}	支座横肋与横隔板之间、边腹板边8.352m、底层铺装底面	0.82	1.71×10^{-4}	支座横隔板边缘、边腹板边8.755m、顶层铺装顶面
	纵向受剪	0.05	1.13×10^{-5}	支座横肋与横隔板之间、边腹板边3.952m、底层铺装底面	0.56	1.17×10^{-4}	支座横隔板边缘、边腹板边0.618m、底层铺装底面
第二跨跨中	横向受拉	1.71	1.42×10^{-4}	横肋与横隔板之间、边腹板顶、顶层铺装顶面	2.40	2.22×10^{-4}	横隔板与横肋间、边腹板边缘、顶层铺装顶面
	纵向受拉	0.82	6.61×10^{-5}	横肋与横隔板之间、边腹板边1.252m、顶层铺装顶面	−0.43	-4.18×10^{-5}	—
	横向受剪	0.50	1.03×10^{-4}	横肋与横隔板之间、边腹板边1.152m、底层铺装底面	0.49	1.02×10^{-4}	横肋与横隔板之间、边腹板边1.152m、底层铺装底面
	纵向受剪	0.22	4.54×10^{-5}	横隔板顶、边腹板边2.418m、底层铺装底面	0.46	9.50×10^{-5}	横肋与横隔板之间、边腹板边0.182m、底层铺装底面

第一跨跨中顶板厚度为22mm，第二跨跨中顶板厚度为18mm。由于第一跨跨中的刚度较大，局部变形相对较小，所以第一跨跨中的局部效应不再单独分析。

由表2-15和表2-16所列结果可知，铺装层的最大拉应力出现在铺装层表面，横向最大拉应力出现在梯形加劲肋和边腹板顶的铺装层表面附近区域，而纵向最大拉应力位于横隔板顶部的铺装层表面，因此在纵向加劲肋顶部和纵隔板顶部铺装层表面易出现纵向开裂，横隔板顶部容易出现横向开裂。此外，考虑整体作用时，支座节段的最大纵向拉应力远远大于其他节段；第二跨跨中节段的横向拉应力大于第一跨跨中的横向拉应力；各节段上的最大纵向剪应力值相差不大；最大横向剪应力大于最大纵向剪应力。

总体而言，第二跨跨中部分梁段的沥青铺装层内的应力分布可以较全面地反映全桥沥青铺装层内的应力分布情况，因此，在设计足尺加速加载试验梁段时，可以选择第二跨跨中处的部分梁段进行。

2.3.3.3　结构分析总结

对局部荷载作用和整体荷载作用两种情况对桥面铺装结构受力变形进行了分析：

1）局部荷载作用

局部荷载作用主要是在不考虑相邻车道、相邻车辆荷载影响下，单辆车载作用下桥面铺装的受力状态。局部加载处的车辆荷载模型采用《公路桥涵设计通用规范》（JTG D60—2004）中的公路一级车载布载方案，局部加载时的轮载采用了双后轴轴载。车辆荷载后轴轴重140kN，单轮轴重70kN，采用单轮加载，车辆着地面积为600mm×200mm，考虑25%超载，轮压为0.729MPa。

2）整体荷载作用

为考虑桥面铺装最不利受力状态，考虑结构整体效应的影响，即根据初步计算模型中得到的第一跨跨中、一二跨跨间支座及第二跨跨中处弯矩的影响线分析结果，分别按照最大正弯矩、最大负弯矩及最大正弯矩效应布设相应的车道荷载，在此条件下计算桥面铺装的最大应变水平。

采用有限元计算港珠澳大桥钢桥面铺装受力变形情况，计算参数铺装层弹性模量20℃时为7 000MPa，15℃时为12 000MPa，铺装层厚度70mm。钢桥面铺装设计一般考虑影响最显著的横向应变，港珠澳大桥钢桥面铺装最大横向应变计算数据见表2-17。浇注式铺装在整体荷载超载25%、1.4冲击系数不利条件下，最大横向拉应变为277με×1.4=388με。

钢桥面铺装应变计算数据　　表2-17

铺装计算温度	最大横向拉应变（με）			
	25%超载		0%超载	
	局部荷载	整体荷载	局部荷载	整体荷载
20℃	187	277	140	208
15℃	142	222	107	167

如不考虑25%超载，应变水平将线形降低，比较数据见表2-17。数据显示港珠澳大桥钢桥面铺装的最不利应变水平较低，桥面刚度较大，有利于钢桥面铺装的抗疲劳耐久性。

15℃条件下，钢桥面铺装在一般局部荷载作用下的最大横向应变为107με，此条件进行加速加载试验，考虑试验效率，加速加载试验控制应变为一般荷载受力应变107με的2倍，即约210με。

2.4　小　　结

针对港珠澳大桥钢桥面铺装设计，本章分析了三个基本条件：交通荷载、铺装层温度、桥面板刚度。

分析结果表明：

1）港珠澳大桥交通荷载特点

根据香港地区、深港西部通道交通特点，预测分析港珠澳大桥铺装设计年限15年交通量为1 140万次/车道，并且货车比例不高，基本不需考虑超载问题，属于中等交通条件。

2）港珠澳大桥钢桥面铺装温度环境

港珠澳大桥地处我国南方高温多雨地区，根据与港珠澳大桥邻近区域和相似桥型的钢桥面铺装调查分析，确定港珠澳大桥钢桥面铺装温度范围为0～60℃，应注意铺装材料高温稳定性设计。

3）港珠澳大桥钢桥面板结构

根据《公路钢箱梁桥面铺装设计与施工技术指南》的规定，港珠澳大桥钢桥面板：肋间相对挠度为0.15mm，肋间曲率半径为38m，满足指南里0.4mm和20m的规定。

港珠澳大桥钢桥面有限元数值模拟结构计算也表明，铺装层应变水平在200με邻近区域。

港珠澳大桥钢桥面板结构具有相对较高的刚度，为钢桥面铺装的抗疲劳提供了良好的条件，有利于钢桥面铺装的抗疲劳耐久性。

本章参考文献

[1] 张正杰. 我国钢桥面铺装技术现状分析[J]. 公路交通科技(应用技术版),2008,40(04):8-9.

[2] 徐丰. 混凝土箱梁桥温度效应关键因素研究[D]. 华中科技大学博士学位论文,2009.

[3] 兰中秋,河川,丹宇,等. 钢箱桥梁SMA沥青路面温度场的数值模型[J]. 重庆大学学报(自然科学版),2003,26(06):66-69.

[4] 逯彦秋,张肖宁,唐伟霞. 桥面铺装层温度场的ANSYS模拟[J]. 华南理工大学学报(自然科学版),2007,35(2):59-63.

[5] 方先金. 中国大气透明度系数研究[J]. 南京气象学院学报,1985,8(3):293-305.

[6] Kuehn T. H., Ramsey J. W., Threlkeld J. L. Thermal Environmental Engineering (3rd Ed.)[M]. New Jersey: Prentice-Hall,1998.

[7] 凯尔别克(德). 太阳辐射对桥梁结构的影响[M]. 刘兴法,译. 北京:中国铁道出版社,1981.

[8] Elbadry M. M. and Ghali A. Temperature variations in concrete bridges[J]. Journal of Structural Engineering, ASCE,1983,109(10):2355-2374.

[9] Matveev L. T. The Course of General Meteorology (Physics of Atmosphere). Hydrometizdat, Leningrado. Chapter 23[J]. Atmospheric Electricity,1984.

[10] 严作人. 层状路面体系的温度场分析[J]. 同济大学学报,1984(3):76-85.

[11] 宋存牛. 层状路面结构体非线性温度场研究概况[J]. 公路,2005(1):49-53.

[12] Pelikan W. and Esslinger M. Die stahlfahrbahn berechnung und konstruktion [J]. MAN ForschHeft,1957,

(7):114-123.

[13] Sheikh A. H. and Mukhopadhyay M. Geometric nonlinear analysis of stiffened plates by the spline finite strip method [J]. Computers and Structures,2000,76(6):765-785.

[14] Shanmugam N. E. Strength of axially loaded orthotropic plates [J]. Journal of Structural Engineering,1987,113(2):322-323.

[15] 小西一郎(日). 钢桥[M]. 朱立冬,等,译. 北京:中国铁道出版社,1980:57-58.

[16] Guenther G. H. ,Bild S. ,Sedlacek G. Durability of asphaltic pavements on orthotropic decks of steel bridges [J]. Journal of Constructional Steel Research,1987,7(3):85-106.

[17] Touran A. and Okereke A. Performance of orthotropic bridge decks [J]. Journal of Performance of Constructed Facilities,1991,5(2):134-148.

[18] Battista R. C. and Pfeil M. S. Fatigue cracks induced by traffic loading on steel bridges' slender orthotropic decks[C]. Proceedings of the International Conference on Computational Methods and Experimental Measurement,1999.

[19] Zhu X. Q. and Law S. S. Identification of vehicle axle loads from bridge dynamic response [J]. Journal of Sound and Vibration,2000,236(4):705-724.

[20] 伍波,方萍. 钢桥面铺装的有限元分析和环道模型设计[J]. 公路,2001,1(1):24-28.

[21] 方萍,伍波. 钢桥面板及铺装的静载试验和有限元分析[J]. 华东公路,2000,4(8):38-43.

[22] 方萍,何兆益. 正交异性钢桥面板与沥青混凝土铺装的计算分析[C]. 第十三届全国桥梁学术会议论文集. 上海:同济大学出版社,1998:453-456.

[23] 陈献南,王育清,吴光蓉. 虎门大桥钢桥面沥青混凝土铺装层铺筑技术的研究[C]. 第三届国际道路和机场路面技术大会. 北京:人民交通出版社,1998:605-609.

[24] 徐军,陈忠延. 正交异性钢桥面板的结构分析[J]. 同济大学学报,1999,27(2):70-74.

[25] 顾兴宇,邓学钧,周世忠,等. 不同轮载对钢桥面沥青铺装层受力影响[J]. 公路交通科技,2002,19(2):56-59.

[26] 李昶. 大跨径桥梁钢桥面铺装深入研究[D]. 东南大学博士学位论文,2002.

[27] 胡光伟,钱振东,黄卫. 正交异性钢箱梁桥面第二体系结构优化设计[J]. 东南大学学报,2001,31(3):76-78.

[28] 茅荃. 大跨径钢桥桥面铺装力学特性研究[D]. 东南大学硕士学位论文,2000.

[29] 胡光伟,黄卫,张晓春. 润扬大桥钢桥面铺装层力学分析[J]. 公路交通科技,2002,19(4):1-3.

[30] 钱振东,黄卫,茅荃,等. 南京长江第二大桥钢桥面铺装层受力分析研究[J],公路交通科技,2001,18(6):43-46.

[31] 钱振东,黄卫,骆伟骏,等. 正交异性钢桥面铺装层的力学特性分析[J]. 交通运输工程学报,2002,2(9):47-51.

[32] 肖秋明,查旭东. 沥青混凝土钢桥面铺装的剪切分析[J]. 中南公路工程,2000,25(1):53-54.

[33] 王辉,刘涌. 钢桥面铺装的拉应力分析[J]. 长沙交通学院学报,2002,18(1):30-33.

[34] 赵锋军,李宇峙,易伟建.桥面沥青铺装层间剪应力分析简化模型[J].土木工程学报,2007,40(6):100-104.

[35] 邓强民,倪富健,顾兴宇,等.大跨钢桥桥面铺装有限元分析合理简化模型[J].交通运输工程学报,2008,8(2):53-58.

[36] 杨军,丛菱,朱浩然,等.钢桥面沥青混合料铺装车辙有限元分析[J].工程力学,2009,26(5):110-115.

[37] 茅荃,顾兴宇.钢桥面力学分析合理有限元模型研究[J].现代交通技术,2008,5(1):25-29.

第3章 钢桥面铺装材料

钢桥面铺装层受复杂多变的自然环境影响以及繁重的交通负荷作用,工作条件十分复杂。欧洲、美国、日本等发达国家钢桥起步较早,开展钢桥面铺装的研究也相对较早,形成了适合本国国情的铺装结构形式和设计方法。美国修建大跨径桥梁最早,桥面结构一般采用桁架式加劲梁和钢筋混凝土结构,承受荷载能力强,其铺装层一般采用50~60mm热碾压环氧沥青混凝土。英国自赛文桥开始,桥面铺装层一般是沥青玛蹄脂(浇注式沥青混凝土,英国称之为Mastic Asphalt)。日本自20世纪70年代末开始修建大跨径悬索桥,悬索桥的主梁结构仍然采用美国传统技术,常用的铺装结构为40mm浇注式沥青混凝土铺装下层,40mm改性沥青密级配铺装上层,总厚度为80mm左右。我国自20世纪80年代开始对钢桥面沥青混凝土铺装层的结构与材料进行研究,在桥面铺装结构形式上,主要借鉴国外的相关技术和研究成果,现阶段我国钢桥面铺装主要结构形式是以环氧沥青混凝土、浇注式沥青混凝土为主导,近些年新型复合铺装结构在部分桥梁上也开始得到应用。

3.1 钢桥面铺装材料性能要求与设计

3.1.1 高温、低温性能要求

我国钢桥面铺装所处温度区域较高,对铺装材料的高温稳定要求很高,对于重载交通条件下的钢桥面铺装,要保证铺装材料在高温、重载条件下不出现车辙和推移。总体上应降低铺装材料的温度敏感性,为此也对典型铺装材料的黏弹性进行试验比较分析。

为了确定广东地区钢桥面铺装所处的温度区间,以佛山平胜大桥、虎门大桥为例,分别于高温季节和低温季节对桥面温度进行了检测。

于2009年8月21日检测了高温季节铺装层表面温度情况,采用高精度红外线温度计检测,桥面铺装温度曲线见图3-1,当日最高气温35℃,桥面铺装最高温度63℃。桥面铺装温度还要受到日照、风、空气湿度等综合因素影响。

为了检测高温季节钢桥面铺装所处温度环境,于2010年8月4日对虎门大钢桥面铺装所处温度环境进行了检测,当天天气晴,气温26~35℃,检测环境温度曲线见图3-2,温度曲线变化规律表明,桥面铺装温度在15:00左右达到峰值60℃。

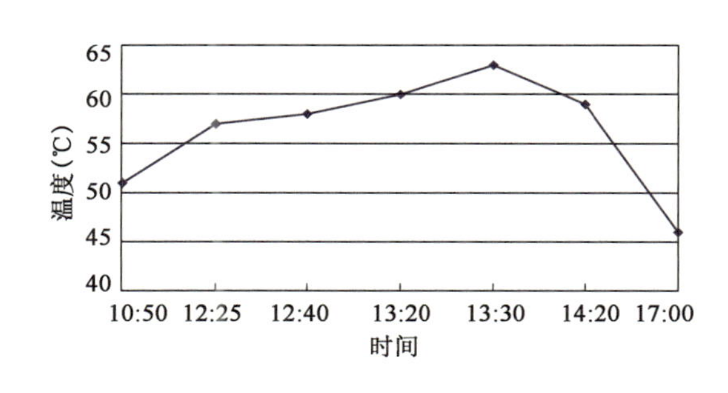

图 3-1　平胜大桥钢桥面铺装表面温度曲线

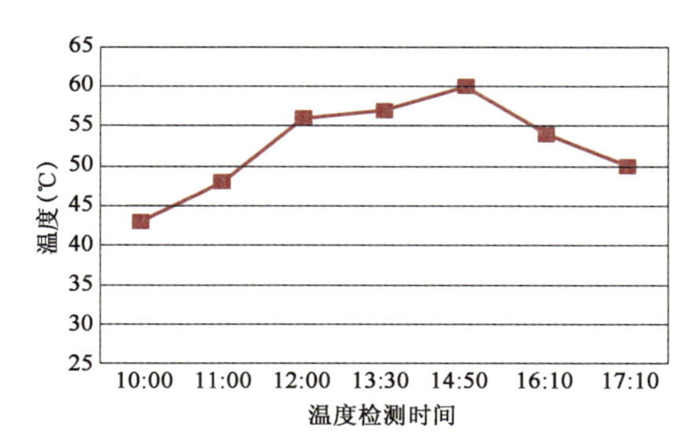

图 3-2　虎门大桥高温季节桥面铺装温度检测曲线

于 2010 年 12 月 16 日检测了冬季低温季节桥面铺装温度，当日最低气温 2℃，冬季低温季节最低气温出现在夜间，桥面铺装温度基本与气温相同，桥面最低温度为 2℃，因此桥面铺装最低温度主要受气温影响。

根据广东平胜大桥、虎门大桥高温季节、低温季节桥面铺装温度检测情况，广东封闭钢箱梁的钢桥面铺装使用温度低温为 0～5℃，高温区为 60～70℃，在此范围内考虑铺装材料的高温、低温性能。

3.1.2　铺装层受力特点和疲劳耐久性能要求

桥面铺装在追随桥面板变形的同时承受轮载的直接冲击作用，为明确桥面铺装材料的性能要求及设计目标，首先要对桥面铺装层结构进行力学分析。汽车荷载通过桥面铺装传递到桥面板上，桥面铺装起着传递和分散汽车荷载的作用，因此须将桥面铺装与桥面板结合在一起作为复合结构进行分析，确定桥面板与铺装层共同受力状态及其相互影响效应，沥青混凝土材料相对于水泥混凝土属柔性材料，在轮载作用下，桥面铺装受局部荷载的影响较大。对于具有很多纵、横加劲隔板的箱梁结构，应用梁、板等理论很难准确计算和描述铺装体系的力学特性；有限元分析方法在解决此类问题上是非常有效地分析工具，有限元方法可以较清楚地分析桥面铺装体系的局部应力应变状态。在众多有限元分析软件中，美国的大型通用有限元软件 ANSYS 具有强大的前后处理、智能网格划分、多物理场耦合等功能，而且在处理非线性、瞬间冲击或振动、接触等力学问题也是非常有效的分析工具，在各种工程领域得到广泛的应用，其有效性得到广泛的承认。ANSYS 有限元软件基本能满足本书对桥面铺装力学分析的需要。运用 ANSYS 有限元软件建立桥面铺装的计算模型，数值模拟桥面铺装体系的受力状态，对桥面铺装体系的各工况下受力状态进行分析，确定桥面铺装设计指标。

桥面铺装所承受的作用包括桥面板变形作用及轮载的直接作用，而桥面板的变形作用产生于两个方面，一方面是桥梁结构的整体变形引起的桥面板变形，另一方面是轮载引起桥面板局部变形。本书针对桥面铺装的受力特点,分为三个层次进行力学分析,即桥梁整体变形、桥面板局部变形及铺装层结构内部受力分析,这里简称三层次法。同时对黏结层作用及相关参数的敏感性进行分析。具体研究内容如下:

(1)分析桥梁整体变形对铺装层性能要求。大跨径桥梁在车辆荷载及温度荷载作用下有较大的变形,沥青桥面铺装层结构作为桥梁结构的附属部分,其刚度远小于桥梁主体结构刚度,因此桥面铺装层体系要被动追随桥梁结构的变形。根据铺装层与桥面板的变形协调原则,并假设桥面铺装层与桥面板完全连续,通过计算桥梁主体结构的桥面板变形,分析计算铺装层的受力状态。

(2)分析桥板面局部变形对铺装层性能要求。从整桥模型来分析桥面板的局部变形,对计算机要求较高且计算效率低,本书应用子模型法可有效地解决这一矛盾。分析轮载作用下桥板面局部响应时,首先用较粗的单元网格划分来分析结构整体受力状态,之后选取准备重点分析的局部结构进行细分单元网格,最后子模型的边界条件由整体结构中相应位置节点的位移插值决定并进行分析。这样就可以较准确分析桥面铺装体系在轮载作用下的应力应变状态。并通过对比子模型法和独立梁段法计算结果,分析整桥变形对桥面铺装局部影响,从而确定大跨径桥梁桥面铺装结构分析的方法。应用子模型法分析桥面板在轮载作用下的局部变形情况,确定大跨径桥梁对桥面铺装材料的性能要求,同时对大跨径桥梁桥面板局部受力分析方法进行探讨。

(3)分析桥面铺装体系局部应力应变状态。在桥梁整体结构分析的基础上,对桥面铺装进行局部的详细分析。计算桥面铺装在轮载竖直压力作用,同时考虑不同的水平力作用的影响,分析铺装层结构内部的应力应变状态,并与普通路面结构进行对比分析,进一步明确大跨径混凝土桥梁桥面铺装体系的变形规律,及相应的技术性能指标要求。

(4)分析黏结层结构体系的作用。铺装层与桥面板间的脱离是桥面铺装破坏的主要形式之一,通过模拟连续状态及滑动状态的层间黏结情况,来对比分析黏结层在铺装层体系中的作用,为黏结层的设计与施工提供理论参考依据。

(5)铺装层技术参数的敏感性分析。桥面铺装体系受力极为复杂,其受力状态受到体系中技术参数的影响。沥青混合料的模量对温度很敏感,随着沥青混合料的模量的变化,桥面铺装体系的应力状态也会随之变化,本书分析沥青混合料模量对铺装层结构受力状态的影响。同时我国目前超载现象较严重,有必要分析超载对铺装层应力状态的影响。

对钢桥面铺装国内外文献进行了查阅,分析了我国钢桥面铺装研究已有的经验及不足,主要包括整桥结构桥面板受力分析、黏结层剪切应力分析、铺装层优化组合设计力学分析、桥面板结构优化设计分析等。

3.1.2.1　钢桥面铺装受力分析

1)整桥结构变形作用下桥面铺装受力分析

大跨径桥梁在车辆荷载及温度荷载作用下有较大的变形,沥青桥面铺装层结构作为桥梁结构的附属部分,其刚度远小于桥梁主体结构刚度,因此桥面铺装层体系要被动追随桥梁结构的变形。为了简化计算,桥面铺装层体系在桥梁整体结构变形作用下的受力,根据铺装层与桥面板的变形协调的原则,并假设桥面铺装层与桥面板完全连续,可以通过分析桥梁主体结构桥面板的变形,分析计算铺装层的受力状态。应用壳单元组合来模拟斜拉桥的加劲梁,用拉杆单元来模拟拉索,基本可以按着实际结构构造建立计算模型,从而可以较详细地反映实际结构在荷载作用的应力应变状态。

以湛江海湾大桥为例进行计算。应用通用有限元软件 ANSYS 建立桥梁结构的空间计算模型,考虑湛江海湾大桥主桥纵向对称性,取主桥纵向的一半进行分析,如图 3-3 所示,其中主梁由三维八节点壳单元组成,拉索由三维两节点拉杆单元组成,以下主要针对最不利对称车辆荷载、非对车辆荷载进行计算分析。

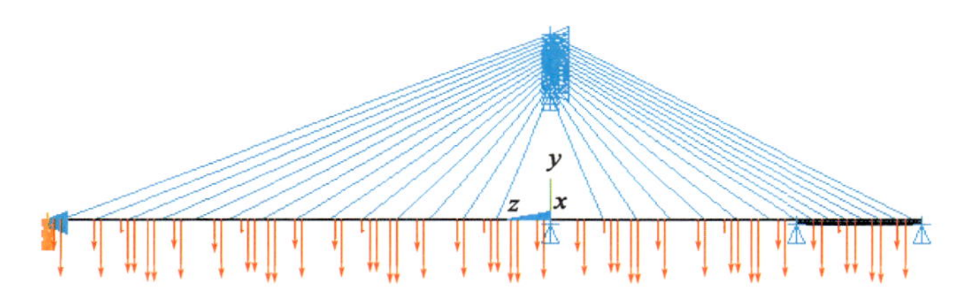

图 3-3　整桥有限元计算模型侧视图(半幅)

图 3-4 为主梁桥面板在满布荷载及非对称荷载作用下纵向应变沿纵向分布曲线,纵向应变纵向分布曲线表明在主塔支座处、钢梁与混凝土梁交界处纵向应变出现峰值 185$\mu\varepsilon$,桥面板纵向应变大部分低于 65$\mu\varepsilon$。桥面板的横向应变及竖向应变也比纵向应变低得多。

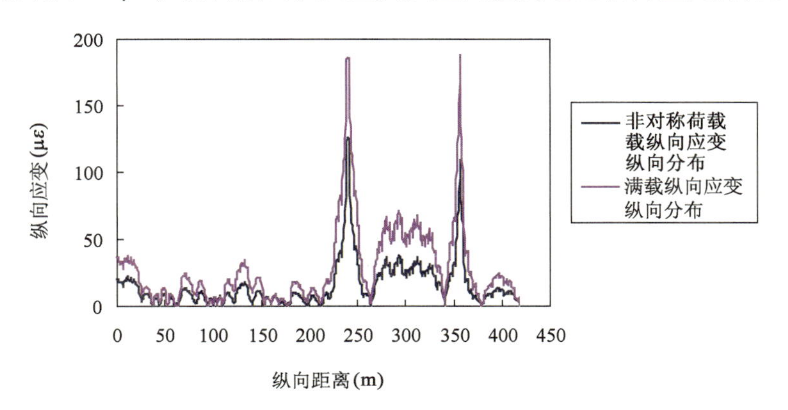

图 3-4　主梁桥面板在满布荷载及非对称荷载作用下纵向应变轴向分布曲线

整桥在满布荷载作用下桥面板产生的应变峰值低于 190$\mu\varepsilon$,并且大部分低于 65$\mu\varepsilon$,而且整桥满布荷载作用变形属于周期长、低频率情况，一般铺装层材料可以满足追随钢桥面板变形的性能要求。根据以上分析，大跨径桥梁的挠度在荷载作用下有较大的变化，但在大跨径桥梁桥面铺装设计中基本可以不考虑整桥变形对铺装层的影响，而主要是考虑桥面局部受力变形的作用，以局部变形作为桥面铺装设计控制指标，在后面章节进行详细分析。

2）桥面铺装局部受力分析

大跨径桥梁桥面铺装受力分析主要轮载作用下铺装结构的局部问题，如果在整桥模型中来分析桥面板的局部变形，需要划分单元网格较小，对计算机性能要求较高，而且计算效率低。独立梁段法不能反映桥梁整体性，子模型法可以较好地解决这一矛盾。

子模型计算方法是对模型局部区域进行精细分析的有限元技术，子模型法基于圣维南原理，即所要分析区域距离切割边界距离适当，子模型内就可以得到较精确解。子模型法基本过程是，首先用较粗的网格划分对整体模型进行计算；然后建立将要详细分析的子模型，并用较细的网格划分子模型，子模型的位移边界条件由整体模型相应位置的节点位移插值确定；最后对子模型进行计算分析。本文首先用较粗的网格划分（单元边长 1m）对斜拉桥的整体结构进行受力分析，然后应用子模型法，用较细的单元网格划分（单元边长 0.2m）对局部梁段的桥面板在轮载作用下变形进行分析，最后用更细单元（单元边长 0.015m）分析。

针对湛江海湾大桥钢桥桥面铺装的受力特点，采用三层次法进行力学分析，即依次进行桥梁整体变形、梁段桥面板变形及局部铺装层结构内部受力分析，其中桥梁整体变形计算为梁段桥面板受力分析提供边界条件，梁段桥面板受力分析为局部铺装层结构内部受力分析提供边界条件。三个层次计算模型视图分别见图 3-5a）~c）。

3.1.2.2 桥面铺装结构剪应力分析

1）桥面铺装与桥面钢板间黏结层剪应力分析

桥面铺装破坏现场调查情况表明，铺装层和钢板之间黏结力的丧失主要发生在沥青混合料和防锈层之间，可见控制铺装层与钢板间的黏结破坏的主要指标之一是层间剪应力。

对湛江海湾大桥桥面铺装黏结层的剪应力进行分析，桥面铺装主要承受轮载的局部作，采用子模型法进行分析。铺装层总厚度为 70mm（包括刚度过渡层），上面层沥青混凝土模量取 2 000MPa，刚度过渡层分别建立不同模量和厚度模型进行对比分析。采用三维 8 节点块体单元建立有限元模型，有限元计算模型见图 3-3，施加 0.7MPa 的 0.2m × 0.25m 面荷载，面荷载间距 0.1m，轮隙横向间距 1.8m，单元水平方向尺寸为 15mm，竖直方向尺寸约为 3mm。刚度过渡层与桥面板上表面间假设为完全连接。

黏结层最大正剪应力、负剪应力随刚度过渡层模量变化曲线分别见图 3-6、图 3-7，图中曲线表明随着刚度过渡层模量增加，黏结层剪应力也随之增加。当刚度过渡层模量高于磨耗层模量（2 000MPa）时，黏结层剪应力随着刚度过渡层厚度的增加而增大，刚度过渡层厚度达到

20mm 后，刚度过渡层厚度对黏结层剪应力影响不显著；当刚度过渡层模量低于磨耗层模量(2 000MPa)时，黏结层剪应力随着刚度过渡层厚度的增加而减小。模量为 15 000MPa 的 30mm 厚刚度过渡层情况下黏结层剪应力最大，为 1.59MPa。

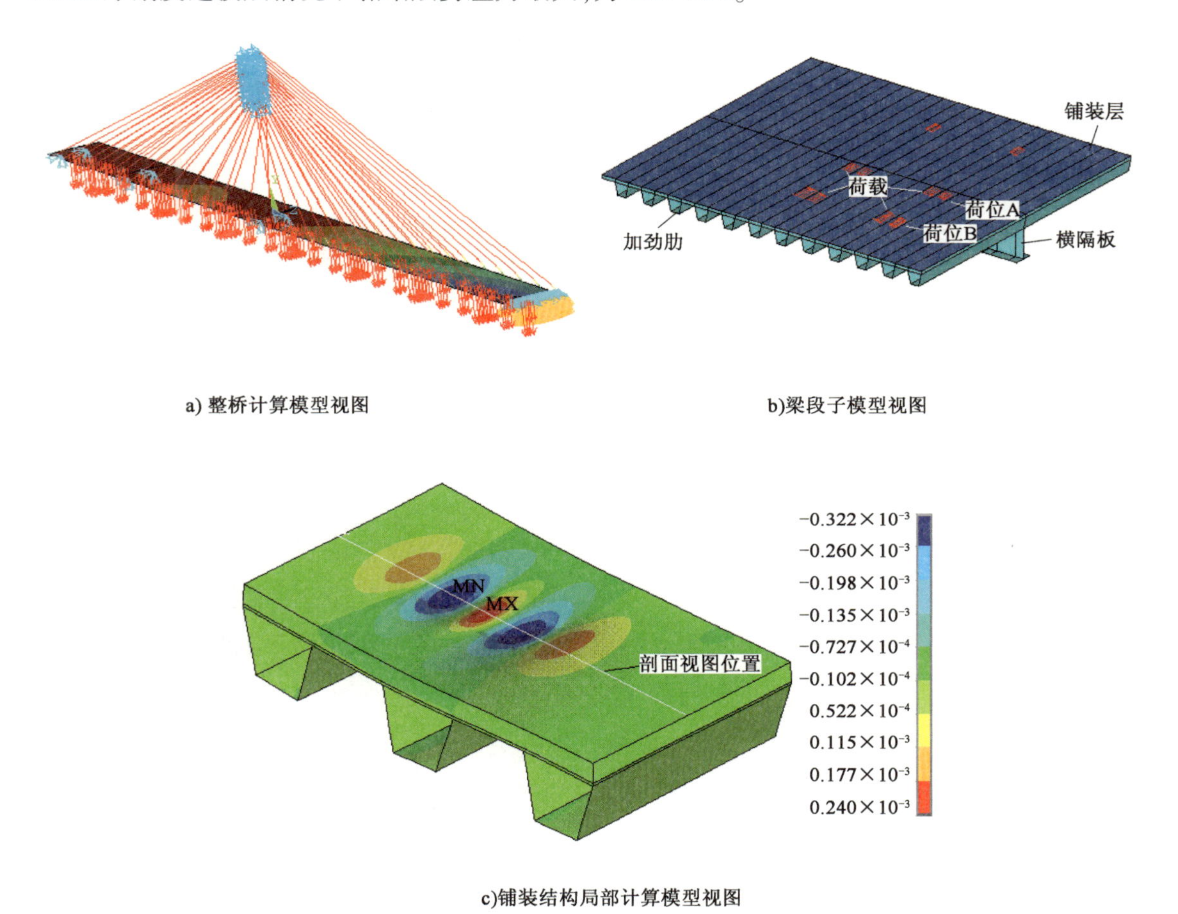

a) 整桥计算模型视图

b)梁段子模型视图

c)铺装结构局部计算模型视图

图 3-5　三个层次计算模型视图

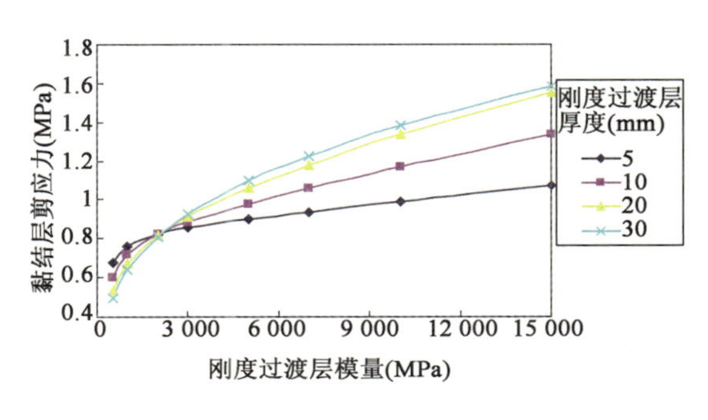

图 3-6　黏结层正剪应力最大值与刚度过渡层模量关系曲线

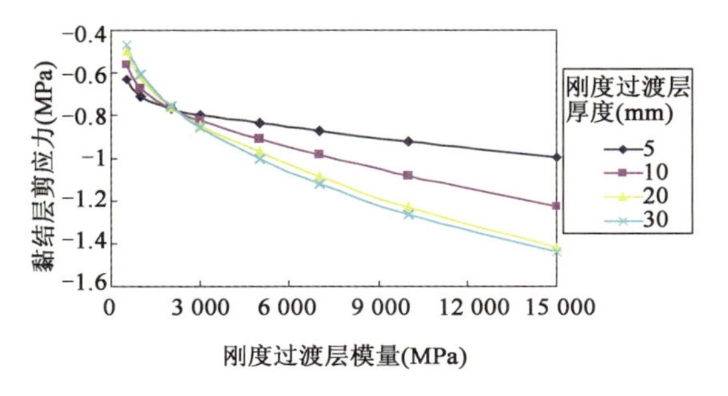

图 3-7　黏结层负剪应力最大值与刚度过渡层模量关系曲线

2)桥面铺装磨耗层与刚度过渡层之间剪应力分析

模量为 10 000MPa 的 30mm 厚刚度过渡层情况下,磨耗层与刚度过渡层之间剪应力随刚度过渡层模量变化曲线见图 3-8,图表中数据表明,磨耗层与刚度过渡层之间剪应力总体上明显低于刚度过渡层与桥面板间黏结层的剪应力,磨耗层与刚度过渡层之间剪应力随刚度过渡层模量变化不大。

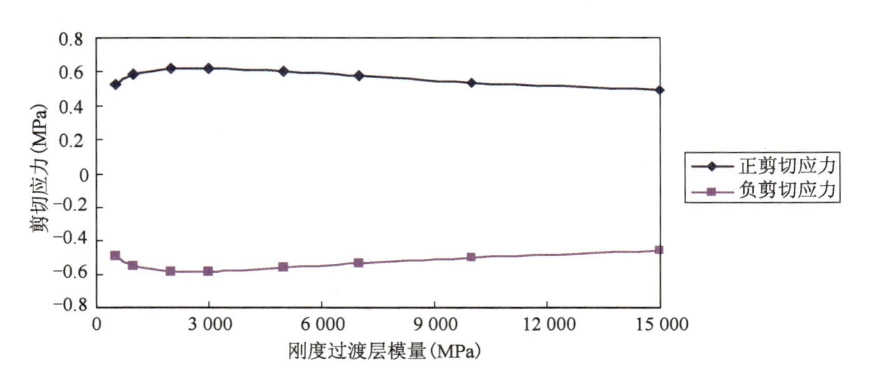

图 3-8 磨耗层与刚度过渡层之间剪应力随刚度过渡层模量变化曲线

通过对湛江海湾大桥桥面铺装层间剪应力分析,因刚度过渡层模量、黏结层模量的不同,刚度过渡层与桥面板间黏结层剪应力在 0.5 ~ 1.6MPa 之间,刚度过渡层与磨耗层之间剪应力在 0.5 ~ 0.65MPa 之间。刚度过渡层厚度达到 20mm 后,刚度过渡层厚度对黏结层剪应力影响不显著。

3.1.2.3 桥面铺装结构横向拉应变分析

钢桥面铺装层横向应变分布轴视图见图 3-9,沿图 3-9 中剖面位置线观察铺装内部横向拉应变分布的剖面视图见图 3-10,图中应变分布表明在加劲肋腹板上缘的桥面铺装层顶面出现拉应变峰值,加劲肋腹板上缘是桥面铺装最不利的受力位置,钢桥面铺装典型病害之一的纵向裂缝一般也是发生在加劲肋腹板上缘位置,因此,加劲肋腹板上缘位置桥面铺装的受力情况应

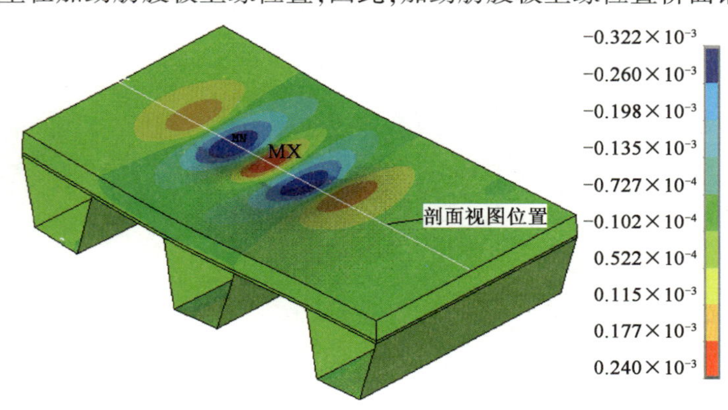

图 3-9 铺装结构局部计算模型横向应变分布轴视图

作受力分析的重点,并作为钢桥面铺装材料设计控制性指标。由于钢桥面铺装结构受力变形受铺装材料模量影响显著,对钢桥面铺装横向应变分析在下一节进行详细分析。

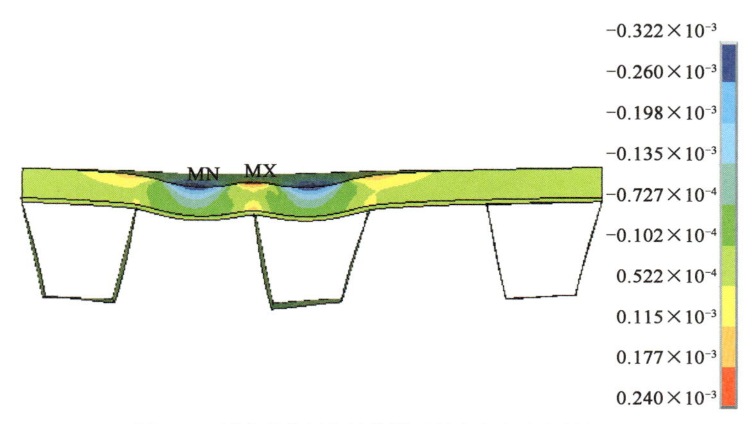

图3-10　铺装结构局部计算模型横向应变分布剖视图

3.1.2.4　钢桥面铺装优化分析

1)铺装层应变计算方案

轮载局部作用对钢桥桥面铺装起着控制作用,下面应用子模型法通过轮载局部作用分析桥面铺装层的优化设计问题。钢桥面铺装层结构组成对其性能有重要影响,尤其是黏结层结构对钢桥面铺装性能具有直接的影响。由于钢桥面板与铺装层沥青混凝土的模量相差约100倍,因此在钢桥面板与铺装层间存在非常大的刚度突变,进而造成应力突变,使铺装层处于较不利的受力状态。可以通过优化设计刚度过渡层改善钢桥面板与铺装层之间的受力状态,也就是在钢桥面板与铺装层之间设置一层具有一定厚度模量较高的刚度过渡层,这种沥青混凝土同时要求具有优良的抗疲劳性能。

通过有限元力学分析不同厚度、模量的刚度过渡层对铺装层受力状态的影响,以进一步为刚度过渡层的设计提供理论依据。计算方案中的有限元模型刚度过渡层模量、厚度分别见表3-1。

刚度过渡层模量、厚度计算参数数据　　表3-1

模量(MPa)	500	1 000	2 000	3 000	5 000	7 000	10 000	15 000
厚度(mm)	0	5	10	20	30	—	—	—

2)铺装层应变计算分析

考虑拉应变对桥面铺装作用影响较大,这里主要对铺装层横向拉应变进行详细分析。为了清楚描述铺装层内部受力状态,分别通过3个剖面A、B、C分析铺装层的拉应变分布情况,其中10mm厚2 000MPa刚度过渡层计算模型的X方向(横向)拉应变见图3-9,同时在A、B、C面交接处取路径AA、BB进行应变分布规律详细分析。图3-11中A面处应变主要表现为铺装层下面受拉,B面处应变主要表现为铺装层上面受拉。

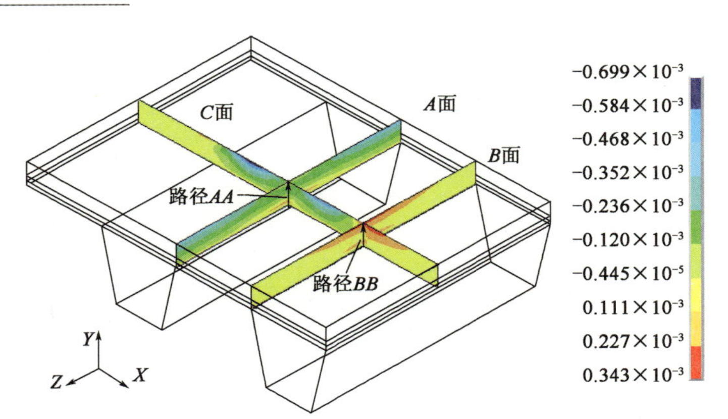

图 3-11　10mm 厚 2 000MPa 刚度过渡层有限元模型 X 方向应变分布图

不同刚度过渡层厚度、模量的计算模型沿路径 AA、BB 的 X 方向应变分布规律，表明刚度过渡层厚度、模量对铺装层的受力状态有显著影响。主要表现随着刚度过渡层模量和厚度的增加，A 面处底面、B 面处顶面的拉应变显著降低。随着刚度过渡层模量、厚度的增加拉应变降低，而且拉应变沿铺装层厚度方向分布的趋于平缓，突变减小。并且铺装层底面、铺装层顶面拉应变与刚度过渡层厚度基本呈线性关系。

钢桥面铺装的两个主要病害时铺装层底面脱层推移、顶面疲劳开裂，以上分析表明通过优化设计桥面铺装层，适当增加刚度过渡层的厚度和模量可以有效改善铺装层的受力状态，降低铺装层底面、顶面的应变水平，有利于提高上面层材料的抗疲劳性能。

3）典型钢桥面铺装材料模量性能分析

钢桥面铺装材料可分为热塑型的普通沥青混凝土、热固型的环氧沥青混凝土，这两种铺装材料的力学性能差别较大，环氧沥青混凝土的模量明显高于普通沥青混凝土。

钢桥面铺装所处环境受温度变化显著，如湛江海湾大桥桥面铺装温度分布区域约为 5 ~ 70℃，对典型的钢桥面铺装材料 SBS 改性沥青 SMA、ChemCo 环氧沥青、日本近代化成株式会社生产的热拌环氧沥青混凝土进行了不同温度下四点弯曲模量测试，测试分析结果见图 3-12，图中材料弯拉模量随温度变化曲线表明，环氧沥青混凝土在整体温度区域上弯拉模量显著高于 SBS 改性沥青 SMA，日本近代化成株式会社环氧沥青混凝土的弯拉模量显著高于 ChemCo 环氧沥青混凝土。

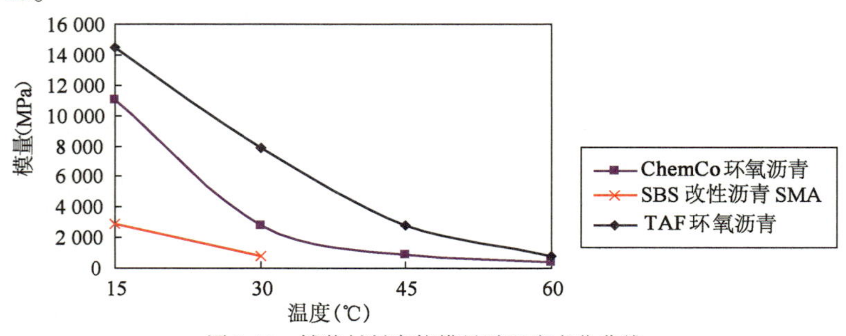

图 3-12　铺装材料弯拉模量随温度变化曲线

结合钢桥面铺装刚度过渡层优化分析结果，环氧沥青混凝土具有高模量、低蠕变柔量、高温稳定性的特点，而且环氧沥青混凝土与钢桥面黏结牢固，可以考虑作为钢桥面铺装的刚度过渡层材料或整体铺装材料。当然也可以进一步研究其他改性途径提高沥青混凝土模量，设计适合作为钢桥面铺装刚度过渡层材料或整体铺装材料。

对湛江海湾大桥钢桥面铺装采用50mm厚环氧沥青铺装结构，采用三阶段法进行受力分析，铺装层顶面横向拉应变峰值受模量影响曲线见图3-13，图中曲线变化规律表明铺装层环氧沥青混凝土的模量提高可以显著降低铺装层变形水平，进而可以有效延长铺装层使用寿命。

4）超载对桥面铺装结构影响分析

我国的货车超载问题也是实际存在的一个问题，为分析超载对钢桥面铺装影响，对湛江海湾大桥钢桥面铺装采用50mm厚环氧沥青铺装结构进行了分析，其中铺装层模量取5 000MPa，环氧沥青铺装层顶面横向应变、剪应力受超载影响比较情况分别见图3-14、图3-15，图中数据表明钢桥面铺装的横向拉应变和层间剪应力受超载影响显著，钢桥面铺装的横向拉应变和层间剪应力与超载程度基本呈线性关系，因此应严格控制超载对钢桥面铺装造成不利影响。

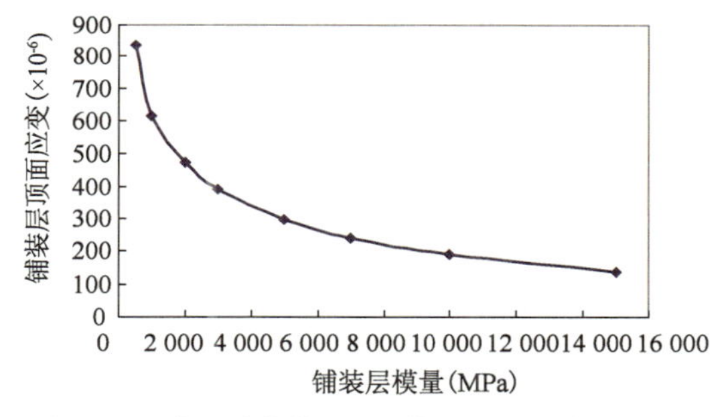

图3-13 环氧沥青铺装层顶面横向应变随铺装模量变化曲线

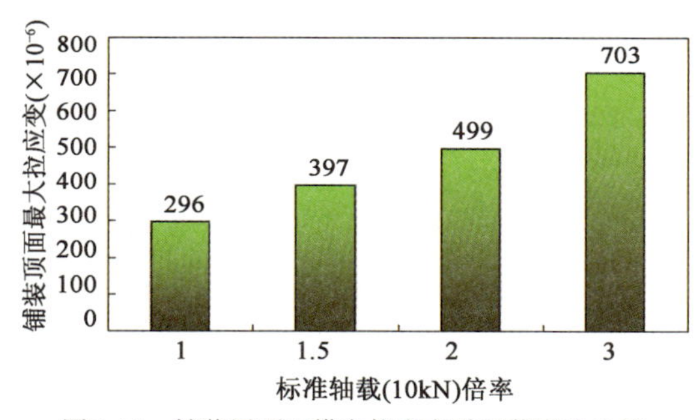

图3-14 铺装层顶面横向拉应变受超载影响比较

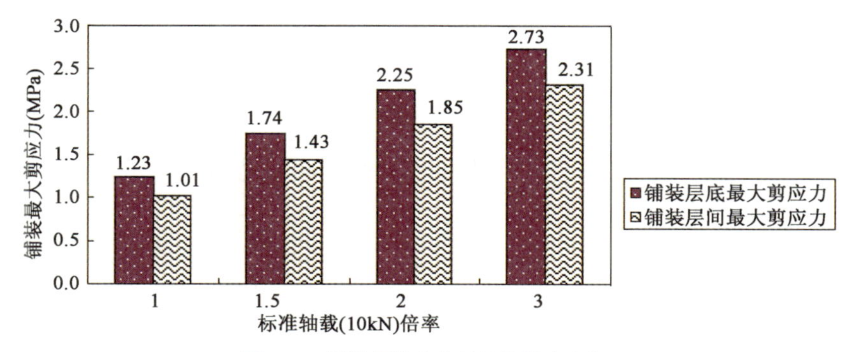

图3-15 铺装层剪应力受超载影响比较

3.1.2.5 钢桥桥面铺装疲劳耐久性要求

钢桥面铺装受力特点分析表明：

（1）钢桥面铺装应变水平显著高于一般路面结构，要求铺装材料具有优良的抗疲劳耐久性。

（2）钢桥面铺装的受力状态受到铺装材料模量、钢桥面板刚度等因素影响显著，根据铺装材料性能和铺装钢板复合结构确定铺装层疲劳性能要求。

（3）钢桥面铺装的横向拉应变和层间剪应力受超载影响显著，钢桥面铺装的横向拉应变和层间剪应力与超载程度基本呈线性关系，因此应严格控制超载对钢桥面铺装造成不利影响。

3.1.3 基本路用性能要求

对于钢桥面铺装材料一般需要满足以下基本要求：

（1）由于钢桥面铺装温度一般较路面高10～20℃，因此要求铺装材料需要具有良好的高温抗车辙性能；

（2）钢桥面铺装变形较大，要求钢桥面铺装材料具有良好的变形性能，并具有低温抗裂性能；

（3）各层铺装材料之间需要具有可靠的黏结，与钢桥面板形成稳定的复合结构；

（4）为保证交通安全，要求铺装磨耗层提供充分的抗滑能力。

（5）要求桥面铺装层具有良好的密水性，以保证钢桥面板和提高铺装层的耐久性。

对各层铺装材料的具体要求：

（1）黏结底层

为桥面钢板提供可靠抗腐蚀保护，并牢固黏结钢板与上面的铺装层，需要具有可靠的抗剪性能，一般黏结底层材料的黏结力较高才能满足以上要求。

（2）缓冲层

能够抵抗油、水、矿物的侵蚀，对温度条件具有较强的适应性，在钢板与磨耗层间形成缓和过度，并能抵抗疲劳破坏。

（3）黏附层

保证上下铺装层间良好的黏结强度，具有耐久性、可靠性、稳定性、施工简便。

（4）磨耗层

具有良好的表面抗滑能力、平整度及低噪音性能，具有抗老化、耐腐蚀性能，对温度适应能力强，具有可靠高温稳定性及抗疲劳性能。

3.2 典型钢桥面铺装材料

3.2.1 环氧沥青混合料设计与评价

3.2.1.1 环氧沥青混凝土发展

环氧沥青是将环氧树脂加入沥青中，与掺入沥青中的固化剂反应，形成不可逆的热固性材料。这种材料改变了沥青的热塑性质,环氧沥青混合料具有优良的物理力学性质,也具有良好的路用性能。环氧沥青属于双相材料,其中连续相为热固性环氧树脂,非连续相为沥青,环氧沥青混凝土集料的最大粒径一般为10mm。最早是在20世纪60年代中期,由California Bay桥梁管理处开始尝试使用环氧沥青铺装材料。自此以后环氧沥青铺装材料在美国、加拿大的正交异性桥面上得到广泛的应用。

国外从20世纪60年代开始研究并推广应用环氧沥青混合料。日本间山正一、菅原照雄在20世纪70年代对环氧沥青混合料配置、模量、强度等性能进行了研究。荷兰的壳牌石油公司、日本Watanabegumi公司、美国的ChemCo Systems公司也都生产出环氧沥青专利产品。1967年环氧沥青混合料首次用作美国San Mateo-Hayward大桥正交异性钢桥面铺装层。近40多年来环氧沥青桥面铺装在美国、加拿大、荷兰和澳大利亚等国得到应用,其中美国应用最为广泛,美国和日本还编写了相应环氧沥青桥面铺装规范。

ChemCo公司生产环氧沥青中的沥青组分产于美国油田,该原油生产出的沥青与环氧树脂、固化剂具有良好的相容性,能够平衡环氧沥青黏结料的施工时间、固化时间、强度等性能,一般的沥青与环氧树脂、固化剂很难相容。ChemCo公司也提供黏结层专用环氧沥青,并提供专用洒布设备,该黏结层与钢板间黏结强度可达到2.5MPa以上。由于环氧沥青铺装的密水性及环氧沥青黏结层性能的防水性,环氧沥青铺装不需要另外防水层,一般只是在钢桥面上涂布富锌防腐漆层。

ChemCo公司提供的环氧沥青分为两种:黏结层材料(类型Id)和混合料结合料(类型V)。两者都由两组分组成:组分A(环氧树脂)、组分B(由石油沥青与固化剂组成的均质合成物)。黏结层环氧沥青组成质量比例A:B为100:445,混合料结合料环氧沥青组成质量比例A:B为100:585。

3.2.1.2　环氧沥青混凝土特点与应用

环氧沥青在低温时具有良好的韧性,高温时不熔化,环氧沥青路面具有更优良的稳定性,具有优异的抗裂性,同时具有密水性。环氧沥青混混合料在高温、低温情况下均表现出优良的抗疲劳性能,具有良好的耐久性能,在桥面铺装上有广泛的应用,主要应用的桥面铺装见表3-2。

典型环氧沥青桥面铺装主要桥梁数据　　表3-2

桥梁名称	位置	建成年份	桥面板类型	桥面板厚度(mm)	铺装厚度(mm)
San Mateo-Hayward	San Mateo, CA	1967	O-T	14	51
San Diego-Coronado	San Diego, CA	1969	O-T	10	41
McKay	Halifax, N. S.	1970	O-T	10	51
Queensway A	Long Beach, CA	1970	O-T	—	51
Fremont	Portland, OR	1973	O-T	16	61

续上表

桥梁名称	位　置	建成年份	桥面板类型	桥面板厚度（mm）	铺装厚度（mm）
Costa de Silva	Rio de Janeiro, Brazil	1973	O-T	10	60
1-94 Bridges	Minneapolis, MN	1973	CON.	—	19
Mercer	Montreal, Quebec	1974	O-T	10	38
Lions Gate	Vancouver, B. C.	1975	O-T	10	38
San Francisco-Oakland	San Francisco, CA	1976	CON.	—	19
Luling	New Orleans, LA	1983	O-T	11	51
Ben Franklin	Philadelphia, PA	1986	O-T	16	32
Golden Gate	San Francisco, CA	1986	O-T	16	10(Chip) 41(环氧)
McKay	Halifax, N. S.	1990	O-T	10	51
San Diego-Coronado	San Diego, CA	1993	O-T	10	51
Champlain	Montreal, Quebec	1993	O-T	10	10
Maritime Off-Ramp	Oakland, CA	1996	O-T	16	76
南京长江二桥	南京	2000	O-T	14	50
Lions Gate Bridge	Vancouver, B. C.	2002	O-T	—	10(环氧) 25 磨耗层
桃夭门大桥	舟山	2003	O-T	14	50
润扬大桥	镇江	2004	O-T	14	50
大沽桥	天津	2004	O-T	—	50
南京长江第三大桥	南京	2005	O-T	14	50
湛江海湾大桥	湛江	2006	O-T	14	50
佛山平胜大桥	佛山	2006	O-T	16	50
杭州湾大桥	杭州湾	2006	O-T	14	55
西堠门、金塘大桥	舟山	2008	O-T	14	55
珠江黄浦大桥	广州	2008	O-T	16	60
虎门大桥	虎门	2009	O-T	12	70

注：1."O-T"：正交异性钢桥面；
2."CON."：混凝土桥面；
3."—"：未知。

桥面铺装表现依赖于铺装材料性能、桥面板刚度、铺装层温度条件及交通荷载特点。以前正交异性钢桥面板设计标准要求桥面顶板的局部挠度低于加劲肋间距的 1/300，在此挠度水平下，铺装层表面应变将超过 $1\ 000 \times 10^{-6}$，由于加工等原因实际桥面结构刚度都要高于此挠度水平。有些桥面的挠度比率取为 1/600，如 San Diego、Rio-Niteroi、和 Luling 桥，环氧铺装层在这些桥面上的表现不如在桥面刚度更大桥梁表现好，如 San Mateo、Long Beach、Westgate 及 Philadelphia 桥。

环氧沥青作为钢桥面铺装材料不仅具有良好的抗疲劳、抗车辙、抗推移等性能，而且与钢板组成较理想的复合结构，能够对正交异性钢桥面起到增强刚度作用，减小钢桥面挠度，延长钢桥面板的使用寿命。

从世界上已建环氧沥青混合料钢桥面铺装使用情况来看，成功的、失败的例子都有。有美国环氧沥青钢桥面铺装专家认为，环氧沥青铺装破坏的原因主要是由于设计时对桥梁所处温度环境、交通荷载、钢桥面刚度等因素考虑不足，或由于施工控制不严造成。他们认为在正确的设计和施工控制前提下，环氧沥青铺装在设计年限内一般不会出现破坏。

我国近年环氧沥青铺装发展较快，最早应用距今有 14 年时间，表现差异较大，部分桥梁环氧沥青铺装出现局部病害，经分析与施工控制、超载等因素有关。

国外除在钢桥面铺装上应用环氧沥青，还在以下方面应用环氧沥青：

(1)高等级公路和城市干道。

(2)公共汽车停车站和道路交叉口。此类位置的路面对抗车辙性能要求较高，而环氧沥青优良的高温性能可以有效减少车辙。

(3)公路与城市道路、机场道面的抗滑面层。环氧沥青混合料铺装表面摩擦系数随着路表面沥青膜被轮胎磨掉而逐渐增加，因而环氧沥青铺面的摩擦性能表现出较好的耐久性和稳定性。

(4)加油站、停机坪和广场。环氧沥青对燃油、机油的腐蚀具有极好的抵抗能力，可以起到保护路面免受侵蚀的破坏。

3.2.1.3　ChemCo 环氧沥青混凝土施工特点

环氧沥青混凝土一般应用常规拌和设备拌和，但需要进行一些改进：

(1)存储和计量环氧组分的装置、控制阀系统；

(2)电子监控烘干炉的温度，以精确控制集料温度；

(3)注入环氧沥青胶浆的导管。

一个拌和周期的时间约为 2min，拌和温度非常关键，因为该温度也决定了环氧胶浆的固化时间，温度越高，固化时间越短，环氧沥青混合料拌和温度与施工时间关系见表 3-3。环氧树脂组分拌和前温度控制在 80 ~ 85℃，沥青和固化剂混合组分拌和前温度控制在 150 ~ 155℃，混合料出料温度控制在 110 ~ 121℃。

环氧沥青混合料拌和温度与施工时间　　表 3-3

拌和温度* (℃)	110	111	112	113	114	115	116	117	118	119	120	121
最长时间(min) 从第一盘料放入料车	94	90	86	82	79	76	73	70	66	63	60	57
最短时间(min) 从第一盘料放入料车	69	66	63	60	58	55	53	51	49	48	46	45

注：* 表示混合料温度为料车中各锅料温度的平均值。

环氧沥青混凝土施工难度较大，对材料施工温度、施工的工序时间安排要求非常严格。温度控制是环氧沥青混合料施工成功的关键，施工中拌和好的环氧沥青混合料先放入料斗中，检测混合料温度，如果混合料温度在允许范围外，这批料定为废料。环氧沥青混合料碾压要求也非常严格，如果压实不足（空隙率超过3%），可能早期磨损和疲劳开裂。

3.2.1.4 热拌环氧沥青混凝土施工特点

日本近代化成株式会社的环氧沥青与美国ChemCo公司的环氧沥青施工过程差别较大，近代化成株式会社环氧沥青施工过程是先把环氧主剂与固化剂混合，并在混合料拌和过程中直接加入拌和仓，与集料、沥青拌和，拌和出环氧沥青混合料。近代化成株式会社环氧沥青对沥青无特殊要求，一般环氧树脂及固化剂与沥青比例为50:50，混合料拌和温度为160～185℃，可施工时间约为2小时。

2004年在江阴长江大桥钢桥面铺装维修中采用了近代化成株式会社的环氧沥青，其后在我国钢桥面铺装逐渐得到广泛应用。

近代化成株式会社环氧沥青与ChemCo公司的环氧沥青相比，混合料可施工时间较长，施工控制相对难度较低，而且养生期短，也非常适合维修工程。

目前国内应用较多的树脂类混凝土主要是美国ChemCo环氧沥青混凝土和日本近代化成株式会社KD-BEP环氧沥青混凝土，这两种环氧沥青混凝土差别较大，ChemCo环氧沥青混凝土养生周期长（约30～45天），混合料施工温度约为120℃。KD-BEP环氧沥青混凝土养生周期短（约4～10天），而且KD-BEP环氧沥青混凝土高温施工（约180℃）可以去除水分，显著减少或避免铺装层鼓包开裂病害。根据虎门大桥铺装维修需要，通车营运要求必须采用施工期短、养生期短的材料，原KD-BEP基本型环氧沥青混凝土相对ChemCo环氧沥青混凝土模量较高，但韧性相对较低，针对虎门大桥钢桥面铺装特殊要求，对KD-BEP环氧沥青配比进行了改进优化设计，在保证提高的模量同时，也显著提高了KD-BEP环氧沥青混凝土的韧性，与ChemCo环氧沥青混凝土韧性、疲劳性能接近，改进后的KD-BEP环氧沥青混凝土具有良好的施工性能、高模量、高韧性、耐疲劳等综合优势。

自2008年10月至2012年12月，虎门大桥钢桥面铺装分车道全部更换为KD-BEP环氧沥青混凝土铺装。最早维修的东行重车道左轮迹带，2013年开始出现显著的纵向开裂，进行了灌缝处理。其他车道整体良好，局部有少量鼓包病害，主要由于通车期间维修施工，相邻车道车辆落水引起。对于虎门大桥的12mm钢桥面板和重车道交通量，KD-BEP环氧沥青混凝土铺装使用寿命可达5年，如果16mm厚钢板铺装层应变水平将约降低47%，如果保守的按换算指数$n=3$计算，16mm厚钢板情况下铺装层疲劳寿命理论上可到33年，实际寿命还会受到老化、冲击振动荷载等因素影响，如果加厚桥面板钢板到16mm后，铺装层寿命会显著延长。

KE-BEP环氧沥青混凝土铺装方案自2005年以来在我国约15座桥梁中得到应用，而且其中多数桥梁具有重交通特点，在已有工程应用中表现优良，未出现系统性施工质量病害，铺装的高温稳定性、抗疲劳耐久性能表现优异。

3.2.1.5　环氧沥青混合料设计方法研究

参考美国、日本和澳大利亚等国家钢桥面铺装环氧沥青混合料级配曲线及我国已建成使用的南京长江二桥、武汉阳逻长江大桥、湛江海湾大桥和《公路钢箱梁桥面铺装设计与施工技术指南》中环氧沥青混合料的级配情况，绘制各国桥面铺装环氧沥青混合料级配曲线组成，如图3-16所示，为了使后文描述方便，此处定义图3-16中的级配为传统级配。

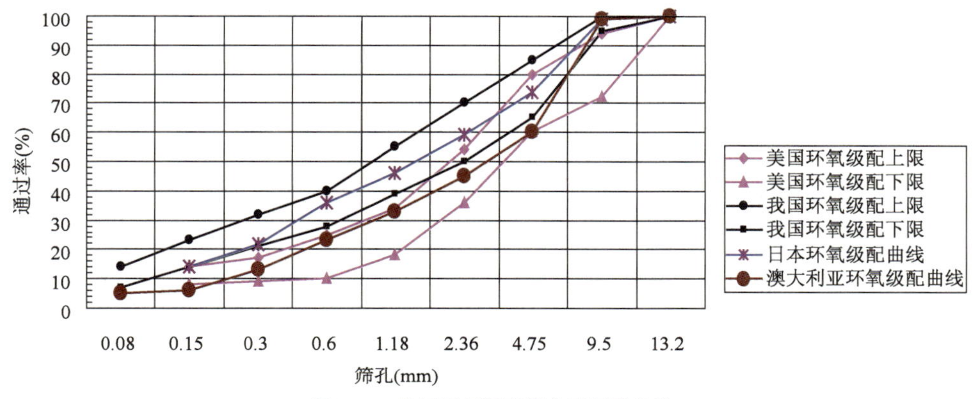

图3-16　各国环氧沥青混合料级配曲线

由图3-16可知，各国钢桥面铺装环氧沥青混合料级配设计均采用连续密级配形式，属于悬浮密实结构，用以延长桥面铺装的疲劳性能和防水性能，我国环氧沥青混合料的级配设计较美国和澳大利亚的级配偏细，其级配设计情况与日本环氧沥青混合料级配设计较为接近。

目前国内外环氧沥青混合料配合比设计主要采用马歇尔试验方法，通过试验确定沥青混合料体积参数，进而考虑混合料的路用性能。为了防止水分的渗入及抗车辙的要求，混合料必须达到一定的密实度，因此在进行环氧沥青混合料设计时，空隙率是一个很重要的控制指标，根据各国规范指南和相关桥面铺装的设计经验，提出空隙率小于3%的要求。我国钢桥面铺装领域目前还没有形成环氧沥青混合料设计的相关技术规范，重庆交通科学研究院有限公司于2006年制定了《公路钢箱梁桥面铺装设计与施工技术指南》，该指南中亦明确指出环氧沥青混合料配合比设计方法主要是依据环氧沥青的特性，以马歇尔设计方法为基础制定的，并增加了混合料的热稳定性及弯曲应变的检验。该指南对环氧沥青混合料设计指标和设计流程做了较详细描述，如表3-4和图3-17所示。

环氧沥青混合料设计指标及技术要求　　表3-4

技术指标		单　位	技术要求
60℃马歇尔稳定度	固化试件	kN	≥40.4
	未固化试件		≥5.4
60℃马歇尔流值	固化试件	mm	≥2.0～5.0
	未固化试件		≥2.0～5.0

续上表

技术指标		单位	技术要求
车辙动稳定度	60℃,0.7MPa	次/mm	≥5 000
	70℃,0.7MPa		≥3 000
空隙率		%	≤3
冻融劈裂强度比 TSR		%	≥70
低温弯曲极限应变(-15℃,1mm/min)		—	$\geq 2\times10^{-3}$

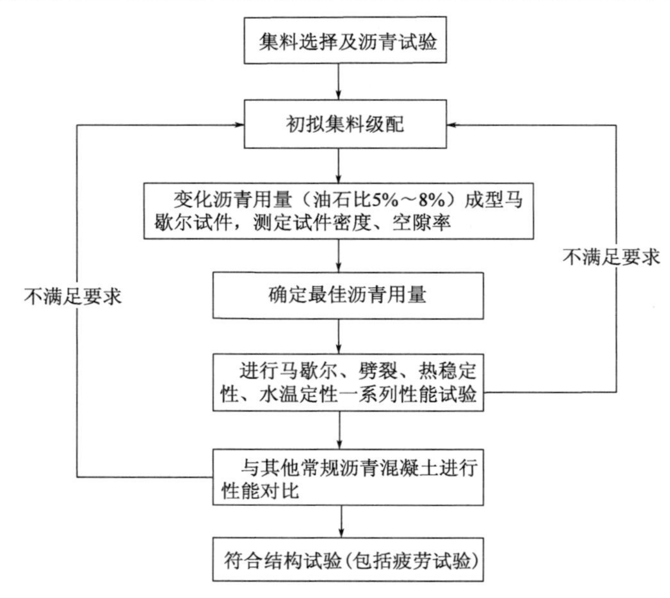

图 3-17　环氧沥青混合料设计流程

由以上可知环氧沥青混合料配合比设计时选用马歇尔稳定度、流值、车辙动稳定度、空隙率、冻融劈裂强度比 TSR、低温弯曲极限应变等参数作为设计指标,混合料疲劳性能试验作为验证性指标,通常是在配合比基本确定后再通过疲劳性能试验来验证混合料的疲劳性能。

综上所述,目前环氧沥青混合料配合比设计主要以马歇尔试验为主,通常采用马歇尔试验结果确定最佳配合比,然后针对所确定的配合比进行疲劳试验来检验或验证混合料的疲劳性能,设计中并没有把疲劳性能作为选择级配或油石比的一项重要指标,即未把疲劳性能设计纳入配合比设计体系之中,而只把疲劳性能作为一项验证性指标,究其原因主要是:①目前环氧沥青混合料疲劳试验时没有统一的控制应力或应变指标,不能形成相应的标准和规范评价其疲劳性能的优劣;②环氧沥青混合料在其疲劳破坏前具有良好的疲劳寿命,疲劳试验周期长、费时费力,设计时通过大量疲劳试验来比较不同级配,不同油石比情况下的疲劳性能不太现实。

3.2.1.6　基于 CAVF 法环氧沥青混合料级配设计

1)粗骨料空隙填充法(CAVF)级配设计研究

关于级配理论的研究,实质上发源于中国的垛积理论,对于沥青混合料的级配组成,常用的设计级配理论主要有最大密度曲线理论、粒子干涉理论和分形理论，一般沥青混合料级配设计通常是依据已有的经验，通过“试配—修正—试配”的原则来确定矿料级配，使设计的矿质混合料形成适宜的空隙结构，包括矿料间隙率(VMA)、空隙率(VV)、沥青饱和度(VFA)及粗集料空隙率(VCA)等。构成沥青混合料的组成结构主要有悬浮密实结构、骨架空隙结构和骨架密实结构，实践证明骨架密实结构能够较好地平衡沥青混凝土的抗滑性能与防水性能之间的矛盾，基于港珠澳大桥的规模性、重要性和行车安全性，采用骨架密实结构来提高环氧沥青混凝土的抗滑性能和防水性能。

目前骨架密实结构矿料级配设计方法很多，研究方法和手段也不尽相同，但侧重点都是在实现沥青混合料嵌挤密实这一功能上。比较有代表性的有贝雷设计法、SAC 设计方法及 CAVF 设计方法等，贝雷设计法由美国伊利诺伊州交通部的罗伯特发明。贝雷(Robert Bailey)法的主要思想是以形成的集料骨架作为混合料的承重主体，使设计的混合料能提供较高的抗车辙性能，同时通过调整粗细集料的比例，获得合适的 VMA，以保证设计混合料具有较好的耐久性，贝雷法中提出了用于评价矿料性质的一系列参数，这些参数直接与空隙率和压实性能相关，有助于更好地理解集料级配与混合料空隙体积的关系。但贝雷法作为一种混合料级配设计方法，需要与马歇尔法或者 Superpave 法相结合才能进行沥青混合料的完整设计；另外，采用贝雷法检验级配时，仅计算 CA 比、FA_c 比、FA_f 比三参数是不够的，并没有根据已定级配反算松装密度的修正百分比，以评价混合料中骨架紧密程度和施工压实性能，同时贝雷法没有考虑 0.075mm 筛孔通过率和沥青用量、矿粉用量的影响。大连理工大学王立久等人对骨架密实型沥青混合料集料级配设计方法进行了研究，通过对球体颗粒的堆积和填充特性的研究，从理论上分析了骨架密实型沥青混合料集料中粗、细集料和填料的用量，并结合逐级堆积理论和分形理论，根据粗、细集料的架构效应和填充作用的不同，提出了粗、细集料级配设计的数学公式；我国沙庆林院士提出了多碎石沥青混凝土(SAC)，其主要特点是级配中 4.75mm 以上含量应大于 60%，同时为了保证混合料的空隙率接近 4%，需要增加 0.3mm 特别是 0.075mm 以下的含量；我国沥青路面专家张肖宁教授先于美国贝雷法提出了一种新型沥青混合料组成设计方法——CAVF(Course Aggregate Void Filling method)设计方法，该方法以体积设计法为基础，其基本思路是实测主骨架矿料的空隙率，计算其空隙体积，使细集料体积、沥青体积、矿粉体积及沥青混合料最终设计空隙体积之总和等于主骨架空隙体积，从而确定细集料用量与沥青用量，也即细集料和沥青所组成的胶浆是作为填充料以填充主骨架的空隙，因此不会发生胶浆干涉。为了避免集料的干涉，细集料颗粒不能太大，相对连续级配用量较少。按这种方法设计的沥青混合料，既保证了骨料的充分嵌挤，又使沥青胶浆充分填充了主骨架间隙，使粗集料的骨架嵌挤作用和沥青胶浆的耐疲劳性能得到发挥，从而全面提高混合料的性能。

随后葛折圣对 CAVF 设计方法进行了改进，引用干涉系数来表示对粗骨料骨架的干涉程度并对原混合料体积平衡方程进行改进，使该设计方法更加完善，目前 CAVF 设计方法在我国东北和南方地区得到推广和应用,长期的调查研究发现,采用 CAVF 法设计出的沥青混合料表现出良好的路用性能,尤其是高温性能和疲劳性能,且该设计方法简单,施工稳定性好。

按照 CAVF 法体积关系,粗集料、细集料、矿粉的质量百分率、油石比、捣实状态下的粗集料松装间隙率及混合料设计空隙率之间满足方程:

$$q_c + q_f + q_p = 100 \tag{3-1}$$

$$\frac{q_c}{100\gamma_s}(V_{DRC} - V_{DS}) = \frac{q_f}{\gamma_f} + \frac{q_p}{\gamma_p} + \frac{q_a}{\gamma_a} \tag{3-2}$$

式中,q_c、q_f、q_p 分别为粗集料、细集料、矿粉的质量百分比;q_a 为沥青用量质量百分数;V_{DRC}为干捣实状态下粗集料间隙率;V_{DS}为设计沥青混合料空隙率;γ_s 为粗集料毛体积密度;γ_f 和 γ_p 分别为细集料和矿粉的表观密度;γ_a 为沥青相对密度;V_{DRC}可以通过试验测得

$$V_{DRC} = \left(1 - \frac{\gamma_s}{\gamma_c}\right) \times 100 \tag{3-3}$$

γ_c 为粗集料表观密度,以上三式没有考虑集料吸收沥青体积的影响和细集料、沥青胶浆对粗骨料间隙率的影响,葛折圣对 CAVF 设计方法进行了改进,引用干涉系数 α 来表示对粗骨料骨架的干涉程度,并对原混合料体积平衡方程进行改进。

$$\left(\frac{q_f}{\gamma_f} + \frac{q_p}{\gamma_p}\right)M = \frac{V}{100}(V_{mix} - V_{DS} - V_{be}) \tag{3-4}$$

式中,M 为沥青混合料的质量;V 为混合料的体积;V_{be}为有效沥青体积,取值可参考《公路沥青路面施工规范》(JTG F40—2004);$V_{mix} = \alpha V_{min}$,$V_{min} = 100 - \frac{\gamma_f}{\gamma_{ce}} \times p_{ca}$,$V_{mix}$为沥青混合料中粗骨料的间隙率,$V_{min}$为粗集料骨。

料骨架间隙率最小值,α 为干涉系数,一般取值为 1.0 ~ 1.2,γ_f 为沥青混合料毛体积密度,γ_{ce}为粗集料的合成有效相对密度,p_{ca}为沥青混合料中粗集料的比例。

令 $V = \frac{q_c M}{\gamma_s}$;$V_{mix} = \alpha V_{min}$则带入式(3-4)得:

$$\frac{q_f}{\gamma_f} + \frac{q_p}{\gamma_p} = \frac{V}{100}(\alpha V_{min} - V_{DS} - V_{be}) \tag{3-5}$$

解式(3-1)和式(3-5)即可得粗细集料的含量,然后,按照式(3-6)和式(3-7),由 V_{be} 反算出 q_a:

$$q_{be} = \frac{V_{be}\gamma_a}{(1 - 0.01V_{MA})\gamma_{sb}} \tag{3-6}$$

$$q_{ba} = \left(\frac{1}{\gamma_{sb}} - \frac{1}{\gamma_{se}}\right)\gamma_a \times 100 \tag{3-7}$$

$$V_{MA} = V_{DS} + V_{be} \tag{3-8}$$

$$q_a = q_{ba} + q_{be} \tag{3-9}$$

式中，q_{be}为有效油石比；q_{ba}为被集料吸入的油石比；γ_{se}为合成矿料的相对密度；γ_{sb}合成矿料毛体积相对密度。

2）试验材料参数测定

（1）环氧沥青胶结料

本书研究中采用的沥青胶结料为日本大友株式会社生产的环氧沥青，该环氧沥青由主剂、固化剂和基质沥青三部分组成，其中环氧沥青的基质沥青一般采用 AH-70，无特殊要求，本书中采用基质沥青为泰普克 AH-70 基质沥青，该沥青符合《公路沥青路面施工技术规范》（JTG F40—2004）“道路石油沥青 AH-70 技术要求”。环氧主剂和固化剂的性能和技术指标如表 3-5 ~ 表 3-8 所示。

主剂的性能和技术指标　　表 3-5

物理性能	规定值	检验结果	试验方法
黏度（23℃）	1 000 ~ 5 000	2 630	ASTM D 445
比重（23℃）	1.00 ~ 1.20	1.15	ASTM D 1475
环氧当量	190 ~ 210	204	ASTM D 1652
闪点（克立夫兰敞口杯）	≥230	239	ASTM D 92
外观	淡黄色透明液体	淡黄色透明液体	目测

固化剂的性能和技术指标　　表 3-6

物理性能	规定值	检验结果	试验方法
黏度（23℃）	100 ~ 800	571	ASTM D 445
比重（23℃）	0.80 ~ 1.00	0.862	ASTM D 1475
酸值（mg,KOH/g）	150 ~ 200	168	ASTM D664
闪点（℃）	≥145	169	ASTM D 92
外观	淡黄褐色液体	淡黄褐色液体	目测

环氧树脂养生固化后的性能　　表 3-7

物理性能	规定值	检验结果	试验方法
质量比（主剂/固化剂）	56/44	56/44	—
拉伸强度（23℃，MPa）	3.0 以上	3.71	JIS K 7113
破坏延伸率（23℃，%）	100 以上	212	JIS K 7113

环氧沥青的养生固化后的技术指标　　表 3-8

物理特性	标准值	检验结果	试验方法
质量比（基质沥青/环氧树脂）	50/50	50/50	—
比重（23℃）	1.05	1.02	T 0603—1993
针入度（25℃，0.1mm）	5 ~ 20	18	JIS K 2207
软化点（℃）	100 以上	>100	JIS K 2207
拉伸强度（23℃，MPa）	2.0 以上	3.27	JIS K 7113
破坏延伸率（23℃，%）	100 以上	179	JIS K 7113

(2)集料

本书研究所用石料为花岗岩,分别有 5~10mm 碎石、3~5mm 碎石、0~3mm 石屑和矿粉,矿粉为普通石灰石矿粉,且各项指标符合《公路沥青路面施工技术规范》(JTG F40—2004)"沥青混合料用矿粉质量要求"。集料检测结果见表 3-9 和表 3-10。

集料主要技术指标 表 3-9

碎石材料名称	表观相对密度(g/cm^3)	表干相对密度(g/cm^3)	毛体积密度(g/cm^3)	压碎值(%)	小于 0.075 含量(%)	吸水率(%)
5~10mm	2.744	2.709	2.690	12.5	0.6	0.63
3~5mm	2.742	2.703	2.681	—	0.4	0.73
0~3mm	2.737	2.705	2.687	—	8.9	0.59
矿粉	2.751	—	—	—	—	—

各档集料筛分结果 表 3-10

筛孔尺寸	通过率(%)			
	5~10mm	3~5mm	0~3mm	矿粉
13.2	100.0	100.0	100.0	100.0
9.5	98.1	100.0	100.0	100.0
4.75	0.0	100.0	92.2	100.0
2.36	0.0	88.3	2.2	100.0
1.18	0.0	51.4	0.0	100.0
0.6	0.0	30.0	0.0	100.0
0.3	0.0	20.9	0.0	100.0
0.15	0.0	14.1	0.0	100.0
0.075	0.0	8.9	0.0	83.0

3)试验方案及过程

考虑铺装混合料集料最大粒径与施工最小厚度的技术要求,参考其他桥面铺装所使用集料的情况,采用 9.5mm 为集料最大公称粒径,为了使设计级配能形成较好的骨架嵌挤结构,间断 3~5mm 粒径的碎石,细集料采用 0~3mm 的石屑,矿粉采用石灰石矿粉。环氧沥青的相对密度为 1.05g/cm^3,测得粗集料紧装密度为 1.656kg/cm^3,测得 $V_{min}=38.72\%$,干涉系数 $\alpha=1.01$,$aV_{min}=39.11\%$,结合已铺筑桥梁桥面铺装沥青混合料的配比情况和在桥面铺装中使用情况的总结,根据经验,取矿粉用量为 12.6%。空隙率对桥面铺装的疲劳性能和防水性能有着重要影响,空隙率增加将会显著降低混合料的疲劳性能;同时,随着空隙率的增加,沥青混合料的抗水损坏能力也逐渐降低,考虑桥面铺装抗疲劳和水损坏的影响,初拟本次沥青混合料的空隙率为 1.5%,有效沥青体积 $V_{be}=13\%$,把沥矿粉用量、目标空隙率和 V_{be} 带入式(3-1)和式(3-5),即可得出粗细集料的用量为 63.5%,23.9%。根据合成矿料的毛体积相对密度、表观相对密度、有效相对密度和式(3-6)和式(3-7),计算得出沥青用量(油石比)为6.7%。根据粗集料用量、细集料用量和矿粉用量和集料的筛分结果绘出采用CAVF法设计的环氧沥青混合料级配曲线,并和传统的环氧沥青混合料曲线进行了对比,如图3-18所示,从图中可以看出两种级配有较大的差异性,CAVF法设计的级配是明显的断级配形式。

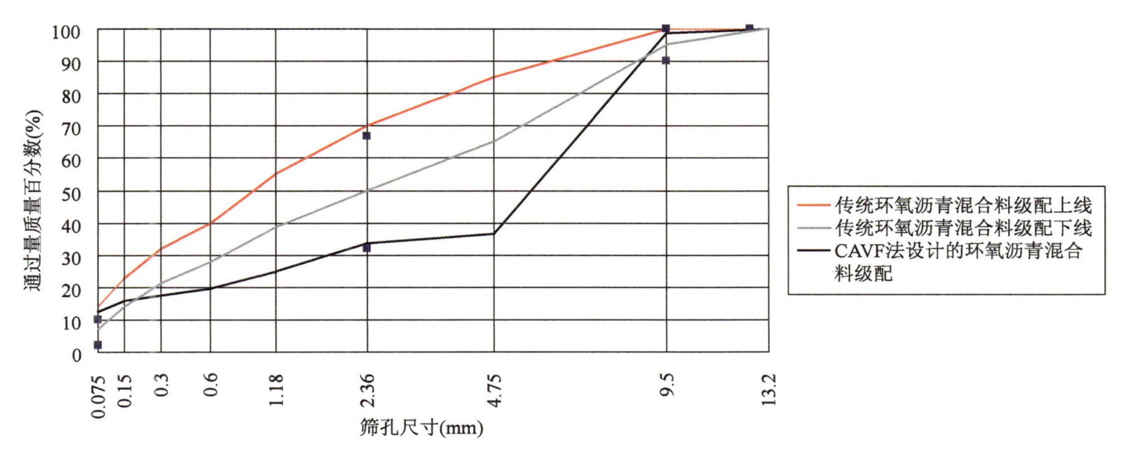

图3-18　环氧沥青混合料设计级配曲线

按照以上各组分用量和级配设计组成成型马歇尔试件,本试验中所用日本近代化成株式会社环氧沥青配比如下:

环氧树脂配比为:(主剂∶固化剂)=(56∶44);

环氧沥青配比为:(基质沥青∶环氧树脂)=(50∶50)。

试验时环氧树脂和硬化剂分别加热到60℃,基质沥青加热到165℃,然后同时直接加入拌和锅中和石料进行拌和,将成型试件冷却至室温,随后放入60℃烘箱养护4天,并测定固化后的马歇尔试件体积参数。

4)试验结果及分析

测定固化后的马歇尔试件体积参数如表3-11所示。

马歇尔试件体积参数　　表3-11

油石比(%)	毛体积相对密度(g/cm^3)	最大相对密度(g/cm^3)	空隙率(%)	VMA(%)	VFA(%)	稳定度(kN)
6.70	2.420	2.467	1.73	15.20	88.61	56.28
	2.399	2.467	1.81	15.27	88.12	54.29
	2.416	2.467	2.46	15.83	84.45	55.38
	2.423	2.467	1.49	14.99	90.03	58.78
平均值	2.417	2.467	1.88	15.32	87.80	56.18

从表3-11中可以看出,采用CAVF法设计混合料空隙率为1.88%,与目标空隙率1.5%较为接近,远远小于渗水系数门槛值(空隙率为5%),同时按JTG E20—2011规程进行了环氧沥

青混凝土渗水试验,试验结果为0mL/min,说明用CAVF方法设计的环氧沥青混合料有良好的防水性能和抗渗性能。为了验证采用CAVF方法设计的环氧沥青混合料的抗滑性能,在常温条件下分别进行摩擦系数和构造深度试验,测得摩擦系数在干燥状态下为89,湿润状态下为78,构造深度为1.08mm,说明CAVF方法设计的环氧沥青混凝土的具有良好的抗滑性能。

3.2.1.7 基于冲击韧性的配合比设计方法研究

1)冲击韧性理论基础

冲击韧性是指材料在冲击荷载作用下吸收变形功和断裂功的能力,是评价材料韧性的一项重要指标。当材料承受外界荷载作用时,材料内部本身就会产生一定的应力并导致相应的应变,材料在重复荷载作用下产生疲劳裂纹后,就会在裂纹处产生一定的应力应变场。根据能量原理提出的J积分理论可定量地描述裂纹体的应力应变场强度,它不仅适用于弹性体,对小变形的弹塑性体也适用。J积分示意图如图3-19所示。J积分公式如式(3-8)所示:

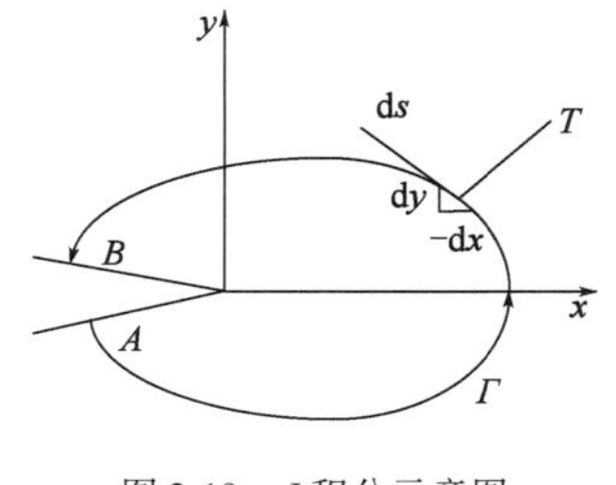

图3-19 J积分示意图

$$J = \int_{\Gamma}\left(W\mathrm{d}y - \vec{T}\frac{\partial \vec{U}}{\partial x}\mathrm{d}s\right) \tag{3-10}$$

式中,W为板的应变能密度;$\vec{T}$为作用在积分回路Γ弧元$\mathrm{d}s$上的外力矢量;$\vec{U}$为回路Γ上的位移矢量。

Rice指出在小应变条件下,对于非线性弹性二维试件,J积分等于相同的外加载荷条件下,外形相同但具有相近裂纹长度a及$a+\mathrm{d}a$的两个试件单位厚度位能的差率

$$J = -\frac{\partial \Pi}{\partial a} \tag{3-11}$$

$$\Pi = U - \iint_{S} W\mathrm{d}x_1\mathrm{d}x_2 - \int_{C_1} t_i u_i \mathrm{d}s \tag{3-12}$$

式中,Π为单位厚度应变能或变形功;W为单位能密度或变形功密度;S为试件面积;C_1为给定荷载的边界;t_i,u_i为应力矢量与位移矢量。

实际上,J积分与变形功、边界荷载或应力矢量、位移矢量的关系也可表示为式(3-13)

$$J = -\frac{\mathrm{d}U}{\mathrm{d}a} + \int_{C_1} t_i \frac{\mathrm{d}u_i}{\mathrm{d}a}\mathrm{d}s \tag{3-13}$$

其中,C_1为试件的边界范围周长,在断裂冲击试验中,施加一集中荷载P,令加载点位移$u_i=0$,$u_2=\delta$,则$\int_{C_1} t_i \frac{\mathrm{d}u_i}{\mathrm{d}a}\mathrm{d}s = \frac{P\mathrm{d}\delta}{\mathrm{d}a}$,于是式(3-13)可简化为

$$J = -\frac{\mathrm{d}U}{\mathrm{d}a} + \frac{P\mathrm{d}\delta}{\mathrm{d}a} \tag{3-14}$$

从而有 $J=-\left(\frac{\partial \Pi}{\partial a}\right)$，又因 $J=-\left(\frac{\partial U}{\partial a}\right)$，根据能量守恒原则，试件所接受的变形功或应变能等于外加荷载通过施加点的位移所做的功，所以

$$\Pi = U - P\delta$$

$$U = \int_0^{\delta} P\mathrm{d}\Delta$$

因此

$$J = \int_0^{\delta}\left(-\frac{\partial P}{\partial a}\right)_{\delta}\mathrm{d}\Delta, J = \int_0^{p}\left(-\frac{\partial \delta}{\partial a}\right)_{p}\mathrm{d}P \tag{3-15}$$

这样，宏观荷载位移曲线就与 J 积分联系起来，在弹塑性体中，试件在外加荷载的作用下，产生变形后，就会在裂纹处产生一定的应力应变场，J 积分可以定量的表现这个场的强度。

Bagley 和 Landes 依据大量试验，认为 J 积分作为衡量裂纹开裂的参量是适宜的，从而建立了 J 积分准则：当围绕裂纹尖端的 J 积分达到临界值 J_C（平面应力）或 J_{IC}（平面应变）时，裂纹开始扩展，J_C 或 J_{IC} 被称为 J 积分断裂韧度，代表材料的抗裂性能，由于韧度 J_{IC} 可以用势能公式表达出来，沥青混合料的 J 积分断裂韧度可以根据下式获得：

$$J_{IC} = \left(\frac{U_1}{b_1}-\frac{U_2}{b_2}\right)\frac{1}{a_2-a_1} \tag{3-16}$$

式中，U 为荷载功，即荷载-位移曲线下的面积；b 为试件厚度（mm）；a 为裂纹长度（mm）。

下标 1，2 表示试件，因此可看出材料发生断裂时伴随着能量的损耗，能量值可以用荷载-位移图所包围的面积来计算，试验荷载-位移曲线下所包围的面积越大，断裂韧度 J_{IC} 越大，材料抵抗破坏的能力越强。

钢研院陈篪等人根据理论分析和大量的试验研究，建立了 J 与 U 和 α 的近似分析式，对于三点弯曲试件有：

$$J = \frac{2U}{B(W-\alpha)} \tag{3-17}$$

式中，U 为应变能，即荷载-位移曲线下的面积；B 为试件厚度；W 为应变能密度；α 为裂缝长度。

哈尔滨工业大学刘宇采用三种级配的沥青混合料进行半圆试件的断裂韧度试验，最后得出：J 积分断裂韧度 J_{IC} 对于沥青混合料的抗裂性能是一个敏感的指标，断裂韧度越大表明该混合料的抗裂性能越好。

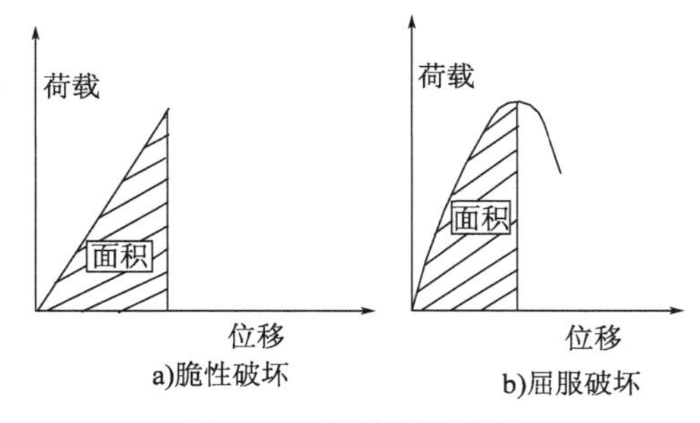

图 3-20 冲击韧性示意图

图 3-20a）中表示试件在达到所能承受的最大力之前，所施加荷载和试件变形呈现线性关系，该

阶段物体处于弹性状态，当加荷至最大荷载处材料突然断裂，这是典型的脆性断裂的特征；图3-20b)表示材料超过最大荷载时并没有突然断裂，而是在逐渐卸载的情况下变形继续增加直至断裂，该阶段材料处于屈服状态，属于屈服破坏。本书定义图中阴影部分的面积代表冲击韧性，由式(3-15)、式(3-16)和式(3-17)可知：材料发生断裂时，荷载位移曲线下包围的面积越大，则混合料冲击韧性越大，材料抵抗断裂破坏的能力越强，其疲劳性能越好，国外许多研究学者也证明了该观点，结合 Matlab 软件计算程序，可得出阴影部分的面积。

众所周知，环氧沥青混合料固化后强度是普通沥青混合料的数十倍之上，研究资料表明环氧沥青混凝土与金属、水泥混凝土的断裂特性不同，温度对其断裂特性有明显的影响。当处于低温区域时，环氧沥青混凝土主要表现出线弹性特点，容易发生脆性断裂；当温度升高到一定程度后，裂缝尖端开始出现塑性区，环氧沥青混凝土发生弹塑性断裂，从断裂力学和能量理论角度讲，两者都可用变形功和断裂功来进行评价；另外，钢桥面铺装中由于铺装层平整度变化较大以及钢桥面板振动和变形的影响，铺装层在行车荷载作用下承受较大的冲击作用。基于以上分析，采用冲击韧性评价环氧沥青混合料的断裂性能是合适的。

2)冲击韧性试验方案

本书冲击韧性试验拟采用小梁棱柱体试件进行，试件制备过程如下：

(1)采用轮碾成型机压实成型，制备300mm×300mm×50mm的板块状试件，将制备好的试件放到60℃的烘箱中进行加热4天，使其快速固化。

(2)采用芬兰生产的高精度双面锯将成型的固化试件切制成长250mm±2mm、宽30mm±0.5mm、高35mm±0.5mm的棱柱体小梁，其跨径为200mm±0.5mm，如图2-9所示，实践证明，采用这样的试件均匀性好，试验误差小，方便易行。

(3)冲击韧性试验拟采用在MTS试验机上进行，该试验机的加载速率可以根据需要进行调整，本次试验加载速率为50mm/min。

(4)将切割好的试件放入到环境保温箱中进行保温，根据需要调整保温箱的控制温度，当需进行冲击韧性试验时，拿出试件后立即进行加载试验，此过程时间不能太长，以免试件温度受周围环境影响发生变化(注：书中无特殊说明时，冲击韧性的试验温度为15℃)。

3)基于冲击韧性的混合料级配选择评价

集料级配选择对沥青混合料性能影响非常显著，集料级配决定了矿料骨架间隙率，并直接影响沥青混合料的空隙率，同时还影响到沥青用量、沥青与集料的油膜厚度和黏结耐久性等问题。级配设计目的就是通过控制各级集料粒径大小及其组成比例，使集料内部形成合理的空间体积结构，以满足路用功能的需要。由1.3节可知，从实际使用情况来看，环氧沥青混凝土应用到钢桥面铺装中，主要存在抗滑性能和抗疲劳性能不理想等方面的问题。

为了改善环氧沥青的路用性能，按照 CAVF 设计方法，根据已有的工程经验分别调整矿粉和沥青用量，其中矿粉用量控制在10%左右，沥青用量控制在6.0%~8.0%左右，分别调整矿粉和沥青用量,分别计算三种级配的配比,如图 3-21 所示。

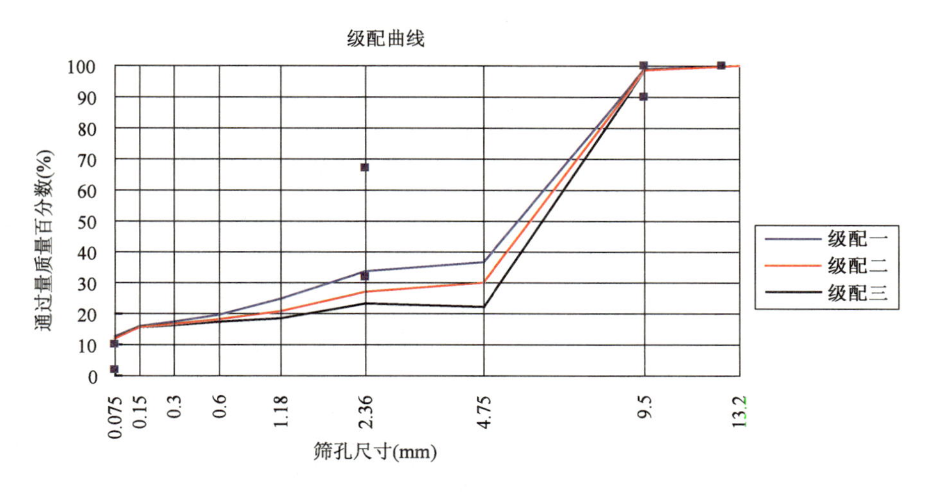

图 3-21 三种级配曲线

按照以上三种级配分别成型环氧沥青混合料试件,将成型好的试件冷却后放至 60℃烘箱中进行固化,固化时间为 4 天,取出试件后切割制作成标准小梁试件并进行冲击韧性试验,试验结果如表 3-12、图 3-22 所示。

不同级配下混合料冲击韧性试验(N·mm) 表 3-12

级配类型	沥青用量(油石比)(%)					
	6.1	6.5	6.9	7.3	7.7	8.1
级配一	1 819.5	1 922.4	2 102.8	2 140.4	2 184.8	2 217.8
级配二	1 700.9	1 771.7	1 835.4	1 987.6	2 032.7	2 074.6
级配三	1 583.7	1 668.9	1 730.9	1 803.5	1 913.5	1 947.9

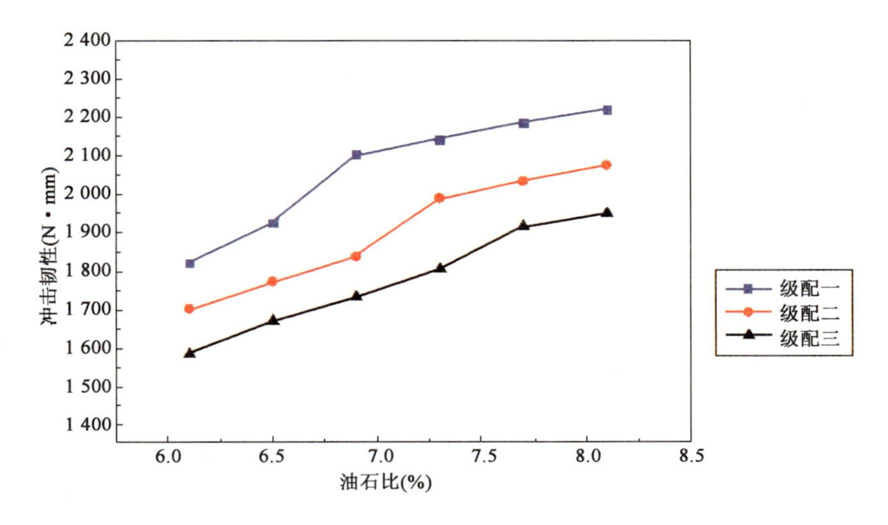

图 3-22 三种级配冲击韧性曲线图

根据试验结果可知三种级配冲击韧性均随着油石比的增加而增大，级配一的冲击韧性大于其他两个级配，根据式(3-15)和式(3-17)可知荷载位移曲线包围面积与 J 积分数值正比例关系，荷载位移曲线包围面积越大，J 积分也相应增大，则混合料的韧性越好，其混合料抵抗破坏的能力，因此拟采用级配一作为选定目标设计级配。

采用 CAVF 法设计的环氧沥青混合料属于骨架密实型级配，在同一级配的情况下，随着沥青含量的增加，冲击韧性逐渐增大。以级配一为例，当油石比小于6.9%时，曲线的斜率增加较快，冲击韧性变化较大；当油石比大于6.9%时，曲线斜率变化幅度较小，增长较缓慢，因此级配一的阈值点为6.9%，同理，测得级配二和级配三的阈值点分别为7.3%和7.7%。因此在同一级配和温度下，沥青用量存在一个阈值点，该阈值点控制了冲击韧性变化幅度的情况，这主要是由于沥青膜厚度的影响，当沥青用量较小时，包裹在矿料周围的沥青膜厚度不足或较薄，矿料之间黏结力较小，抗变形能力较差；随着沥青用量的增加，沥青膜厚度逐渐变大，矿料之间的黏结力得到进一步的改善，抗变形能力也得到加强，冲击韧性也随着增大。当油石比大于阈值点时，包裹在矿料周围的沥青膜厚度不增加或增加较缓慢，混合料内部变形速率较小，冲击韧性变化亦不明显。由于级配二和级配三的组成情况与级配一不同，在相同油石比的情况下，不同级配在相同油石比的条件下将导致裹覆在集料表面的沥青膜厚度不同，进而导致冲击韧性大小不同。

4)最佳沥青用量的确定

根据冲击韧性试验所确定的级配一配比情况，按照环氧沥青混合料的成型方法，进行了马歇尔试验，试验结果如表3-13所示。根据表3-13可知，当油石比为6.9%时，混合料的空隙率为2.03%，小于钢桥面铺装空隙率为3%的要求，考虑混合料疲劳性能、抗滑性能及工程造价等影响因素，选取阈值点的油石比作为本书设计最佳油石比，并成型车辙试件，测得混合料的摩擦系数在干燥状态下为83、湿润状态下为74、构造深度为1.02mm，表明此种条件下设计的环氧沥青混合料具有良好的抗滑能力。

环氧沥青混合料马歇尔试验结果(固化试件)　　表3-13

油石比	空中质量(g)	水中质量(g)	表干质量(g)	毛体积相对密度(g/cm³)	最大相对密度(g/cm³)	空隙率(%)	VMA(%)	VFA(%)
6.10%	1 270.44	747.00	1 271.63	2.422	2.496	2.98	15.36	80.60
	1 162.39	683.89	1 163.06	2.426	2.496	2.81	15.21	81.52
	1 155.50	680.76	1 155.94	2.432	2.496	2.58	15.01	82.84
	1 157.43	682.65	1 158.52	2.432	2.496	2.55	14.99	82.96
平均值	—	—	—	2.426	2.496	2.78	15.20	81.71
6.50%	1 200.06	707.60	1 201.68	2.419	2.483	2.03	15.43	85.87
	1 291.57	761.83	1 292.82	2.422	2.483	2.89	15.31	86.68
	1 236.92	729.50	1 237.88	2.423	2.483	2.19	15.28	86.84
	1 251.84	730.20	1 253.23	2.350	2.483	1.89	17.81	72.27
平均值	—	—	—	2.421	2.483	2.35	15.34	86.59

续上表

油石比	空中质量(g)	水中质量(g)	表干质量(g)	毛体积相对密度(g/cm³)	最大相对密度(g/cm³)	空隙率(%)	VMA(%)	VFA(%)
6.90%	1 149.03	674.89	1 149.72	2.420	2.467	2.18	16.06	87.36
	1 194.05	697.22	1 195.02	2.399	2.467	2.04	16.79	82.80
	1 237.69	726.01	1 238.33	2.416	2.467	2.01	16.20	86.46
	1 137.97	669.23	1 138.84	2.423	2.467	1.92	15.94	88.12
平均值	—	—	—	2.417	2.467	2.03	16.38	85.43
7.30%	1 169.69	686.06	1 170.85	2.413	2.457	1.79	16.61	89.22
	1 170.08	687.01	1 171.11	2.417	2.457	1.62	16.47	90.17
	1 176.72	687.30	1 177.66	2.400	2.457	2.32	17.07	86.39
	1 144.39	670.48	1 145.34	2.410	2.457	1.91	16.71	88.60
平均值	—	—	—	2.410	2.457	1.91	16.72	88.57
7.70%	1 189.03	696.89	1 189.92	2.412	2.444	1.32	16.34	91.91
	1 195.05	698.22	1 196.02	2.403	2.444	1.77	16.72	89.40
	1 237.69	724.21	1 238.13	2.408	2.444	1.46	16.46	91.13
	1 232.88	719.32	1 233.32	2.405	2.444	1.45	16.75	90.76
平均值	—	—	—	2.407	2.444	1.50	16.57	90.80
8.10%	1 199.73	701.06	1 200.45	2.402	2.432	1.22	16.97	92.83
	1 210.08	706.20	1 210.91	2.398	2.432	1.42	17.14	91.74
	1 215.54	708.99	1 216.01	2.397	2.432	1.42	17.14	91.71
	1 213.35	706.80	1 213.82	2.400	2.432	1.38	17.11	92.35
平均值	—	—	—	2.399	2.432	1.36	17.09	92.18

在确定环氧沥青混合料配合比设计时,结合CAVF设计法和马歇尔试验,以"空隙率、构造深度、冲击韧性"作为环氧沥青混合料配合比设计的主要评价指标,综合考虑混合料的路用性能及工程造价等因素确定最佳沥青用量。

3.2.1.8 环氧沥青混合料设计分析

针对现阶段钢桥面环氧沥青混凝土铺装层出现的抗滑性能较差、易疲劳开裂等问题,尝试对原有设计级配进行改进,以提高混合料的抗滑性能和抗疲劳性能。并基于理论分析和室内试验研究的基础上,提出以冲击韧性作为环氧沥青混合料配合比设计的评价指标,最后以冲击韧性为基础,确定环氧沥青混合料的韧脆转变温度。分析如下:

(1)采用"粗骨料空隙填充法(CAVF)"设计的环氧沥青混合料空隙率与目标空隙率较为接近,满足钢桥面铺装防水性能需要(空隙率小于3%)。常温条件下混合料摩擦系数分别89(干燥状态下)和78(湿润状态下),构造深度为1.08mm,说明采用CAVF方法设计的环氧沥青混合料具有良好的抗滑性能和防水性能。

(2)基于断裂力学和能量法原理基础上,建立积分与冲击韧性关系,结果表明积分与冲击韧性两者之间具有良好的一致性,冲击韧性可以作为评价材料断裂韧性的一项重要指标。

(3)基于冲击韧性的基础上,结合马歇尔试验方法,对环氧沥青混合料的配合比设计进行研究,表明根据冲击韧性指标可判断混合料级配类型选择和环氧沥青胶结料用量(油石比),冲击韧性随着混合料油石比的增大而增大。对于本书设计的日本近代化成株式会社环氧沥青混合料,油石比为6.9%是冲击韧性变化的阈值点,当油石比小于6.9%时,冲击韧性变化较明显;当油石比大于6.9%时,冲击韧性变化显著性降低。

(4)温度对冲击韧性有较大影响,随着试验温度的升高,环氧沥青混合料的冲击韧性逐渐增大,其抗裂和抗疲劳性能增强。

3.2.2 浇注式沥青混合料

3.2.2.1 浇注式沥青混凝土的发展

浇注式铺装材料源于德国,并在英国、丹麦等欧洲国家及日本得到广泛应用。它是指在高温(通常为190~240℃)下拌和,依靠混合料自身的流动性摊铺成型无须碾压的,空隙率小于1%的沥青混合物。2001版的德国沥青混合料设计规范则将其命名为"Guss Asphalt",为"流态地沥青"之意,日本在引进该混合料时也沿用了Guss Asphalt的命名。

英国等国家对这种材料习惯于用材料特性命名,称之为沥青玛蹄脂(Mastic Asphalt,以下简称MA),并形成自成一体的独特的设计、生产、检测体系。英国的沥青玛蹄脂混凝土(MA)与德国的MA类铺装材料(GA)的主要区别是生产工艺不一样,MA需要在拌和机内按一定的顺序逐步添加细集料(冷料)和沥青,这个添加、拌和过程大约需要5~6h,生成的混合物称为mastic epuré(ME),然后ME加入专用的搅拌运输车内(Cooker车)中,加热的粗集料也按比例加入Cooker车,二次拌和产生MA,而GA没有生产ME的过程,而是在大型拌和楼内直接完成所有材料的添加,生成GA,然后也需要在Cooker中完成二次拌和与运输。不论是MA还是GA,都是沥青多、细集料多、粗集料少的组成特点,在高温下具有良好的自流成型的特点,所以沥青玛蹄脂混凝土(MA)与MA类铺装材料(GA)均被称之为MA类铺装材料。

德国于1917年开始研发MA类铺装材料,并将之大量应用于建筑物防水层和铺面工程中,其后在钢桥面铺装上的应用也很成功,例如:Oberkasseler bridge,Mulheim bridge,Zoo bridge,等等,然后在法国、瑞典、荷兰等国的桥面铺装工程中均获得应用,性能表现良好。MA类铺装材料在德国一般采用针入度为20~50(0.1mm)的直馏沥青,掺配15%~35%的特立尼达湖沥青(Trinidad Lake Asphalt,以下简称"TLA")。德国MA类铺装材料在集料要求方面没有特别之处,但在集料级配上有自己的特色。

沥青玛蹄脂混凝土(MA)在钢桥面铺装(尤其悬索桥)中的应用首先出现在英国,英国道路运输研究协会(Road and Transportation Association,Great Britain)在20世纪50年代早期时就对此作了广泛的研究。福斯桥(Forth road bridge)首次采用厚38mm的单层沥青玛蹄脂混凝土(MA)铺装,在随后修建的大跨径钢桥如塞文桥(River Seven Bridge)、亨伯尔桥(Humber Bridge)等均采用了这种结构,但结合料中湖沥青的比例有所增加。经过福斯桥的验证,这种铺面结构有超过30年的使用寿命。1963年,英国TRRL利用建造赛文桥的机会,在重交通干道上利用原计划用在该桥上的两段钢箱梁建造了相应的试验桥,并进行了跟踪观测与研究。在经过了为期10年的观测与研究后,TRRL认为对英国的环境而言,钢桥面铺装材料以符合BS 1447:1962规范的MA为好。1988年英国对BS 1447:1962进行了修订,颁布了BS 1447:1988"Specification for mastic asphalt (limestone fine aggregate) for roads, footways and pavings in building",对MA的材料组成与相应技术指标进行了较为详细的规定。2006年,欧盟在BS EN 13108中第六章规定了浇注式沥青混凝土标准。应注意的是,无论是气候条件还是交通条件,欧洲各国与我国的差异均较大,因此英国与欧盟的铺装技术规范并不能为我国直接采用。

欧洲发明了MA类铺装材料,日本则使这种混合料及其技术得到了发展及推广。1950年日本着手研究钢桥面铺装,并与1955年首先在东京都的新六桥完成两层沥青混凝土铺装。1956年从德国引进相应的技术后,根据日本本国的特点,对德国MA类铺装材料的材料组成及相应的技术标准作了较大的调整,逐步形成了一整套符合日本国情的铺装技术。1961年《沥青铺装要览》将MA类铺装材料纳入其中并公布与钢桥面铺装有关的技术规范及准则。该规范指出,正交异性钢桥面板因横向与纵向加劲梁存在,各部分的刚度不同,因而容易产生局部的挠曲变形;钢桥面铺装中所存在的水损害对钢板的腐蚀较大;钢桥面铺装的施工范围较小,难以保证正常施工。因此,1961年版的《沥青铺装要览》规定钢桥面铺装在MA类铺装材料、改性乳化橡胶沥青薄层、橡胶沥青混凝土之中比选。为减轻大跨径钢桥的恒载,1967年版的《沥青铺装要览》中增加了环氧沥青混凝土铺装与沥青混凝土连锁块铺装等形式,同时增加了铺装与钢桥面板之间的黏附性、变形追从性、抗疲劳性能等方面的技术要求。从1973年起,本四集团开始着手正交异性钢桥面铺装的研究。1977年制订了本州—四国系列联络桥桥面铺装基准(案)(简称"本四铺装基准"),并于1982年进行了修订,修订后的本四铺装基准即直接应用于本四桥的钢桥面铺装中。

20世纪80年代末期,日本对其国内300多座钢桥桥面铺装的使用状况进行了调查。根据其调研结果,日本的钢桥面铺装可分为五种结构形式,其中采用双层设计的铺装结构占全部钢桥面铺装的90%,而双层铺装结构形式中又以"下层浇注式沥青+上层密级配改性沥青"的结构占大多数。20世纪90年代中,随着名港西大桥、贺氏大桥、横滨湾大桥、多多罗大桥、明石海峡大桥等的建成,"下层浇注式沥青+上层密级配改性沥青"铺装结构得到进一步的推广。在级配方面,日本研究认为过细的级配会使混合料的流动性过大,不利于高温抗车辙,因此,日本对MA类铺装材料给定了相应的级配范围。

香港采用的是英国技术规范,香港青马大桥(Hong Kong Tsing Ma Bridge)、香港昂船洲大桥(Stonecutters Bridge)、深圳湾大桥(Shenzhen bay bridge)都采用的是英国的浇注式混凝土(Mastic Asphalt)的铺装层结构与工艺,且取得了比较成功的经验。青马大桥于1997年5月通车,采用了单层MA铺装,已使用超过16年,除小范围有修补痕迹外,整体应用情况比较好。香港昂船洲大桥、深圳湾大桥的桥面铺装采用的是MA+SMA铺装方案。事实上,随着桥面铺装的发展,考虑桥面铺装层表面的行车的性能、降低工程造等因素,钢桥面浇筑式沥青混铺装方案从早期的单层MA铺装向双层铺装方案发展。

除香港地区以外,国内使用浇注式沥青混凝土基本属于GA体系,重庆菜园坝长江大桥,2007年10月建成通车,安庆长江大桥,2004年通车,这两座国内的大桥均采用了SMA+GA铺装层结构,无严重病害发生。山东胜利黄河公路大桥也采用了这种铺装方案,于2003年7月通车,在使用过程中局部曾出现了开裂、推移破坏,但经过及时处治后,经过多年的使用,整体使用性能良好。但是汕头礐石大桥(SMA+GA铺装结构)1999年建成通车,2006年11月至2007年1月对钢桥面整体翻修,2008年底,在进岛上桥主车道、主跨重车道又出现了的推移,2010年11月桥面局部车辙。

港珠澳大桥邻近区域的香港青马大桥、香港昂船洲大桥、深圳湾大桥采用的是英国的浇注式混凝土(Mastic Asphalt)的铺装层结构与传统生产工艺,取得了比较成功的经验。因此港珠澳大桥在借鉴这三座大桥成功经验的基础上开展研究工作。传统的英国MA生产是两阶段式生产过程非常耗时,小时生产效率低。因此非常有必要进行工艺方面的研究与探索,在保证铺装材料质量与性能的基础上,通过工艺改进,提高生产效率。GA没有生产ME的过程,所有原材料在大型拌和楼内直接添加且原材料都是经过加热的,因此在拌和楼的拌和过程只需要1~2min,每次生产混合料大约4t,可大大提高生产效率。按照MA备料方式备料,配合比设计方法与技术指标要求按照英国MA体系进行,但是工艺采用一阶段生产沥青混合料的GA方式,为区别计,文中将之称为GMA。

3.2.2.2 浇注式沥青混凝土评价方法与技术指标

1)施工性能评价方法

英国BS 1447:1988并没有针对MA混合料的流动性提出相关要求,但是MA类铺装材料的施工成型为自流成型,因此GA的技术指标中有评价施工工作性的指标刘埃尔流动度,这一指标可以被本研究借鉴采用。试验装置如图3-23所示。其试验方法为:将拌和好的试样沿桶的边沿注入桶内,达到试样的目标温度后,将锤通过支架的倒孔放入垂直于试样表面的正中央。放下落锤,靠落锤的自重通过倒孔,记录下铁落锤通过两个刻度线所用的时间,并记录下试样此时的温度。通常同一组试验进行三次平行试验。按照我国《公路钢箱梁桥面铺装设计与施工技术指南》规定240℃条件下的流动度要小于20s。作者认为,在浇注式沥青混合料设计阶段,应该根据材料的流变特性与施工流动性要求,确定施工温度。在施工质量控制阶段,采用施工温度测定其流动性更有实际意义。

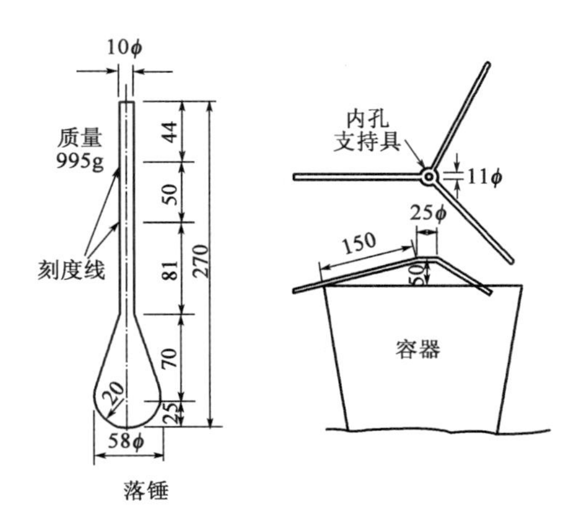

图 3-23　流动性试验装置(尺寸单位:mm)

2)高温性能评价方法

英国标准 BS 1447:1988 中采用硬度值试验评价 MA 类铺装材料的高温稳定性能,香港青马大桥、香港昂船洲大桥、深圳湾大桥采用 25℃ ME 硬度、35℃ MA 硬度以及流值为 5mm、15mm 时的马歇尔稳定度评价 MA 类铺装材料高温性能。GA 往往采用贯入度试验评价高温性能。在德国,采用“贯入度及贯入度增量”来评价铺装材料的力学性能,而日本只有贯入度要求,没有贯入度增量的要求。在德国试件的试验温度为 40℃,考虑到我国的实际气候情况,一般采用 60℃作为试验的温度,《公路钢箱梁桥面铺装设计与施工技术指南》要求贯入度 1 ~ 4mm,贯入度增量小于 0.4mm。

(1)硬度试验。MA 硬度试验装置如图 3-24 所示。

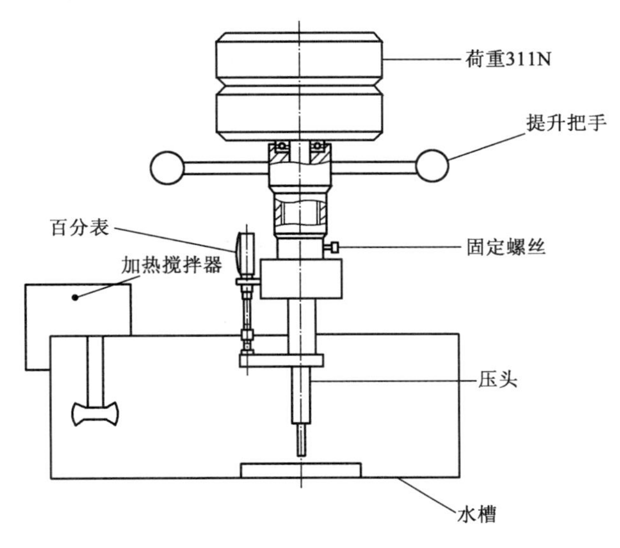

图 3-24　硬度试验装置

采用上述装置,按英国规范进行硬度值试验。硬度值试验试件采用圆柱体,直径不小于100mm,高度不小于25mm。硬度值读数采用311N的重力在直径6.35mm的圆形接触面积上稳压60s的压入深度(以mm计量)。我国香港地区在引进MA类铺装技术的同时,考虑到我国气候环境及交通量的不同对MA硬度值试验技术及指标进行了一定程度的改进,其修改内容主要体现在:①将试验温度调整为35℃,其试验试件采用参加粗骨料的MA类混合料进行,与英国要求的采用沥青砂浆ME进行试验有所不同;②技术指标控制由英国标准的H型的沥青玛蹄脂硬度值控制在15~25mm之间,调整为10~20mm。

(2)马歇尔稳定度及流值试验。MA类铺装材料采用马歇尔稳定度试验作为其路用高温性能的评价方法,采用标准马歇尔试件进行稳定度测试,加载速率为50mm/min±5mm/min,试验温度为60℃,分别记录试件流值为5mm和15mm时的稳定度,其马歇尔稳定度应满足:①流值为5mm时,马歇尔稳定度不小于4kN;②流值为15mm时,马歇尔稳定度不小于8kN。从恒温水槽中取出试件至测出最大荷载值的时间不得超过40s,马歇尔稳定度试验示意图如图3-25所示。

(3)贯入度试验。德国主要利用"贯入度"及"贯入度增量"指标评价铺装材料的力学性能,而日本只有贯入度的要求,没有增量的要求。在德国试件的试验温度为40℃,考虑到我国的实际气候情况,一般采用60℃作为试验的温度,其执行的技术标准为贯入度1~4mm,贯入度增量小于0.4mm。贯入度增量是在读取贯入度后,继续稳压30min后的读数于贯入度的差值。贯入度试验装置如图3-26所示。

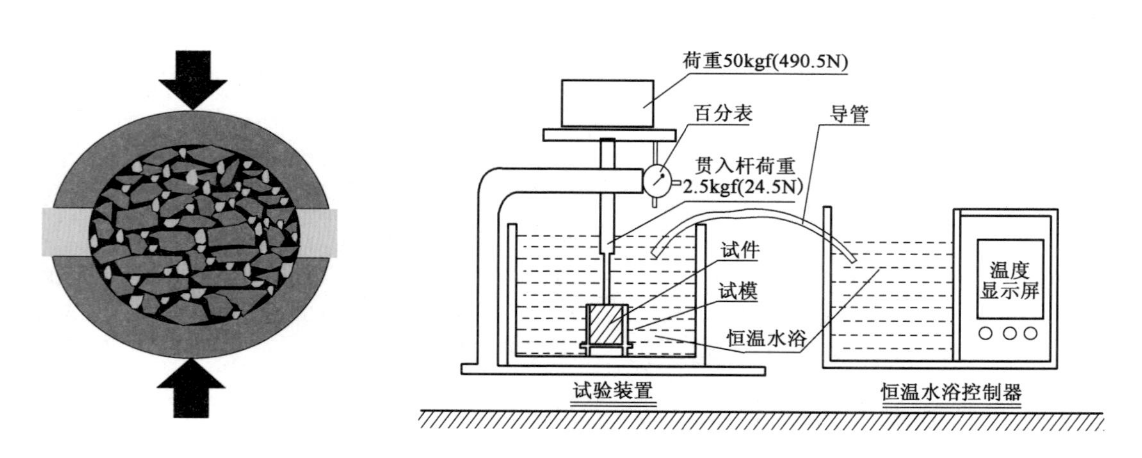

图3-25 马歇尔试验示意图

图3-26 贯入度试验装置示意图

硬度试验与贯入度试验属于同一类型试验。即在一定温度条件下的压入试验,通过一定时间内压入的深度来评价其抵抗变形的能力,只是这两种试验方法的压入杆件的直径不同,压力不同、试验温度等条件不同。

(4)车辙试验。浇注式沥青混凝土铺装体系的高温性能在我国的工程应用过程中备受关注。英国四季寒暑变化不大,夏季平均气温在13~17℃之间,最高气温不超过32℃,德国夏季平均气温21℃左右,因此,欧洲使用浇注式沥青混凝土铺装钢桥面时,对其高温性能要求并不高,因此,简单的压入性试验(硬度试验或贯入度试验)及其技术指标就可以满足设计体系的要求,在施工质量控制过程中采用这些指标进行过程控制也能满足要求。日本日均最高气温超过30℃,如图3-27所示,因此对桥面铺装材料的高温性能要求高,增加了车辙试验评价方法。但需要注意的是,因日本的标准轮胎压力较小,试验采用相当于0.63MPa的接触压力进行试验,而我国的车辙试验采用0.7MPa的接触压力,因此同样的沥青混合料,我国的车辙试验结果要低于日本的实验结果。我国华南地区气候条件与日本接近,夏季日均最高气温在30℃以上,因此除压入性试验以外,需要增加与铺装材料高温抗车辙能力相关性更好的车辙试验作为评价方法。

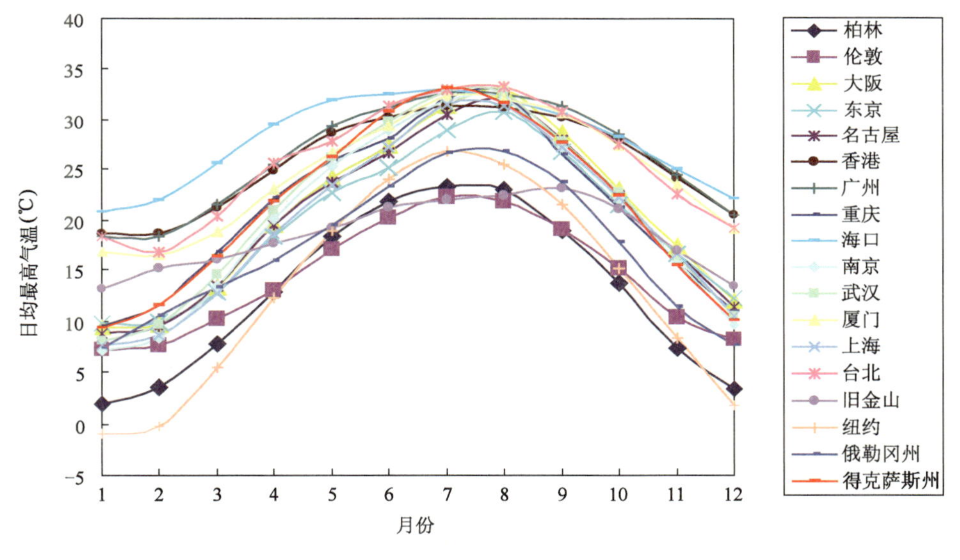

图3-27 世界各地区气温调查

3)疲劳性能评价方法

疲劳破坏是桥面铺装的主要破坏形式之一,因此,除了重视高温性能评价以外,需要进行疲劳性能的评价与控制。本研究采用冲击韧性评价MA类铺装材料的疲劳性能。冲击韧性试验测试如图3-28所示。

(1)试件的制备:利用沥青混合料常规的碾压成型法制作30cm×30cm×5cm试件,然后将成型好的试件切割成25cm×3.5cm×3.5cm的棱柱体试件。

(2)实验步骤:将制作好的沥青混凝土小梁放在恒温水浴中养护2~4小时,然后调整压力机,设定加载速率为500mm/min。将小梁从水浴中取出,做三点弯曲试验。为尽量避免小梁从水浴中取出后温度发生改变,整个过程要在一分钟内完成。

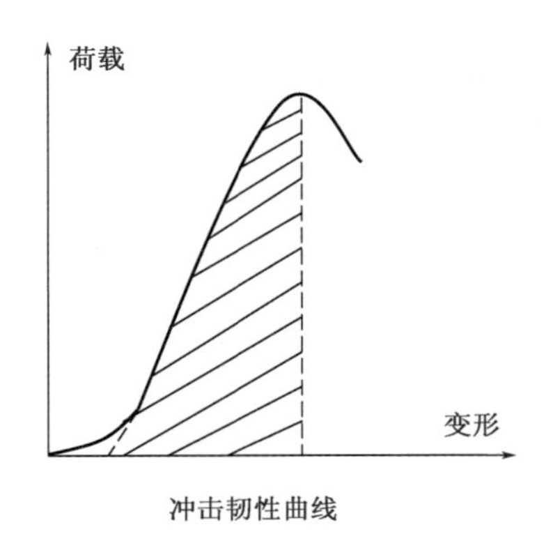

图 3-28 冲击韧性试验

(3)冲击韧性:典型的荷载位移曲线如图所示,阴影部分的面积代表沥青混合料抵抗冲击荷载的能力,称作冲击韧性。冲击韧性值越大,说明沥青混合料在断裂前积蓄的能量越多,抵抗疲劳破坏的能力越强,冲击韧性值可采用软件计算出阴影部分面积,用 N · mm 为计量单位。

为了使得 MA 类铺装材料配合比设计能够较好地符合我国的实际国情,本书综合考虑两种不同 MA 类铺装材料的性能评价方法,建议采用硬度值与车辙动稳定度评价 MA 类铺装材料的高温性能,采用冲击韧性评价其疲劳性能。

3.2.2.3 浇注式沥青混凝土的 GMA 工艺

GMA 工艺简言之就是采用 GA 生产工艺生产 MA,为区别传统 MA 生产工艺,以及典型的 GA 铺装材料,将这种采用 GA 生产工艺生产的 MA 沥青混凝土称为 GMA。与 GA 体系相比,传统 MA 在集料的备料、配合比设计、技术指标体系等方面具有鲜明的特色,特别是 MA 的备料更加细致,有利于浇注式沥青混凝土的施工质量的稳定性。

1)GMA 室内小型拌和设备

MA 类铺装材料的拌和温度高,大生产时的 Cooker 运输车不仅具有运输功能,而且是二次拌和的过程,拌和时间长达几个小时,因此拌和工艺对浇注式混凝土的性能影响很大,不能忽略。目标配合比设计以及大量的室内研究需要室内小型的模拟拌和设备生产 MA 类铺装材料,归纳原因如下:

(1)一般试验室内的沥青混凝土拌和锅容量小、上口是开放式的,长时间拌和很难保证 200~240℃的高温环境;

(2)一次拌和量小,多次拌和的沥青混凝土又很难保证良好的对比性;

(3)开放式的拌和锅,沥青混凝土与空气交换,老化作用加速;

(4)一般的室内拌和锅是立轴式的,旋转半径也很小,与 Cooker 车的拌和方式差别较大。

基于以上因素的考虑，广东省长大公路工程有限公司设计并试制了一台小型模拟 Cooker 拌和设备，如图 3-29 所示，该拌和设备可自动加热控温，并可调节转速。小型 Cooker 拌和设备主要分为三个部分：①拌和锅，该拌和锅与强制式水泥混凝土拌和设备的拌和锅相似，一次性最大拌和混合料量可达到 200kg，一般以 100kg 左右最佳；②升温系统，小型 Cooker 拌和锅内壁含有加热片以对混合料进行升温；③控制系统，该系统主要含温控系统及拌和频率控制系统两部分，这种小型 Cooker 能够很好地模拟实际施工过程中采用的 Cooker 车的拌和状况，从而减少了影响 MA 混合料性能的一些外在因素。

2）GMA 生产设备

为了研究施工工艺对 MA 类铺装材料性能的影响，在室内研究基础上，通过试生产研究拌和温度、拌和时间等因素对 MA 类铺装材料性能的影响，并在加速加载构件铺装时，采用与生产过程相一致的工艺与设备。生产 GMA 的主要设备如下：

（1）拌和设备。拌和设备采用 H4000 型沥青拌和站，如图 3-29 和图 3-30 所示。

图 3-29　室内小型 Cooker 模拟拌和设备

图 3-30　H4000 型沥青拌和站

（2）沥青混合加热搅拌设备。TLA 湖沥青和 A-70 基质沥青的混合加热搅拌设备自行设计加工，如图 3-31 所示。

（3）搅拌运输设备。搅拌运输设备采用进口 Cooker 车，如图 3-32 所示。

（4）摊铺设备。摊铺设备采用自动摊铺机，根据大型加速加载试验需要，长大公司自制了小型的摊铺机，适合在加速加载构件上摊铺作业，如图 3-33 所示。

3.2.2.4　浇注式沥青混凝土的组成

研究以英国的 MA 类桥面铺装体系为基础，借鉴项目邻近区域实桥的成功经验（主要是香港的青马大桥、昂船洲大桥、深圳西部通道），进行港珠澳大桥桥面铺装体系的针对性研究。考虑到气候条件，香港地区的这三座大桥采用 70% 特立尼达湖沥青（TLA）与 30% 普通 70 号沥青（质量比）混合后的沥青作为胶结料，港珠澳大桥沿用

图 3-31　TLA 和基质沥青混合加热搅拌装置

胶结料的组成。在 MA 铺装体系中，沥青用量是以可溶沥青占 ME 的质量百分比计算的，ME 是 mastic epuré 的简称，是两阶段生产 MA 过程中的第一生产阶段的产品，即没有添加粗集料之前的沥青胶砂。BS 1447 中强调指出"H"级沥青玛蹄脂混凝土（MA），适用于繁重荷载区域。此时，可溶沥青占 ME（沥青胶砂）的质量百分率应为 14% ~17%，粗集料的质量百分率应为 MA 的 45% ±10%，而细集料应采用石灰岩集料，级配组成应满足表 3-14 的相关要求。

图 3-32　进口 Cooker 混合料搅拌车

图 3-33　小型混合料摊铺机

细集料的级配要求　　表 3-14

指标要求	质量百分率(%)	
	最小值	最大值
2.36mm 筛余	—	2.5
2.36mm ~ 600μm	4	21
600 ~ 212μm	8	32
212 ~75μm	8	25
75μm 通过百分率(%)	40	56

注：按照 BS 812-103 的湿法筛分。

结合昂船洲、西部通道的成功经验，安达臣公司提供的 ME 配合比如表 3-15 所示，根据香港安达臣沥青有限公司提供的 MA 的 A、B、C 3 档细集料及矿粉 D，其中 A 主要为 0.075 ~2.36mm 之间的细集料、B 主要为 0.075 ~0.6mm 之间的细集料、C 主要为 0.075 ~0.212mm 的细集料，矿粉 D 的 0.075mm 的通过百分率为 98.9%，2.36mm 以下的细集料按照 4 档备料，对质量稳定性至关重要。该 MA 类铺装材料配合比为本研究的基准配合比，如无特殊说明，均以此配合比进行研究，其与配合比在此基础上做小幅变动，但符合英标体系标准要求。

ME 的组成　　表 3-15

级配	通过以下筛孔尺寸(mm)的通过百分率(%)					可溶沥青用量(%)
	>2.36	0.6 ~2.36	0.212 ~0.6	0.075 ~0.212	<0.075	
质量百分率%	0	16	20	23	41	14.5
BS 1447:1988	0 ~2.5	4 ~21	8 ~32	8 ~25	40 ~56	14 ~17

3.2.2.5　浇注式沥青混凝土高温性能影响因素

1)沥青胶结料影响高温性能

TLA 与普通沥青的混合比例影响高温性能,以下是普通 70 号沥青、TLA 以及不同比例 TLA 与 70 号沥青的混合沥青的流变学试验结果。如图 3-34 所示。

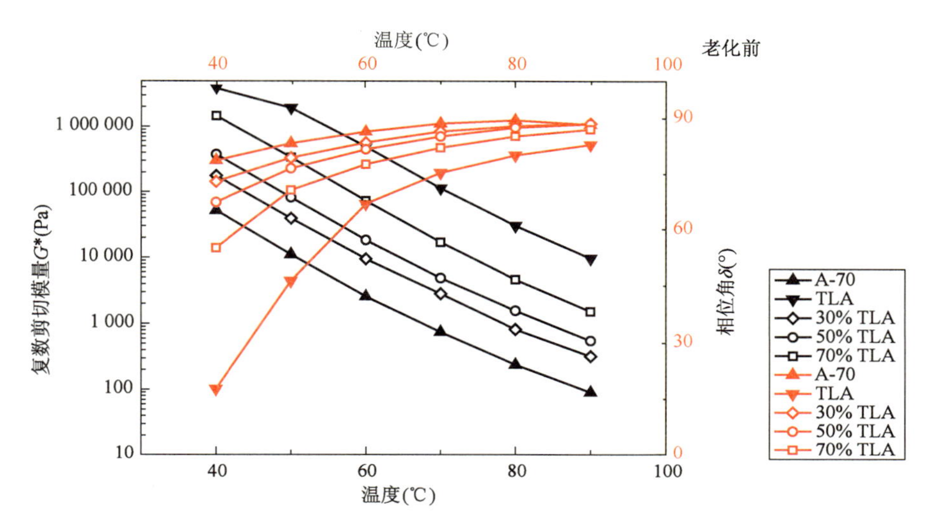

图 3-34　70 号沥青与 TLA 混合比例对 G^* 和 δ 的影响

图 3-34 显示了不同 TLA 掺量改性沥青的复数模量 G^* 与温度的关系。从图中可以看出,TLA 改性沥青的 G^* 值较 A-70 沥青有了显著的提高,且随着掺量的增加,相同温度下的 G^* 值逐渐增大,这表明 TLA 改性沥青具有更好的抵抗变形的能力。这是由于均匀分散于沥青相中的 TLA 提高混合沥青胶浆的模量。同时,随着 TLA 掺量的增加,TLA 改性沥青的 δ 明显低于 A-70 沥青,表明 TLA 的添加能够赋予沥青更多的弹性成分。

美国公路战略研究计划(SHRP)规定,试验频率为 10rad/s 时所对应的车辙因子($G^*/\sin\delta$)可用来评价沥青的抗变形能力, $G^*/\sin\delta$ = 1kPa 所对应的温度即为该沥青用于桥面铺装的最高设计温度。本研究采用动态剪切流变仪测定老化前后沥青胶浆车辙因子的变化,如图 3-35 所示。

图 3-35 反映了不同 TLA 掺量改性后沥青的 $G^*/\sin\delta$ 与温度的变化,从图中可以看出,在整个温度范围内,沥青结合料的车辙因子 $G^*/\sin\delta$ 随着温度的升高而迅速降低,抵抗高温永久变形的能力逐渐减弱。对应于同一温度,改性沥青在 RTFOT 老化前后的复数剪切模量和车辙因子均随着 TLA 掺量的增加而增大,A-70 沥青抗车辙因子 $G^*/\sin\delta$ 最小,TLA 沥青的抗车辙因子 $G^*/\sin\delta$ 最大。与 A-70 基质沥青相比较,掺有 TLA 的混合沥青都能较大幅度提高沥青结合料的抗车辙因子 $G^*/\sin\delta$,表明 TLA 沥青对沥青结合料的抗车辙性能有良好的改善作用。主要原因是由于分散于沥青相中的 TLA 能够明显提高沥青的 G^* 和降低沥青的 δ ,从而增强

了它的抗车辙能力,且温度与抗车辙因子 $G^*/\sin\delta$ 的对数有很好的线性关系。

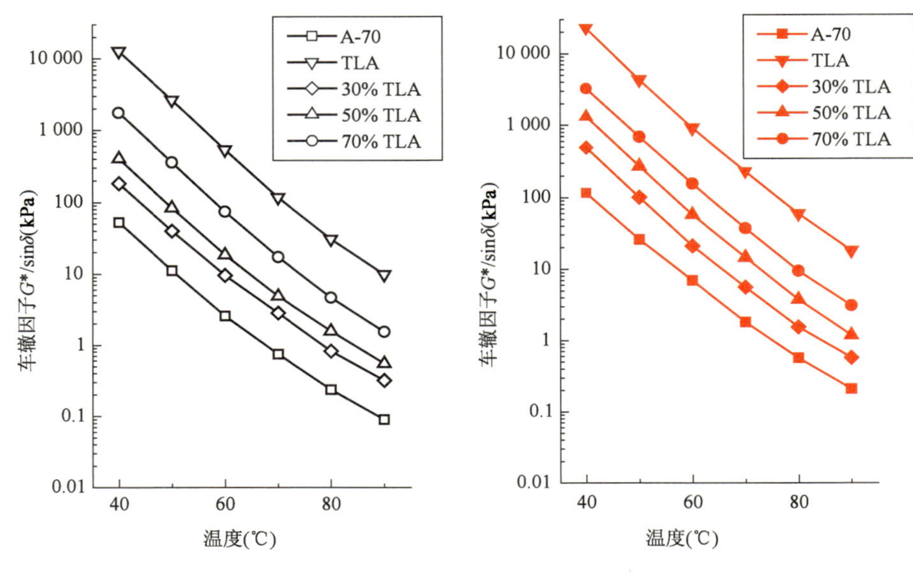

图 3-35　RTFOT 老化前后 TLA 掺量对 $G^*/\sin\delta$ 的影响

图 3-35 也反映出老化作用对车辙因子的影响。短期老化后 TLA 混合沥青的车辙因子增大,沥青的流动性变小,稠度逐渐增大并变硬,这说明老化作用对抗车辙性能有利。

2)可溶沥青用量(占 ME 百分比)对高温性能的影响

可溶沥青用量是影响 MA 高温性能的又一因素,为了比较研究,保持 ME 矿料级配不变、粗集料比例不变,如表 3-16 所示,改变可溶沥青用量,研究分别采用 14.3%、14.8%、15.35%、15.8% 四种沥青用量,四个不同可溶沥青含量下拌和的 MA 混合料试验结果见表 3-17 所示。研究结果表明,沥青用量增加,刘埃尔值逐渐变小,说明施工工作性越来越好,但是反映高温性能的车辙动稳定度总体呈下降趋势,说明沥青用量增加,高温抗车辙性能下降。

ME 矿 料 级 配　　表 3-16

筛　孔	MA 中粗集料比例(%)	ME 细集料各粒径比例(%)				
		2.36	0.6	0.212	0.075	<0.075
上限	55	0	20	30	30	50
下限	35	0	5	10	10	40
矿料级配	45	0.0	7.0	23.0	21.0	49.0

四种沥青含量条件下 MA 试验结果　　表 3-17

试验项目	试验条件	单　位	ME 中可溶沥青比例(%)			
			14.3	14.8	15.3	15.8
刘埃尔流动度	240℃	s	38	19	10	8
车辙试验动稳定度	60℃	次/mm	332	316	209	240

3)矿料级配对高温性能的影响

为了研究MA中细集料矿料级配对性能的影响,保持沥青用量不变,改变细集料矿料级配,如表3-18所示。经室内研究,三种矿料级配的MA的性能如表3-19所示。改变细集料的级配对高温性能有影响,但是影响不是特别显著,这是因为MA类铺装材料是密实悬浮结构,集料在混凝土结构中呈悬浮状态,因此对抗车辙能力的影响不如骨架结构明显。

三种级配各材料比例 表3-18

筛孔	MA中粗集料CA比例(%)	FA中细集料各粒径比例(%)					ME中可溶沥青比例(%)
		2.36	0.6	0.212	0.075	<0.075	
上限	55	0	20	30	30	50	17
下限	35	0	5	10	10	40	14
级配A	45	0.0	9.0	21.0	23.0	47.0	15.3
级配B	45	0.0	10.0	22.0	20.0	48.0	15.3
级配C	45	0.0	7.0	23.0	21.0	49.0	15.3

三种级配条件下MA试验结果 表3-19

试验项目	试验条件	单位	级配A	级配B	级配C
刘埃尔值	240℃	s	13	11	11
车辙试验动稳定度	60℃	次/mm	187	195	206

4)拌和工艺对MA类铺装材料高温性能的影响

为了能够了解不同拌和工艺对MA类铺装材料性能的影响,本研究选用4种不同模拟实际生产的拌和成型方式:①室内模拟传统MA拌和工艺,即将混合沥青(基质沥青+TLA沥青)和矿粉加入拌和锅搅拌30min,然后加入细集料搅拌30min,加入粗集料搅拌30min。②模拟GA拌和工艺,将混合沥青、矿粉、细集料一起加入小型Cooker中进行搅拌,拌和时间为10min,然后加入粗集料进行搅拌30min。③完全按照GA拌和工艺,将混合沥青、矿粉、细集料及粗集料全部加入拌和锅内进行搅拌,搅拌时间为30min。为了方便描述将传统的MA拌和工艺成为拌和工艺Ⅰ,将模拟GA拌和工艺成为拌和工艺Ⅱ,将完全按GA拌和工艺成为拌和工艺Ⅲ。④普通拌和锅室内成型工艺。粗集料、细集料水洗后置于(200±5)℃的烘箱中烘干并保温不少于4~6h,基质沥青与湖沥青按比例掺和均匀后加热到(160±5)℃备用。加热拌和锅至200℃之后,第一步先加入填料及可溶沥青搅拌3min,第二步加入细集料并搅拌3min,第三步加入一半的粗集料并搅拌3min,最后将所有粗集料加入并搅拌3min。混合料搅拌完毕以后,在220℃的烘箱进行保温60min后按相关规定成型试件。对于上述4种不同拌和工艺条件下成型的MA类铺装材料混合料进行贯入度、车辙试验,分析不同拌和工艺对高温性能的影响。

本研究选用MA类铺装材料基准配合比对上述三种不同拌和工艺进行性能试验,其中由于拌和工艺Ⅲ是将所有矿料与混合沥青一起加入到拌和锅中进行搅拌,故无法获得硬度值试验的试件。由于浇注式沥青混合料的贯入度试验的原理与硬度值试验的原理是一样的,同样都是反映浇注式沥青混合料的高温性能,为了进行比较对拌和工艺Ⅲ的混合料的性能影响,对拌和工艺Ⅲ拌和的混合料进行贯入度试验,其他流动度试验和车辙试验均按标准试验规范进行,其试验结果如表3-20所示。

不同拌和工艺MA混合料的各项试验结果　　表3-20

试验项目	拌和工艺			
	Ⅰ	Ⅱ	Ⅲ	Ⅳ
ME硬度值(35℃,0.1mm)	22.1	23.3	—	26.2
流动度(s)	6.0	8.5	8.8	14.3
动稳定度(次/mm)	454	351	353	310
贯入度(mm)	1.75	2.47	2.39	2.43

根据表3-20试验数据可以看出,4种不同拌和工艺的流动度有所不同,拌和工艺Ⅳ(室内传统拌和锅+烘箱老化)拌和的MA混合料的流动度为14.3s,拌和工艺Ⅰ(传统MA拌和方式)拌和出的MA混合料的流动度为6.0s,拌和工艺Ⅱ、Ⅲ拌和出的MA混合料的流动度分别为8.5s和8.8s,比较室内拌和方式与小Cooker拌和的MA混合料,发现其在施工和易性性能方面存在较大差异,室内模拟Cooker拌和设备拌和的沥青混凝土流动性更好。其次,在高温性能方面,四种不同的拌和工艺拌和出的MA混合料动稳定度分别为454次/mm、351次/mm、353次/mm、310次/mm,拌和工艺Ⅰ拌和的MA混凝土的动稳定度要比其他三种拌和方式的动稳定度高,主要是因为在模拟Cooker拌和设备中的总拌和时间为90min,而第二种工艺总拌和时间为40min,第二种工艺总拌和时间为30min,因此第一种工艺对沥青混合料造成的老化作用最显著,车辙动稳定最大,而第二种、第三种工艺虽然投料与拌和方式有差别,但拌和时间相近,车辙动稳定度基本一致,也说明长时间拌和后,是否分两阶段投料对高温性能影响不显著。第四种采用室内常用拌和锅拌和的时间仅为12min,但是增加了60min的烘箱加热老化,可是依然动稳定度最小,说明拌和设备对沥青混合料的高温性能、流动特性都影响明显,因此在研究中采用室内小型模拟Cooker拌和设备是非常必要的。

5)拌和时间对MA类铺装材料高温性能的影响

由不同拌和工艺的试验数据可以看出MA沥青混凝土的性能会受到拌和时间的影响,这个体现在拌和时间的不同对MA混凝土的性能存在比较明显的影响。为了能够更加详细定量地分析混合料拌和时间对MA沥青混凝土的高温性能的影响,同时考虑到试验的时间及可操作性的限制,本研究选取拌和工艺Ⅱ,将混合沥青、矿粉、细集料一起加入小型Cooker中进行搅拌,拌和时间为10min,然后加入粗集料进行搅拌30min的方式拌和MA沥青混合料,然后在开始计时,并进行不同拌和时间MA混凝土贯入度试验及车辙试验,试验结果见表3-21。

不同时间 **MA** 性能检测结果　　表 3-21

拌和时间 (min)	60℃贯入度 (mm)	60℃动稳定度 (次/mm)	流动度 (s)
10	2.56	312	12.4
20	2.53	337	10.1
30	2.36	348	9.2
60	2.29	352	9.3
90	2.08	636	13.4
120	1.76	1903	19.3

注：本表中的拌和时间没有计入初始的40min拌和时间

由表3-21中的结果可以看出，MA混合料拌和的前60min内，混合料的贯入度呈逐渐减小的趋势，贯入度增量在前60min内呈缓慢增长趋势，MA混合料的动稳定度随着拌和时间的增加，呈现总体增加趋势，但是其在前60min的增加速度缓慢，从60～90min期间动稳定度进入快速增长阶段。

从2013年3月份开始，采用大型拌和楼与Cooker搅拌运输车进行多次试生产，拌和时间对高温抗车辙性能的影响如图3-36所示，试验结果表明，随着拌和时间的延长，高温抗车辙能力不断提高，总体上，拌和时间超过3h后，抵抗车辙变形的能力进入快速上升阶段，这主要是沥青混合料加速老化造成的，但是拌和时间低于2h，抗车辙能力偏低，因此适度老化作用可以提升MA类铺装材料的高温性能。

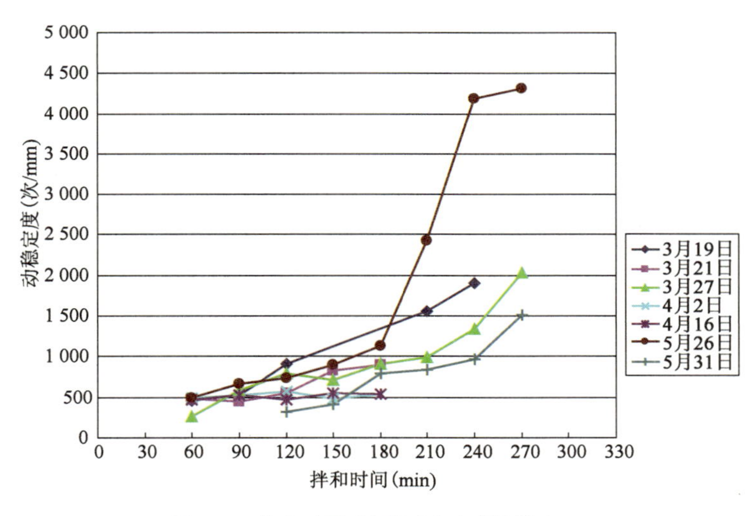

图3-36　拌和时间对车辙动稳定度的影响

6）加碎石的性能评价

也有方案通过向MA类铺装材料撒布碎石的方式，用以提高MA类铺装材料高温抗车辙的能力。本书实验研究结果如表3-22所示，碎石尺寸为9.5mm左右单一粒径的。试验结果表明,撒布碎石的方式对高温性能影响不明显,影响范围在10%左右,而加入的这些碎石改变了沥青混凝土的结构,对其他性能的影响不明,而对高温性能影响又不显著,因此不建议采用这种方案施工。

撒布碎石对浇注式混凝土高温性能的影响 表3-22

碎石撒布量(kg/m^2)	拌和温度(℃)	动稳定度(次/mm)	备注
0	220	565	采用室内小型模拟Cooker拌和机,加入粗集料后拌和60min
8	220	611	
10	220	569	

7)加SMA的高温性能评价

MA类铺装材料与上层的SMA组合成MA类铺装体系后,需分析上层SMA对MA类铺装体系的抗车辙性能影响效果,上层SMA车辙动稳定度经室内试验验证均大于6 000次/mm,组合前后MA类铺装体系的抗车辙能力如表3-23、表3-24所示。试验结果表明MA类铺装体系的抗车辙能力主要取决于MA类铺装材料本身的抗变形能力,而非上层的SMA结构。

MA类铺装材料车辙试验结果 表3-23

试件序号	施工工艺	动稳定度(次/mm)	60min车辙深度(mm)
1	MA	255	14.450
2	MA	295	14.374
3	MA	253	17.237
4	MA	268	15.857
5	GMA	842	5.504
6	GMA	796	6.180
7	GMA	955	4.877

复合结构(3cm MA类铺装材料+4cm SMA沥青混凝土)车辙试验结果 表3-24

序号	施工工艺	动稳定度(次/mm)	60min车辙深度(mm)
1	MA+SMA	1 099	5.556
2	MA+SMA	940	7.000
3	GMA+SMA	3 182	2.729
4	GMA+SMA	2 904	2.899

试验结果也表明,MA类铺装体系上层采用SMA的复合结构车辙动稳定度显著提高,证明钢桥面铺装采用MA类铺装材料与SMA的铺装体系是合理的。

3.2.2.6 浇注式沥青混凝土疲劳性能

沥青层疲劳开裂是桥面铺装结构的主要破坏模式之一,沥青层疲劳性能的好坏直接关系到桥面铺装的最终使用性能和服务寿命。因而,如何建立更为准确有效的沥青层疲劳开裂预估模型或预估体系则是一项受到国内外道路研究者所长期关注与重视的研究工作。

相比于沥青路面,钢桥面铺装因其结构变形大,沥青层的应力、应变远远大于道路沥青层结构内部的应力应变值,因此对钢桥面沥青铺装层更易于发生疲劳破坏,因此对材料的疲劳性能要求更高。

采用四点弯曲疲劳试验设备进行疲劳试验,该设备由英国 Cooper Research Technology 公司制造。Cooper 疲劳试验机如图 3-37 所示。美国地沥青协会、Shell 设计方法、美国加州交通部、华南理工交通大学道路工程研究所的研究均表明,疲劳寿命与劲度模量、应变水平之间呈指数相关,通用方程形式如下:

图 3-37 Cooper 疲劳试验机

$$N_{\mathrm{f}} = C \times S_{\mathrm{m}}^{k_1} \times \varepsilon_{\mathrm{t}}^{k_2} \tag{3-18}$$

不同批次的 MA 类沥青混凝土的疲劳试验结果如表 3-25 所示。采用上式进行拟合,可得到回归方程为:$N_{\mathrm{f}} = 10^{21.94} \times S_{\mathrm{m}}^{-1.06} \times \varepsilon_{\mathrm{t}}^{-4.64}$。拟合的相关系数 $R = 0.991$,该方程可用于桥面铺装体系在不同应变状态下的疲劳性能预测,根据室内研究得到的疲劳预测方程,可知应变增大一倍,疲劳寿命缩减大约 24 倍。

不同应变水平 MA 类铺装材料疲劳寿命试验结果汇总 表 3-25

应变水平 (10^{-6}mm/mm)	S_0 (MPa)	疲劳寿命 (次)
600	14 177	43 807
700	13 466	17 420
800	13 738	10 378
900	13 154	8 535
600	15 375	36 799
700	13 851	23 047
800	15 736	12 489
900	16 888	7 979
300	12 315	1 546 037
300	14 280	1 329 291
300	13 847	1 074 459
300	14 597	831 553
300	11 736	1 780 041

四点弯曲疲劳试验在影响因素敏感性、试验可靠性及合理性方面是比较优越的,对钢桥面沥青铺装结构进行力学性能评价是一种最有效的方法。在前期探索性研究中,冲击韧性与沥

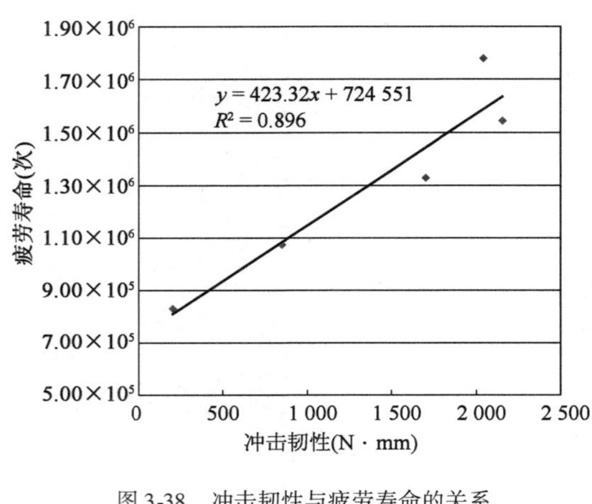

图 3-38　冲击韧性与疲劳寿命的关系

青混合料的疲劳寿命具有相关性,该方法物理意义比较明确,不需要重复加载,试验操作简便,对试验设备要求较低。若取得冲击韧性与四点弯曲疲劳试验的相关性,那么利用现有的研究成果,可直接建立冲击韧性与路面疲劳寿命的相关关系,钢桥面铺装材料的设计与施工质量控制可采用冲击韧性指标。如图 3-38 所示,采用线性回归可得出回归方程,$R^2=0.896$,相关性很好,因此可以采用冲击韧性值作为施工质量控制指标,也可以作为配合比设计的性能检验的参考指标。

$$N_{\mathrm{f}} = 423.32I + 724\ 551 \tag{3-19}$$

式中,N_{f} 为疲劳寿命(次);I 为冲击韧性(N · mm)。

3.3　基于 DMA 法的环氧沥青混合料黏弹性行为研究

沥青及沥青混合料是一种典型的黏弹性材料,在不同的加载方式、不同的加载频率和不同的加载温度下表现出不同的力学性能和黏弹性能。我国幅员辽阔、气候环境差异性较大,沥青路面服务温度范围较广,在寒冷的北方冬季最低气温可达 -45℃左右,而在炎热的南方路面面铺装最高温度可达 65℃左右,特别对于钢箱梁桥面铺装而言,由于箱梁内部空气无法流通,钢桥面铺装层承受温度梯度的传导作用,使桥面铺装层在较长时间内处于高温工作状态中。卢彦秋曾采用 Ansys 有限元软件对钢桥面铺装层进行数值模拟,结果表明在炎热沿海地区,夏天铺装层温度可达到 70℃。相关研究表明,沥青路面的各种破坏形式均与沥青及沥青混合料的力学性能和黏弹性能有关,因此有必要从黏弹性能角度研究沥青及沥青混合料的相关性能,从而改善铺装的使用状况。

对黏弹性能评价指标研究影响最大的为美国 SHRP(Strategic Highways Research Program)计划的研究成果,美国 SHRP 计划在沥青及沥青混合料的研究工作中,采用黏弹性力学的方法与手段研究沥青及沥青混合料的路用性能,首次将沥青的评价指标与路面使用性能相联系起来,并最终将其转化为工程技术标准中的指标体系,提出了控制高温车辙、低温开裂和常温疲劳的指标。SHRP 计划的研究大大推动了黏弹性力学方法的发展。

沥青及混合料黏弹性能研究按荷载作用方式的不同,可以分为静态荷载和动态荷载两种方式。静态荷载是对所测试件施加某一固定方向上的荷载或位移,通过分析沥青的蠕变和松弛性能来得到沥青的黏弹性参数,静态荷载试验通常用在较长作用时间范围内观测试件的力学行为,因而仅适用于黏弹性材料承受长时间荷载作用时力学性能的研究。动态荷载是指施加应力或应变的大小或方向是变化的,一般采用最简单的正弦波荷载形式来研究沥青及混合料在重复荷载作用下的黏弹性能,动态荷载试验方法主要是用来测定较短时间内沥青及混合料的黏弹性能,沥青的静态黏弹函数和动态黏弹函数是从不同的角度来评价沥青及混合料的黏弹性能。

由于钢桥面铺装层在实际使用中受到桥面板变形和行车荷载冲击作用的影响,车轮荷载作用方式为动态荷载,该荷载对钢桥面铺装层施以随时间变化的垂直振动冲击作用和水平推挤作用,因此钢桥面铺装层处于复杂的应力应变状态当中。基于以上原因,采用动态力学性能分析方法比静态力学性能分析方法更能反映铺装层在实际使用条件下的运行状况。

3.3.1　DMA 试验方法及原理

动态力学分析(Dynamic Mechanical Analysis,DMA)方法是研究沥青及混合料的动态力学行为变化的一种方法,是指黏弹性材料在周期性变化的应力(或应变)作用下的力学行为响应,可测定材料在一定温度范围和频率范围内黏弹性能的变化,是研究沥青混合料模量与疲劳特性的基本方法,也是黏弹性力学研究的基本手段。DMA 方法根据加载方式的不同,可以分为应力扫描、应变扫描、时间扫描、温度扫描和频率扫描等,通过不同的扫描试验,可以得到各种黏弹性参数随温度、频率、时间的变化曲线,从而可以在更宽广的温度和频率范围内研究沥青的黏弹性能。

动态力学行为是指材料在交变应力(或应变)作用下的应变(或应力)响应,动态力学试验中最常用的交变应力是正弦应力,例如正弦交变应力可表示为:

$$\tau(t) = \tau_0 \sin\omega t \tag{3-20}$$

式中,τ_0 为应力振幅;ω 为角频率(rad/s)。

试样在正弦交变应力作用下作出的应变响应随材料的性质而变。对于绝对弹性材料,荷载作用时,变形同时产生,其相位角 δ 等于 0°,在周期性交变变形作用下,其响应如图 3-39a)所示。应力与应变之比即为弹性模量,所以对正弦交变应力的应变响应必定是与应力同相位

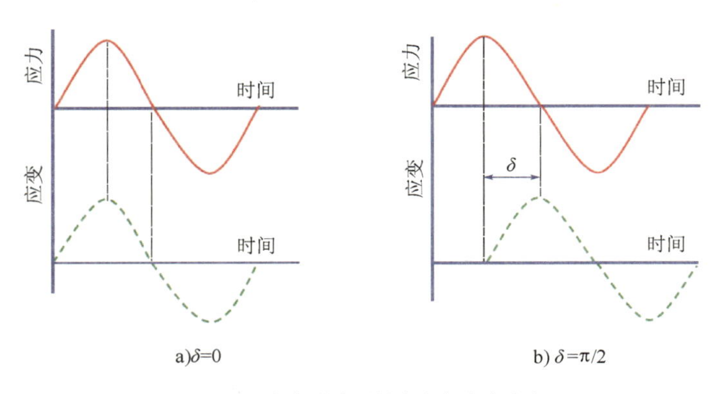

图 3-39　交变形式下的应变与应力响应

的正弦函数。

$$\gamma(t)=\gamma_0\sin\omega t \tag{3-21}$$

式中，γ_0 为应变振幅。

对于绝对黏性材料，在周期性应变荷载作用下，产生相同周期的应力响应，但二者在时间上明显不同步，峰值的出现推迟 1/4 个周期，即相位差为 π/2，其示意图如图 3-39b）所示。应变反应如式（3-22）。

$$\gamma(t)=\gamma_0\sin(\omega t-90^\circ) \tag{3-22}$$

对于沥青或沥青混合料，在通常的路面温度及交通荷载下，不是绝对的虎克弹性体或牛顿黏性体，表现出介于两者之间的黏弹性。对于黏弹性材料，响应将滞后于输入一个相位角 δ $(0<\delta<\pi/2)$。

以应力输入为例，应变响应为

$$\gamma(t)=\gamma_0\sin(\omega t-\delta) \tag{3-23}$$

即

$$\gamma(t)=\gamma_0(\cos\delta\sin\omega t-\sin\delta\cos\omega t) \tag{3-24}$$

可见，应变响应包括两项：第一项与应力同相位，体现材料的弹性；第二项比应力滞后 90°，体现材料的黏性。

同理，输入为应变：

$$\gamma(t)=\gamma_0\sin\omega t \tag{3-25}$$

则该试样做出的应力响应就会超前于应变一个相位角 δ

$$\tau(t)=\tau_0(\sin\omega t+\delta) \tag{3-26}$$

材料的模量是应力与应变之比，由于黏弹性材料的应力与应变之间存在一个相位差，所得模量应是复数。为方便起见，可将应力与应变函数写成复数形式，例如，式（3-25）和式（3-26）可分别写为：

$$\gamma(t)=\gamma_0\mathrm{e}^{i\omega t} \tag{3-27}$$

$$\tau(t)=\tau_0\mathrm{e}^{i\omega t+i\delta} \tag{3-28}$$

因此，复数模量 G^* 为：

$$G^*=\frac{\tau(t)}{\gamma(t)}=\frac{\tau_0}{\gamma_0}\mathrm{e}^{i\delta}=\frac{\tau_0}{\gamma_0}(\cos\delta+i\sin\delta)=|G^*|(\cos\delta+i\sin\delta)=G'+iG'' \tag{3-29}$$

其中：

$$G'=|G^*|\cos\delta=\frac{\tau_0}{\gamma_0}\cos\delta \tag{3-30}$$

$$G''=|G^*|\sin\delta=\frac{\tau_0}{\gamma_0}\mathrm{c}\sin\delta \tag{3-31}$$

$$|G^*| = \sqrt{G'^2 + G''^2} \tag{3-32}$$

式中,复数模量的实数部分 G' 表征材料在变形过程中由于弹性变形而储存的能量,叫作储存模量(Storage Modulus);虚数部分 G'' 表征材料在形变过程中因黏性形变而以热的形式损耗的能量,叫作损失模量(Loss Modulus); G^* 称为绝对模量,反映了材料抵抗变形的能力。

3.3.2　试验仪器选择及试件制备

3.3.2.1　试验仪器选择

描述沥青及沥青混合料黏弹性力学行为的参数有储存模量、损失模量和相位角等,在动态试验中均是时间(频率)的函数,也是温度的函数。文献[80]研究表明,通过动态频率扫描(Dynamic Frequency Sweep)试验可以很方便快捷地获得沥青混合料的模量及其他特征函数随温度变化的主曲线,可较好反映沥青及混合料的黏弹性能。国内外对于沥青及沥青混合料的黏弹性能研究较多,美国沥青协会(AI)按 Witczak 研究所利用的 41 种不同沥青混合料在 3 种正弦波加载频率(1Hz、4Hz、16Hz)和 3 种试验温度(4.5℃、21.1℃、37.8℃)下的试验结果,共 369 个试验数据进行回归,得到沥青混合料动态模量预测公式;英国和荷兰 SHELL 石油公司采用动态劲度来表征沥青混合料的黏弹性能;大连理工大学赵延庆等采用 Superpave 简单性能实验机(SPT)测量了沥青混合料在不同温度和荷载作用频率下的动态模量,并根据时间—温度换算原理利用非线性最小二乘拟合的方法得到参考温度下的动态模量主曲线,以描述沥青混合料的黏弹性性质。

但现阶段对于环氧沥青及混合料的黏弹性能研究较少,东南大学闵召辉曾采用静态蠕变试验研究环氧沥青及混合料的黏弹性能,并通过广义 Maxwell 及修正的广义 Maxwell 数学模型表征环氧树脂蠕变性能和松弛性能;迟凤霞曾采用 AR-2000 动态扫描仪对环氧沥青混合料 AC-9(KD-BEP)进行相关性能扫描,并采用基于弹性极限阈值原理及时温等效原理研究 AC-9(KD-BEP)的松弛性能和蠕变性能,并研究了动态黏弹函数与静态黏弹函数之间的转化关系;薛连旭采用动态频率扫描方法对环氧沥青胶浆进行研究,得出环氧沥青胶浆的复数模量主曲线及相位角等,并通过和普通沥青胶浆的模量主曲线对比,得出环氧沥青混凝土具有良好的高温性能。

考虑到已有环氧沥青及混合料黏弹性能研究成果及使用条件的局限性,本书对环氧沥青胶结料拟采用美国 TA 公司生产的高级流变仪 AR-2000 进行试验,该仪器测量模式包括静态、瞬态、动态等模式,可对环氧沥青胶结料进行应力扫描、应变扫描、温度扫描和频率扫描等;对于钢桥面铺装环氧沥青混合料来说,由于受到桥梁主体结构承载力和施工厚度的影响,现阶段所采用的混合料最大公称粒径为 9.5mm,而高级流变仪 AR-2000 设备允许的混合料试件最大尺寸为 50mm×10mm×10mm, 如果选取 AR-2000 进行环氧沥青混合料黏弹性能研究,进行试件切割时势必会造成混合料中的粗集料形态破坏,试验结果不能真实反映混合料的实际受力状态及黏弹性性能,因此不能采用 AR-2000 高级流变仪进行环氧沥青混合料的性能研究。

由于钢桥面铺装受力方式与普通沥青混凝土路面有较大的区别,在行车荷载的作用下主要承受加劲肋上方区域的负弯矩作用,因此有关研究所采用单轴压缩试验测定的动态模量并不能适用于钢桥面铺装工程的研究,而弯曲疲劳试验中试件所受的应力应变状态与桥面铺装的实际运行状况更加接近。鉴于现阶段试验设备及技术成熟性考虑,本书采用英国生产的 COOPER 疲劳试验机对环氧沥青混合料进行周期性变化的应力或应变试验,测定环氧沥青混合料在较宽温度范围和频率范围内的动态力学性能和黏弹性能。

AR-2000 流变仪属于平板式的流变仪,如图 3-40 所示,两块 ϕ25mm 或 ϕ8mm 的平行板的间距 1.1 ~ 2.2mm(ϕ25mm 板)或 0.9 ~ 1.8mm(ϕ8mm 板),沥青试样夹在平板之间,一块板固定,一块板围绕着中心轴来回摆动。AR-2000 流变仪可以是应力控制或应变控制,应力控制是施加固定的扭矩,实际的板转动的弧度会略有不同;而应变控制则固定摆动的距离,扭矩或应力将有所不同。在荷载作用下,通过测定沥青在特定应力条件下的应变以及应变相对于应力的滞后时间,可以计算出沥青的黏弹性参数。

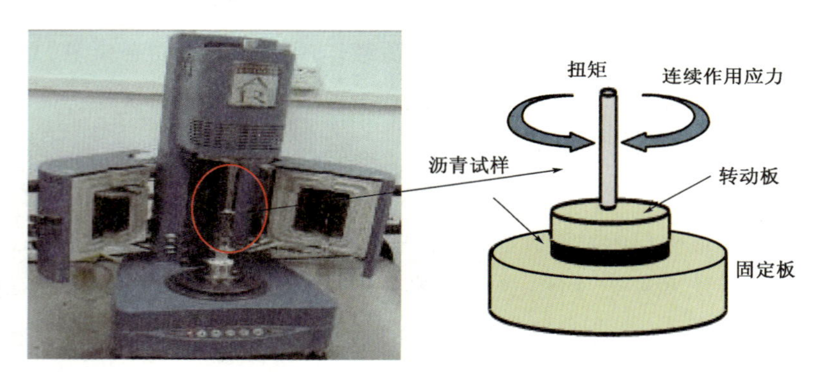

图 3-40　AR-2000 动态剪切流变仪沥青试验原理

本书采用 COOPER NU-14 型四点弯曲疲劳试验机进行环氧沥青混合料的动态性能研究,试验设备如图 3-41 所示,试验设备的力传感器测量精度为 1N,最大可测量荷载为 20kN, 在试验过程中,可实时动态监控试件所受荷载。位移传感器在施加荷载时与试件进行接触,目的是监测试件的变形情况,测量精度为 0.001mm,环境箱通过空压机的空气循环流动控制所设定温度,控制精度为 0.1℃,控制温度范围为 -20 ~ 60℃。试验时在系统控制软件中输入试验参数,试验参数包括:试验模式(应变控制方式或应力控制方式)、试验波形(正弦波或偏正弦波)、试件尺寸、试验温度、试验荷载水平(应力或应变水平)、试验频率(5 ~ 30Hz)。试验过程当中,计算机控制系统自动控制加载,读取力传感器和位移传感器数值,在屏幕上实时显示各参数的变化情况,并按一定加载间隔自动记录试验数据。所记录试验数据包括加载次数、应力值、应变值、劲度模量、模量百分比、滞后角、耗散能等。

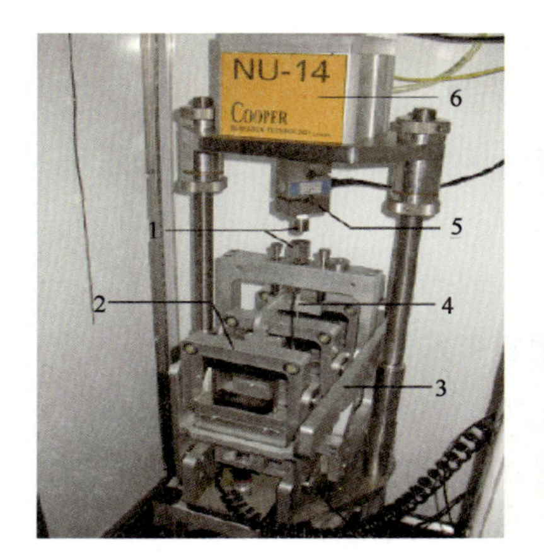

图 3-41　COOPER NU-14 疲劳试验机

1-夹具接头;2-试件四点夹头;3-定位板;4-位移传感器;5-力传感器;6-气动侍服加载装置

动态四点弯曲试验结果的计算方法如下:

(1)最大拉应力(kPa)

$$\sigma_t = \frac{LP}{wh^2} \times 10^6 \tag{3-33}$$

式中,L 为弯曲梁试件跨径(mm);P 为峰值荷载(kN);w 为弯曲梁试件宽度(mm);h 为弯曲梁试件高度(mm)。

(2)最大拉应变(mm/mm)

$$\varepsilon_t = \frac{12\delta h}{3L^2 - 4a^2} \tag{3-34}$$

式中,δ 为弯曲梁试件中心点最大变形(mm);a 为 $L/3$。

(3)弯拉劲度模量(MPa)

$$s_{mix} = \frac{1\ 000 \times \sigma_t}{\varepsilon_t} \tag{3-35}$$

(4)滞后角(度)

$$\varphi = 360fs \tag{3-36}$$

式中,f 为加载频率(Hz);s 为应变峰值滞后于应力峰值的时间。

(5)单位荷载循环内的耗散能

$$D = \pi\sigma_t\varepsilon_t\sin(\varphi) \tag{3-37}$$

3.3.2.2　环氧沥青及混合料试件成型制备

1)环氧沥青试件成型

KD-BEP 环氧沥青是由基质沥青、主剂和固化剂三组分而成,试验时将基质沥青加热到

165℃，以确保沥青有较好的流动性，主剂和固化剂分别加热到60℃，然后按照56∶44比例进行混合，再将混合均匀的环氧树脂混合物按照1∶1的比例与基质沥青进行配比，并搅拌均匀。把环氧沥青浇注到预先准备好的下平行板扭矩柱上，然后调整上平行板间距并进行归零处理，将环氧沥青连同平行板一同保温60℃进行固化，固化4天后进行试验，采用AR-2000流变仪分别进行不同温度下动态应变扫描、频率扫描。

2）环氧沥青混合料试件成型

环氧沥青胶结料采用三组分环氧沥青，集料拟采用花岗岩碎石，主要成型过程如下：

首先将水洗好的集料放到105℃的烘箱中进行加热10h，将集料烘干；冷却后，按照预先计算出的质量进行称料工作，将称好的集料放入到180～190℃的烘箱中进行加热；然后将基质沥青放入到165℃左右的烘箱中进行加热，使其完全软化；最后分别称取环氧主剂和固化剂，均放入到60℃的烘箱中进行预热工作，目的使其拌和时能够快速发生化学反应。

受到沥青混合料拌和机容量及功率的限制，本次成型疲劳试件分两次进行拌和成型。拌和之前，将沥青混合料搅拌机加热到175～180℃，然后将集料倒入到拌和锅中进行适拌；取出环氧树脂主剂和固化剂，按照56∶44的比例进行称量并拌和，使其混合均匀，如图3-42和图3-43所示。称取沥青用量并将基质沥青和环氧树脂混合物同时投入到拌和锅中进行拌和约3min；停止拌和，取出环氧沥青混合料，将其倒入预先准备好地疲劳模具中，然后将该疲劳模具放入到175～180℃的烘箱中进行保温工作，按照同样拌和方法进行另一份环氧沥青混合料拌和，将拌和好的沥青混合料放入到已保温的疲劳模具中并进行捣实工作，为轮碾成型压实做准备。

图3-42　环氧树脂取样

图3-43　主剂与固化剂拌和

环氧沥青混合料成型拟采用轮碾压成型方法，采用该方法碾压成型能够模拟路面的实际铺筑过程，能够很好地控制混合料的体积指标。因此，本书采用被实践证明了的具有良好压实效果的荷兰生产的振动轮碾成型仪进行成型工作，如图3-44所示。该仪器具有稳定的气压系统和定高量测系统，疲劳试件模具尺寸为 400mm×300mm×75mm，仪器事先定好量测系统以保证成型试件碾压的均匀性和设计空隙率。随后将试件放入到 60℃的烘箱中加热 4 天，进行固化工作，以模拟实际使用中环氧沥青混凝土固化后的效果。为了保证所切割试件的精度和准确度，采用芬兰生产的高精度双面锯双面同步切割技术制备弯曲梁试件，如图 3-45 所示，试件尺寸为 385mm×63.5mm×50mm，每种混合料的平行试件为 4 个。

图 3-44 轮碾成型仪

图 3-45 芬兰双面锯

3.3.3 试验参数的选择确定

3.3.3.1 线黏弹性范围的确定与分析

为了保证试验数据的准确性和可重现性，在对环氧沥青及混合料试验时必须确保在材料的黏弹性范围内进行，因为只有在线黏弹性范围内，材料的动态模量与加载的应力和应变是相互独立的。国内外许多学者对沥青材料的线黏弹性范围进行了研究，Airey G. D 等人利用动态剪切流变仪、直接拉伸仪及压缩仪表明沥青混合料的线黏弹性范围一般在 100$\mu\varepsilon$ 以下；在 SHRP 计划中研究者发现在沥青材料中，应力和应变的线黏弹性范围是复合模量的函数，指出线性范围为应变值 0.1% 以下，因为应变值 0.1% 较路面中通常出现的最大应变值大，因而实际使用的路面可以认为是在线黏弹性范围内；Wekumbura C 研究表明：沥青在低应力状态下表现出线黏弹性行为，在较高应力状态下则表现为非线性的幂律函数关系，当沥青材料的力学行为由线性向非线性转换时，即呈现出应力或应变依赖性现象。鉴于目前在室内试验室测定黏弹性材料的动态非线性响应缺乏合适的描述参数，同时又为了简化材料的数学模型，在进行动态力学分析时，通常都将测试条件限定在线黏弹性范围内（小应变）。郭咏梅对改性沥青动态流变性能进行了研究，表明聚合物改性沥青的线性范围极限应变在 50%～150% 范围内，远小于基质沥青。张肖宁等采用动态流变试验，对环氧沥青混合料的黏弹性能进行了研究，通过动态频率扫描获得不同温度下环氧沥青混合料随频率变化的关系，分析了环氧沥青混合料的黏弹性能，其中为了保证沥青混合料扫描试验处于线黏弹性范围内，试验时应变大小控制为0.01%；姚波采用四点弯曲试验模式对环氧沥青混合料的动态模量进行研究，测定不同温度和不同频率下的动态模量及应力依赖性，为了将试验控制在线黏弹性范围内，采取控制应变幅为100με，根据相关研究结论，本书拟将对环氧沥青及混合料的应变响应控制在0.01%（100个微应变）范围内。

3.3.3.2 试验温度选择与平衡时间确定

沥青及混合料是一种多项复杂的黏弹性材料，材料的劲度模量随温度和加载时间的变化而改变，为了使其更能反映路面的实际状况，应开展较宽温度范围和较宽频率范围下的性能研究工作。AASHTO TP62-03 中规定的试验温度为14℉、40℉、70℉、100℉、130℉（分别相当于-10℃、4.4℃、21.1℃、37.8℃、54.4℃），考虑到钢桥面铺装的实际温度工作范围、试验仪器的局限性、长时间高温作用下混合料试件的蠕变特点等因素，本书动态温度扫描范围为-10~50℃。同时考虑到试验结果可靠性和设备稳定性需要，在对试件进行温度动态扫描时，在扫描前设定好温度平衡区间，如果平衡时间不够，则试件本身内外温度不一致，不是在所需温度条件下进行的，将会产生温度梯度应力，试验结果不准确；如果平衡时间过长，在高温状态下，沥青及混合料将会发生一定的变形，即蠕变现象，同时过长的平衡时间，在试件进行连续扫描时，也可能会使试件本身内部发生结构性变化，导致能量的损耗和热量的产生，因此必须确定材料的合理温度平衡区间。本书将采用时间扫描的方法分别对环氧沥青及混合料的温度平衡区间进行研究，环氧沥青的温度平衡时间从20min开始，每间隔5min递增；环氧沥青混合料的温度平衡时间从180min开始，每间隔20min递增。经过各平衡时间时，分别对试件进行动态扫描，平衡时间满足的原则是：某一黏弹函数的最大值与最小值偏差在5%以内，则认为此平衡区间满足要求。通过对环氧沥青及混合料试件的时间扫描，考虑试验结果的差异性和可比性。根据试验结果，最终确定环氧沥青的温度平衡时间为45min，环氧沥青混合料的温度平衡区间为240min。

3.3.3.3 加载模式选择与加载频率范围确定

当行车荷载作用在桥面铺装上时，对于桥面铺装上某一点而言，受力模式是一个不断加载与卸载的过程，车轮对桥面铺装的重复作用就是加载与卸载的重复循环过程。相关资料表明移动的车轮荷载作用下车轮对路面产生接近于正弦曲线的应力应变效应，在ASSHTO TP62、ASTM D3497-79标准中测试动态模量时也采用正弦波的形式。为了便于控制环氧沥青及混合料在动态扫描过程中实时处于线黏弹性范围内，保证试验过程中数据的稳定性和重现性，亦采用正弦波的形式进行加载。加载频率对试件的黏弹性能影响较大，加载频率的大小反映了行车荷载作用路面时间的长短，对于实际使用状况而言，加载频率与行车速度有较大的直接关系。关于加载频率与行车速度的关系，通常研究认为试验频率在10Hz（即加载时间为0.016s）时，对应于沥青混合料路面表面大致相当于60～65km/h的行车速度。为确保试件在线黏弹性范围内，试验频率不宜过大，AASHTO TP62-03中规定的加载频率为：0.1Hz、0.5Hz、1Hz、5Hz、10Hz、25Hz；NCHRP 9-19中Superpave简单性能测试系统（SPT）推荐加载频率为0.1Hz、0.5Hz、1Hz、10Hz，考虑到AR-2000流变仪对振动扭矩的限制，最大为2×10^{5}Pa·m，当频率过大时，振动扭矩达到极限而可能损坏试验仪器。综合考虑各个方面因素，对于环氧沥青及混合料而言，初拟动态试验扫描的频率范围为0.1～15Hz之间。

3.3.4 基于时温等效原理的移位因子研究

3.3.4.1 时温等效原理的研究

对时间和温度的依赖性是高聚物力学性能的显著特点，同一个力学松弛现象，既可以在较高的温度下、较短的时间内观察到，也可以在较低的温度下、较长的时间内观察到，因此升高温度和延长观察时间对分子运动是等效的，对高聚物的黏弹行为也是等效的，此原理即为时温等效原理。从微观角度可对时温等效原理进行理解，黏弹性材料的性能取决于材料的分子链网络及运动活性，这种分子链运动活性除了受其自身的化学结构等内因的影响外，还受很多外界因素影响，例如温度和应力就是其中两个最主要的因素：升高温度激活了分子链运动能力，自由体积增多，表现为黏度下降，蠕变和松弛的速度变快，因而才存在时间和温度在材料性能表征方法中的等效性。对于线性黏弹性材料来说，在不同的温度作用下和不同的时间（或频率）下，都可显示出一样的力学状态，换句话说，延长时间（或降低频率）与升高温度对黏弹性材料的力学行为是等效的，这个等效性可借助于转换因子来实现。

通过移位因子可以将在某一温度下测定的试验数据，转化成另一温度下的试验数据，不同温度的黏弹性曲线具有相同的几何形状，选择其中一个温度作为基准温度，将其他各温度下的曲线沿水平方向平行地左右移动一定的距离$\lg\alpha_t$，与基准温度下的黏弹性曲线重合，即可以得到参考温度下的主曲线（Master Curve），这一移动量$\lg\alpha_t$称为温度相对于基准温度的移位因子。

现阶段对于移位因子的研究主要有两种：WLF公式和Arrhenius公式。Williams，Landel和Ferry通过大量的试验数据发现，在$T=T_s+100$的范围内，公式$\lg\alpha_t=\dfrac{-C_1(T-T_s)}{C_2+(T-T_s)}$对所有的高聚物都适用，式中$\alpha_t$是移动因子，$C_1$和$C_2$是常数，$T_s$是因高聚物而异的参考温度，这就是WLF公式。Doolittle曾采用自由体积分数方法对WLF公式进行推导，并从中得到C_1和C_2的表达式

$$\ln\frac{t_1}{t_2}=\frac{-C_1(T_2-T_1)}{C_2+(T_2-T_1)} \tag{3-38}$$

式中，$C_1=\dfrac{B}{f_g}$，$C_2=\dfrac{f_g}{\alpha_f}$；$f_g$为玻璃化温度时的自由体积分数。

$$\alpha_f = \alpha_r - \alpha_g = \frac{1}{V}\left(\frac{dV}{dT}\right)_r - \frac{1}{V}\left(\frac{dV}{dT}\right)_g \tag{3-39}$$

式中，$\left(\frac{dV}{dT}\right)_r$ 为橡胶态膨胀系数；$\left(\frac{dV}{dT}\right)_g$ 为玻璃态热膨胀系数。

金日光等人从活化能角度对 WLF 公式进一步推出 $\ln(t_1/t_2) = [-\Delta E/RT(T-T_s)]/[T_s/r(T-T_s)] = [-C_1(T-T_s)]/[C_2+(T-T_s)]$，$\Delta E$ 表示材料的固有活化能，与材料的玻璃化转变温度有关。WLF 方程的适用温度范围为 $T_g < T < T_g + 100$℃，在这个温度范围内应用时与试验吻合性较好。但 WLF 公式的参数与玻璃化温度时的自由体积分数和固有活化能有关，具体则表现在 WLF 方程的适用温度范围上，当温度低于 T_g 时，WLF 方程就不适用了，因为温度低于玻璃化温度，流体内自由体积减小，链段自由体积活动和活化能已经被冻结，链段没有足够的跃迁能量，使得流动不再如一般的活化过程。WLF 方程是一种半经验半理论方程。另外，温度很高时，WLF 方程就变成 Arrhenius 方程，Arrhenius 公式与 WLF 公式不同，Arrhenius 公式中的活化能对于沥青材料来说，大约在相当于软化点温度两侧发生转折，并可取为两个不同的参数，因此在低于软化点的范围内 Arrhenius 公式的材料常数不依赖于温度的变化。

Arrhenius 公式如下所示：

$$\alpha_T = e^{\frac{\delta H}{R}\left(\frac{1}{T}-\frac{1}{T_0}\right)} \tag{3-40}$$

式中，δH 为材料的活化能；R 为气体普适常数（8.314）；T、T_0 为温度与参考温度，用开尔文温度 K 表示。

近年来，Arrhenius 公式在沥青、沥青混合料或者沥青路面破坏问题研究中得到相当广泛的应用，但其适用于温度高于 T_g 的情况，是个半经验公式。鉴于 WLF 公式和 Arrhenius 公式适用范围的局限性，表明非线性最小二乘法能够建立统一的主曲线方程，不受材料 T_g 影响，即可将不同温度下的动态模量和相位角曲线沿水平轴平移形成主曲线。现阶段对于 KD-BEP 环氧沥青混合料 T_g 的研究未曾有报道，因此，在环氧沥青混合料玻璃化转变温度 T_g 未知的情况下，采用非线性最小二乘法进行平移形成主曲线，可避免 WLF 公式和 Arrhenius 公式的使用中的盲区。

3.3.4.2 非线性最小二乘法

非线性最小二乘法是以误差的平方和最小为准则来估计非线性静态模型参数的一种参数估计方法，文献对非线性最小二乘法进行了简单描述。

设 $\lg E(t) \sim \lg t$ 的点集为 (x_i, y_i)，$i = 1,2,3,\cdots,m$，拟合成曲线 $y = f(x, a_1, a_2, \cdots, a_n)$，其中 $a_1, a_2, \cdots, a_n$ 为待求的未知参数，将自变量的观测值 x_i 代入 y，得：

$$y_i = f(x_i, a_1, a_2, \cdots, a_n) \Rightarrow f(x_i, a_1, a_2, \cdots, a_n) = f(x_i, a) \tag{3-41}$$

因 x_i 为已知数，故 $f(x_i, a_1, a_2, \cdots, a_n) = f(x_i, a)$ 是 $a = [a_1, a_2, \cdots, a_n]^T$ 的函数。给定 a 初值 $a^{(1)} = [a_1^{(1)}, a_2^{(1)}, \cdots, a_n^{(1)}]^T$，将 $f(x_i, a)$ 在 $a^{(1)}$ 处做泰勒展开，得 a 的线性函数，略去二次及以上项，则：

$$f(x_i,a)\approx f(x_i,a^{(1)})+\frac{\partial f(x_i,a)}{\partial a_1}|_{a=a^{(1)}}\times(a_1-a_1^{(1)})+$$

$$\frac{\partial f(x_i,a)}{\partial a_2}|_{a=a^{(1)}}\times(a_2-a_2^{(1)})+\cdots+\frac{\partial f(x_i,a)}{\partial a_n}|_{a=a^{(1)}}\times(a_n-a_n^{(1)}) \tag{3-42}$$

式(3-41)中除 $a_1,a_2,\cdots,a_n$ 之外皆为已知数,对此用最小二乘法构造目标函数:

$$Q=\sum_{i=1}^{m}\left|y_i-\left\{f(x_i,a^{(1)})+\sum_{j=1}^{m}\left[\frac{\partial f(x_i,a)}{\partial a_j}\right|_{a=a^{(1)}}\times(a_i-a_j^{(1)})\right]\right\}\Bigg|^2 \tag{3-43}$$

为满足使 Q 最小,令 Q 分别对 $a_1,a_2,\cdots,a_n$ 的一阶偏导数等于零,于是有方程组

$$0=\frac{\partial Q}{\partial a_k}=2\sum_{i=1}^{m}\left|y_i-f(x_i,a^{(1)})+\sum_{j=1}^{m}\left[\frac{\partial f(x_i,a)}{\partial a_j}\right|_{a=a^{(1)}}\times(a_i-a_j^{(1)})\right]\Bigg|^2\times\frac{\partial f(x_i,a)}{\partial a_k}\Bigg|_{a=a^{(1)}} \tag{3-44}$$

式(3-43)的矩阵形式为:

$$A^{\mathrm{T}}A(a-a^{(1)})\approx -A^{\mathrm{T}}f \tag{3-45}$$

式中,$f=[f(x_i,a^{(1)})-y_1,\cdots,f(x_m,a^{(1)}-y_m)]^{\mathrm{T}}$。

$$A=\begin{bmatrix}\frac{\partial f(x_1,a)}{\partial a_1} & \cdots & \frac{\partial f(x_1,a)}{\partial a_n}\\ \frac{\partial f(x_2,a)}{\partial a_1} & \cdots & \frac{\partial f(x_2,a)}{\partial a_n}\\ \vdots & & \vdots\\ \frac{\partial f(x_{m-1},a)}{\partial a_1} & \cdots & \frac{\partial f(x_{m-1},a)}{\partial a_n}\\ \frac{\partial f(x_1,a)}{\partial a_1} & \cdots & \frac{\partial f(x_1,a)}{\partial a_n}\end{bmatrix} \tag{3-46}$$

解得:

$$a=-(A^{\mathrm{T}}A)^{-1}A^{\mathrm{T}}f+a^{(1)} \tag{3-47}$$

对上述最小二乘法,Newton 法的求解迭代公式为:

$$a^{(k+1)}=a^{(k)}-(A_k^{\mathrm{T}}A_k)^{-1}A_k^{\mathrm{T}}f^{(k)} \tag{3-48}$$

式中,$a^{(k)}$ 为 $f=f(x_i,a)-y_i$ 的极小点第 k 次近似。

为了保证迭代收敛,在求出方向 $d^{(k)}=-(A_k^{\mathrm{T}}A_k)^{-1}A_k^{\mathrm{T}}f^{(k)}$ 后,不直接用 $x^{(k)}+d^{(k)}$ 作为第$k+1$ 次近似,而是从 $a^{(k)}$ 出发,沿这个方向进行一维搜索$\min\limits_{\lambda}f(a^{(k)}+\lambda d^{(k)})$,求出步长 λ_k 后,令 $a^{(k+1)}=a^{(k)}+\lambda d^{(k)}$ 为第 $k+1$ 次近似。依此类推,直至得到满足要求的解。

3.3.5　移位因子的确定及动态模量主曲线研究

通过 AR-2000 动态剪切流变仪和 COOPER NU-14 疲劳试验机进行不同温度和不同频率

下的动态扫描试验，根据时温等效原理确定沥青及沥青混合料的模量主曲线，不同基准温度下的移位因子可以通过非线性最小二乘法实现，即将不同温度下的动态模量曲线沿水平轴平移形成主曲线，就可以得到不同温度下的主曲线和参考温度下的平移距离。

本书进行不同温度和不同频率下的环氧沥青及混合料的动态性能试验研究，试验温度分别为（-10℃、5℃、20℃、35℃、50℃），图3-46是20℃时环氧沥青动态频率扫描结果，由图3-46a）可知，车辙因子$|G^*|/\sin\delta$（G''）随着加载频率的增加而增大，表明随着加载频率的增加，环氧沥青结合料的弹性性能显著，抗永久变形能力增强，即高温性能较好；同时，随着加载

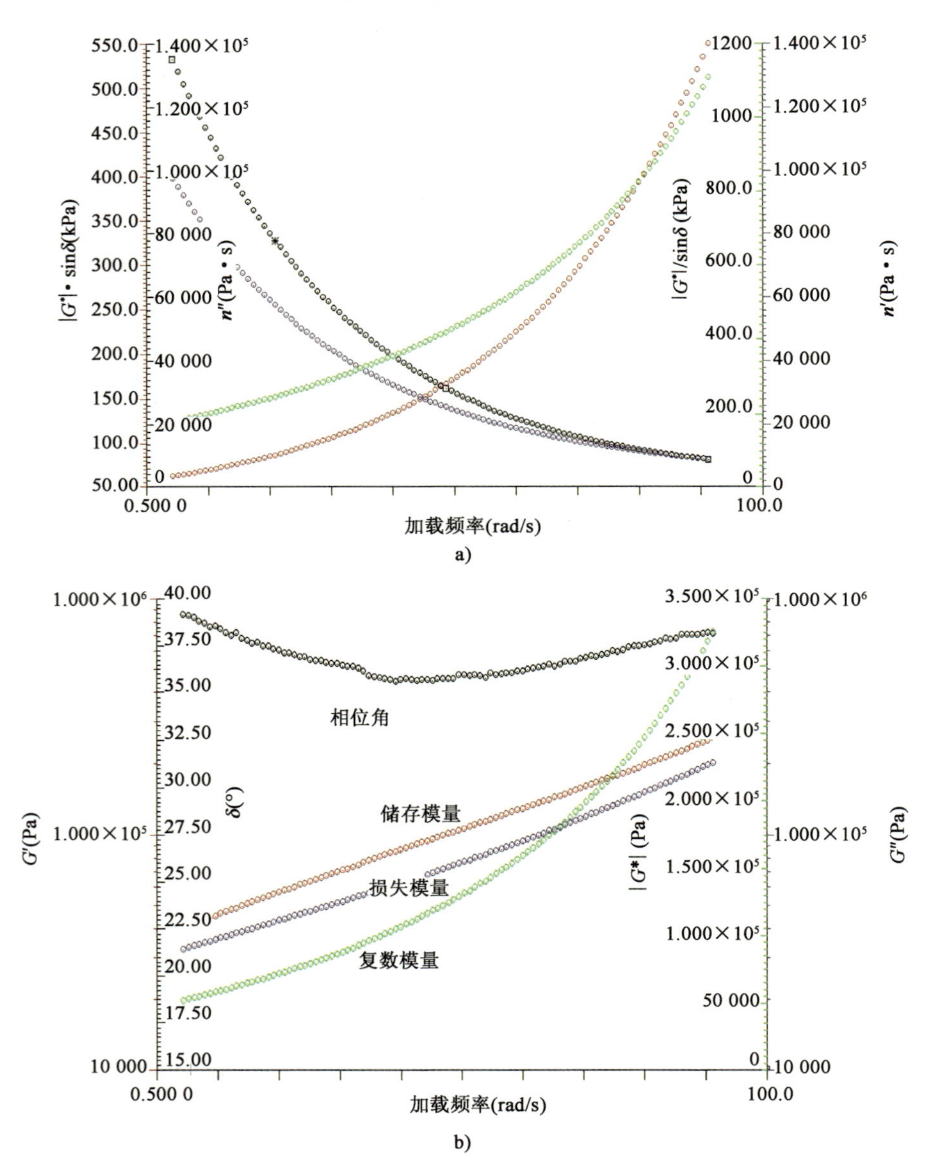

图3-46　20℃环氧沥青的动态频率扫描结果

频率的增加,环氧沥青结合料疲劳因子 $|G^*|\cdot\sin\delta$ 逐渐增大,表明在频率较大的重复荷载作用下,环氧沥青胶结料能量损失速度较快,疲劳耐久性降低;动力黏度(n')和静力黏度随着加载频率的增加而减少,两者在 50rad/s 时相差较小,动力黏度是反映了沥青的黏性抵抗造成的能量损失,说明环氧沥青表现出较好的弹性性能,加载频率越大,动力黏度越小,表明其弹性能力越强,复数模量越大,图 3-46b)也证明了这一点。由图 3-46b)可知环氧沥青胶结料的模量和相位角均随着加载频率的增加而增大,在整个频率范围内储存模量(G')大于损失模量(G''),说明环氧沥青混合料在此温度下表现出较好的弹性性能,随着加载频率的增加,复数模量 $|G^*|$ 也随着增大,表现出弹性性能越明显。

根据试验结果采用非线性最小二乘法平移将四个不同试验温度(-10℃、5℃、35℃、50℃)的动态模量移位至 20℃ 温度条件下,得到环氧沥青及混合料在参考温度下的复数模量主曲线,如图 3-47 和图 3-49 所示,同时得到不同温度移至参考温度下的移位因子,如图 3-48 和 3-50 所示。

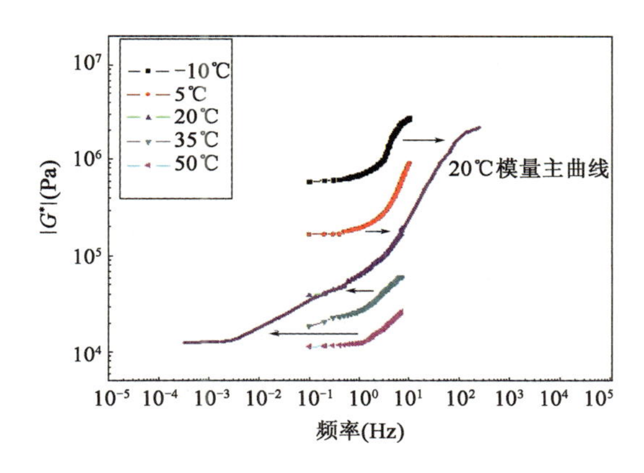

图 3-47 20℃环氧沥青复数剪切模量主曲线

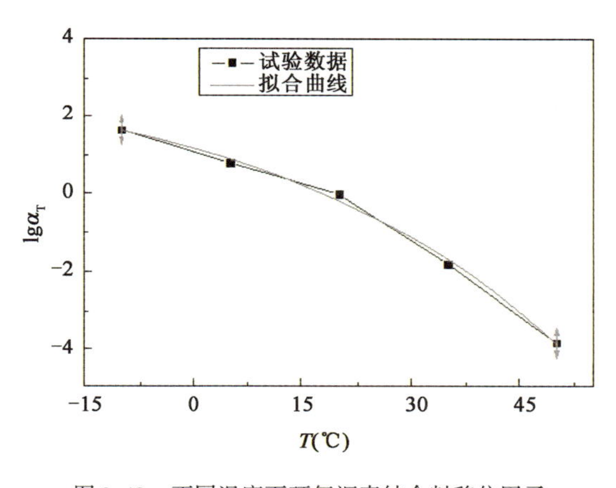

图 3-48 不同温度下环氧沥青结合料移位因子

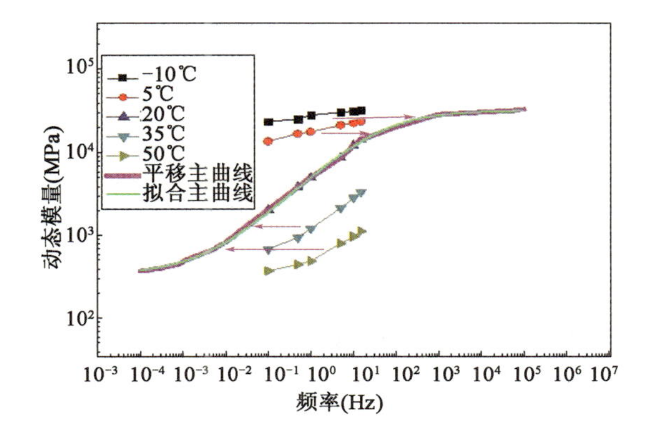

图 3-49 20℃环氧沥青混合料动态模量主曲线

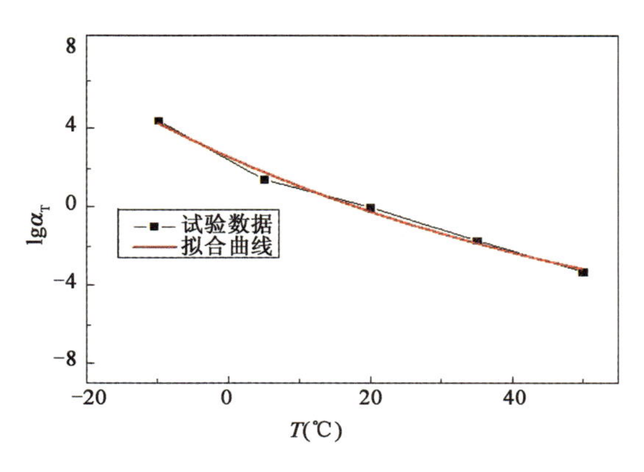

图 3-50 不同温度下环氧沥青混合料移位因子

应用 Origin 统计分析软件进行拟合分析，得到环氧沥青混合料动态模量主曲线主曲线方程为：$\lg(|E^*|)=32\ 961.36-\dfrac{32\ 661.13}{1+e^{-1.75+0.5\ln(\lg f)}}$。混合料动态模量主曲线的建立为钢桥面环氧沥青混凝土铺装层的力学行为分析提供了基础数据参数。不同温度下环氧沥青移位因子随温度 T 变化关系为：$\lg\alpha_T=3.29-2.14e^{\frac{T}{41.33}}$；不同温度下环氧沥青混合料移位因子随 T 的变化关系为：$\lg\alpha_T=-8.79+11.33e^{-\frac{T}{71.39}}$

3.3.6 DMA 试验结果分析

首先对 DMA 试验原理及测试方法进行阐述，对试验仪器和试件成型制备进行了详细介绍，并确定相关试验参数。总结分析环氧沥青的黏弹性行为，在时温等效原理的基础上，运用非线性最小二乘法对不同温度之间的动态模量移位因子进行计算，采用 Origin 数据分析软件回归分析得出环氧沥青混合料动态模量主曲线方程和移位因子。主要结论如下：

(1)环氧沥青及混合料的动态模量均随着试验温度的升高而降低，在相同温度条件下，随着加载频率的增加而增大，在整个加载频率范围内，环氧沥青的储存模量大于损失模量，说明环氧沥青具有较好的弹性性能。

(2)环氧沥青车辙因子 $|G^*|/\sin\delta$ 随着加载频率的增加而增大，表明随着加载频率的增加，环氧沥青的弹性性能显著，抗永久变形能力增强；同时，随着加载频率的增加，环氧沥青疲劳因子 $|G^*|\cdot\sin\delta$ 逐渐增大，表明在频率较大的重复荷载作用下，环氧沥青胶结料能量损失速度较快，疲劳耐久性降低；另外，环氧沥青动力黏度随着加载频率的增加而减少，表明由黏性抵抗造成的能量损失减少，其弹性性能显著。

(3)基于时温等效原理，采用非线性最小二乘法将不同温度下的动态模量移位至20℃温度条件下，得到环氧沥青混合料在参考温度下的动态模量主曲线，同时得到不同温度下的移位因子随温度变化关系式，环氧沥青混合料移位因子随 T 的变化关系为：$\lg\alpha_T=-8.79+11.33e^{-\frac{T}{71.39}}$，环氧沥青混合料在20℃温度条件下动态模量主曲线方程为：$\lg(|E^*|)=32\ 961.36-\dfrac{32\ 661.13}{1+e^{-1.75+0.5\ln(\lg f)}}$

(4)混合料动态模量主曲线的建立为钢桥面铺装层力学行为分析提供了基础数据参数。

3.4 环氧沥青混合料疲劳性能及耐久极限研究

现阶段对于环氧沥青混合料疲劳性能研究较多，室内大量试验表明环氧沥青混凝土具有良好的疲劳性能，但在实际使用过程当中，部分环氧沥青混凝土铺装表现出较严重的疲劳破坏，这种室内试验和实际工程应用的反差现象，不得不令科研工作者重新审视理论与实践之间产生问题的原因。Monismith 和 Carpenter 研究表明，沥青混合料在外力作用下产生较大拉应变时，由于重复荷载的作用极易发生疲劳破坏；反之，若在外力作用下产生的拉应变较小，则沥青混合料在多次重复荷载的作用下也不易发生疲劳破坏，即沥青混合料本身存在疲劳耐久极限，该耐久极限控制混合料疲劳性能的宏观表现。基于此观点，作者认为针对环氧沥青混合料，造成室内试验与工程实际应用疲劳性能表现存在差异的主要原因，除了施工本身因素外，还有就是进行环氧沥青混合料在设计时对其疲劳性能研究不够深入，对环氧沥青混合料疲劳破坏机理不明确。

针对环氧沥青混合料，首先尝试从设计角度进行疲劳性能研究，探寻冲击韧性与疲劳性能之间关系；其次结合力学分析结果，通过理论分析和室内试验相结合的方法试图找出环氧沥青混合料的疲劳耐久极限，明确环氧沥青混合料疲劳破坏原因，并分析环氧沥青混合料疲劳耐久极限影响因素，为混合料疲劳寿命预测提供基础。

3.4.1　环氧沥青混合料疲劳试验方案

3.4.1.1　材料选择

初步选定沥青胶结料为 KD-BEP 环氧沥青、集料为花岗岩碎石。

3.4.1.2　试验设备

环氧沥青混合料动态频率扫描试验所用的设备相同，均为英国 COOPER 公司生产的 NU-14 型四点弯曲疲劳试验试验机。

3.4.1.3　加载频率及波形

试验频率对沥青混合料疲劳性能有较大的影响，Carl. L. Monismith 研究认为，对于密级配沥青混合料，在 24℃ 温度下，按常应力控制进行疲劳试验时，加载频率在 3 ~ 30r/min 范围内，对疲劳寿命影响不大；J. A. 德桑研究指出，当加载频率从 30r/min 增加到 100r/min 时，混合料疲劳寿命将减少 20%。究其原因，主要是由于当施加荷载频率较大时，混合料内部本身缺少足够的时间来进行损伤恢复和愈合，进而导致其疲劳性能的降低。在道路工程中，研究表明加载频率与行车速度有直接关系，行车速度越快，其加载频率越高，荷载作用时间越短。各国有关行车速度与疲劳试验加载时间关系的研究成果如表 3-26 所示。

各国行车车速与加载时间（频率）关系　　表 3-26

国　家	学　者	车速 v(km/h)	加载时间或频率
英国	A. G. Klmp	v	$t = 1/0.8\pi v$
	P. S. Pell	v	$t = 1/v$
美国	R. I. Kingham	v	$f = \frac{v}{3.298} \approx 0.3v$
	M. J. Kenis	v	$t = 0.706\delta x/v$

续上表

国　　家	学　　者	车速 v(km/h)	加载时间或频率
丹麦	O. T. BOHN	v	$f=0.33v$
	P. R. Giannini	v	$t=(2\delta+h)/v$
日本	三浦裕二	48 ~80	$t=0.04\times1.0$

注:δ 为轮胎接触圆半径(cm), x 为轮胎个数,h 为沥青层厚度(cm)。

研究表明对室内试验而言可以根据 VanderPoel 公式确定:$t=1/(2\pi f)$,查阅国内外沥青路面疲劳试验相关研究结果,发现现阶段混合料疲劳试验时加载频率多采用 10Hz,根据公式可知当加载频率为 10Hz 时,相对应的行车加载时间为 $t=1/(2\pi f)=0.016$s,0.016s 的加载时间对沥青路面而言大致相当于 60 ~ 65km/h 的行车速度,能够较好地模拟实际交通荷载对路面结构的作用,因此本研究选取 10Hz 作为环氧沥青混合料疲劳试验的加载频率,加载波形采用常见的正弦波形式。

3.4.1.4　控制加载模式选择

为了模拟路面在车辆荷载作用下的疲劳状态,通常将沥青混合料疲劳寿命评价分为应力控制和应变控制两种模式进行疲劳试验和分析。应力控制疲劳试验是指对混合料试件施加的荷载保持不变,为常应力加载;而应变控制试验是指对混合料加载过程中,保持混合料底部的拉应变不变,为常应变加载。目前研究认为,对于路面面层厚度较薄时,其受力状态符合应变控制条件;当路面较厚时,采用弹性层状体系分析表明荷载作用使面层应变增加较快,以致使路面最后发生破坏,这一过程符合应力控制模式。对于钢桥面铺装而言应采取应变控制方式更加合理,原因如下:

(1)应力控制模式不能反映铺装层劲度模量随铺装材料的老化、疲劳性能逐渐衰减的过程。

(2)钢桥面铺装层厚度较薄,一般为 5 ~ 7cm,且 15 ~ 20℃ 时铺装层动态模量约为 12 000MPa,而钢桥面板模量为 210 000MPa,铺装层与钢桥面板之间模量差距较大,铺装体系的变形主要取决于铺装层与钢桥面板的整体刚度。综上所述,采用应变控制模式更能真实模拟材料的受力状况和疲劳衰减过程。

3.4.1.5　应变水平选择

根据力学分析结果,可知港珠澳大桥钢桥面铺装层表面产生的最大拉应变为 400 ~ 500$\mu\varepsilon$,在进行沥青混合料设计时,为了使沥青混合料具有良好的疲劳性能和抗裂性能,确保沥青混合料在 400 ~500$\mu\varepsilon$ 范围内不发生疲劳破坏,并能较快地确定环氧沥青混合料疲劳耐久极限数值,本书从两方面考虑施加应变水平:首先,在试验过程中综合考虑试验数据的可用性和重现性,并能保证在设计使用期内不会发生任何形式的裂缝或疲劳破坏;其次,在规定的作用次数之前,小梁会发生疲劳破坏,疲劳破坏标准为沥青混合料模量降到初始劲度模量的

50%时，即认为环氧沥青混合料发生了疲劳破坏。综上所述，拟定应变水平为500με、700με、800με、900με、1 000με。

3.4.1.6 试验温度选择

温度对混合料疲劳寿命有着显著影响，当温度较低时混合料劲度模量增大，在行车荷载作用下铺装层表面的应变较小，疲劳寿命较大；当温度较高时，混合料劲度模量较小，在外界行车荷载作用下铺装层表面的应变较大，但对于沥青类黏弹性材料而言，随着温度的升高，其混合料的疲劳寿命显著增大。试验选取现阶段常用的沥青混合料疲劳不利温度15℃作为本次混合料疲劳试验温度。

3.4.2 冲击韧性与疲劳性能关系研究

为了明确冲击韧性与疲劳性能之间关系，亦针对同一级配、不同油石比下的环氧沥青混合料疲劳性能进行研究。按照疲劳试验方案成型KD-BEP环氧沥青混合料试件，选取油石比分别为6.1%、6.5%、6.9%、7.3%、7.7%、8.1%，根据文献对环氧沥青混合料疲劳性能研究结果：在500με加载的条件下，如果按照混合料劲度模量下降到初始劲度模量的50%作为疲劳破坏标准，其疲劳性能均大于100万次，试验运行周期长、费用高，且离散程度大。为了能在较短时间内得出环氧沥青混合料的抗疲劳性能，拟采用500με、加载100万次后的剩余劲度模量比作为评价环氧沥青混合料疲劳性能指标，剩余劲度模量比越大，表明环氧沥青混合料的疲劳性能越好。疲劳试验结果如表3-27所示。

不同油石比条件下环氧沥青混合料疲劳试验数据　　表3-27

油石比(%)	初始劲度模量(MPa)	剩余劲度模量(MPa)	剩余劲度模量比(%)
6.1	14 582	12 341	70.92
6.5	14 631	13 202	76.57
6.9	15 205	14 215	80.34
7.3	15 119	13 907	83.39
7.7	15 902	14 859	84.64
8.1	15 675	14 603	85.51

由表3-27和图3-51可知，对于相同级配的环氧沥青混合料，剩余劲度模量比随着油石比的增加而增大，意味着环氧沥青混合料的抗疲劳性能越好。当油石比小于6.9%时，曲线斜率较大，剩余劲度模量比随着油石比变化较明显；当油石比大于6.9%时，曲线斜率变化较小，这种变化趋势与2.3.3章节中环氧沥青混合料冲击韧性的变化趋势相同，因此可判断出冲击韧性与剩余劲度模量比之间存在着某种联系。为了探寻两者之间的内在联系，将各油石比下的冲击韧性和剩余劲度模量比汇总于表3-28，以冲击韧性为横坐标，剩余劲度模量比为纵坐标，将相应数据点绘制于图3-52中，并对试验数据进行线性回归，得出两者之间数学关系式。

不同油石比下抗疲劳性能试验结果　　表 3-28

油石比(%)	剩余劲度模量比(%)	冲击韧性(N·m)
6.1	70.92	1.82
6.5	76.57	1.92
6.9	80.34	2.10
7.3	83.39	2.15
7.7	84.64	2.18
8.1	85.51	2.21

由图 3-52 可知,冲击韧性与剩余劲度模量比之间具有良好的线性关系:$y = 35.211x + 7.5753$,相关系数为 $R^2 = 0.9747$,因此可以将冲击韧性作为环氧沥青混合料疲劳性能的评价指标,在进行混合料配合比设计时可以将冲击韧性作为主要设计参数。可见采用冲击韧性试验方法设备简单,试验周期短、费用低,可较好地评价环氧沥青混合料的疲劳性能。因此,对于一般情况,冲击韧性与剩余劲度模量比之间可以表示为:

$$S = AE + B \tag{3-49}$$

式中,S 为剩余劲度模量比;A,B 为与试验材料性能有关的系数;E 为冲击韧性。

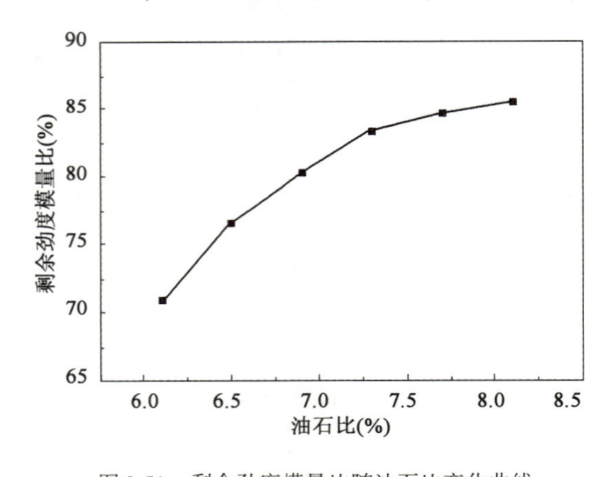

图 3-51　剩余劲度模量比随油石比变化曲线

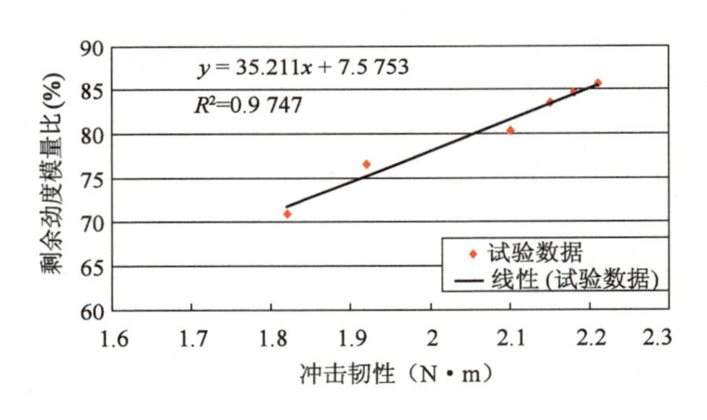

图 3-52　冲击韧性与剩余劲度模量比关系曲线

3.4.3　环氧沥青混合料疲劳耐久极限研究

3.4.3.1　不同加载水平下环氧沥青混合料疲劳性能研究

用成型环氧沥青混合料试件,在 Cooper 试验机上进行环氧沥青混合料疲劳性能研究。选取沥青混合料易发生疲劳破坏时的温度 15℃作为本次试验温度,频率为 10Hz,加载应变水平分别为 500$\mu\varepsilon$、700$\mu\varepsilon$、800$\mu\varepsilon$、900$\mu\varepsilon$、1 000$\mu\varepsilon$。每个应变水平下进行 4 组平行试验,以混合料劲度模量下降到初始劲度模量的 50% 作为疲劳破坏标准,每个应变水平下需做四组平行试验。平行试验结果按试验数据的离散程度进行弃差处理,弃差过程中所考虑的试验结果主要指标分别为:初始劲度模量值、剩余劲度模量比。每次试验结果中上述两项指标中的任何一项指标数据离散程度较大时,该数据点全部给予舍弃。同时保证每组试验的有效试件不少于3根,当有效试件数小于3根时,需进行增加试件数目。环氧沥青混合料弯拉劲度模量比随加载作用次数的变化如图3-53所示。

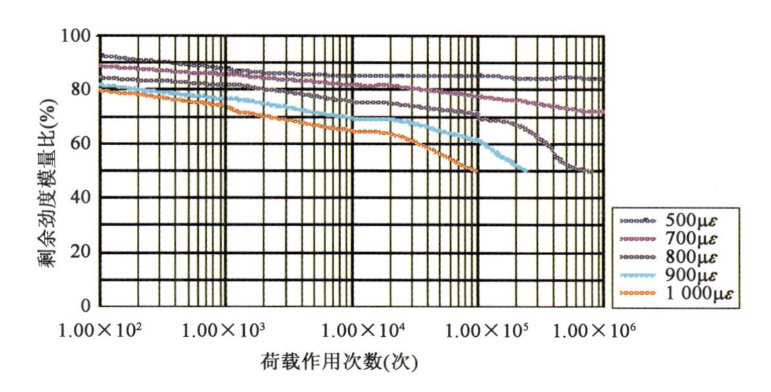

图3-53 不同应变水平条件下环氧沥青混合料疲劳性能

由于环氧沥青混合料在重复加载作用下,荷载每循环一次就使材料发生一定量的损伤,随着加载次数的不断深入,损伤也会逐渐增加,混合料模量也逐渐衰减,本书采用剩余劲度模量比来表示环氧沥青混合料疲劳损伤程度。图3-53直观表现了不同应变水平条件下环氧沥青混合料弯拉模量比随荷载作用次数的变化关系,当加载应变水平为500με时,环氧沥青混合料弯拉劲度模量比随着加载作用次数的增加而缓慢减少,最后趋于稳定状态,当加载次数为1.00×10^6时,环氧沥青混合料剩余劲度模量比约为83.35%;当加载应变水平为700με时,混合料剩余劲度模量比随着加载次数的增加呈现逐渐较少的趋势,当加载次数为1.00×10^6时,环氧沥青混合料剩余劲度模量比为71.26%;当加载应变水平为900με时,环氧沥青混合料的劲度模量比变化较快,加载24.01万次后混合料劲度模量比降到50%,即达到规定的混合料疲劳破坏标准;在加载应变水平为1 000με时,荷载作用9.83万次后沥青混合料即发生疲劳破坏。

由以上分析可知,环氧沥青混合料疲劳性能宏观表现受加载应变水平影响较大。随着荷载作用水平的增大,其疲劳寿命呈现减少的趋势,当荷载作用水平较低时,混合料具有较大的疲劳寿命;当荷载作用水平较高时,混合料疲劳寿命较小,在短时间内即会发生疲劳破坏。因此根据分析结果可判定环氧沥青混合料疲劳性能存在某一疲劳耐久极限,该耐久极限值直接影响着混合料的疲劳寿命和控制疲劳破坏的宏观表现。

3.4.3.2 疲劳耐久极限

疲劳耐久极限是表征材料与结构疲劳性能的重要参量之一,是材料不发生疲劳损伤或损伤较小的临界疲劳强度。疲劳耐久极限概念首先是由德国物理学家wohler针对金属材料提出的，随后疲劳耐久极限概念在金属和其他领域被广泛研究和定义，但对于沥青混合料这种典型的黏弹性材料的疲劳耐久极限的研究却相对较少。

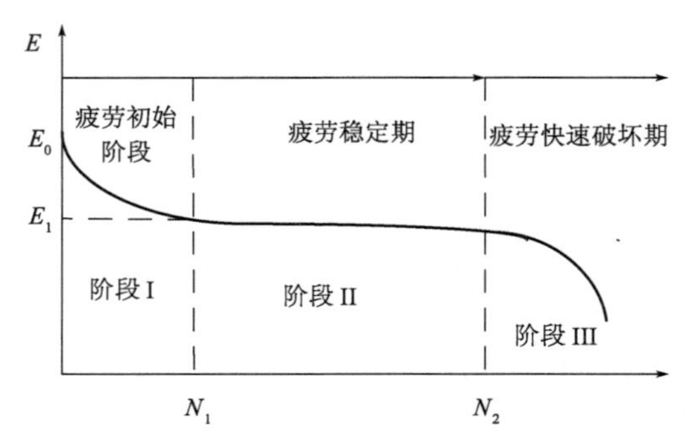

图 3-54 沥青混合料疲劳破坏过程

沥青路面在建成使用过程中，不断承受车辆荷载的重复作用，将会发生强度的降低和能量的损耗，经过长时间累积作用，进而发生疲劳破坏。疲劳破坏是沥青铺装结构发生破坏的主要形式之一，主要取决于铺装材料结构、级配和胶结料性能等。研究表明沥青混合料破坏分为三个阶段，如图 3-54 所示。

第一阶段为疲劳破坏初始阶段，沥青混合料模量在重复荷载作用下快速衰减，然而模量衰减并不意味着疲劳破坏的产生，在这个阶段沥青混合料具有一定的“触变性”，当停止加载时，沥青混合料在循环荷载下减少的模量能够快速地恢复，该过程主要受试验设备和人为因素影响较大。第二阶段为疲劳稳定期，当沥青混合料处于疲劳稳定期时，模量也会随着加载次数的增加而逐渐降低，但混合料模量变化幅度相对较小，同时，在沥青混合料内部会出现裂纹萌生现象，并伴随热量的产生，该阶段通常被认为具有疲劳破坏演变特征。第三阶段为快速破坏期，混合料内部产生的裂纹或微裂纹快速发展，混合料无法承受外界荷载的作用，最终在一段时间内发生疲劳失效破坏。Monismith 和 Carpenter 研究发现，当施加于沥青混合料的应力或应变小于某一个值时，沥青混合料的寿命会迅速增大，加载几百万次甚至上千万次也不会发生疲劳破坏；大于该值时，加载很少次数内即会发生疲劳破坏，在混合料内部本身存在疲劳耐久极限现象。

国外多条高速公路调查表明，一些厚度较大的沥青路面在经过长时间使用后，会在表面层发生功能性破坏。科研工作者对这些破坏的路面只进行了简单修复，而未对路面结构进行大修，在运行很长时间后也未发生结构性破坏，这和传统的设计理论认为沥青路面首先是从底层发生疲劳破坏明显不相符。通过深入研究分析，一些科研工作者推断出沥青混合料存在一个疲劳耐久极限，如果沥青层在行车荷载作用下产生的力学响应低于这个极限值时，沥青路面具有无限长的疲劳寿命，此发现奠定了沥青混合料具有耐久极限的基础。随后，受到道路研究人员青睐的长寿命沥青路面的设计使用就是以疲劳极限为理论基础的，疲劳耐久极限是长寿命沥青路面设计和实践的基础。

Sudip Bhattacharjee 等人运用黏弹性行为理论对热拌沥青混合料的疲劳耐久极限进行研究。E. Ray Brown 利用梁式疲劳试验设备对胶结料为 PG64-22 的沥青混合料进行不同应变水平下疲劳性能研究，结果表明此种沥青混合料具有疲劳极限的特征。Shihui Shen and Samuel H. Carpenter 等人运用耗散能理论进行沥青混合料疲劳耐久极限研究，并建立起耗散能变化比与疲劳寿命之间关系。张志祥针对 LSM 沥青碎石基层混合料，采用四点弯曲疲劳试验方法进行了4种应变控制、2种油石比条件下的疲劳试验研究，试验结果证明LSM沥青混合料在低应变下存在疲劳耐久极限。平树江等人根据沥青混合料劲度模量的变化规律，推算低应变条件下试件的疲劳寿命，并通过测试低应变水平下沥青混合料的疲劳性能，得出长寿命路面沥青混合料的疲劳极限。白曌宇采用外推法确定物体的疲劳耐久极限，并通过试验确定该方法的可行性；Jian-ping Zhu等对长寿命沥青路面疲劳极限门槛值进行研究，并采用外延法对普通沥青混合料疲劳耐久极限进行研究。徐欧明采用控制应变的小梁疲劳试验，研究了沥青混合料疲劳寿命随应变水平变化情况，研究结果表明当应变水平较高时，沥青混合料劲度模量随荷载作用次数的增大而快速减少；当应变水平降为100$\mu\varepsilon$时，疲劳寿命曲线呈典型的渐近线特征，证明沥青混合料存在某一疲劳耐久极限，当作用应变低于该极限应变时，沥青混合料寿命倾向无穷大。

纵观已有研究成果，普通沥青混合料疲劳极限研究已取得阶段性成果，并成功应用于实践当中，然而，相比路用普通沥青混合料研究进展，关于钢桥面铺装层沥青混合料疲劳耐久极限研究至今尚未有相关报道。虽然大量室内试验研究表明环氧沥青混合料具有良好的抗疲劳性能，但在钢桥面铺装实际使用过程中会发现部分节段出现大量的疲劳裂缝，严重影响钢桥面铺装使用寿命和行车质量，因而，需要对破坏机理及原因进行分析探讨。根据疲劳耐久极限概念，判定环氧沥青混凝土本身亦存在疲劳耐久极限，当在行车荷载作用下铺装层产生的力学响应小于疲劳耐久极限时，环氧沥青混合料具有较长的使用寿命，短时间内不会发生疲劳破坏；反之，当铺装层在行车荷载作用下产生的力学响应大于疲劳耐久极限时，环氧沥青混合料在较短的时间内就会发生疲劳破坏。因此，研究环氧沥青混合料的疲劳性能和耐久极限具有现实性和实用性。

3.4.3.3 基于外延法疲劳耐久极限研究

在沥青路面疲劳性能设计中，通常以沥青铺装层底部的最大拉应力作为设计指标。Monismith和Ghuzlan等人研究结果表明，沥青混合料使用寿命和拉应变之间具有如下关系：

$$N_f = K_1\left(\frac{1}{\varepsilon_t}\right)K_2 \tag{3-50}$$

式中，N_f为沥青混合料的使用寿命；ε_t为加载应变水平；K_1，K_2为回归拟合系数。

对式(3-50)两边取对数得式(3-51)：

$$\lg N_f = A - B\lg(\varepsilon) \tag{3-51}$$

A，B是通过试验确定的常量，ε是试验时对试件所施加的应变，Monismith通过试验证明了式(3-51)的正确性和可行性，以上两参数模型公式仅仅能够代表混合料疲劳曲线的一般形式，但是很难分析应变控制模式下疲劳耐久极限的现象，因此需要一个新模型公式能够进一步澄清和说明疲劳耐久极限情况。Carpenter S H和Khal ID H等人对于沥青混合料疲劳耐久极限进行相关研究,并提出三参数模型疲劳性能方程,如式(3-52)所示。

$$\lg N_f = A - B\lg(\varepsilon - \varepsilon_r) \tag{3-52}$$

式中,A,B 为通过试验所确定的常数;ε 为所施加的应变;ε_r 为耐久极限;N_f 为试件破坏时加载次数。

本书根据上述三参数疲劳模型方程,运用外延法原理推导出环氧沥青混合料的疲劳耐久极限,从而节约了疲劳试验的大量时间和试验费用。以控制应变方式进行环氧沥青混合料疲劳性能试验,并得出相应的疲劳寿命。假定通过疲劳试验得出表 3-29 中的四组疲劳试验数据。

不同应变水平下疲劳寿命　　表 3-29

应变水平	ε_1	ε_2	ε_3	ε_4
疲劳寿命	N_{f1}	N_{f2}	N_{f3}	N_{f4}

将表 3-29 中的疲劳试验数据带入式(3-52)得如下方程:

$$\lg N_{f1} = A - B\lg(\varepsilon_1 - \varepsilon_r) \tag{3-53}$$

$$\lg N_{f2} = A - B\lg(\varepsilon_2 - \varepsilon_r) \tag{3-54}$$

$$\lg N_{f3} = A - B\lg(\varepsilon_3 - \varepsilon_r) \tag{3-55}$$

$$\lg N_{f4} = A - B\lg(\varepsilon_4 - \varepsilon_r) \tag{3-56}$$

由式(3-54)减去式(3-53)得

$$\lg\frac{N_{f2}}{N_{f1}} = B\lg\frac{\varepsilon_1 - \varepsilon_r}{\varepsilon_2 - \varepsilon_r} \tag{3-57}$$

由式(3-56)减去式(3-55)得

$$\lg\frac{N_{f4}}{N_{f3}} = B\lg\frac{\varepsilon_3 - \varepsilon_r}{\varepsilon_4 - \varepsilon_r} \tag{3-58}$$

由式(3-58)除以式(3-57)得

$$\frac{\lg\dfrac{N_{f4}}{N_{f3}}}{\lg\dfrac{N_{f2}}{N_{f1}}} = \frac{\lg\dfrac{\varepsilon_3 - \varepsilon_r}{\varepsilon_4 - \varepsilon_r}}{\lg\dfrac{\varepsilon_1 - \varepsilon_r}{\varepsilon_2 - \varepsilon_r}} \tag{3-59}$$

当由于受到试验条件限制,只有三组试验时,式(3-59)可变成式(3-60)

$$\frac{\lg\dfrac{N_{f3}}{N_{f2}}}{\lg\dfrac{N_{f2}}{N_{f1}}} = \frac{\lg\dfrac{\varepsilon_2 - \varepsilon_r}{\varepsilon_3 - \varepsilon_r}}{\lg\dfrac{\varepsilon_1 - \varepsilon_r}{\varepsilon_2 - \varepsilon_r}} \tag{3-60}$$

通过解超越方程式(3-59),并结合 3.4.1 节疲劳试验结果即可得出环氧沥青混合料相应的疲劳耐久极限 ε_r。进行环氧沥青混合料疲劳试验,由于受到试验时间和设备等因素的限制，进行 500$\mu\varepsilon$ 和 700$\mu\varepsilon$ 水平条件下的疲劳试验时，当试件加载 150 万次后即人工停止试验，并观察混合料剩余劲度模量比情况，800$\mu\varepsilon$、900$\mu\varepsilon$ 和 1 000$\mu\varepsilon$ 条件下环氧沥青混合料疲劳寿命结果如表 3-30 和图 3-55 所示，并将表 3-30 中的不同应变下疲劳试验结果带入到式(3-60)中，通过 MatLab 软件计算出本书设计的环氧沥青混合料疲劳耐久极限为 568$\mu\varepsilon$。

不同应变条件下环氧沥青混合料疲劳寿命　　表 3-30

应变水平($\mu\varepsilon$)	800	900	1 000
疲劳寿命(万次)	80.96	24.01	9.83

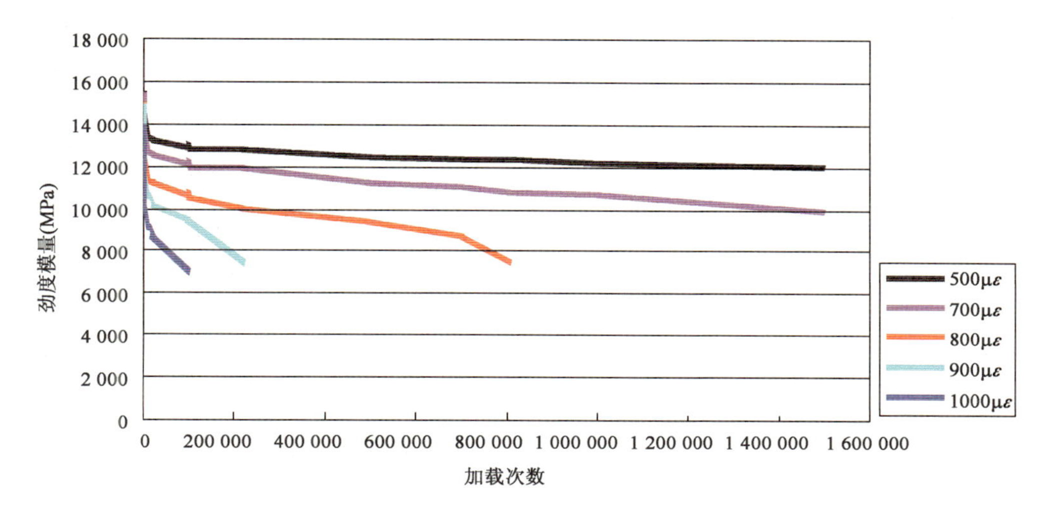

图 3-55 不同应变条件下环氧沥青混合料疲劳寿命

由图 3-55 可知，试验在 500$\mu\varepsilon$ 水平的条件下，KD-BEP 环氧沥青混合料的弯拉劲度模量在开始加载阶段迅速衰减，随后随着加载次数的增加，弯拉劲度模量衰减速率趋于稳定，且劲度模量曲线随荷载作用次数增大基本呈现水平状态；当加载应变水平为 700$\mu\varepsilon$ 时，混合料劲度模量在加载初期亦出现迅速衰减现象，随后趋于稳定状态，但随着加载次数的增加劲度模量曲线呈现逐渐较少的趋势，与 500$\mu\varepsilon$ 条件下的劲度模量曲线变化趋势有较大的差别；当加载应变水平为 800$\mu\varepsilon$ 时，混合料劲度模量各阶段曲线衰减速率显著，当加载 80.96万次时，混合料劲度模量已衰减到初始值的一半，达到疲劳破坏标准；当加载应变水平为 1 000$\mu\varepsilon$ 时，混合料的弯拉劲度模量迅速衰减到初始值的一半，意味着混合料在较短时间内即发生疲劳破坏。

本书根据疲劳试验结果，由式(3-60)确定 KD-BEP 环氧沥青混合料疲劳耐久极限为 568$\mu\varepsilon$，介于 500$\mu\varepsilon$ 和 700$\mu\varepsilon$ 之间，由以上分析结果可知是合理的。为了更好地验证本文提出的环氧沥青混合料疲劳耐久极限数值的合理性，开展 568$\mu\varepsilon$ 条件下的疲劳性能试验研究，由于受到试验时间和设备条件的限制，本次疲劳试验加载 10 000 000 后人为停止试验，试验结果如图 3-56 所示。

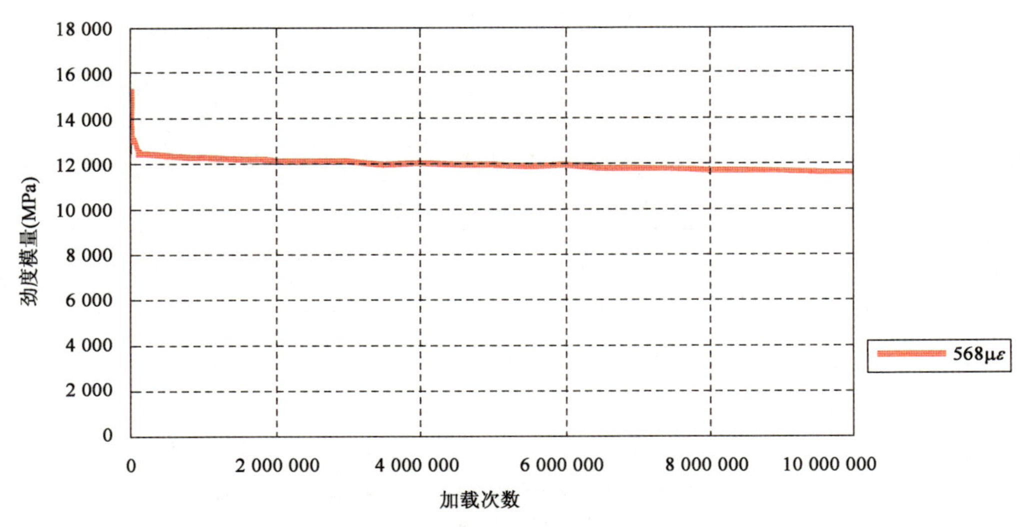

图 3-56　疲劳耐久极限下环氧沥青混合料疲劳曲线图

由图 3-56 可直观看出，在控制加载应变水平为 568με 的条件下，环氧沥青混合料劲度模量在开始加载阶段迅速衰减，随后混合料弯拉劲度模量变化较小、模量衰减速率趋于稳定，随着加载作用次数的增加劲度模量基本呈水平渐近线形式，进而可判断本书通过外延法确定的环氧沥青混合料疲劳耐久极限为 568με 的合理性。

环氧沥青混合料疲劳耐久极限的确定能够较好地解释部分环氧沥青混凝土铺装层在使用中出现疲劳开裂的情况，当外界行车荷载施加的应力应变水平大于铺装层混合料本身的疲劳耐久极限值时，混合料将很快会在设计使用期内发生疲劳破坏；反之，铺装层混合料在较长的时间内亦不会发生疲劳破坏，耐久极限控制着环氧沥青混合料疲劳性能的宏观表现，这也正是环氧沥青混合料在不同桥梁铺装中疲劳性能表现差异的主要原因；同时，环氧沥青混合料疲劳耐久极限的确定能够揭示混合料疲劳破坏机理和解释铺装层混合料室内疲劳试验和室外实际工程应用的反差现象，研究成果对于混合料的抗疲劳性能设计和铺装方案的选择提供建设性的指导意义。

3.4.4　环氧沥青混合料疲劳耐久极限影响因素研究

3.4.4.1　环氧沥青种类和用量对疲劳耐久极限影响

我国钢桥面铺装中所使用的环氧沥青包括美国 ChemCo 双组分环氧沥青、日本 KD-BEP 环氧沥青、国产环氧沥青，虽然这些环氧沥青化学组成成分有些差异，但固化机理都是相同的。美国环氧沥青由两组分构成：组分 A(环氧树脂)和组分 B(一种由石油沥青和固化剂组成的匀质合成物)。组分 A 是由双酚 A 和表氯醇经复杂的化学反应得到的液态双环氧树脂，不含稀释剂、软化剂或增塑剂，也不含无机填料、色素或其他污染物或不溶物质，其技术指标如表 3-31 ~

表3-33所示。

组分A技术指标(液态双环氧树脂)　　表3-31

技术指标	技术要求	实验方法
黏度(23℃)(Pa·s)	100～160	GB/T 12007
环氧当量(g/当量)	185～192	GB/T 4612
色度(加德纳色度)	≤4	GB/T 12007
含水率(%)	≤0.05	T 0612—1993
闪点(℃)	≥200	T 0611—1993
比重(23℃)	1.16～1.17	GB/T 12007
外观	透明琥珀状	目视

组分B是一种由石油沥青和环氧树脂固化剂组成的匀质合成物。组分B中的沥青和固化剂之间具有较好的相容性。其技术指标如表3-32所示。

组分B技术指标　　表3-32

技术指标	技术要求	
	结合料	黏结料
酸值(mg KOH/g)	70～110	110～150
闪点(℃)	≥200	≥230
含水率(%)	≤0.05	≤0.05
黏度(100℃)(Pa·s)	>180	800～1600
比重(23℃)	0.98～1.02	0.98～1.02

组分A和B按要求混合并固化后得到的环氧沥青技术指标如表3-33所示。

环氧沥青技术指标　　表3-33

技术指标	技术要求	
	结合料	黏结料
质量比(A:B)	100:290	100:585
抗拉强度(20℃)(MPa)	≥2.0	≥6.9
断裂延伸率(20℃)(%)	≥200	≥190
与钢板的黏结强度(60℃)(MPa)	—	≥1.75

KD-BEP(Modified E2)环氧沥青是一种三组分材料，由基质沥青、环氧树脂(主剂)和固化剂(硬化剂)组成。主剂和固化剂按照56:44比例混合后再与沥青按照50:50的比例混合，在一定的温度条件下固化成型，形成环氧沥青。

采用美国ChemCo双组分环氧沥青和日本KD-BEP环氧沥青作为沥青胶结料，集料采用前文所述肇庆龙兴花岗岩，级配采用本文CAVF设计方法和冲击韧性方法确定的级配，沥青用量(油石比)分别采用6.1%,6.5%,6.9%,7.3%,根据每种沥青胶结料相应的试验成型方法进行试件成型和养护工作,当试件固化完成后,将试件切割成385mm×63.5mm×50mm的长方体试件,并将该试件放入Cooper疲劳试验机中进行养护,养护温度为15℃,养护时间约为5h,以控制应变加载方式进行加载,为了能在较短时间内获得混合料的疲劳耐久极限,根据前文研究结果,分别进行加载应变水平为800με,900με,1 000με条件下的疲劳试验,疲劳试验结果如图3-57和图3-58所示。

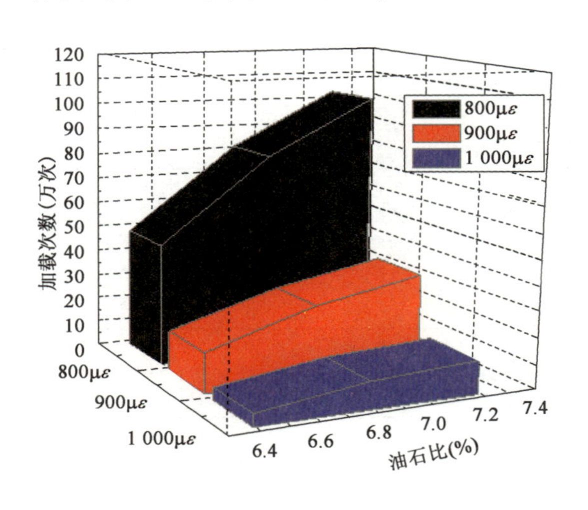

图3-57 KD-BEP环氧沥青混合料疲劳性能

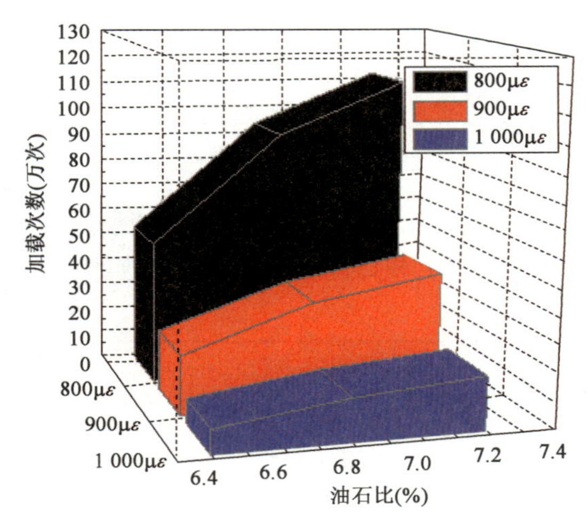

图3-58 ChemCo环氧沥青混合料疲劳性能

图3-57和图3-58反映了两种环氧沥青混合料在不同油石比和加载应变水平下疲劳寿命情况,可直观看出,两种环氧沥青混合料的疲劳寿命均随着沥青用量增加而逐渐增大,随加载应变增大而减少。对于两种环氧沥青胶结料而言,当油石比为6.5%、加载应变水平为800με时,两种环氧沥青混合料疲劳寿命相差不大,约为50万次;当油石比增加到6.9%、相同应变水平条件下,两种沥青混合料疲劳寿命均有较明显增长,ChemCo环氧沥青疲劳寿命约为93.35万次,KD-BEP环氧沥青为80.96万次;当油石比增加到7.3%时,美国环氧沥青混合料疲劳寿命约为112.81万次,而KD-BEP环氧沥青混合料约为103.57万次。总体而言,ChemCo环氧沥青混合料的疲劳性能略优于KD-BEP环氧沥青混合料的疲劳性能。当油石比从6.5%增至6.9%,两种混合料疲劳寿命增加较快,疲劳性能影响显著;当油石比由6.9%增至7.3%时,混合料疲劳寿命增加较缓慢,显著程度降低,这与本书3.4.2节采用冲击韧性试验方法取得的结果相一致,进而证明采用冲击韧性评价疲劳性能的可行性,结果如图3-59所示。

由图3-59可直观看出,两种沥青混合料的疲劳耐久极限均随着沥青含量(油石比)的增加而增大,在油石比与级配相同的情况下,ChemCo环氧沥青混合料的耐久极限略优于KD-BEP环氧沥青混合料的疲劳耐久极限。当油石比变化范围由6.5%增至6.9%时,耐久极限增加较显著;油石比由6.9%增至7.3%时,耐久极限显著性降低,进而说明油石比为6.9%是疲劳耐久极限临界点。

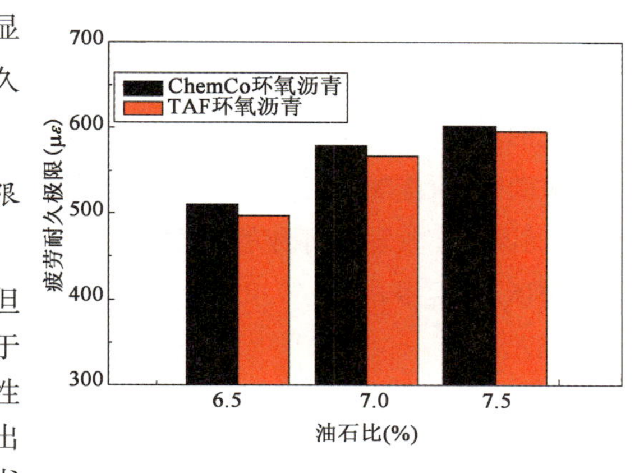

图3-59　不同油石比下两种沥青混合料疲劳耐久极限

3.4.4.2　混合料级配类型对疲劳耐久极限影响

沥青混合料集料级配是由粒径大小不等但按照一定比例组合而成的石料,沥青混合料由于组成级配不同,形成混合料的物理性质、力学性质和路用性能等均不相同。为了验证本书提出的CAVF设计方法的优质性和适用性,根据本书第二章的研究内容,初拟连续密级配环氧沥青混合料和CAVF方法设计的环氧沥青混合料,两种沥青混合料级配组成曲线如图3-60所示。对两种沥青混合料分别成型马歇尔试件,并结合冲击韧性试验方法进行配合比设计,分别确定两种级配下沥青混合料的最佳沥青含量,在最佳沥青含量下两种级配混合料体积参数和冲击韧性如表3-34所示。

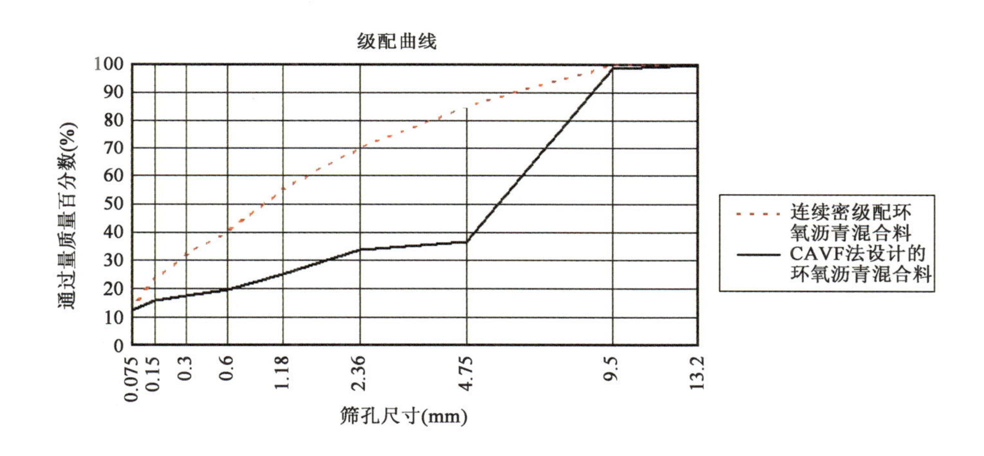

图3-60　环氧沥青混合料级配曲线图

不同级配下环氧沥青混合料试验参数　　表3-34

混合料类型	油石比(%)	空隙率(%)	VMA(%)	VFA(%)	稳定度(kN)	冲击韧性(N·m)
传统密级配环氧沥青混合料	6.30	2.13	15.29	83.88	51.72	1.68
CAVF法环氧沥青混合料	6.90	2.06	16.38	85.43	56.38	2.10

由表3-33可知,两种级配确定的环氧沥青混合料其空隙率均小于3%,符合钢桥面铺装规

定的混合料空隙率小于3%的要求,因此两种沥青混合料均具有良好的防水性能。采用CAVF设计方法确定的环氧沥青混合料油石比大于连续密级配环氧沥青混合料确定的油石比,随着油石比的增加,环氧沥青混合料的疲劳性能将提高,因此在进行两种级配环氧沥青混合料疲劳性能试验时,所施加应变水平应有所不同,对于油石比较大的混合料,施加应变水平应适当提高,进而保证在较短时间内完成试验。两种级配下KD-BEP环氧沥青混合料疲劳试验结果如表3-35所示;运用式(3-60)计算出两种级配下KD-BEP环氧沥青混合料疲劳耐久极限,如图3-61所示。

不同应变下两种环氧沥青混合料疲劳试验结果 表3-35

级配类型	应变水平(με)	试验温度(℃)	试验频率(Hz)	初始劲度模量(MPa)	疲劳寿命(万次)	累积耗散能(J·m^{-3})
传统连续密级配	600	15	10	13 462	186.91	165.41
	750	15	10	12 647	34.01	323.74
	900	15	10	12 898	12.98	245.63
CAVF法设计级配	800	15	10	15 196	80.96	235.62
	900	15	10	14 954	24.01	367.89
	1 000	15	10	14 685	9.83	495.70

结合表3-35和图3-61中的研究成果可知,由于两种级配下KD-BEP环氧沥青混合料所用油石比不同,两者疲劳性能差异较大,采用CAVF法设计的环氧沥青混合料疲劳性能大大提高,相应疲劳耐久极限亦增大,通过计算可知连续级配环氧沥青混合料疲劳耐久极限约为472με,而采用CAVF设计法的环氧沥青混合料疲劳耐久极限约为568με,该结论对于提高我国钢桥面环氧沥青混凝土铺装层疲劳耐久性设计具有重要意思。

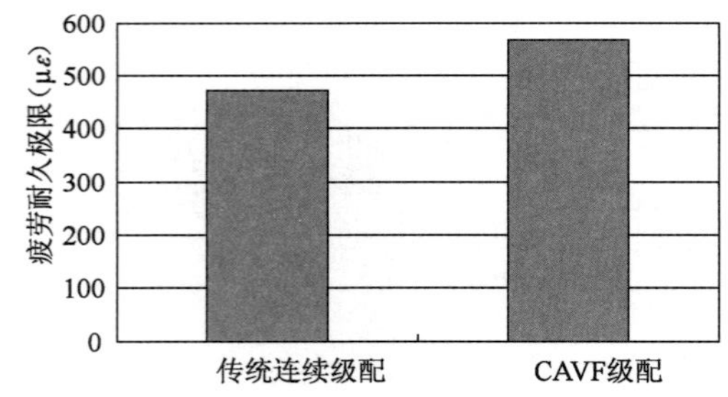

图3-61 不同级配下KD-BEP环氧沥青混凝土的耐久极限

3.4.4.3 沥青膜厚度对混合料疲劳耐久极限影响

沥青膜厚度表示矿料单位面积上比表面积的有效沥青用量,当沥青膜厚度较薄时,集料之间黏聚力小,对混合料的抗剪能力贡献小,耐疲劳性能差,同时也很容易被氧化掉;当沥青膜较厚时,集料颗粒之间黏聚力较好,多余的自由沥青能够使混合料具有更好的疲劳性能,对于普通沥青混合料而言,沥青膜太厚,反而使颗粒之间容易产生相对滑动,易出现泛油、车辙等病害。但是环氧沥青混合料不同于普通沥青混合料,由于环氧沥青组成和固化机理的特殊性,其强度来源主要取决于固化后环氧沥青的性能,因此沥青膜较厚时,不会像普通沥青混合料那样发生车辙等病害。由于环氧沥青价格昂贵,如果沥青用量较大,虽然能提高环氧沥青混合料的路用性能,但工程造价较高,因此在进行设计时需寻求经济合理的环氧沥青用量。有关研究认为对于空隙率为3%～6%的沥青混合料来说，最佳沥青膜厚度应在8μm左右；对于空隙率大于15%沥青混合料，沥青膜厚度应大于12μm；国外研究学者认为从减缓沥青老化方面考虑，沥青膜厚度应不小于9～12μm。本书采用美国沥青协会（AI）给出的经验表面积系数法用来估算沥青膜厚度，假定集料颗粒为球形排列，则沥青膜厚度计算公式为：

$$DA = \frac{P_{be}}{\gamma_b \times SA} \times 10 \quad (3\text{-}61)$$

$$SA = 0.41 + 0.0041P_{4.75} + 0.0082P_{2.36} + 0.0164P_{1.18} + 0.0287P_{0.6} + 0.0614P_{0.3} + 0.1229P_{0.15} + 0.327P_{0.075} \quad (3\text{-}62)$$

式中，DA为沥青膜有效厚度（μm）；SA为集料的比表面积（m^2/kg），与集料各筛孔通过百分率有关；P_{be}为有效沥青含量（%）；γ_b为沥青相对密度（25℃）；P_i为筛孔尺寸为i（mm）筛孔的通过百分率（%）。

$$P_{be} = P_b - \frac{P_{ba}}{100} \times P_s \quad (3\text{-}63)$$

$$P_{ba} = \frac{\gamma_{se} - \gamma_b}{\gamma_{se} - \gamma_{sb}} \times \gamma_b \times 100 \quad (3\text{-}64)$$

式中，P_b为沥青含量（%）；P_{ba}为沥青混合料中被集料吸收的沥青结合料比例（%）；P_s为各矿料占沥青混合料总质量的百分率之和，即$P_s = 100 - P_b$；γ_{se}为矿料有效相对密度；γ_{sb}为材料合成毛体积相对密度。

本书采用集料级配及相关技术指标在3.2节中已有描述，分别取油石比为6.5%，6.9%和7.3%，根据式（3-61）和式（3-62）计算沥青膜厚度，并采用外延法进行环氧沥青混合料疲劳耐久极限计算研究，经计算后沥青膜厚度与疲劳耐久极限关系如图3-62和图3-63所示。

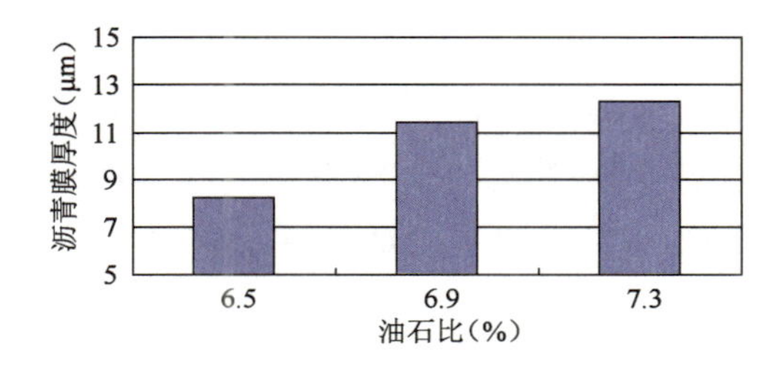

图3-62　油石比与沥青膜厚度关系图

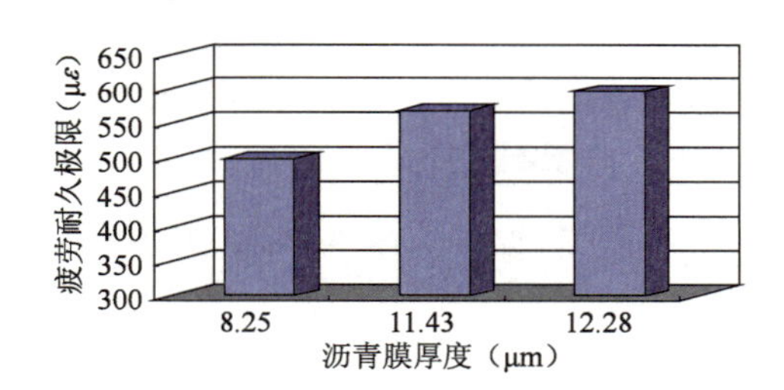

图3-63　沥青膜厚度与疲劳耐久极限关系图

当油石比为6.5%时，包裹在集料周围的平均沥青膜厚度约为8.25μm，此时疲劳耐久极限约为499με；随着油石比的增大，环氧沥青混合料疲劳耐久极限逐渐增加，当油石比为6.9%时，平均沥青膜厚度为11.43μm，疲劳耐久极限值约为568με，此时沥青膜厚度增加38.53%，疲劳耐久极限提高了13.82%；当油石比为7.3%时，环氧沥青膜厚度增加较缓慢约为

12.08μm,这主要是由于集料能够吸附的结构沥青数量达到饱和,其余沥青将转化为自由沥青,此时疲劳耐久极限增加不显著,约为596με,疲劳耐久极限提高了4.95%。因此,沥青膜厚度对环氧沥青混合料疲劳耐久极限有影响,当集料周围包裹的结构沥青未饱和时,耐久极限增加较快,当结构沥青达到饱和状态时,耐久极限增加缓慢,影响显著性水平降低。

3.4.4.4 长期老化对环氧沥青混合料疲劳耐久极限影响

沥青混合料在使用过程中经历外界环境因素作用,将会发生老化现象,老化现象是不可逆的,将影响路面使用质量和耐久性。为了模拟环氧沥青混合料在使用过程中发生长期老化现象,将试验室拌和好的环氧沥青混合料进行试件成型,随后将成型好的试样放入到85℃的烘箱放置5天(85℃,120h),用以模拟长期老化效果。将长期老化后的环氧沥青混合料试件切割成尺寸为385mm×63.5mm×50mm小梁试件,放入到Cooper试验机中进行疲劳试验,试验温度为15℃,加载频率10Hz,试验结果如表3-36所示。

环氧沥青混合料老化后疲劳试验结果　　表3-36

油石比(%)	应变水平(με)	试验温度(℃)	试验频率(Hz)	初始劲度模量(MPa)	疲劳寿命(万次)
6.9	800	15	10	15 863	74.35
	900	15	10	15 755	20.12
	1 000	15	10	15 254	7.11

根据表3-36疲劳试验结果,由式(3-60)计算出环氧沥青混合料的疲劳耐久极限如图3-64所示。由图中可直观看出,长期老化后混合料疲劳耐久极限略有降低,但影响不明显。究其原因,主要是因为KD-BEP环氧沥青材料本身具有良好的耐老化能力,另外,由于采用CAVF法设计的环氧沥青混合料空隙率较小,沥青膜较厚,在混合料使用过程中氧气、紫外线等外界影响因素不易进入到混合料内部,对环氧沥青混合料疲劳性能影响较小,进而对混合料疲劳耐久极限影响不显著。

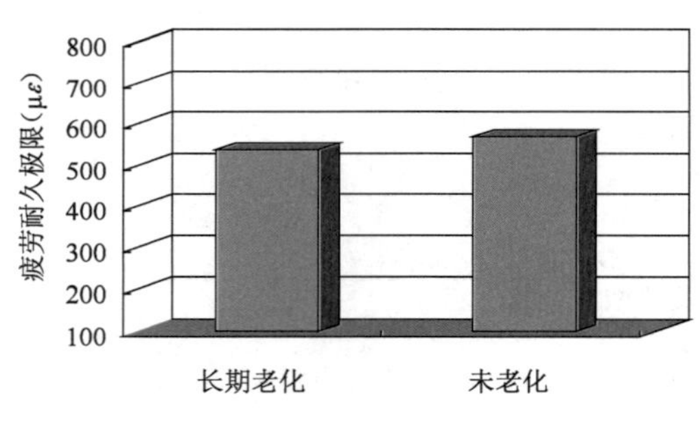

图3-64 老化后环氧沥青混合料耐久极限

3.4.5 环氧沥青混合料疲劳耐久极限分析

开展环氧沥青混合料冲击韧性与疲劳性能之间关系研究,并结合第4章力学分析结果,对环氧沥青混合料疲劳性能进行研究,确定了基于CAVF法和冲击韧性法设计的环氧沥青混合料疲劳耐久极限,并对耐久极限影响因素进行了深入研究。主要结论如下:

(1)环氧沥青混合料疲劳性能与冲击韧性之间具有良好的线性相关性,两者之间关系式为:$y=35.211x+7.575\,3$,相关系数$R^2=0.974\,7$,进而说明本书3.4.2节采用冲击韧性作为评价环氧沥青混合料配合比设计的合理性，该方法操作简单，快捷，试验数据离散性小，可为相关研究提供借鉴意义。

(2)开展不同应变水平条件下环氧沥青混合料疲劳性能研究工作，研究结果表明：环氧沥青混合料随着荷载作用水平的增大，其疲劳寿命呈现减少的趋势，当加载应变水平为500με时，弯拉劲度模量比曲线随着加载作用次数的增加而缓慢减小，最后趋于稳定状态；当加载应变水平为700με时，混合料剩余劲度模量比曲线呈现逐渐较少的趋势，当加载次数为1.00×10^6时，混合料剩余劲度模量比为71.26%；当加载应变水平为900με时，剩余劲度模量比曲线变化较快，加载24.01万次后混合料劲度模量比降到50%，即达到规定的混合料疲劳破坏标准；在加载应变水平为1 000με时，荷载作用9.83万次后沥青混合料即发生疲劳破坏。

(3)采用外延法确定环氧沥青混合料的疲劳耐久极限，结合室内疲劳试验研究结果，确定本书设计的KD-BEP环氧沥青混合料疲劳耐久极限为568με，并通过试验分析耐久极限下混合料劲度模量与加载作用次数之间关系，进而论证本书确定的耐久极限的合理性。

(4)开展环氧沥青混合料疲劳耐久极限影响因素分析研究。研究结果表明ChemCo环氧沥青混合料的疲劳耐久极限略优于KD-BEP环氧沥青混合料的耐久极限，且随着沥青用量增多，两者疲劳耐久极限亦增大。对于本书设计的KD-BEP环氧沥青混合料，当油石比超过6.9%时，疲劳耐久极限增加较缓慢，油石比为6.9%是疲劳耐久极限控制阈值点，与冲击韧性研究结果相一致。运用CAVF法和冲击韧性法确定的环氧沥青混合料疲劳性能和耐久极限较传统设计方法有较大的提高，前者疲劳耐久极限约为568με，后者约为472με；集料周围的沥青膜厚度对疲劳耐久极限有较大影响，平均沥青膜厚度较薄时，耐久极限较小，随着沥青膜厚度的增加，耐久极限也呈现增大的趋势，当沥青膜平均厚度超过11.43μm时，疲劳耐久极限增加不显著；同时研究了老化对混合料疲劳性能影响，研究表明长期老化对KD-BEP环氧沥青混合料疲劳性能及耐久极限影响不显著。

3.5　钢桥面铺装层混合料疲劳损伤与寿命预测

3.5.1　沥青混合料疲劳累积损伤研究

3.5.1.1　疲劳损伤定义

疲劳损伤是指物体在交变应力荷载作用下其物理或力学性能下降，通常表现为形成微观裂纹或物理性能下降等方面，和其他形式的损伤一样，疲劳损伤会造成内部缺陷的聚集与扩展；同时，会伴随着材料宏观物理量的变化，例如强度、密度、模量等量值的降低，因此可以使用这些物理力学参数的变化来反映材料损伤的程度，例如剩余劲度模量、耗散能等。周志刚研究表明损伤力学可将固体力学、材料强度理论和连续介质力学统一起来研究受损材料的本构关系，能够解释材料的破坏机理，建立损伤的演变方程和计算构件的损伤程度，从而达到预估其剩余寿命的目的。

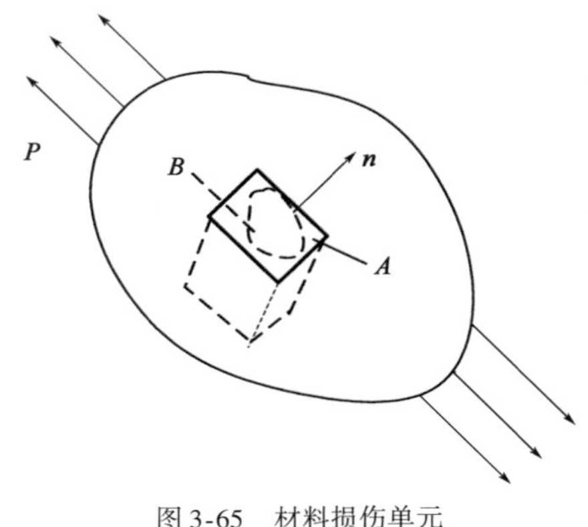

图 3-65　材料损伤单元

疲劳损伤可以用损伤度 D 来表示，如图 3-65 所示，选取材料的一个代表性体积单元，设其在垂直于方向上的总的截面面积为 A，在加载过程中，由于损伤造成材料微缺陷（如微裂缝和微空洞），导致材料的有效承载截面面积由 A 减小为 B。

在各向同性假设前提下，损伤度不随截面方向而变化，损伤度 D 可定义为缺陷面积与原面积之比，即：

$$D = \frac{A - B}{A} \tag{3-65}$$

式中，B 为有效承载面积；A 为无损伤状态时的承载面积；D 为损伤度。

目前关于疲劳损伤的定义大都采用现象学的方法，由于混合料疲劳损伤演化过程通常伴随着材料某些物理力学性能的变化，通常是采用平衡热力学以外的独立变量来表征材料物理力学性能的状态变量，用以描述混合料的损伤程度，这些变量可以真实的表征材料内部结构由于损伤而发生的变化，目前应用最多的损伤采用损伤度来表示，如式(3-66)：

$$D = \frac{E_1}{E_0} \tag{3-66}$$

式中，E_1 为损伤状态下的模量；E_0 为无损状态时模量。

$D \in [0,1]$，当 $D=0$ 时，表示材料已经达到其疲劳寿命；当 $D=1$ 时表示材料完好无损，没有发生任何形式的损伤。

3.5.1.2　沥青混合料疲劳损伤演化分析

疲劳累积损伤问题是疲劳研究中关键问题之一，它是研究在外界荷载作用下疲劳损伤的累计规律和疲劳破坏的准则，对于等幅荷载，可以利用材料的 S-N 曲线来估算在不同应力水平下到达破坏所经历的循环次数。然而，一个结构在两个或更多应力水平下循环加载，就无法直接使用 S-N 曲线来估算其寿命了，还必须借助于疲劳累积损伤准则。根据连续介质损伤力学的观点，疲劳累积损伤是在交变载荷作用下，材料内部结构发生不可逆变化过程的宏观连续变量；而从能量观点来看，疲劳累积损伤又是一种能量耗散的不可逆过程。沥青混合料由于外界荷载的重复加载作用，材料内部不断发生损伤，不考虑其他因素影响，材料内部将会发生“软化”现象。

在以应变控制方式进行加载时，沥青混合料劲度模量会随着加载次数的变化规律如图 3-54所示，沥青混合料疲劳损伤演化分为迁移期、稳定期和快速破坏期三个阶段，实际上沥青路面在使用过程中在行车荷载和环境因素的耦合作用下，也表现出相同的破坏规律，陈少幸通过 ALF 试验路证明了该规律的存在性。在实际路面运行过程中,路面经历各级轴载的重复作用和温度作用,如何解决各级轴载作用下路面的疲劳损伤问题是道路工作者最关心的问题之一。相关研究研究表明疲劳损伤模型一般表达式为 $\frac{\mathrm{d}D}{\mathrm{d}N}=f(\sigma,D,T)$,σ 为应力,D 为损伤变量,T 为温度,N 为荷载重复作用次数。

Chaboche 在 1974 年提出了一维疲劳损伤累积模型,其表达式为:

$$\frac{\mathrm{d}D}{\mathrm{d}N}=[1-(1-D)^{\beta+1}]^{\alpha}\left[\frac{\sigma_M-\bar{\sigma}}{M(\bar{\sigma})(1-D)}\right]^{\beta} \tag{3-67}$$

式中,σ_M 为最大应力;$\bar{\sigma}$ 为平均应力;β、α、$M(\bar{\sigma})$ 为与温度有关的材料参数;D 为损伤变量;N 为荷载重复作用次数。

Lemaintre 在 1979 年提出了疲劳损伤模型,其基本假设是每一疲劳循环过程中,伴随着塑性应变 ε_p 和微塑性损伤 D ,疲劳损伤是微塑性损伤累积的结果,其表达式为:

$$\frac{\mathrm{d}D}{\mathrm{d}N}=2\int_{\sigma_m}^{\sigma_M}G_F(\sigma,D,T)\,\mathrm{d}_{\sigma} \tag{3-68}$$

式中,σ_m 为最小应力,其他符号意义同前。

综上所述,无论采用哪种损伤模型,均需考虑外在荷载和环境温度等因素的影响,现阶段运用较成熟的疲劳累积损伤理论为 Miner 线性疲劳累积损伤理论,该理论假设为:在含 m 个荷载水平的加载序列中,用 n_i 来表示恒应力幅为 s_i 的第 i 个荷载水平的循环数,用 N_i 来表示在 s_i 下的破坏循环作用次数,则 Miner 法则可以用下式表述:

$$D_i=\frac{n_i}{N_i} \tag{3-69}$$

$$D=\sum_{1}^{m}D_i \tag{3-70}$$

式中,D_i 为第 i 级荷载作用下的损伤。

按照 Miner 假说认为,在 $D=1$ 时沥青层将出现疲劳破坏。

$1/N_i$ 表示第 i 级荷载作用一次所造成的损伤,而 n_i/N_i 则表示该荷载作用 n_i 次所造成的损伤,当荷载引起的累积损伤达到 100% 时就出现破坏极限状态。

3.5.2　钢桥面铺装层温度场研究

所谓温度场指物质系统内各个点上温度的集合,它是时间和空间坐标的函数。现阶段,对于沥青路面温度场研究较多,而对于钢桥面铺装层温度场研究较少,钢箱梁桥面铺装层的温度场不同于普通沥青路面温度场,有其特有的分布特点,且主要是因为钢箱梁通常采用封闭箱梁构造,其传热性能较差,由太阳辐射和周围环境的对流换热所得到的热量聚集在箱体内不易向外散发不出去,且箱内空气几乎不流动,起到隔热作用,无法及时将桥面板的热量传递到箱梁底部，进而引起整个钢箱梁桥面系统温度的升高，它主要通过对流换热和辐射换热的方式与外界进行能量交换。并且由于桥梁结构位于地表之上并悬于空中，上下部分均与空气发生对流热交换和辐射换热，且桥面铺装表面的风速远远高于一般路面，其对流交换系数产生了直接的影响，钢桥面铺装的极端高温和低温绝对值都会大于相同地区的路面温度。逯彦秋等对钢桥面铺装层温度进行了系统研究，考虑对流换热、太阳辐射、桥面与空间辐射换热等影响因素，采用有限元分析软件，对钢桥面铺装层温度场进行模拟；重庆交通科研设计院陈仕周等在重庆鹅公岩大桥铺装层中埋设温度传感器，对桥面铺装层温度场实施观测，并对桥面铺装层内温度和空气温度进行了比拟研究，得出桥面铺装层内温度明显高于外界空气温度。

为了真实了解钢桥面铺装层温度场情况，最准确、有效的方法就是实测钢桥面铺装层各时刻下的温度场，图 3-66 为我国南方某座钢箱梁桥面铺装不同时刻下铺装层不同部位实测温度值，图 3-67 为一天当中太阳总辐射变化图。

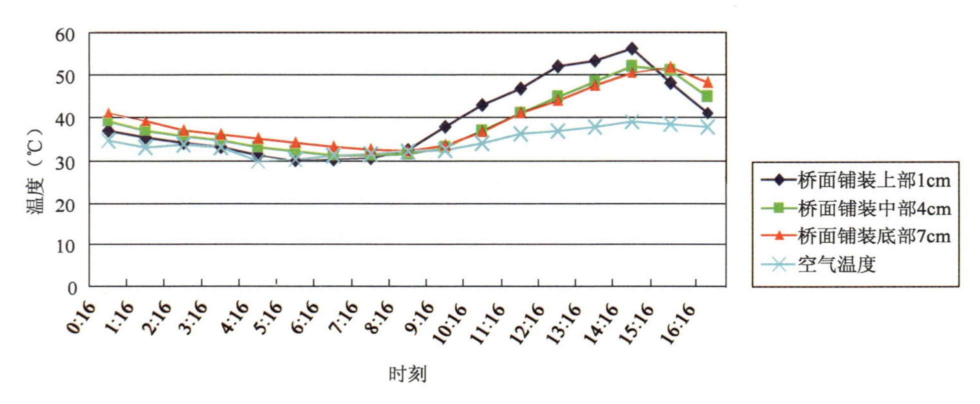

图 3-66　钢箱梁桥面铺装层不同厚度处实测温度场变化曲线图

从图 3-66 可知，桥面铺装层不同部位实测温度曲线均呈现简谐波形式，且不同时刻铺装层厚度方向温度变化规律基本相同，铺装层从上到下温度变化逐渐缓慢而且幅度减小；随着环境温度的上升，沥青层上部随之升温，热量逐渐由上往下传递，使下面的温度升高，但是随着深度的增加，铺装层温度明显存在一个滞后时间，且温度的变化峰值也减少。早晨 5:00 ~ 7:00 之间，铺装层表面温度最低，而后逐渐升高，在中午 14:00 左右达到最高值，接着又逐渐降低。

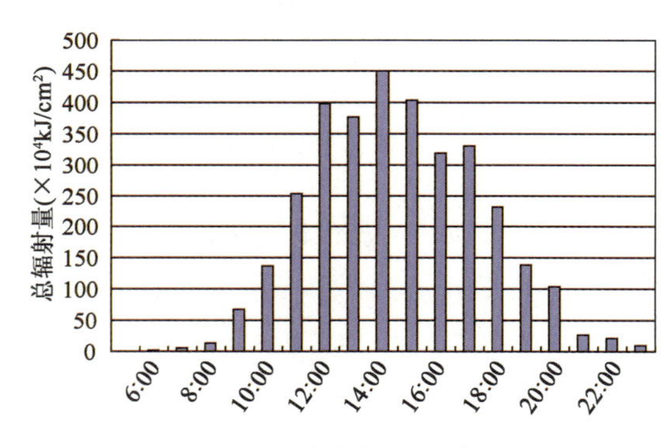

图 3-67　一天当中太阳总辐射变化图

从图 3-66 和图 3-67 可知，气温和辐射量是影响铺装层温度变化的主要因素，铺装层内温度变化与气温变化趋势基本一致，越靠近铺装层表面的位置，铺装层温度日变化曲线的波幅越大，铺装表面的极端温度最高,最高时约比空气温度高出16℃左右;同时,太阳辐射最强时段为上午10:00~15:00左右,晚上太阳辐射较小,几乎为零,只有从地面传来的太阳逆辐射,但强度较微弱。因此,太阳辐射强度越大,铺装层的温度越高。定义钢桥面铺装层温度为铺装表面2.0cm处温度值,根据不同厚度处实测温度值,采用内插法得出钢桥面铺装层2.0cm处温度值。

以现有研究结果为基础,结合实测桥面铺装层的温度状况(图3-66、图3-67),采用SPSS统计分析软件进行钢桥面铺装层温度场的回归分析,运用分批多元线性回归分析方法对以大气温度和太阳辐射为自变量进行回归分析,得出回归公式如下:

$$T = -3.14 + 0.024Q + 1.369T_0 \tag{3-71}$$

式中,Q代表太阳辐射,T_0代表外界大气温度,复数相关系数平方$R^2 = 0.925$,预测值标准差为0.517,说明该预测公式具有较高的精度。

3.5.3 钢桥面铺装层疲劳损伤研究

众所周知,温度对沥青混合料疲劳寿命有着显著影响,温度对混合料寿命的影响可用劲度模量来表示,当温度较低时混合料劲度模量增大,在行车荷载作用下钢桥面铺装层表面拉应变较小,疲劳寿命增大;当温度较高时,混合料劲度模量较小,在外界行车荷载作用下铺装层表面拉应变较大,但对于沥青类这种黏弹性材料而言,随着温度的升高,其混合料的疲劳寿命显著增大。徐伟等人曾对湛江海湾大桥钢桥面铺装层应变水平随铺装层模量变化进行研究,研究结果表明随着铺装层模量的增大,发生在铺装层表面的应变逐渐减少,铺装层模量对桥面铺装应力应变状态有着显著影响。实际上,在不同时段和地区,由于温度作用的不同,对铺装层产生的疲劳损伤也各不相同,目前对铺装层寿命预估方法对此损伤通常作为常量来处理,对不同季节和地区的气候差异考虑不足。

综上所述,为了深入了解不同温度下铺装层的应力应变状态,首先需对铺装层的模量进行研究,沥青混合料的劲度模量是一个反映沥青类型、沥青含量、空隙率、混合料级配等多个影响因素变化的综合指标,初始劲度模量的预测模型可采用式(3-72)来表示:

$$\ln E = n_1T + n_2A + n_3V + c \tag{3-72}$$

式中,E为初始劲度模量;T为疲劳试验温度;A为油石比;V为试件空隙率;n_1,n_2,n_3为相关系数。

本书将按照桥址地区历年气温变化情况,将一年中钢箱梁桥面铺装层温度曲线历程划分为M个温度时段,每时段温度值必须能反映该时段温度范围内均值大小,然后计算出各温度时段内外界交通荷载重复作用下铺装层混合料疲劳损伤程度,按照Miner疲劳损伤等效法则,将各温度时段下疲劳损伤大小进行累积叠加,即可计算出该年铺装层沥青混合料疲劳损伤度。钢桥面铺装层疲劳寿命预测具体方法和过程如下:

①查阅桥址附近历年气象资料,主要包括大气温度及太阳辐射等情况;

②以月为单位，将一天当中大气温度和太阳辐射作为自变量，根据式(3-71)计算出该天内钢桥面铺装层温度场情况；

③通过式(3-49)确定铺装层沥青混合料在不同温度下初始劲度模量；

④运用第4章有限元分析方法，计算出不同车型轴载作用下钢桥面铺装层在不同温度下的应变值 ε_f；

⑤采用室内Cooper疲劳试验机进行不同应变、不同温度时段下铺装层的样本试验，得出相应的疲劳寿命 N_i；

⑥计算在某一温度时段下各种车型轴载按照交通荷载谱情况通过大桥后，钢桥面铺装层的疲劳损伤度；

⑦计算各种不同温度时段下沥青混合料总疲劳损伤度，并根据Miner累积损伤准则进行叠加，即可计算出该年的铺装层沥青混合料的总损伤度；

假设钢桥面铺装层年平均温度场划分为 M 个温度区间($T_1, T_2, \cdots, T_M$)，Q 为交通量大小，Q^{T_1} 表示在温度区间为 T_1 的情况下所通行的交通量情况；p_i 某种车型所占的比例；$D(w)$ 表示某种车型单次通过后产生的疲劳损伤大小；则在温度区间 T_1 上，沥青混合料疲劳损伤度为：

$$D_1 = Q^{T_1} \times p_1 \times D_1(w_1) + Q^{T_1} \times p_2 \times D_1(w_2) + \cdots + Q^{T_1} \times p_n \times D_1(w_n) \tag{3-73}$$

同理，在温度区间 $T_1 \sim T_M$ 内，沥青混合料疲劳损伤分别为：

$$D_2 = Q^{T_2} \times p_1 \times D_2(w_1) + Q^{T_2} \times p_2 \times D_2(w_2) + \cdots + Q^{T_2} \times p_n \times D_2(w_n) \tag{3-74}$$

$$D_3 = Q^{T_3} \times p_1 \times D_3(w_1) + Q^{T_3} \times p_2 \times D_3(w_2) + \cdots + Q^{T_3} \times p_n \times D_3(w_n) \tag{3-75}$$

$$\cdots$$

$$D_M = Q^{T_M} \times p_1 \times D_M(w_1) + Q^{T_M} \times p_2 \times D_M(w_2) + \cdots + Q^{T_M} \times p_n \times D_M(w_n) \tag{3-76}$$

则整个温度区间历程内沥青混合料累积疲劳损伤为：

$$D = \sum_{i=1}^{M} D_i \tag{3-77}$$

3.5.4 港珠澳大桥设计案例分析

为了验证钢桥面铺装材料能否满足设计使用期内的寿命要求，需对设计使用期内的交通荷载及温度情况进行调查研究，了解桥址地区的荷载谱和环境谱是必要的，进而可根据实桥荷载谱和环境谱进行桥面铺装使用寿命预测。

3.5.4.1 实桥交通荷载谱研究

根据《港珠澳大桥工程可行性研究报告之三——交通量预测及分析》中所采用的方案，交通量代表性车型预测如表3-37所示，其交通量构成主要由私家车、旅游巴士、货柜车和普通货车组成。根据图3-68、图3-69和图3-70可知，该桥建成后，行驶车型主要是货柜车和私家车，分别占总车型比例的40%和35%左右，其次为普通货车，车型比例最小的为旅游巴士。以上四种车型，荷载轴重差别较大，不同轴载作用单位次数内对桥面铺装层沥青混合料产生的疲劳损伤程度差异性明显，因此在进行寿命预测时需考虑不同车型轴载对疲劳性能产生的影响。

港珠澳大桥交通量分车型预测结果（基本配额方案，单位：绝对数/日） 表3-37

特征年		合计	私家车	旅游巴士	货柜车	普通货车
交通量（绝对数/日）	2016年	10 100	1 850	550	4 300	3 400
	2020年	16 200	3 850	1 000	6 800	4 550
	2030年	29 200	9 100	2 000	11 400	6 700
	2035年	38 650	13 300	2 650	14 450	8 250
车型比例（%）	2016年	100	18.3	5.4	42.6	33.7
	2020年	100	23.8	6.2	42.0	28.1
	2030年	100	31.2	6.8	39.0	22.9
	2035年	100	34.4	6.9	37.4	21.3

a)

b)

c)

d)

图3-68 港珠澳大桥代表性通行车辆示意图

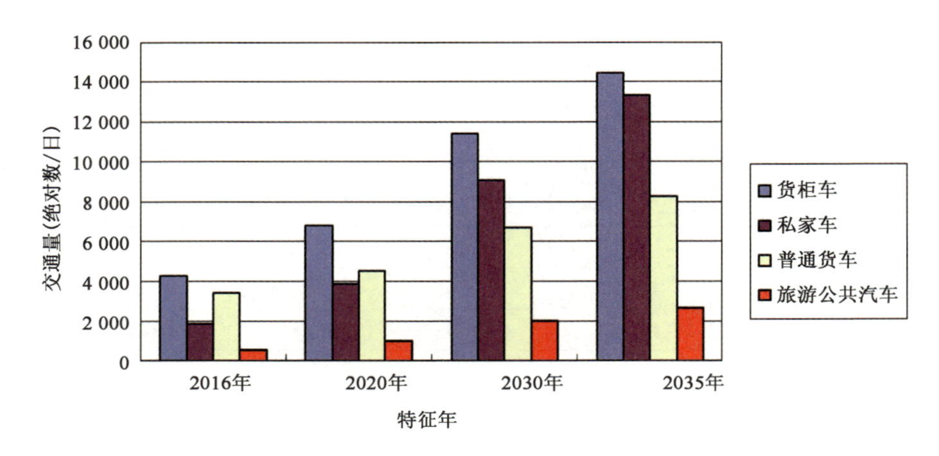

图 3-69　港珠澳大桥未来交通量组成预测情况

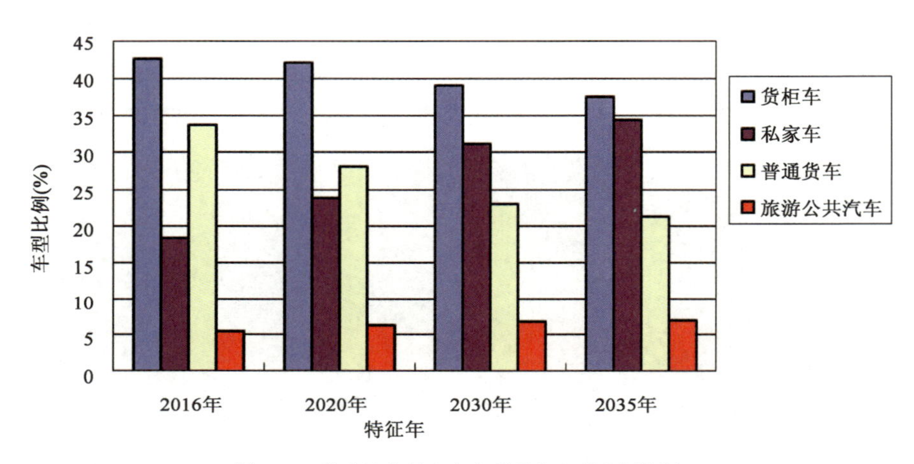

图 3-70　港珠澳大桥未来交通量各车型比例情况

3.5.4.2　实桥环境谱及钢桥面铺装层温度场研究

钢桥面铺装层温度场与外界环境温度和太阳辐射密切相关,因同一地区桥梁所处的经度和纬度及太阳辐射变化差异性较小,因此可根据已有的调查资料对该地区大气温度和钢桥面铺装层温度场进行统计,并用数学分析软件进行拟合,可近似掌握该地区钢桥面铺装层温度场的情况。如需直接准确了解钢桥面铺装层温度场变化情况,首先需调查相应的外界气温和太阳辐射,进而可衍生出相应的钢桥面铺装层温度场。本书通过查阅珠海地区气象资料可得某年大气温变化情况如图 3-71 所示。

通过式(3-71)和图 3-71 中查阅的大气温度及图 3-67 中太阳辐射情况,可近似得出钢桥面铺装层温度场,但在查阅桥址地区历年气象资料中发现没有关于每天外界大气温度实时变化情况的资料,因此无法进行疲劳当量温度换算。为了计算简便,以一天中最高温度与最低温度的平均值作为该天的气温,从而得到年钢桥面铺装层温度场情况如图 3-72 所示。

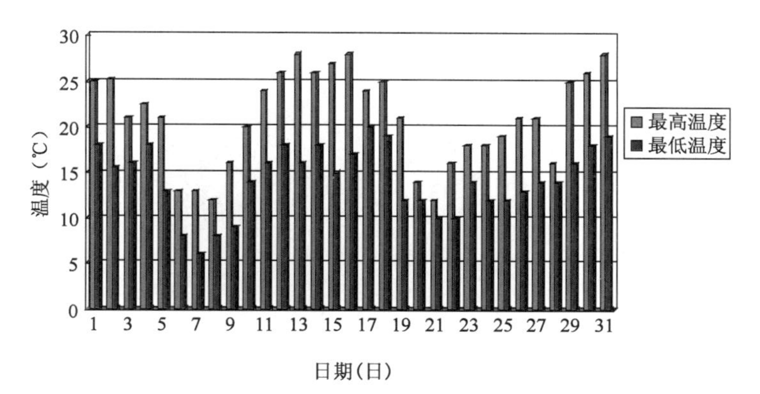

a)1月份大气温度统计图

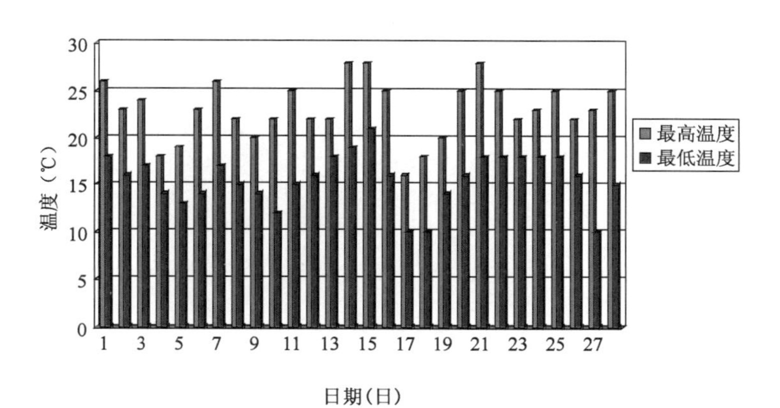

b) 2月份大气温度统计图

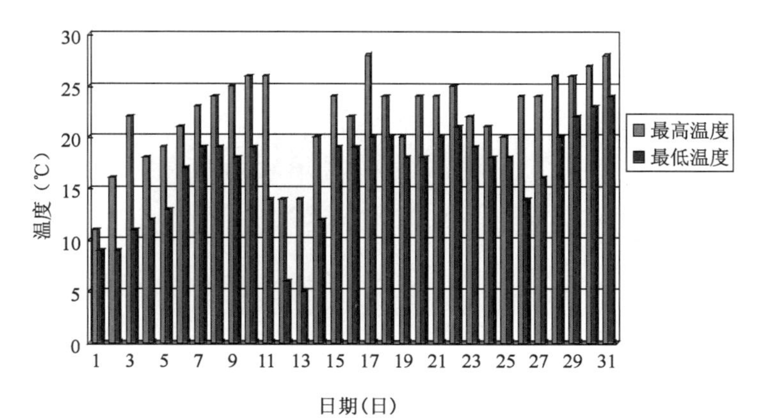

c)3月份大气温度统计图

图　3-71

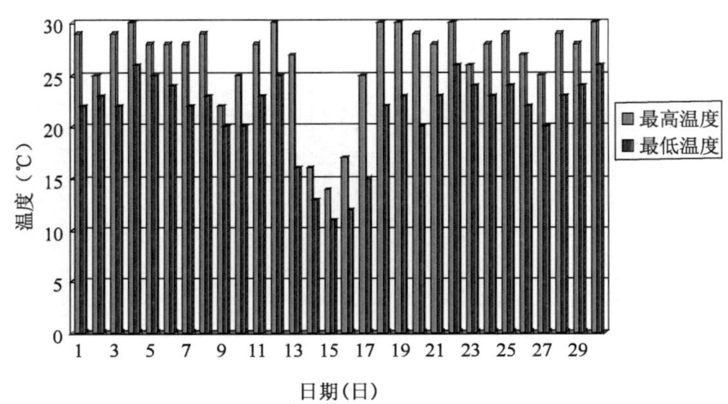

d)4月份温度统计图

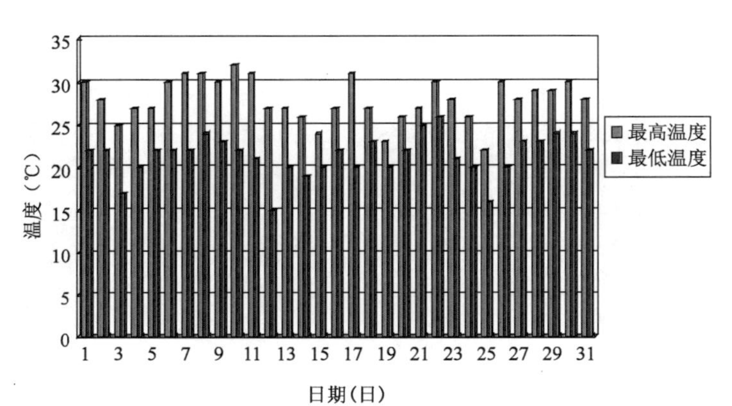

e)5月份温度统计图

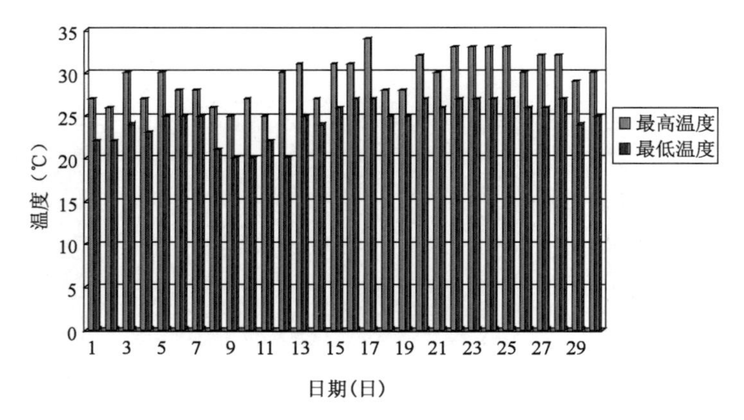

f)6月份温度统计图

图 3-71

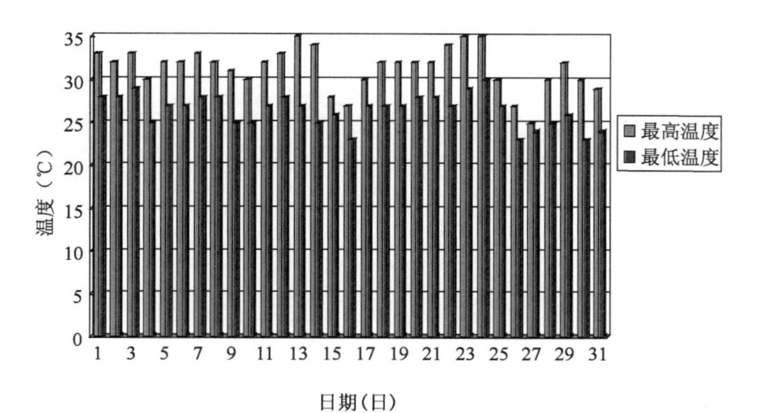

g) 7月份温度统计图

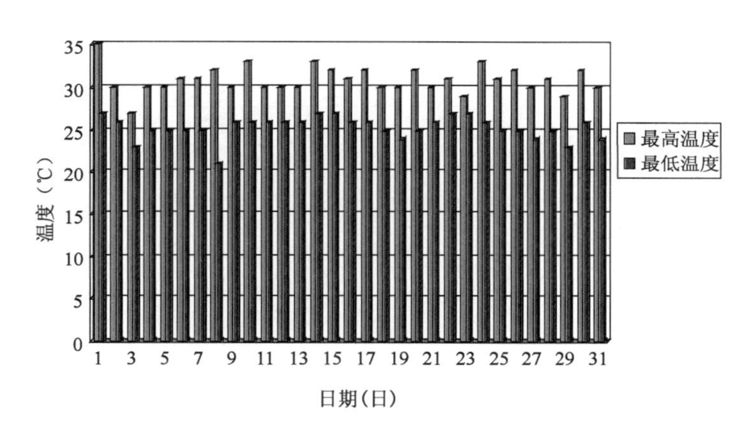

h) 8月份温度统计图

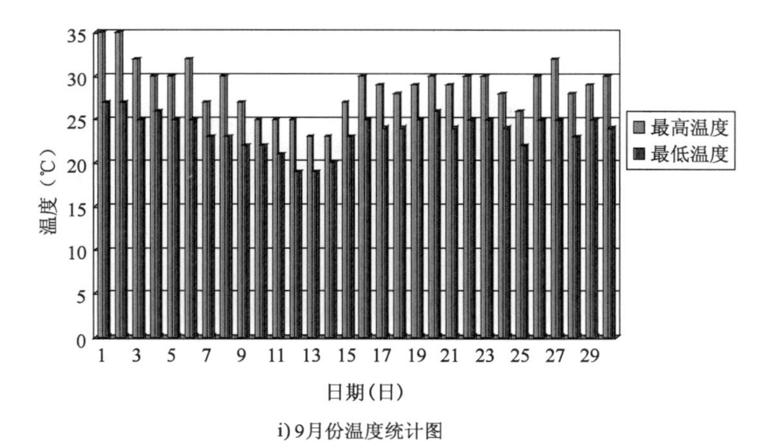

i) 9月份温度统计图

图　3-71

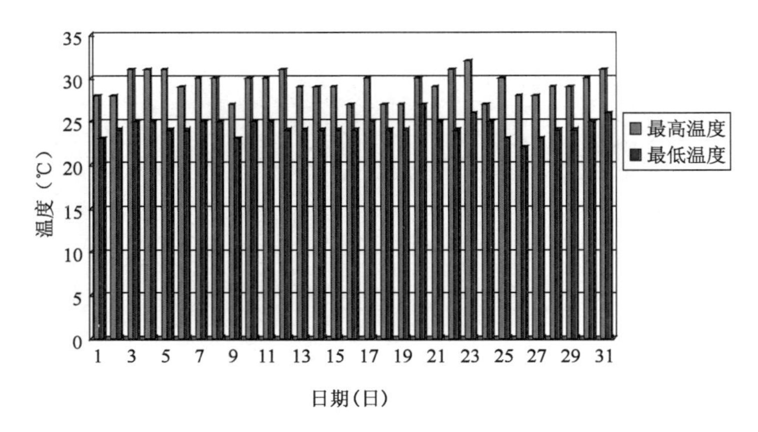

j)10月份温度统计图

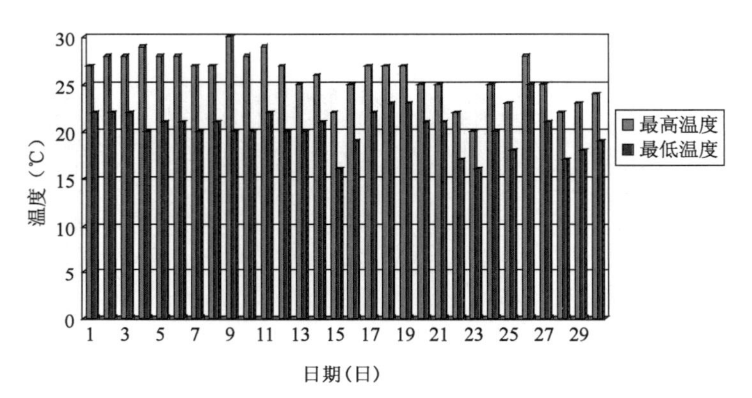

k)11月份温度统计图

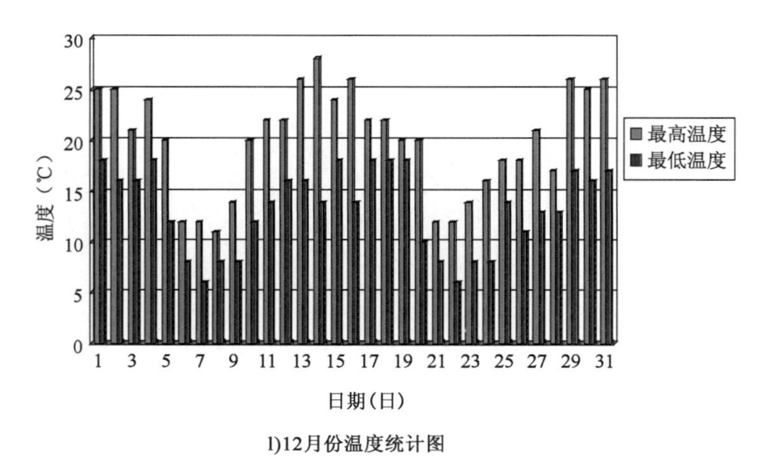

l)12月份温度统计图

图 3-71　桥址地区温度统计图

为了计算方便,将桥面铺装层温度场划分成多个区间,区间划分原则如下:令 $T = (T_{max} + T_{min})/2$,令区间域为 δ,δ 为任意给定的常数且 $\delta > 0$,则区间函数 $T_x = (T_{max} + T_{min})/2 \pm M\delta$, $n \geq 1$,通过该原则可将不规则温度场曲线划分成 M 个区间进行计算研究。按照上述原则,将图 3-72 的钢桥面铺装层年温度场走势图划分区间如下:各参数取值分别为 $T_{max} = 50$,$T_{min} = 10$,$\delta = 5$,则可将桥面铺装层温度场划分成 4 个区间,区间温度分别为 $T_1 = 10 \sim 20$℃,$T_2 = 20 \sim 30$℃,$T_3 = 30 \sim 40$℃,$T_4 = 40 \sim 50$℃ ,区间分布如图 3-73 所示。

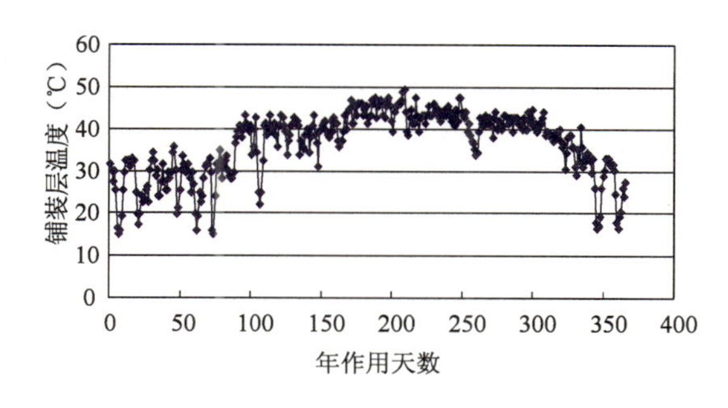

图 3-72 钢桥面铺装层年温度场

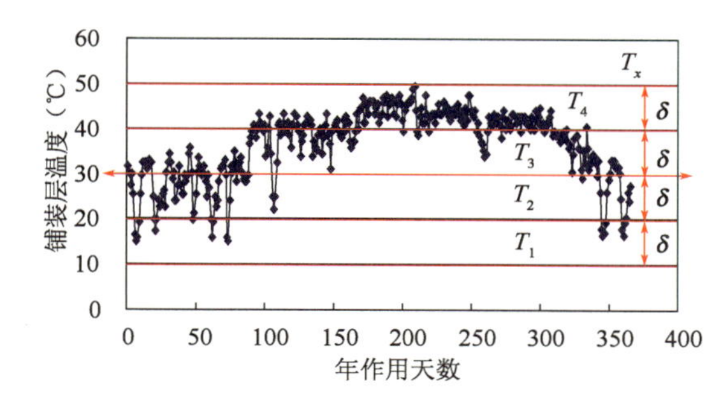

图 3-73 钢桥面铺装层温度区间分布图

根据图 3-73 可直观看出,某年内桥面铺装温度场区间 T_1 上作用的时间为 22 天,在区间 T_2 上作用的时间为 57 天,在区间 T_3 上作用的时间为 147 天,在区间 T_4 上作用的时间为 139 天,为了使计算过程更加准确和有代表性,采用权重方法进行区间代表温度计算,计算可知 4 个区间的代表温度分别为 16.08℃,24.27℃,36.18℃,43.75℃。

3.5.4.3 铺装层不同温度下初始模量预估

根据式(3-72)初始劲度模量的预测模型,本节通过多因素水平下疲劳弯曲试验,拟合出公式相关系数 n_1,n_2,n_3 和参数 C,并预估区间代表温度下的初始模量值。本次试验试件为 36 组,将测得的混合料初始劲度模量进行弃差处理,在所有 36 次试验中,共有 4 次试验的数据被舍弃,剩余有效试验次数共 32 次,此处由于篇幅关系略去相关过程,弃差后的试验结果平均值如表 3-38 所示。

环氧沥青混合料动态模量测试结果 表 3-38

试验编号	应变水平(微应变)	试验温度(℃)	油石比(%)	空隙率(%)	初始模量(MPa)	累积耗散能($J \cdot m^{-3}$)
1	200	15	6.9	2.06	15 822	65.73
2	300	15	7.3	1.85	15 027	78.14
3	500	15	6.9	2.06	14 215	73.58
4	200	25	6.9	2.06	11 031	155.38
5	300	25	6.9	2.06	10 936	167.71

续上表

试验编号	应变水平(微应变)	试验温度(℃)	油石比(%)	空隙率(%)	初始模量(MPa)	累积耗散能($J \cdot m^{-3}$)
6	500	25	7.3	1.85	10 483	197.93
7	200	35	6.9	2.06	6 753	346.85
8	300	35	6.9	2.06	6 818	329.62
9	500	35	7.3	1.85	6 129	428.57

通过SPSS软件对试验结果进行统计分析处理，以试件空隙率、疲劳试验温度、油石比、试件空隙率作为自变量，以初始劲度模量作为因变量进行拟合，拟合结果如下：

$$\ln E = -0.038T - 0.415A - 0.037V + 10.271 \tag{3-78}$$

式中，E为初始劲度模量；T为疲劳试验温度；A为油石比；V为试件空隙率。表3-39为初始劲度模量回归方程统计分析结果。

初始劲度模量回归方程统计分析结果 表3-39

一般统计量表	R复相关系数	R^2复相关系数平方		调整复相关系数		预测值标准差
	0.969(a)	0.939		0.924		0.134
因素分析结果	因素	相关系数	t值	显著性水平	95%保证率	
					下限	上限
	常数项C	10.693	29.267	0.001	9.862	10.913
	试验温度T	-0.053	-8.571	0.037	-0.070	-0.049
	空隙率V	-0.037	-1.638	0.026	-0.104	0.012
	油石比A	-0.413	0.973	0.008	-0.853	-0.003

根据本书得出钢桥面铺装温度区间代表温度值(16.08℃,24.27℃,36.18℃,43.75℃)，运用式(3-78)分别计算各温度区间下的初始劲度模量，计算结果如表3-40所示。

各温度区间下预估模量值 表3-40

温度(℃)	预估劲度模量值(MPa)	温度(℃)	预估劲度模量值(MPa)
16.08	14 102	36.18	6 570
24.27	10 330	44.75	4 244

3.5.4.4 不同温度和车载耦合作用下铺装层力学行为分析

环氧沥青混合料属于一种黏弹性材料，其模量受外界温度影响较大，外界环境温度与本身模量成反比例关系，当温度较高时，模量较低，反之当温度较低时、模量较高。参考已有的研究成果表明环氧沥青混凝土铺装层出现病害主要是以纵向裂缝和疲劳裂缝为主，出现开裂破坏原因主要是由于负弯矩区的铺装层不断承受车辆荷载引起的横向拉应力或拉应变重复作用，因此控制铺装层的横向拉应变与横向拉应力指标是有必要的。根据有限元分析方法对环氧沥青混合料铺装结构层的力学分析结果,表明第二跨跨中部分梁段的沥青铺装层内的应力分布情况可以代表性地反映全桥铺装层的应力分布不利情况,应用有限元分析方法,针对第二跨跨中部分分别计算铺装层在不同模量下的应变值,计算结果如表3-41所示。

不同温度下铺装层表面应变值　表3-41

温度(℃)	铺装层模量(MPa)	计算位置	铺装层最大横向拉应变
16.08	14 102	第二跨跨中	3.72×10^{-4}
24.27	10 330	第二跨跨中	4.15×10^{-4}
36.18	6 570	第二跨跨中	4.92×10^{-4}
44.75	4 244	第二跨跨中	5.31×10^{-4}

由于实桥使用过程中交通荷载组成的不同,各车型轴载每通过一次对铺装层作用的效果不同(铺装层表面产生的拉应变不同),为了更好地了解不同交通荷载组成对铺装层疲劳寿命的影响,需掌握《港珠澳大桥工程可行性研究报告之三——交通量预测及分析》中四种车型在不同温度区间下对铺装层产生的应力应变影响。根据实桥交通荷载谱情况和可行性研究报告中各车型平均实载及接地压强情况,结合力学分析计算方法,得出四种车型轴载在不同温度区间下对铺装层产生的应变情况,如表3-42所示。

不同轴载和温度作用下铺装层表面应变情况　表3-42

车型	平均实载(t)	接地压强(MPa)	铺装层温度(℃)	铺装层模量(MPa)	铺装层表面横向拉应变
私家车	2.5	0.239	16.08	14 102	1.02×10^{-4}
			24.27	10 330	1.14×10^{-4}
			36.18	6 570	1.35×10^{-4}
			44.75	4 244	1.46×10^{-4}
普通货车	15	0.700	16.08	14 102	3.57×10^{-4}
			24.27	10 330	3.98×10^{-4}
			36.18	6 570	4.92×10^{-4}
			44.75	4 244	5.30×10^{-4}
旅游巴士	20.2	0.815	16.08	14 102	4.56×10^{-4}
			24.27	10 330	5.04×10^{-4}
			36.18	6 570	5.80×10^{-4}
			44.75	4 244	6.14×10^{-4}

3.5.4.5 基于室内试验的铺装层温度区间下混合料疲劳性能研究

运用COOPER疲劳试验机,针对本书3.5.4.3节计算出的温度区间代表值(16.08℃,24.27℃,36.18℃,44.75℃),进行相应温度下的室内四点弯曲疲劳试验,疲劳试验结果如图3-74所示。

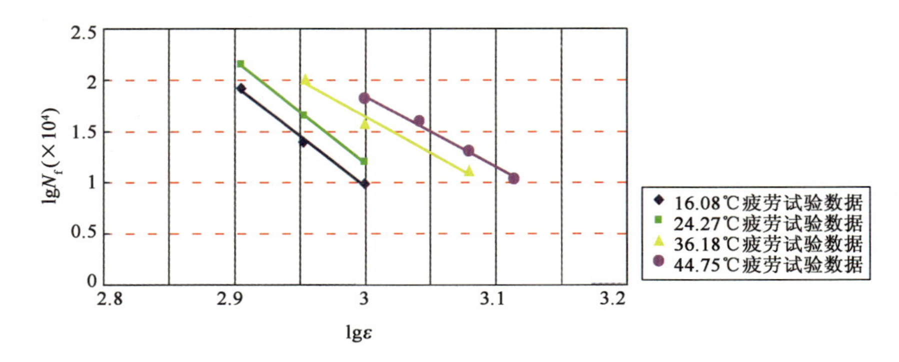

图3-74　不同温度下环氧沥青混合料疲劳曲线

根据不同温度下环氧沥青混合料疲劳曲线方程可推导出表3-42中不同应变水平和温度下环氧沥青混合料疲劳寿命，进而根据式(3-77)可预测环氧沥青混合料在不同交通荷载组成和不同温度下的疲劳失效时间。

3.5.4.6　铺装层环氧沥青混合料使用寿命预测

根据实桥交通荷载谱组成及桥址地区环境谱情况，结合不同温度下环氧沥青混合料室内疲劳曲线，计算出相应轴载作用下环氧沥青混合料的疲劳寿命，运用式(3-77)和Miner疲劳损伤累积法则，进行铺装层环氧沥青混合料疲劳寿命预测工作。在进行寿命预测时存在如下假设：

(1)环氧沥青混合料和钢桥面板之间界面黏结性能良好，且均质连续，无脱层及水损坏等现象发生。

(2)环氧沥青混合料施工性能良好，符合相关施工技术标准和规范，施工期间无不良现象发生。

(3)假设铺装层环氧沥青混合料仅处于纯弯拉应力应变状态中，疲劳损伤过程近似符合线性疲劳损伤过程。

(4)实桥通行车辆荷载(实载)符合《港珠澳大桥工程可行性研究报告之三——交通量预测及分析》中相关规定内容，车辆运行过程中无超出规定车型实载现象。

由表3-43可知，环氧沥青混合料设计特征年下随着温度的升高，混合料的损伤度增大，究

设计特征年下混合料疲劳损伤度　　表3-43

特征年	损伤度(D)				总损伤度
	16.08℃	24.27℃	36.18℃	44.75℃	
2016	1.48×10^{-5}	3.45×10^{-4}	1.37×10^{-3}	3.5×10^{-3}	5.2×10^{-3}
2020	2.32×10^{-5}	5.41×10^{-4}	2.15×10^{-3}	5.4×10^{-3}	8.1×10^{-3}
2030	3.90×10^{-5}	9.04×10^{-4}	3.63×10^{-3}	9.12×10^{-3}	1.4×10^{-2}
2035	4.94×10^{-5}	1.15×10^{-3}	4.57×10^{-3}	1.16×10^{-2}	1.74×10^{-2}

其原因主要如下：首先，随着温度的升高，混合料的劲度模量降低，铺装层表面的拉应变增大，进而导致铺装层混合料在相对较高的应变条件下工作；其次，根据桥址地区环境谱的情况，钢桥面铺装层在不同温度场区间作用时间不同，以2016年为例，铺装层在16.08℃的条件下工作约为22天，而在36.18℃的条件下约为147天，因此36.18℃疲劳损伤度较大。

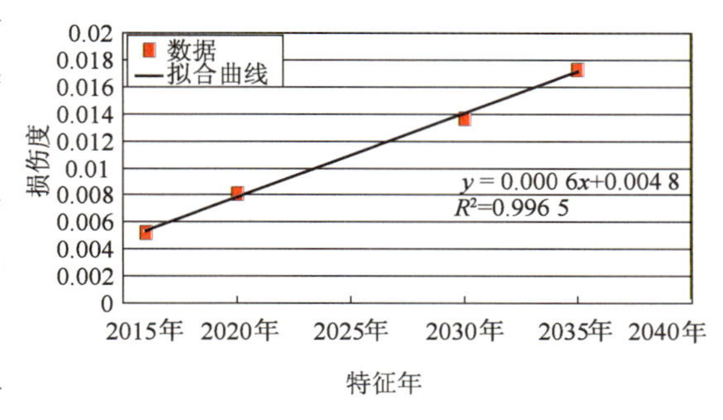

图3-75 设计特征年下混合料总损伤度

由图3-75可直观看出，随着特征年不同，铺装层混合料损伤度差异较大，这主要是由于特征年不同，交通量和荷载谱组成不同，进而导致铺装层混合料损伤度不同。损伤度与特征年之间呈现线性关系：

$$D_i = 0.000\,6N_i + 0.004\,8 \tag{3-79}$$

式中，D_i为第i年损伤度；N_i为年限。

则总损伤度

$$D = \sum_{1}^{N} D_i \tag{3-80}$$

当$D = 1$时，表明铺装层混合料将发生疲劳破坏，结合式(3-77)和式(3-79)可计算出$N = 49$，因此，在满足以上三条假设的理想条件下，初步预测本文设计的钢桥面铺装层环氧沥青混合料疲劳寿命为49年。

将实桥荷载谱和环境谱纳入到寿命预测当中，并结合室内疲劳试验结果完成环氧沥青混合料疲劳寿命研究，与已有的沥青混合料疲劳寿命预测模型和方法相比，预测模型和方法较好地将室内疲劳试验与实桥使用的交通条件、环境条件结合起来，避免室内试验与实桥应用相脱节的盲点。研究成果可为桥面铺装领域的寿命预测提供较新的研究思路，为桥面铺装方案的选择制定及铺装层预养护时机选择提供借鉴和参考意义。

铺装层疲劳累计损伤与寿命预测结果分析：

主要开展钢桥面铺装层疲劳累计损伤及寿命预测研究工作，首先对沥青混合料的疲劳损伤演化进行分析，建议采取现阶段运用较成熟的Miner疲劳累积损伤理论进行铺装层疲劳性能研究工作；其次对钢桥面铺装层温度场及铺装层疲劳损伤预测步骤进行研究，并推导出相应计算公式；最后，以港珠澳大桥桥面铺装工程为案例进行详细论述，完成铺装层寿命预测工作。结论分析如下：

(1)桥面铺装层不同部位温度曲线均呈现简谐波形式，且不同时段铺装层厚度方向温度变化规律基本相同，早晨5:00～7:00之间，铺装层表面温度最低，在中午14:00左右达到最高值。气温和辐射量是影响铺装层温度变化的主要因素，采用多元线性回归分析方法对以大气温度和太阳辐射为自变量进行回归分析，得出桥址地区铺装层温度场公式为：$T=-3.14+0.024Q+1.369T_0$。

（2）钢桥面铺装层疲劳损伤累积过程是不同温度时段及不同车型轴载作用下耦合累积叠加的过程，可根据 Miner 疲劳损伤等效法则对钢桥面铺装层疲劳损伤进行分析。

（3）根据铺装层温度场情况，将其划分成多个温度区间，推导出温度区间下钢桥面铺装层疲劳寿命预测具体方法和步骤，并提出相应的计算公式：$D_i=Q^{T_i}\times p_1\times D_i(w_1)+Q^{T_i}\times p_2\times D_i(w_2)+\cdots+Q^{T_i}\times p_n\times D_i(w_n)$，当 $D=\sum_{i=1}^{M}D_i=1$ 时，铺装层混合料达到其使用寿命。

在钢桥面铺装中，常用黏结层材料主要包括：

①热熔型材料：热沥青、改性热沥青等；

②溶剂型材料：乳化沥青、可溶性橡胶沥青；

③热固型材料：环氧沥青。

已有工程经验和试验研究表明，各种黏结层材料相比，环氧沥青在黏结性能、变形能力、热稳定性方面均具有明显优势，本课题研究主要针对技术较成熟的 ChemCo 环氧沥青黏结层材料（Bid）进行性能评价试验。针对 SMA + 环氧沥青混凝土铺装方案、双层环氧沥青混凝土铺装方案的黏结层进行试验研究。

3.5.5 黏结层试验

3.5.5.1 SMA + 环氧沥青混凝土铺装方案黏结层试验

SMA 改性沥青混凝土与环氧沥青混凝土之间的黏结是影响铺装层性能一个重要因素，针对该方案首先进行了黏结层试验。模拟实际施工过程成型试件，即首先成型下面层环氧沥青混凝土，试件养护固化后涂布 ChemCo 环氧沥青黏结层，之后在其上成型 SMA 铺装层，养护后分别切割成截面为 100mm × 100mm、50mm × 50mm 试块用于剪切、直伸试验。

（1）直剪试验

试验夹具和破坏界面见图 3-76、图 3-77，试验温度为 25℃，加载速度为 50mm/min，试验结果剪切强度高于1.3MPa，并且破坏发生在上面层 SK 改性沥青混凝土沥青膜界面，表明环氧沥青黏结层材料的抗剪切性能优良。

（2）直拉试验

黏结层直接拉伸试验试件、夹具、拉拔仪见图 3-78、图 3-79，试件拉断界面见图 3-80，试验结果见表 3-44，试验中破坏出现在 SK 改性沥青 SMA 沥青混凝土内部，表明环氧沥青黏结层材料的黏结性能优良。

图3-76　剪切夹具

图3-77　破坏界面

图3-78　试件黏结

图3-79　拉拔试验装置

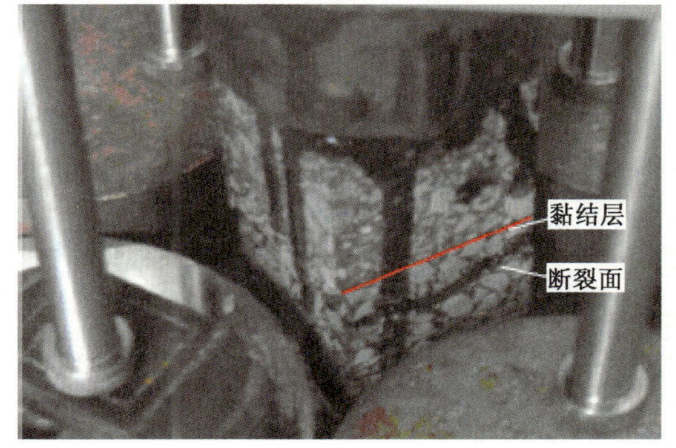

图3-80　拉伸断裂界面

SK 改性沥青 SMA 与环氧沥青混合料层间直接拉拔强度　　表3-44

温度(℃)	读数(Psi)	拉力(N)	黏结面积(mm^2)	强度(MPa)
30	150	1 842	2 500	0.74
	175	2 149	2 500	0.86
	200	2 456	2 500	0.98
平均				0.86

3.5.5.2 双层环氧沥青混凝土铺装方案黏结层试验

对于黏结层材料评价可分为单纯黏结层材料性能评价和铺装层整体综合黏结性能评价，对于前者可采用两块钢板之间的黏结性能试验，后者则模拟整个铺装层黏结层结构体系。

(1)钢板之间黏结性能检测试验

采用钢板之间黏结层试验可以减少干扰因素，较直接检验黏结层材料性能。为检验环氧沥青黏结层材料性能，首先进行钢板之间的黏结性能试验，试验温度为60℃、25℃、20℃，采用进口ChemCo桥面铺装专用拉拔设备。试验中首先按用量0.63L/m^{2}用环氧沥青黏结料把钢拉头黏结在钢板上，养护固化后进行试验，试验装置见图3-81，破坏界面见图3-82。试验数据见表3-45，数据表明该环氧沥青黏结材料在60℃、25℃、20℃均具有可靠的黏结强度。

图3-81 钢板间拉拔试验装置

图3-82 钢板间拉拔破坏界面

钢板之间直接拉伸强度　　表3-45

温度(℃)	读数(Psi)	拉力(N)	黏结面积(mm^2)	强度(MPa)
60	375	4 604	2 026	2.27
	600	7 367	3 847	1.92
	700	8 595	3 847	2.23
	平均			2.14
25	725	8 902	2 026	4.39
	660	8 104	2 026	4.00
	700	8 595	2 026	4.24
	平均			4.21
20	1 000	12 278	2 026	6.06
	1 000	12 278	2 026	6.06
	960	11 787	2 026	5.82
	平均			5.79

(2)铺装层整体黏结性能检测试验

为评价铺装层整体黏结性能,按照实际施工过程成型试件,由于本方案考虑采用环氧富锌漆作为防锈层,已有研究表明环氧富锌漆与钢板之间具有很高的黏结强度,环氧富锌漆对黏结层试验影响很小,由于时间和材料关系本次试验暂不涂环氧富锌漆。首先对钢板进行除锈处理,之后按 0.63L/m^2 用量把环氧沥青黏结料涂布在钢板上,在钢板上采用轮碾机碾压成型铺装下面层沥青混合料,养护后在下面层表面按 0.45L/m^2 用量涂布环氧沥青黏结料,在其上用轮碾机碾压成型铺装上面层沥青混合料,养护后进行切割,并黏接拉头准备进行拉拔试验,具体试验过程见图 3-83。

a)钢板处理、涂黏结层

b)装入试模

c)铺下面层混合料

d)碾压成型

e)成型试件

f)切割、黏接拉头

图 3-83　双层环氧铺装黏结层试验过程

(3)黏结层拉拔试验

采用ChemCo桥面铺装专用拉拔设备,试验温度为60℃、25℃,拉拔试验装置见图3-84,拉拔试验试件破坏界面见图3-85,破坏发生在钢板黏结层上面混合料、拉头下面混合料内部,这也放映出该黏结层材料强度较混合料黏结料强度高,具体试验数据见表3-46,试验结果表明ChemCo环氧沥青黏结料的黏结性能基本满足林同炎公司提出的标准要求,只是60℃的拉拔强度略低于要求(1.75MPa),分析这与试验用钢板表面粗糙度较低有关。

图3-84　拉拔试验装置

图3-85　拉拔试验破坏界面

双层环氧铺装黏结层拉拔试验数据　　表3-46

温度(℃)	读数(Psi)	拉力(N)	黏结面积(mm^2)	强度(MPa)	破坏面位置
25	1 225	15 041	5 400	2.79	钢板黏结层上面混合料
	1 300	15 962	5 400	2.96	拉头下面混合料
	1 350	16 576	5 400	3.07	钢板黏结层上面混合料
	1 425	17 497	5 400	3.24	拉头下面混合料
	平均			3.01	
60	789	9 688	5 400	1.79	钢板黏结层
	710	8 718	5 400	1.61	钢板黏结层
	690	8 472	5 400	1.57	钢板黏结层
	765	9 393	5 400	1.74	上、下面层间黏结层
	平均			1.68	

(4)黏结层剪切试验

黏结层剪切试验采用ChemCo桥面铺装专用拉拔设备,试验温度为25℃、60℃,分别进行铺装层与钢板间、铺装层间的剪切试验,剪切试验装置分别见图3-86、图3-87。铺装层与钢板间剪切试验数据见表3-47,铺装层间的剪切试验数据见表3-48,试验结果表明ChemCo环氧沥青黏结料的剪切性能优良,满足本课题计算剪切强度要求。

图3-86 铺装层与钢板间剪切试验装置

图3-87 铺装层间剪切试验装置

双层环氧铺装与钢板间剪切试验数据 表3-47

温度(℃)	读数(Psi)	拉力(N)	黏结面积(mm^2)	强度(MPa)	计算剪应力(MPa)	破坏面位置
25	1 650	20 259	8 100	2.50	1.23	黏结层
	1 950	23 943	8 100	2.96		黏结层
	1 850	22 715	8 100	2.80		黏结层
	平均			2.75		
60	690	8 472	8 100	1.05	0.53	黏结层
	590	7 244	8 100	0.89		黏结层
	612	7 514	8 100	0.93		黏结层
	平均			0.96		

双层环氧上下铺装层间剪切试验数据 表3-48

温度(℃)	读数(Psi)	拉力(N)	黏结面积(mm^2)	强度(MPa)	计算剪应力(MPa)	破坏面位置
60	155	1 903	2 000	0.95	0.42	黏结层
	160	1 965	2 000	0.98		黏结层
	150	1 842	2 000	0.92		黏结层
	平均			0.95		
25	试件夹持难度较大,剪切过程发生转动,所采用夹具无法剪切破坏试件					

3.6 小　　结

为了提高环氧沥青混合料的抗滑性能和抗疲劳性能,对原有级配和设计方法进行改进和完善,将"粗骨料空隙填充法(CAVF)"和"冲击韧性"引入到配合比设计当中,建立起积分与冲击韧性之间联系,并通过试验验证冲击韧性与疲劳性能之间关系;并对设计的沥青混合料开展抗滑性能、防水性能和疲劳性能等路用性能研究工作，提出以“空隙率、构造深度、冲击韧性”作为环氧沥青混合料配合比设计的评价指标。

通过改进传统 MA 施工工艺，显著提高施工效率，GMA 沥青混合料的高温性能可以达到或优于 MA 沥青混合料。采用 GMA 工艺不仅解决了生产工效问题，同时浇注式沥青混凝土的性能可以达到英国标准体系要求，也可以达到国内的泰州大桥、南京四桥等典型工程钢桥面铺装浇注式混凝土的性能水平。

试验研究结果表明，浇注式沥青混合料的配合比与施工工艺均是影响高温稳定性、疲劳耐久性的主要因素。可以通过控制浇注式沥青混凝土的车辙动稳定度、冲击韧性指标，更有效地确定浇注式沥青混合料的拌和温度、拌和时间、混合料配合比等关键技术指标，也可以有效控制浇注沥青混凝土钢桥面铺装的施工质量，保证铺装层的高温稳定性和疲劳耐久性。

对环氧沥青混合料疲劳性能及疲劳耐久极限进行深入研究，研究结果可进一步解释环氧沥青混合料疲劳破坏机理，为铺装材料的耐久性设计及方案选择提供借鉴意义。

以港珠澳大桥桥面铺装工程为案例，结合本书研究成果对铺装层疲劳损伤累积及寿命预测过程进行详细论述，并基于室内疲劳试验和实桥荷载谱及环境谱的基础上，完成港珠澳大桥桥面铺装疲劳寿命预测工作。

本章参考文献

[1] 胡光伟. 大跨径钢桥面铺装体系力学分析与优化设计[D]. 南京：东南大学博士学位论文，2005.

[2] 王伯惠. 斜拉桥结构发展和中国经验[M]. 北京：人民交通出版社，2003.

[3] 曾宪武，王永珩. 桥梁建设的回顾和展望[J]. 公路，2002(01)：14-21.

[4] 周孟波. 悬索桥手册[M]. 北京：人民交通出版社，2003.

[5] Wai-Fai. Bridge Engineering Handbook[M]. Boca Raton：CRC Press，2000.

[6] 华南理工大学. 港珠澳大桥连续钢箱梁桥面铺装研究预报告[R]. 2011.

[7] I. J. Dussek，Well(Trinidad Lake Asphalt) Lid. Mastic asphalt(and guss asphalt) surface courses[C]. In：Cliff Nicholls Asphalt Surfacing London and New York E&FN Sponan print of Routledge，1998.

[8] 沈金安. 改性沥青与 SMA 路面[M]. 北京：人民交通出版社，1998.

[9] 卢永贵. 沥青马蹄脂碎石混合料研究[D]. 西安：长安大学博士学位论文，2001.

[10] BS 1447-1988. Specification for Mastic asphalt (limestone fine aggregate) for roads，pavings in building [S]. 1988.

[11] BS-5284. Methods of Sampling and testing mastic asphalt used in building and civil engineering[S]. 1993.

[12] 多田宏行. 桥面铺装的设计与施工[M]. 东京：鹿岛出版会，1996，pp：390-395.

[13] 吕伟民，孙大权. 沥青混合料设计手册[M]. 北京：人民交通出版社，2007.

[14] T F Mika. Polyepoxied compositions[J]. USP3012487，1961.

[15] 刘克非. 环氧沥青结合料试验研究[D]. 长沙：长沙理工大学硕士学位论文，2008.

[16] 吕伟民,郭忠印. 高强沥青混凝土的配制与性能[J]. 公路,中国公路学报,1996,01(09):8-13.

[17] 吕伟民. 热拌高强沥青混凝土的配制原理及其力学特性[J]. 同济大学学报,1995,05(23):520-523.

[18] 刘大梁,朱梦良,张淑琴. 环氧改性沥青砂试验研究[J]. 长沙电力学院学报(自然科学版),1998,01(13):76-79.

[19] 徐伟,张肖宁. 钢桥面铺装材料黏弹性及疲劳损伤特征的试验研究[J]. 中南公路工程,2006,04(31):111-115.

[20] 徐伟,张肖宁,涂常卫. 虎门大桥钢桥面铺装维修方案研究与工程实施[J]. 公路,2010,05(05):68-71.

[21] 洪涌强,徐伟. 环氧沥青混合料温度控制研究[J]. 科学技术与工程,2010,10(05):1298-1300.

[22] 杨三强,郝培文. 环氧沥青铺装材料加速加载试验研究[J]. 交通科学与工程,2010,02(06):10-13.

[23] 庞渊. 环氧沥青混合料钢桥面铺装疲劳性能研究[D]. 西安:长安大学硕士学位论文,2010.

[24] 何清,姜炜,李知强,等. ERS钢桥面铺装技术在宜昌长江公路大桥中的应用[J]. 交通科技,2012,2012(03):100-103.

[25] 方满胜. 树脂沥青组合体系(ERS)钢桥面铺装技术分析[J]. 安徽建筑,2012(04):134-135.

[26] 韩超,李浩天,贾渝,等. 基于现代化检测的环氧沥青钢桥面铺装病害研究[J]. 公路工程,2011,36(01):51-54.

[27] 周晓华,宗海,童义和,等. 环氧沥青混凝土钢桥面铺装层病害分析[J]. 公路交通科技,2010,26(08):105-107.

[28] 何长江,钱振东,王建伟,等. 环氧沥青混凝土钢桥面铺装病害处治技术研究[J]. 交通科技,2007(05):42-43.

[29] 傅栋梁. 钢桥面铺装预防性养护对策分析[J]. 公路,2010(01):45-48.

[30] 蒋玲. 环氧沥青混合料应用研究现状与发展趋势[J]. 化工新型材料,2010,38(09):34-36.

[31] 魏玉莲,宗海. 环氧沥青混凝土钢桥面铺装裂缝病害修复研究[J]. 中国高新技术企业,2010,02(33):178-182.

[32] 陈仕周. 公路钢箱梁桥面铺装设计与施工技术指南[S]. 北京:人民交通出版社,2006.

[33] 严家伋. 道路建筑材料[M]. 北京:人民交通出版社,1996.

[34] 吴旷怀,张肖宁,张志发. 单一粒径为主的密断级配沥青混合料研究[J]. 哈尔滨建筑大学学报,1998,06(31):120-125.

[35] 丛卓红,郑南翔. 沥青混合料级配优化设计[J]. 长安大学学报(自然科学版),2007,03(27):14-17.

[36] William R V, William J P, Samuel H C. Bailey method for gradation selection in HMA mixture design[R]. Transportation Research Circular Number E-C44,2002.

[37] William R V, William J P, Samuel H C. Aggregate blending for asphalt mix design Bailey method [J]. Transportation Research Record,2001,17(89):146- 153.

[38] 郝培文,徐金枝,周怀治. 应用贝雷法进行级配组成设计的关键技术[J]. 长安大学学报(自然科学版),2004,06(24):1-4.

[39] 王艳丽. 利用贝雷法参数对沥青混合料嵌挤骨架结构的判别[J]. 公路交通科技,2008(09):76-79.

[40] 王立久,刘慧. 骨架密实型沥青混合料集料级配设计方法[J]. 中国公路学报,2008,05(21):6-10.

[41] 张肖宁,王绍怀,吴旷怀,王端宜. 沥青混合料组成设计的 CAVF 法[J]. 公路,2001,12(12):18-21.

[42] 张肖宁,郭祖辛,吴旷怀. 按体积法设计沥青混合料[J]. 哈尔滨建筑大学学报,1995,02(28):5-9.

[43] 孙立军. 沥青路面结构行为理论[M]. 北京:人民交通出版社,2005.

[44] 程靳. 赵树山. 断裂力学[M]. 北京:科学出版社,2006:115-133.

[45] B. Hauang, Z. Zhang, W. Kingery. Fatigue Crack Characteristics of Hma Mixtures Containing Rap[C]. 5th RILEM Conference on Reflective Cranking in Pavements, France,2004:631-638.

[46] 陈篪. 弹塑性断裂力学及其应用[J]. 科学通报,1975(20):329-332.

[47] 刘宇. 基于半圆弯曲试验的沥青混合料动态响应及断裂性能研究[D]. 哈尔滨:哈尔滨工业大学博士学位论文,2008.

[48] LIU Yu, ZHANG Xiaoning, XUE Zhongjun. Evaluation Fracture Resistance of Stress Absorbing Layer Using J Integral Fracture Criterion[J]. Science Technology and Engineering,2007,24(07)6363-6367.

[49] Mull M A, Sturt K, Yehia A. Fracture resistance characterization of Chemically. Modified crumb rubber asphalt pavement[J]. Journal of Materials Science,2002,37: 557-566.

[50] Rajkiran R, Tiwari D. R. Paul. Polypropylene-elastomer (TPO) nano composites: Ductile-brittle transition temperature[J]. Polymer,2012,53: 823-831.

[51] 王元清,奚望,石永久. 钢轨钢材低温冲击功的试验研究[J]. 清华大学学报(自然科学版),2007,47(09):43-47.

[52] 钟群鹏,张峥,李洁,等. 材料韧脆转移过程的数学模拟和实验标定[J]. 北京航空航天大学学报,2008,03(07):53-57.

[53] 赵建平,张秀敏,沈士明. 材料韧脆转变温度数据处理方法探讨[J]. 石油化工设备,2004,33(4):29-31.

[54] 罗晓蓉,陈晨枫,丁欲晓,等. 基于 Origin 软件正确评定韧脆性转变温度[J]. 物理测试,2010,02(28):43-47.

[55] 沈金安,李福晋,陈景. 高速公路沥青路面早期损坏分析与防治对策[M]. 北京:人民交通出版社,2004.

[56] Dongre, Raj, D Angelo, John and Gerry Reinke. A New Criterion for Superpave High Temperature Binder Specification [J]. Transportation Research Record, National Research Council, Washington,2004,pp:25-41.

[57] 张肖宁. 沥青与沥青混合料的黏弹力学原理及应用[M]. 北京:人民交通出版社,2006.

[58] 尹应梅. 基于 DMA 法的沥青混合料动态黏弹特性及剪切模量预估方法研究[D]. 广州:华南理工大学博士学位论文, 2011.

[59] 迟凤霞. 基于变形特性的沥青混合料形态学研究[D]. 广州:华南理工大学博士学位论文,2008.

[60] Gerald H. Reinke, Stacy Glidden. Development of Mixture Creep Performance Tests Using a Dynamic Shear Rheometer[J]. Transportion Research Board of the National Academies. 2004.

[61] 高英. 基于动态参数的沥青路面设计方法研究[J]. 同济大学博士研究生学位论文,1999:5-42.

[62] 赵延庆,吴剑,文健. 沥青混合料动态模量及其主曲线的确定与分析[J]. 公路,2006(8):163-167.

[63] 闵召辉. 热固性环氧树脂沥青及沥青混合料开发与性能研究[D]. 南京:东南大学,2004.

[64] 薛连旭.基于疲劳特性的环氧沥青混合料设计研究[D].广州:华南理工大学博士学位论文,2010.

[65] Airey, G. D., Rahimzadeh. Linear viscoelastic limits of bituminous binders[J]. Association Asphalt Paving Technology,1971,pp:160-196.

[66] Wekumbura C. Linear and Non—linear viscoelastic Behaviour of Selected Neat and Polymer Modified Asphalts (PMAs)[D]. Department of Civil Engineering, University of Calgary,2005.

[67] 郭咏梅,倪富健,肖鹏.基于线黏弹范围的改性沥青动态流变性能[J].江苏大学学报,2011,32(04):178-182.

[68] 张肖宁,任永利,迟凤霞.基于动态频率扫描的环氧沥青混合料性能研究[J].华中科技大学学报(自然科学版),2009,37(07):103-105.

[69] 姚波,程刚,王晓.基于弯曲试验模式的环氧沥青混合料动态模量[J].东南大学学报(自然科学版),2011,41(03):598-600.

[70] 菅原照雄.沥青混合料的动态性质及其在沥青路面结构力学分析中的应用.沥青混合料力学性能研究论文集[R].哈尔滨:哈尔滨建筑大学,1982:123-126.

[71] 叶国铮.柔性路面疲劳与优化设计[M].北京:人民交通出版社,1989.

[72] 何曼君,陈维孝,董西侠.高分子物理[M].上海:复旦大学出版社,1990.

[73] Pellinen, T. K., and M. W. Witczak. Stress Dependent Master Curve construction for Dynamic (Complex) Modulus[J]. Journal of the Association of Asphalt Paving Technologists,2002,71:321-345.

[74] R. M. Christensen.. Theory of Viscoelasticity[M]. Second Edition, Acdemic Press, Inc,1982:39-160.

[75] 金日光,刘薇.应力一温度等效性及 WLF 方程参数的物理意义[J].北京化工学院学报,1994,21(02):19-23.

[76] 孙志忠,袁慰平.闻震初.数值分析(第二版)[M].东南大学出版社.2002.

[77] 汪林,陈仕周,黄冰释.掺纤维环氧沥青混合料性能试验研究[J].公路,2010,11(11):189-193.

[78] Khal ID H , Artamend I. Characterization of Fatigue Damage for Paving Asphaltic Materials[J]. Fatigue & Fracture of Engineering Materials &Structures ,2005,28 (12):1113-1118.

[79] Benedetto D H , Roche C D L , Baaj H , et al. Fatigue of Bituminous Mixtures [J]. Materials and Structures, 2004,37 (3):202-216.

[80] E. Ray Brown. Methods for determining the endurance limit using beam fatigue tests[J]. International Conference on Perpetual Pavement,2006 Sept:13-15.

[81] 张顺先.基于使用性能的钢桥面铺装环氧沥青混合料设计研究与疲劳寿命预测[D].广州:华南理工大学博士学位论文,2013.

[82] BS 1447:1998, Specification for Mastic asphalt (limestone fine aggregate) for roads, footways and pavings in building[S], published under the authority of the Board of BSI, PP3-4.

[83] EUROPEAN STANDARD NORME EUROPéENNE EUROPÄISCHE NORM, BS EN 13108-6:2006, Bituminous mixtures —Material specifications —Part 6: Mastic Asphalt[S]. published under the authority of the Standards Policy and Strategy Committee.

[84] Lamine Dieng, Pierre Marchand, Fernanda Gomes, Christian Tessier and François Toutlemonde. Use of UHP-FRC overlay to reduce stresses in orthotropic steel decks[J]. Journal of Constructional Steel Research, Vol. 89, 2013, pp. 30-41.

[85] Wang Xiao, Chen Xianhua, Cheng Gang and Huang Wei. Cracking of the asphalt surfacing of the longest suspension steel bridge in China[C]. 24th Annual Southern African Transport Conference, Pretoria, South Africa, 2005, pp. 935-942.

[86] Wu W. L. Study on the Fatigue Performance of Guss asphalt Concrete[D]. Master thesis, Chongqing University, 2009, pp. 21-29.

[87] Shirahata H., Akasaka K. and Iizuka T. Detection of fatigue crack of steel deck plate by ultrasonic nondestructive testing[C]. Proceedings of the 5th International Conference on Bridge Maintenance, Safety and Management, Philadelphia, United states, 2010, pp. 3537-3544.

[88] Kashefi, Kiana, Zandi, A. Peyman and Zeinoddini, Mostafa. Fatigue life evaluation through field measurements and laboratory tests[C]. 10th International Fatigue Congress, Fatigue 2010, Prague, Czech republic, 2010, pp. 573-582.

[89] Zhang Xiaochun, Huang Wei, Wei Qifen, Zhang Lei and Tong Xiaodong. A fatigue damage analysis of composite construction composed asphalt concrete pavement and steel-box beam deck of steel bridge[J]. Key Engineering Materials, 2004, Vol. 274-276(1), pp. 223-228.

[90] Asphalt Institute. Research and Development of the Asphalt Institute's Thickness Design Manual (MS-1) Ninth Edition[R]. Research Report RR 82-2. College Park, Maryland, 1982.

[91] SHELL International. Shell pavement design manual[M]. London, 1978.

[92] Yu J. M. Fatigue Performance of Asphalt-Aggregate Mixes[D]. A dissertation Submitted to South China University of Technology for the Doctor's Degree, 2005.

[93] 徐伟,李智,张肖宁. 正交异性钢桥面铺装研究及设计要点分析[J]. 中外公路,2006,26(4):175-179.

[94] 徐伟,张肖宁. 正交异性桥面结构数值模拟优化分析[J]. 中南公路工程,2006,31(3):59-62.

[95] 徐伟,张肖宁. 钢桥面铺装材料黏弹性及疲劳损伤特征的试验研究[J]. 中南公路工程,2006,31(4):110-113.

第4章 钢桥面铺装加速加载试验

我国工程技术科研人员在过去的20余年时间里不断开展课题攻关,努力解决钢桥面铺装技术难题,在铺装结构设计、材料开发应用、施工技术、维修养护等方面取得了显著成果,有效提高了钢桥面铺装性能和使用寿命,尤其是钢桥面板整体趋势在逐渐加厚,同时部分桥梁对超载也进行了一定控制管理,有效改善了铺装受力条件;在桥面铺装材料方面也取得了显著发展,整体上近年我国钢桥面铺装状况得到了显著改善。但是我国钢桥面铺装技术应用时间较短,多数工程还需要经过更长时间的检验,目前应用的部分技术仍不成熟,需要进一步总结已有的工程经验,针对具体工程开展相关的研究课题,以期更好地解决这些工程难题,为道路桥梁建设提供技术支持,并推动我国钢桥面铺装技术的发展。由于当前我国钢桥面铺装技术和规范还不成熟,相关理论研究还需要进一步加强,要求钢桥面铺装问题必须通过理论与实践相结合去探索和解决。

深入了解实际桥面铺装层的应力、应变场唯一可靠的办法就是采用可靠的手段测量实际桥面板体系中的应力、应变场。钢桥面铺装结构体系通过加速加载试验研究,能够在短短几个月内就能模拟车辆荷载对桥面铺装数十年的作用效果,加速加载试验现已经得到了公路研究者们的认可。

为了满足港珠澳大桥的使用性能要求,需要在接近实体使用条件的情况下对港珠澳大桥桥面铺装状况和性能进行快速的试验模拟研究,在尽可能短的时间内取得试验结果,以指导实践工作。加速加载试验能很好地满足这种要求,可以应用在对不同铺装结构类型、不同铺装材料、不同荷载类型的经验性比较上,也可用在对铺装结构响应和材料行为状况的验证上。因此,加速加载试验应该成为确认铺装结构及材料性能的最接近实体工程的试验佐证,是对研究成果的工程性验证,为提出推荐的港珠澳大桥钢桥面铺装结构体系提供科学的理论依据。

4.1 钢桥面铺装加速加载试验方法

4.1.1 加速加载试验的目标

开展钢箱梁桥面铺装系统加速加载试验研究工作的目标如下:

(1)针对预研究推荐的铺装结构与材料,开展加速加载试验研究工作,以确认和完善桥面铺装设计方案(包括铺装材料类型的选择、铺装结构的设计、铺装材料施工工艺与流程等);完成铺装方案在不同荷载类型、外界环境温度、加载次数作用下的铺装结构体系力学响应和材料状况理论模型的验证。

(2)通过钢桥面铺装结构分析,根据需要和试验条件确定加速加载试验的尺寸模型,并结合试验模型和实桥结构受力分析,完成模型尺寸和边界约束条件的确定,形成一套符合工程实际的钢桥面铺装加速加载边界条件约束技术和设计方法。

(3)通过对钢箱梁桥面铺装加速加载试验研究,考虑港珠澳大桥地处高温多雨的亚热带地区的特点,有针对性地完成钢箱梁桥面铺装的路用性能研究工作(重点是高温性能和疲劳性能),并结合大量室内试验研究成果(对加速加载试验不能模拟的情况进行补充),完成钢桥面铺装方案的使用寿命预测,最终形成长效耐久的钢桥面铺装技术。

4.1.2 试验方法分析

足尺或缩小比例尺寸的加速加载试验是指在相对较短的时间内模拟道路在设计限内的车辆荷载和环境条件作用状况,其试验主要被用于不同铺面结构、不同铺装材料和不同荷载型的比较研究,其次用于理论模型和材料行为的验证,以及预测和研究道路的长期使用性能。足尺加速加载试验可以分为以下几类:

4.1.2.1 可控加速加载的试验路

足尺加速路面试验最早可追溯至1909年在底特律的试验路,经过持续的发展,目前各国都在不同程度地开展自己的足尺加速路面试验。1958年至1960年,为探讨路面设计参数、荷载和累计轴载作用次数之间的统计关系,美国在芝加哥和伊利诺伊州分别进行了不同轴载作用次数、不同厚度的AASHO道路足尺试验。1993年,在明尼苏达州开展了路基、路面双向应变量控制、温度变化的试验路研究之后,又在内华达汽车试验中心开展了热拌沥青混合料路用性能应用的椭圆形环道试验研究。美国相关交通部门为准确分析评价桥面铺装结构与材料,美国国家沥青技术研究中心在几个联邦州进行了环道试验。试验路可以提供有关路面使用性能的非常有力的证据,但是不能对环境进行控制,如果通过控制轴载使路面加速破坏,试验的费用也很高。

4.1.2.2 环形、直线形、无固定线形试验道

英国道路试验室、荷兰阿姆斯特丹壳牌试验室、法国南特LCPC环道试验场以及南非的直道试验室、西班牙马德里的道路研究中心(CEDEX)试验室等均对路面应力、应变分布以及动态荷载与路面受力变形的关系进行了深入研究,通过一系列APT实验,全面提高了路面研究和实践水平,在世界范围内产生了深远影响。目前国外针对环道与直道实验,常用加速加载实验设备主要有澳大利亚ALF、南非研制美国生产的重车模拟器(HVS)、南非小型移动荷载模拟器(MMLS3)、美国直道加载器(TXMLS)以及荷兰LINTRACK固定式直道型加速加载模拟器等。试验道有3种基本类型:①通过围绕环形试验道中心支柱转动的车轮施加荷载(如法国

的 LCPC),环道的优点是可以高速运行,而且可以同时做几个试验段。但是,一旦一个试验段破坏,其他几个试验段的路用性能将受到影响,而且除非环道直径足够大,否则横向剪切力(结果会导致很大的轮胎磨损)将成为试验中的一大难题;同时使用普通的施工设备,环道施工时也很麻烦。②轮子在线形试验道上做直线运动(如各种 ALF 试验设备),直道设备有速度限制,并且一些情况下采用双向加载方式可能会影响路面响应和耐久性。③无固定线形但通常限制在环形或椭圆形试验道上移动的设备(如西班牙的 CEDEX 的设备)。

4.1.2.3 其他类型

采用静载或脉冲加载设备加载,如德国 BASt 的设备。该设备的优点是操作简单,可以控制观测速率,观察实际荷载以实际速度运行对路面的影响,比在现有道路上观测速度更快。

国内具有加速加载试验研究设备的有招商局重庆交通科研设计院有限公司(原交通部重庆公路科研所)、长沙理工大学、交通运输部公路科学研究院、长安大学、辽宁省交通科学研究院、同济大学等单位。无论采用哪种加速加载实验系统,应用于正交异性大跨径钢桥面铺装体系的研究并不多,国内外在桥面铺装加速加载试验研究方面也仅仅处于起步阶段,至今没有很好地积累足尺模型加速加载试验的技术与方法,与结构工程领域相比技术严重落后,少有的试验结果与其落后的工程实际也不能很好吻合。通过比较以上几个单位的加速加载设备的性能、试验周期、试验条件等因素,最终选定同济大学的 MMLS66 型可移动直线式路面加速加载试验系统,该系统是由南非生产的,其最大轴载可以达到 7.5t,有效加载长度约为 8m,加载频率可达到 6 000 次/小时。MMLS66 型加载设备如图 4-1 所示。

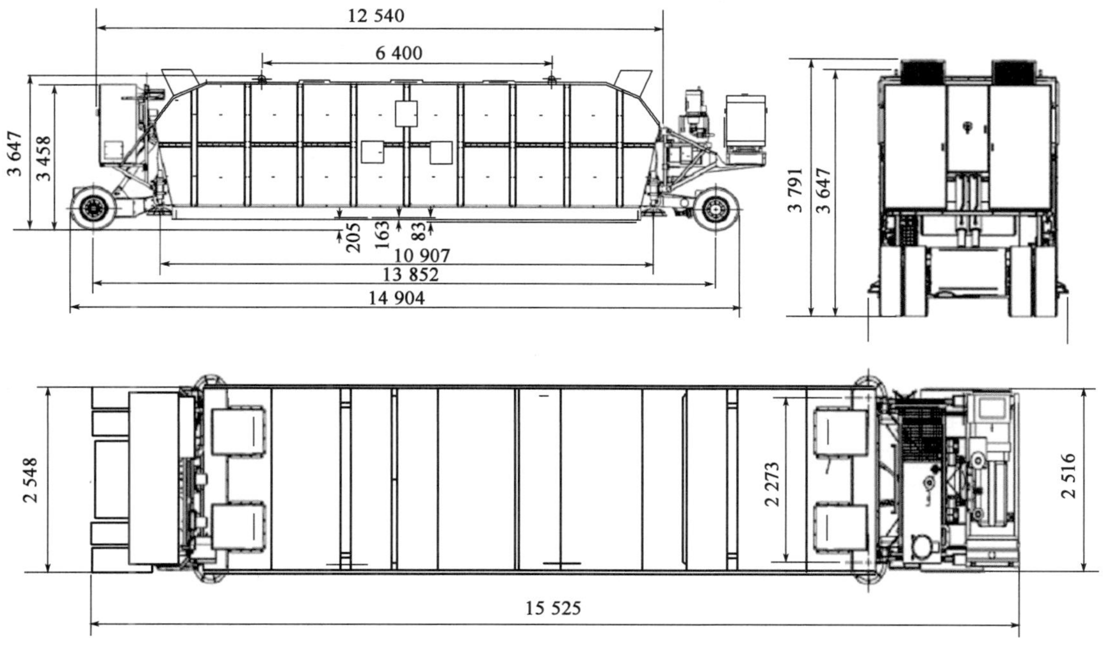

图 4-1 加速加载设备图(尺寸单位:mm)

4.2 加速加载试验实例

4.2.1 试验方案与设计

加速加载试验是模拟铺装材料在各种不利状况下的促进性破坏试验，是比较铺装方案性能优劣的一种方法，为了使加速加载试验能够客观、真实地模拟铺装体系在不利状况下的使用条件，所选取节段模型应能模拟实桥桥面铺装在行车荷载作用下的受力状况，对 MA 类铺装铺装结构体系开展加速加载试验研究。

对连续钢箱梁桥面铺装加速加载试验分别进行高温性能和疲劳性能的试验研究，高温性能试验采用单轴双轮组，拟在试验温度 60℃ 且施加荷载为接地压强 0.7MPa 的车轮压应力荷载水平下运行；疲劳性能评价采用力学分析得到的最不利应力状态为控制目标（本次试验施加荷载水平为单轴单轮 1.5 倍轴载，即单轴 5.25t），试验运行温度为 15℃，采用足尺箱梁的部分节段进行试验，试验节段边界约束条件应反映实桥受力状况并能够模拟实桥最不利荷载状况。

4.2.1.1 加速加载高温车辙试验方案设计

根据《港珠澳大桥主体工程桥梁施工图设计阶段连续钢箱梁桥面铺装方案加速加载试验研究大纲》相关规定，高温车辙加速加载试验在 60℃ 温度条件下以标准双轮轴载（轮组质量 5t，接地压力 0.7MPa）的荷载水平运行。预计运行次数为 5 万次或车辙深度达到 1in（25.4mm）进行控制。

高温车辙加速加载试验的研究目的在于：

（1）比较不同铺装材料在相同温度与轴载条件及运行次数下的车辙变形抵抗能力，据此相互比较筛选车辙抵抗能力较好的铺装材料组成；

（2）比较不同铺装材料在相同温度与轴载条件及运行次数下车辙变深度与硬度等材料设计指标及室内动稳定度测定结果的关系，为施工质量控制提供依据。

在进行高温车辙加速加载试验时，考虑到桥面铺装主要承受车轮荷载的压应力与剪应力作用而发生变形，采用与实桥箱梁结构关键节段作为设计模型较为合理。此模型横肋间距以及各板件厚度基本与实桥模型一致。荷载中心位于边腹板正上方，荷载分布以及截面如图 4-2和图 4-3 所示。模型主要尺寸如表 4-1 所示。

试验模型尺寸 表 4-1

模型	横隔板的悬挑高度（mm）	U 肋截面尺寸（高×上宽×下宽）（mm）	跨中横隔板间距（mm）	顶板厚度（mm）	横隔板/横肋厚度（mm）	U 肋厚度（mm）
试验模型	500	200×200×120	2 500	18	16	8
实桥模型	1 500	300×300×180	2 500	18	16	8

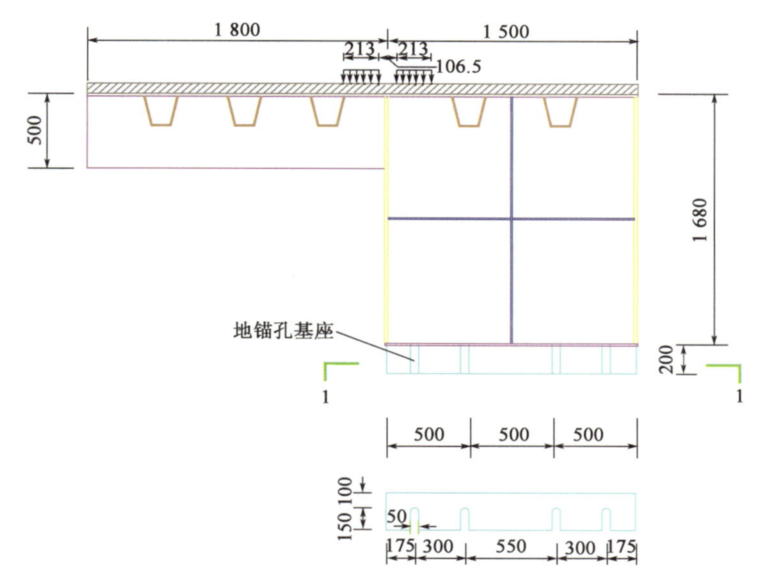

图 4-2　桥断面示意图(尺寸单位:mm)

MLS66 型加速加载试验设备共有 6 个轮组循环施加荷载,其中相距 3.8m 的两个轮组将同时作用于实验模型,如图 4-3 所示。

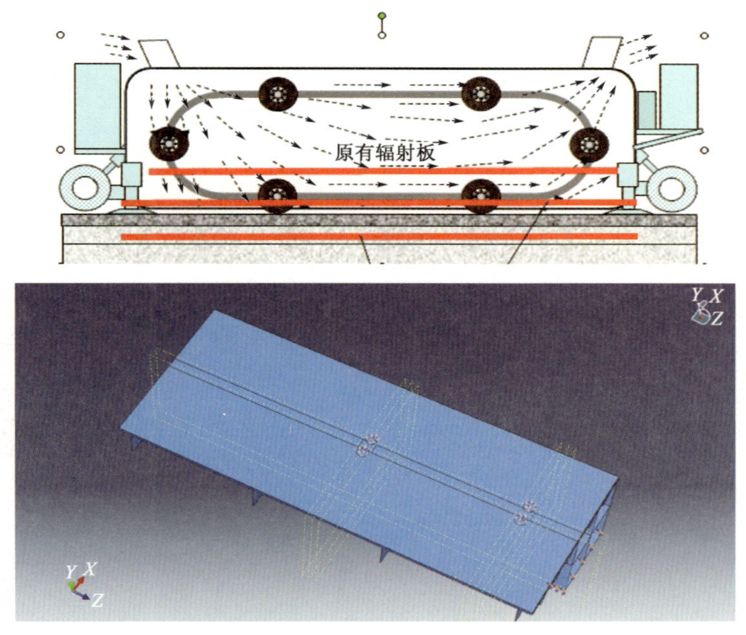

图 4-3　荷载布置示意图

根据试验要求,在加载过程中桥面铺装的温度为 60℃,拟定 MLS66 型加速加载试验设备小车运行速度为 20km/h,此时取钢材弹模为 2.06×10^5MPa,铺装层弹性模量为 1 000MPa。铺装底层与钢板黏结处的横向剪应变值如图 4-4 所示,纵向剪应变值如图 4-5 所示,铺装层顶层压应变分布图如图4-6所示,铺装层顶层压应力分布图如图4-7所示。表4-2为剪应变计算结果统计。

图4-4 横向剪应变分布图

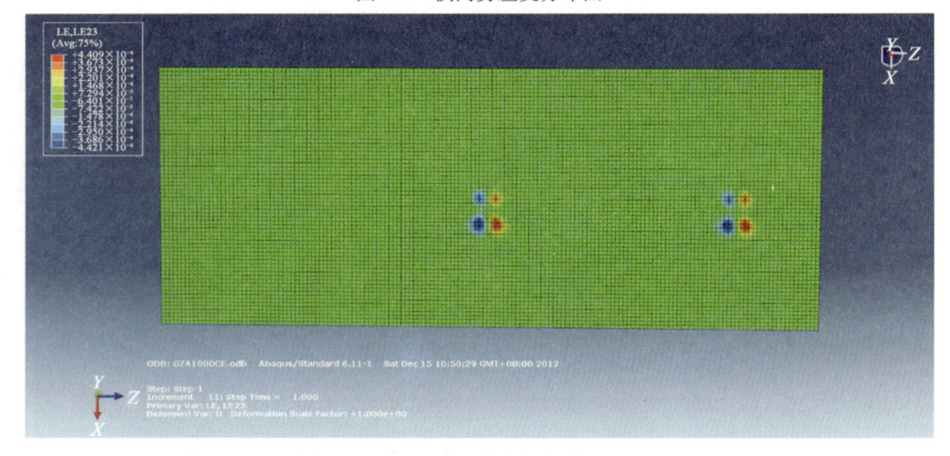

图4-5 纵向剪应变分布图

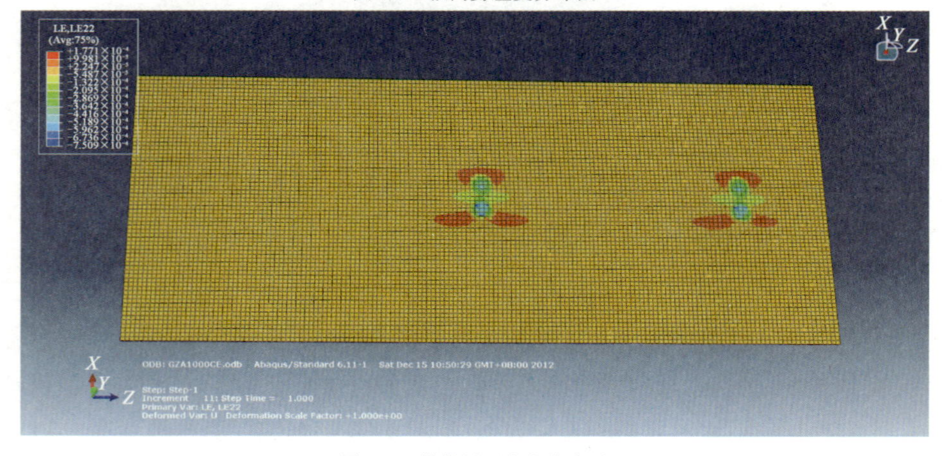

图4-6 铺装层压应变分布图

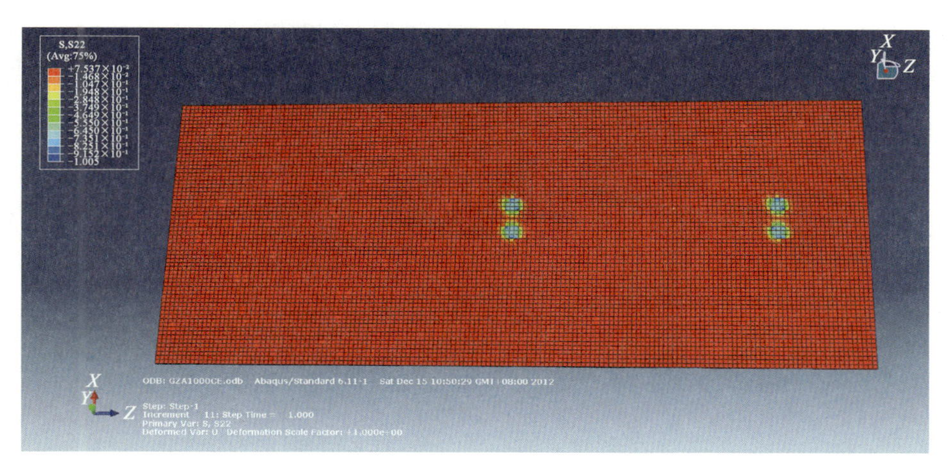

图 4-7　铺装层压应力分布图

剪应变计算结果　　表 4-2

计 算 内 容	最大横向剪应变	最大纵向剪应变	最大压应变	最大压应力(MPa)
数值	7.63×10^{-4}	4.42×10^{-4}	7.51×10^{-4}	1.0
位置	桥梁段中部,边腹板正上方	轮胎纵向边缘	轮胎正下方	轮胎正下方

4.2.1.2　加速加载疲劳试验方案设计

根据《港珠澳大桥主体工程桥梁施工图设计阶段连续钢箱梁桥面铺装方案加速加载试验研究大纲》相关规定,加速加载疲劳试验在15℃温度条件下以5.25t单轮荷载(接地压力1.05MPa)运行。预计运行次数为200万次或铺装表面出现疲劳裂缝进行控制。

加速加载疲劳试验的研究目的在于:

①比较不同铺装材料在相同温度与轴载条件及运行次数下的疲劳破坏抵抗能力,据此相互比较筛选疲劳抵抗能力较好的铺装材料组成;

②根据模型设计与加速加载疲劳试验结果预测桥面铺装在标准荷载条件下的疲劳寿命;

③比较不同铺装材料在相同温度与轴载条件及运行次数下疲劳性能与材料设计指标的关系,为施工质量控制提供依据。

根据铺装层受力分析结果可知,加速加载疲劳试验模型中关键位置横向拉应变振幅是控制铺装层疲劳开裂破坏的主要设计指标。若试验允许荷载作用下试验模型构件钢桥面铺装最大横向拉应变变化的幅值与设计荷载作用下实桥模型的钢桥面铺装最大横向拉应变化振幅值基本相同,那么加载对桥面铺装层产生的疲劳损伤一致。

根据加速加载试验研究设计报告对局部荷载作用和整体荷载作用两种情况的桥面铺装结构受力变形分析,得出以下结论:

(1)局部荷载作用。局部荷载作用主要是在不考虑相邻车道、相邻车辆荷载影响下,单辆车载作用下桥面铺装的受力状态。局部加载处的车辆荷载模型采用《公路桥涵设计通用规范》(JTG D60—2004)中的公路一级车载布载方案,局部加载时的轮载采用了双后轴轴载。车辆荷载后轴轴重140kN,单轮轴重70kN,采用单轮加载,车辆着地面积为600mm×200mm,考虑25%超载,轮压为0.729MPa。

(2)整体荷载作用。为考虑桥面铺装最不利受力状态,考虑结构整体效应的影响,即根据初步计算模型中得到的第一跨跨中、一二跨间支座及第二跨跨中处弯矩的影响线分析结果,分别按照最大正弯矩、最大负弯矩及最大正弯矩效应布设相应的车道荷载,在此条件下计算桥面铺装的最大应变水平。

采用有限元计算港珠澳大桥钢桥面铺装受力变形情况,计算参数铺装层弹性模量20℃时:7 000MPa;15℃时:12 000MPa,铺装层厚度70mm。钢桥面铺装设计一般考虑影响最显著的横向应变,港珠澳大桥钢桥面铺装最大横向应变计算数据见表4-3。浇注式铺装在整体荷载、超载25%、1.4冲击系数不利条件下,最大横向拉应变为388με。

钢桥面铺装应变计算数据　　表4-3

铺装类型	最大横向拉应变(με)			
	25%超载		0%超载	
	局部荷载	整体荷载	局部荷载	整体荷载
20℃	187	277	140	208
15℃	142	222	107	167

如不考虑25%超载,应变水平将线形下降,比较数据见表4-3。数据显示港珠澳大桥钢桥面铺装的最不利应变水平较低,桥面刚度较大,有利于钢桥面铺装的抗疲劳耐久性。

15℃条件下,钢桥面铺装在一般局部荷载作用下的最大横向应变为107με,此条件进行加速加载试验,考虑试验效率,加速加载试验控制应变为一般荷载受力应变107με的2~2.5倍,即210~270με。

根据室内试验得出的铺装材料的疲劳预测方程,加速加载试验1次相当于实桥铺装层加载24次左右,通过加速加载疲劳试验可检验铺装层疲劳性能能否满足设计要求。

4.2.2 试验过程监控

4.2.2.1 试验准备

1)试件的制作

本次加速加载试验针对港珠澳地区的交通荷载组成和环境情况,对香港地区MA类铺装铺装方案进行高温性能和疲劳性能进行测试研究工作。

加速加载试验铺装层施工按照设计方案执行(表4-4)。因MA/GMA施工结束后,及时铺装SMA上面层,因此不需要进行层间黏结层的施工(图4-8~图4-10)。

港珠澳大桥钢桥面铺装设计方案 表4-4

铺装上面层	改性沥青SMA,厚度40mm
黏结层	洒布改性乳化沥青,用量:300~500g/m^2
铺装中间层	MA类铺装材料MA/GMA-10,厚度30mm
防水黏结层	沥青基的热熔黏结层
	两层丙烯酸基的合成树脂防水层,总厚度为:2mm
	底漆
钢板	喷砂除锈,清洁度:Sa2.5级;粗糙度:50~100μm

图4-8 摊铺MA

图4-9 GMA摊铺现场

图4-10 SMA摊铺现场

2)传感器布设方案

为了准确了解钢桥面铺装层的应力应变历史、验证并分析理论计算理论最大应变点的正确性和研究在重复荷载作用下铺装层的应变变化规律,必须进行应变片和温度传感器的布设工作,拟在钢桥面板底部、顶部和铺装层底部、界面和铺装层表面按照一定密度均匀布设应变传感器,对应变化较大以及应变较大的位置,例如纵向加劲肋的顶部,应变传感器设置密度适当增加。铺装层表面应变片较容易被机械设备损坏,在设备运行期间,需经常检查铺装层表面的应变片变化情况,保证应变片良好,否则重新更贴。本次加速加载试验拟采用光纤传感器规格为:长 18cm,直径 2.5cm,为了得到加速加载试验段桥面铺装体系的结构响应,以横隔板为中心应变较大部位按照 0.5m 的间距布置测量点和断面,考虑到传感器形状大小及测试精度,应变较小部位按照 1.0m 间距布设测量断面。

高温车辙试验横断面应变片布置图如图 4-11 所示,在桥段横向以边腹板为中心向两侧布置横向和纵向传感器或应变片,桥段纵向测点沿整个桥段布置,测点之间距离为 1.0m,总断面数为 7 个。

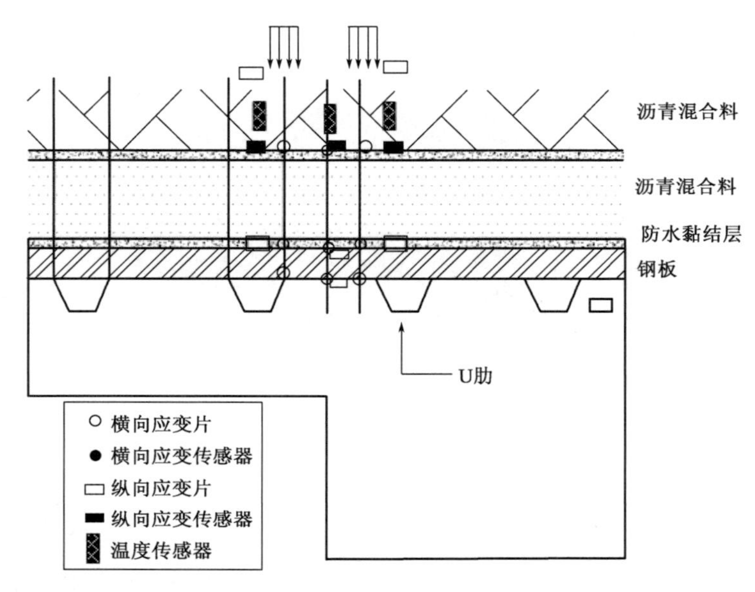

图 4-11 高温车辙试验横断面传感器布置图

疲劳试验重要传感器测点布置如图 4-12,车轮行迹带对所布置传感器破坏作用较小,试验调试时要求这些传感器的成活率尽量为 100%。桥面板底面竖向位移测点 A:横向为边腹板外侧 470mm,纵向为桥段中部向两侧布置测点,测点之间距离为 0.5m 和 1.0m,测点沿整个桥段布置,要求使用高精度位移计,因为最大位移只有 0.7mm 左右。试验监测对象主要包括温度、应变、车辙,需要在不同层位布设相应的电子元件,两次疲劳试验中,对个别应变监测点进行了调整,因此两次疲劳试验的应变监测进行了不同的编号。加载方式采用 6 台轮架循环滚动垂直加载,如图 4-13 ~ 图 4-16,单轴单轮 1.5 倍轴载的车轮压应力,即 52.5kN。

3)温度控制

MLS66 配有测温系统为 PT100 温度传感器和 24 通道彩屏无纸记录仪,可实时显示温度状况,最大采集频率为 1Hz,在每 1min 存储一次的情况下,可连续使用 180 天。如图 4-17 所示为加热保温系统示意图。

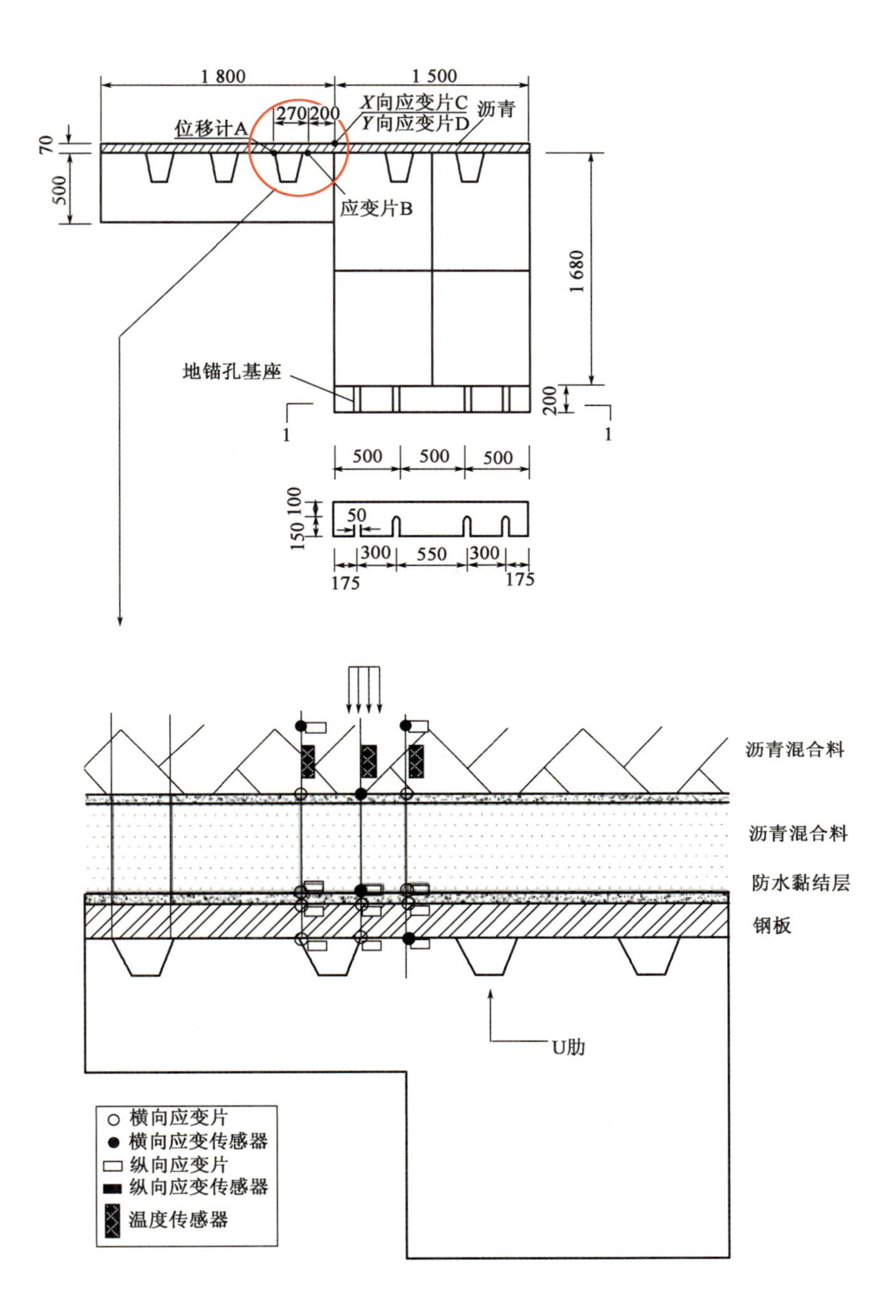

图4-12　疲劳试验横断面传感器布置图

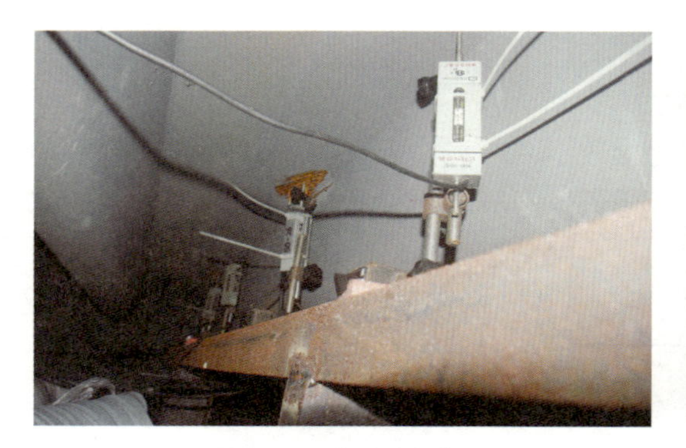

图 4-13 位移计安装

图 4-14 上面层 SMA 摊铺、应变片及温度传感器安装、导线布置

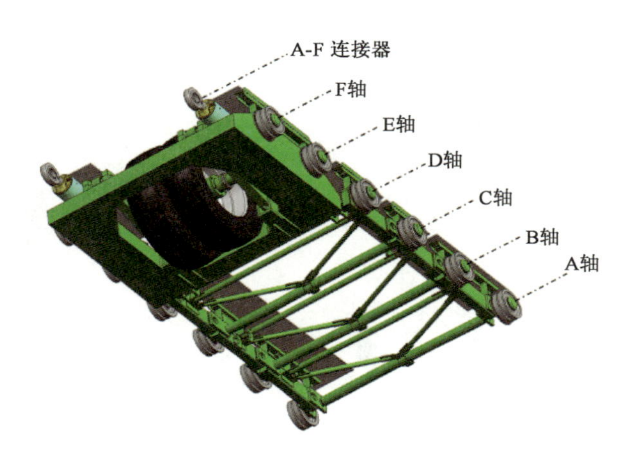

图 4-15 单轮架原理图

图 4-16 多轮架原理图(仰视、俯视)

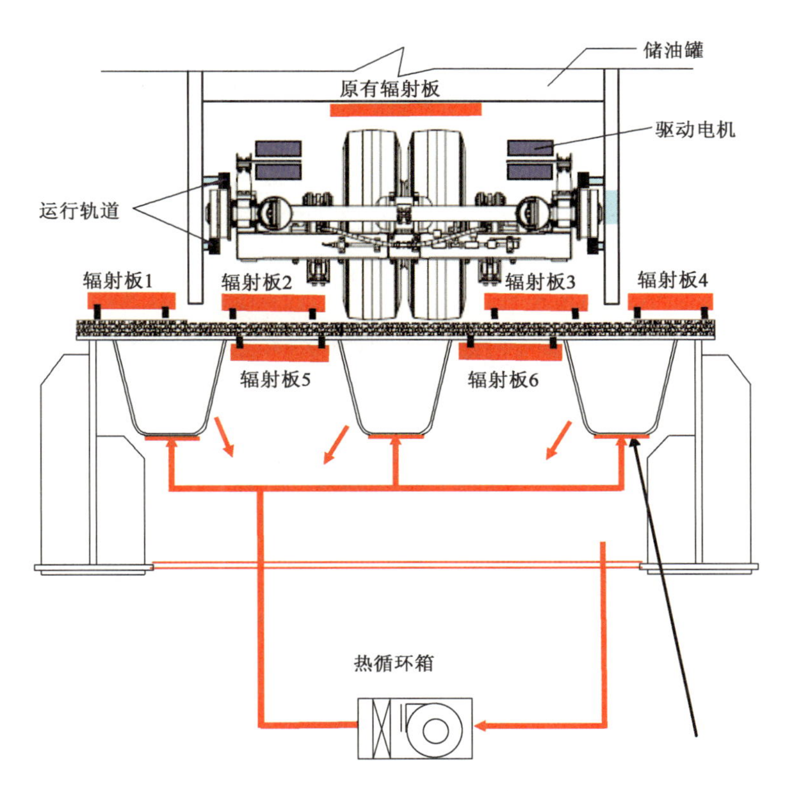

a)加热保温系统示意图(横剖面)

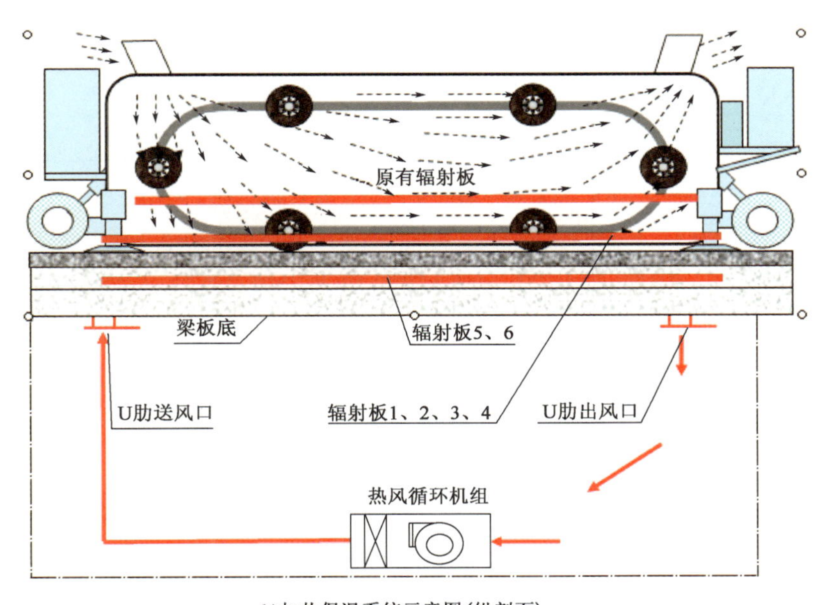

b)加热保温系统示意图(纵剖面)

图4-17　加热保温系统示意图

疲劳试验的理想控温应为15℃左右,但是在炎热的6~8月期间,实现温度控制难度很大。项目采取了很多措施保障温度控制。下方钢箱梁内部恒温制冷(5~8℃),路面两侧直吹冷气(14~18℃)等控温措施,如图4-18所示。要求控温范围:路面不大于20℃,路体内部不大于17.5℃。每日最短加载时间约为8小时,最长可达20小时,为保证对试验全过程进行温度记录,同时避免重复数据量太大,将无纸记录仪采集频率定为1Hz,数据记录频率定为4min/次。每日试验结束后对数据进行分析处理,如表4-5所示。

图4-18　路面直吹冷气降温

温度记录　　表4-5

记录时刻	相对时间(h)	路体1	路体2	路体3	路体4	路表1	路表2	环境温度
2013-09-15	0.00	11.5	11.8	12	12.6	12.1	12.5	27.8
2013-09-15	0.07	11.5	11.7	12	12.5	11.8	12.4	27.3
2013-09-15	0.13	11.2	11.6	11.6	12.6	11.4	12.7	27.5
2013-09-15	0.20	11.2	11.5	11.8	12.6	11.5	12.8	27.7
2013-09-15	0.27	11.4	11.9	11.9	12.8	12.7	13.6	27.5
2013-09-15	0.33	11.9	12.4	12.2	13.3	13.5	14	27.7
2013-09-15	0.40	12.6	12.9	12.4	13.5	13.9	14.2	28.1
2013-09-15	0.47	13.1	13.3	12.7	13.8	13.9	14.2	27.9
2013-09-15	0.52	13.5	13.6	12.8	14.3	14.3	14.3	28.2
2013-09-15	0.60	14.1	14.2	12.9	14.5	14.5	14.2	28
2013-09-15	0.67	14.5	14.4	13.1	14.5	14.7	14.4	28.1
2013-09-15	0.73	14.6	14.4	13.1	14.6	14.7	14.5	28.1
2013-09-15	0.80	14.8	14.5	13.3	14.8	14.7	14.4	28.2
2013-09-15	0.87	14.9	14.7	13.4	15	15	14.5	28.2
2013-09-15	0.93	15.2	14.7	13.4	15	14.8	14.5	28.2
2013-09-15	1.00	15.3	15	13.5	15.2	15	14.5	28.1

续上表

记录时刻	相对时间(h)	路体1	路体2	路体3	路体4	路表1	路表2	环境温度
2013-09-15	1.07	15.5	15.1	13.7	15.2	15.2	14.6	28.2
2013-09-15	1.13	15.7	15	13.9	14.9	14.8	14.5	28.2
2013-09-15	1.20	16	15.3	13.9	15.2	15.3	14.7	28.5
2013-09-15	1.27	16	15.3	13.9	15.2	15.2	14.5	28.5
2013-09-15	1.33	16.2	15.4	14	15.2	15.2	14.5	28.6
2013-09-15	1.40	16.2	15.7	14.2	15.3	15.4	14.5	28.6
2013-09-15	1.47	16.4	15.8	14.2	15.3	15.3	14.5	28.6
2013-09-15	1.53	16.5	15.9	14.3	15.5	15.4	14.5	28.2

4)传感器性能测试和试验参数验证

在进行加速加载试验之前,应对模型铺装结构的数据采集系统进行调试,对加载车的试运行情况进行监测并根据需要调整传感器位置,使其达到最佳状态,目的是为了确保试验实施过程中采集数据的稳定。由于试件数据采集传感器类型有埋入式和焊接式两种,前种类型在埋入后会出现试件成型碾压时损坏个别传感器,此种情况在实际过程中尽量避免。在进行加速加载试验时要求传感器采集数据灵敏、位置得当,传感器布设的密度、深度等参数均对铺装层本身结构产生明显作用。试件碾压过程中,受力不均匀性均可造成对传感器的破坏,保证足够数量传感器的完好对于试验正常进行有着重要影响,因此传感器性能完好测试就是非常重要的前期工作。

在传感器性能测试完成后,需对加速加载试验模型关键部位和不利位置处进行状态测试和校正工作,现场试验模型测得数据应和有限元分析结果尽量接近,以保证试验的准确性和规范性。如在初始加载试验运行过程中发现试验数据和理论分析有较大偏差,需调整加速加载试验仪 MLS66 的轴载系统,使其调整后测得试验数据尽可能和实桥不利应力应变状态相符。

4.2.2.2　加速加载试验运行和监控

数据采集和处理。对车辙深度的测量采用设备附带的自动断面记录仪(Profile-meter),它是一种利用位移传感器记录断面车辙形态的仪器,如图4-19所示。所得到的车辙断面形态如图4-20所示,获得车辙断面形态曲线后,可通过后期计算获得总车辙深度和净车辙深度:总车辙深度,车辙断面曲线峰顶至谷底的距离;净车辙深度,车辙断面曲线谷底至加载前路面形态曲线的距离。

车辙断面测量位置如图4-21所示,以横隔板为基准向两侧每隔1.0m等距离均匀排布断面,使得测量位置处于轮迹带范围内均匀加载段,根据测量结果绘制出车辙变形量与加载运行次数之间的变化情况。

a)

b)

图 4-19　自动断面仪测量车辙深度

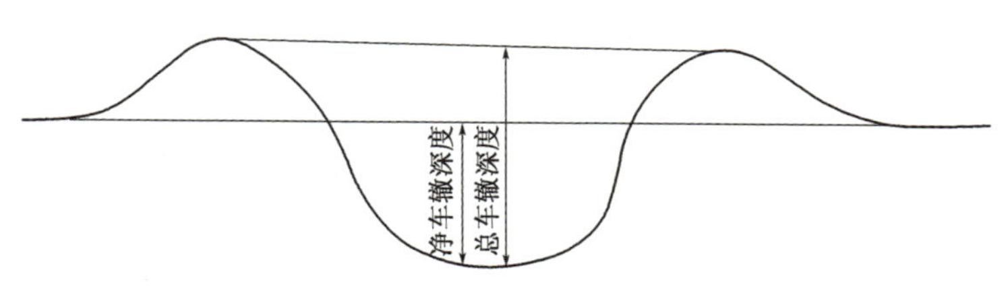

图 4-20　车辙概念示意图

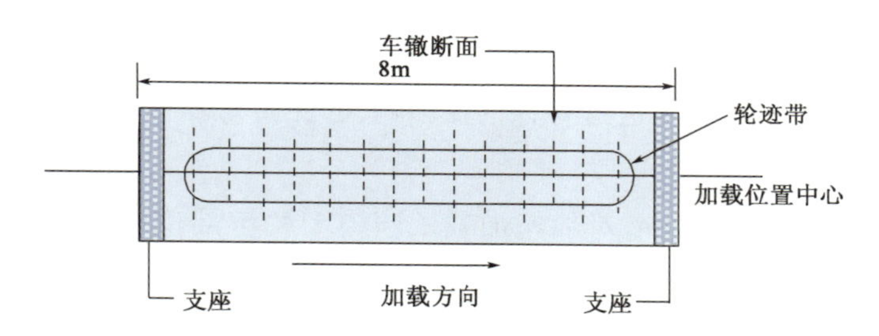

图 4-21　车辙测试断面布置图

疲劳试验需要进行以下数据采集：

(1)铺装体系变形量与加载作用次数的关系

沥青混合料铺装面层在使用期间经受车轮荷载的反复作用，长期处于应力应变的交叠状态，沥青混合料长时间处于这种不利状况中，其模量及强度将会逐渐下降。当荷载重复作用超过一定次数时，铺装层内部产生的应力将会大于材料本身的抗力，将会产生疲劳破坏。为了探寻沥青混合料在不同加载次数下的铺装层内应力应变的变化情况及规律，了解钢桥面铺装层在行车荷载作用下的应变史，需对加速加载试验过程中钢桥面铺装层表面及钢板和相关界面处的应变情况进行跟踪和分析。

在加载初始阶段即桥面铺装模型试件安装完成后，需对测得铺装层表面的应变值和有限元分析结果数值进行验证，以确保试验的有效性和准确性。开展铺装面层横断面、纵断面变形、黏结层变形和钢箱梁底面变形研究，加载过程中每隔 3 万 ~5 万次需对试验结果进行汇总，掌握铺装层平均应变值与加载作用次数的关系，了解铺装层内部力学特性的变化规律；记录黏结层关心位置处剪应力与加载作用次数的关系，明确黏结层剪应变的不利位置和变化趋势；观察钢箱梁底部变形量与加载作用次数关系。为钢桥面铺装体系的疲劳损伤破坏提供直接和有效的判定依据。

(2)铺装层模量测定

加速加载试验进行过程当中和完成之后，定期测定铺装结构层的弯沉值和进行芯样提取工作，以了解铺装层模量的变化情况。芯样试件可以是圆柱体或长方体，通过芯样试件的提取，观察铺装结构层的内部破坏情况并测定铺装层材料的模量变化，为铺装层疲劳寿命预估提供依据。

(3)裂缝的测量

疲劳裂缝测量手段与低温抗裂测量方式相同，通过肉眼观察与数码相机拍照的手段，运用图像处理软件对疲劳裂缝进行分析。

4.2.3　试验数据与分析

4.2.3.1　加速加载试验高温车辙数据与分析

1)第一次加速加载高温试验结果

2013年5月12日，进行加速加载预加载，加载20kN，运行1 200次左右，通过预加载平整加铺层表面。预加载结束后以肉眼可见车辙(GMA的车辙深度大约为4mm，MA车辙深度为7.8mm)。5月13日开始加速加载试验的高温试验，加载50kN，轮压0.7MPa，目标温度60℃，温度控制曲线如图4-22所示。于10:10完成第一个5 000次的试验，试验结果表明GMA工艺

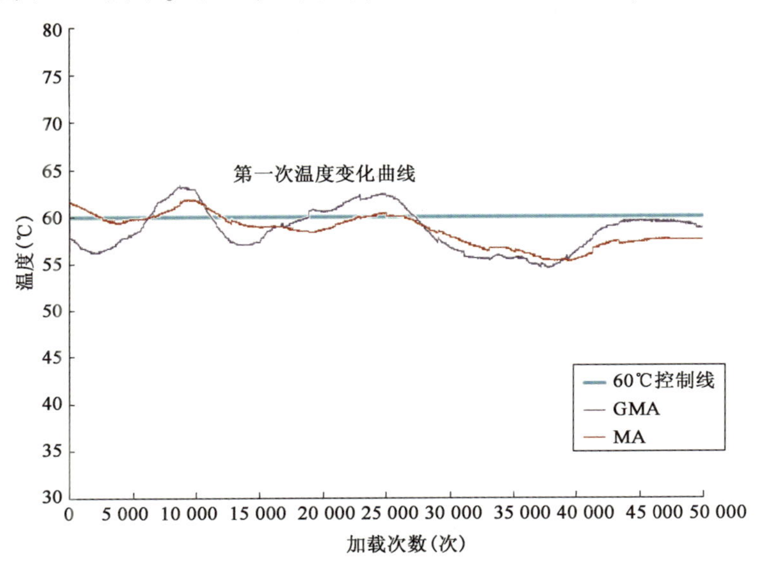

图4-22　第一次高温车辙加速加载试验温度控制

浇注式铺装层的新增的车辙变形大约13mm(与加铺层轮迹外侧隆起处相比),MA工艺浇注式铺装层的车辙深度达到21mm;进行第2个5 000次时,因MA铺装层车辙深度过大影响车辙试验进行,采取了在其轮迹带上铺碎石的方法以保证完成整个高温试验。加载至1万次时,GMA车辙深度大约23mm,3万次时大约35mm,MA一侧加载至1万次时,有两个断面的变形为31mm、29mm,另一个断面因变形过大测不出,且这个加载阶段,这一侧已经在车辙处添加碎石,试验结果已经无效。5.13号晚上9:40按计划完成5万次加载,过程温度控制基本稳定。加载结束后由于双轮间铺装材料凸起过大车辙仪不能正常运行。

图4-23　GMA工艺铺筑侧车辙加载后断面(5万次后的局部放大图)

第一次加速加载材料性能试验以及加速加载试验结果表明,依照既有经验,完全满足英国标准体系设计、施工的MA,以及比照设计的GMA,高温抗车辙能力偏低,加速加载试验后的断面局部放大图,如图4-23所示。MA类铺装材料铺装体系的抗车辙能力主要取决于MA类铺装材料本身的抗变形能力,而非上层的SMA结构。因此在第一次加速加载试验后,对MA以及GMA分别进行了优化设计。

MA类铺装材料的优化主要从以下几个方面:沥青用量、集料级配、拌和工艺,调整的范围以满足现行欧盟标准与BS 1447为准,进行小幅度调整。调整后的配合比需保证可溶沥青用量占ME的百分率14%~14.5%,细集料用量由45%略有提高,但不高于50%,长大公司的GMA拌和温度略有提高,但不高于230℃,安达臣的MA拌和温度也有所提高,且小幅延长拌和时间。

2)第二次高温性能加速加载试验

6月6日,行加速加载预加载,常温运行3 500次左右,其中,压力水平为20~30kN运行了1 000次,压力水平为40~50kN运行了2 500次,共计进行了3 500次试运行预压,预加载结束后无明显车辙出现。6月7日早上开始加速加载试验的高温试验,加载50kN,轮压0.7MPa,温度控制目标60℃,温度控制曲线如图4-24所示。压力水平控制在50kN,下面层浇注式沥青混合料采用2种材料:根据加工工艺不同分为GMA和MA,在相同条件下进行加速加载试验。分别于加载5 000次、10 000次、20 000次、30 000次及50 000次之后进行道面平整度的精确测量以确定车辙深度,每种材料安排3个监测断面。

由于试验采用双轮组,分别统计了左轮和右轮的试验结果以便于进行比较,第一次、第二次加速加载试验的车辙变形与加速加载次数的关系,如图4-25所示,第二次高温加速加载5万次后的变形见图4-26。

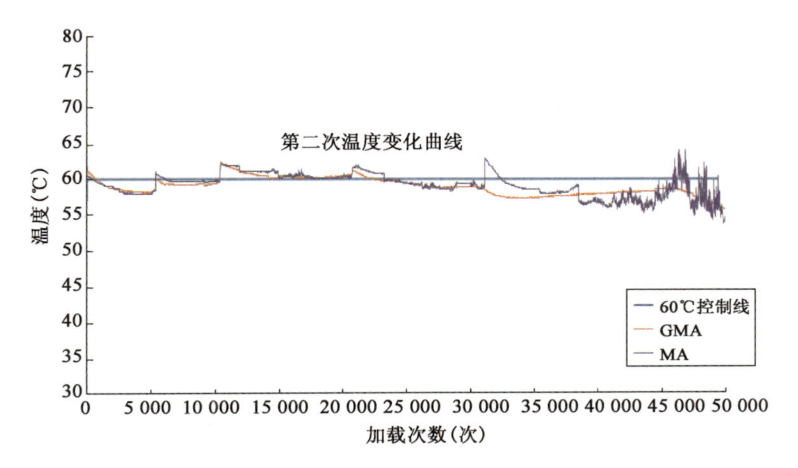

图 4-24 第二次高温车辙加速加载试验温度控制

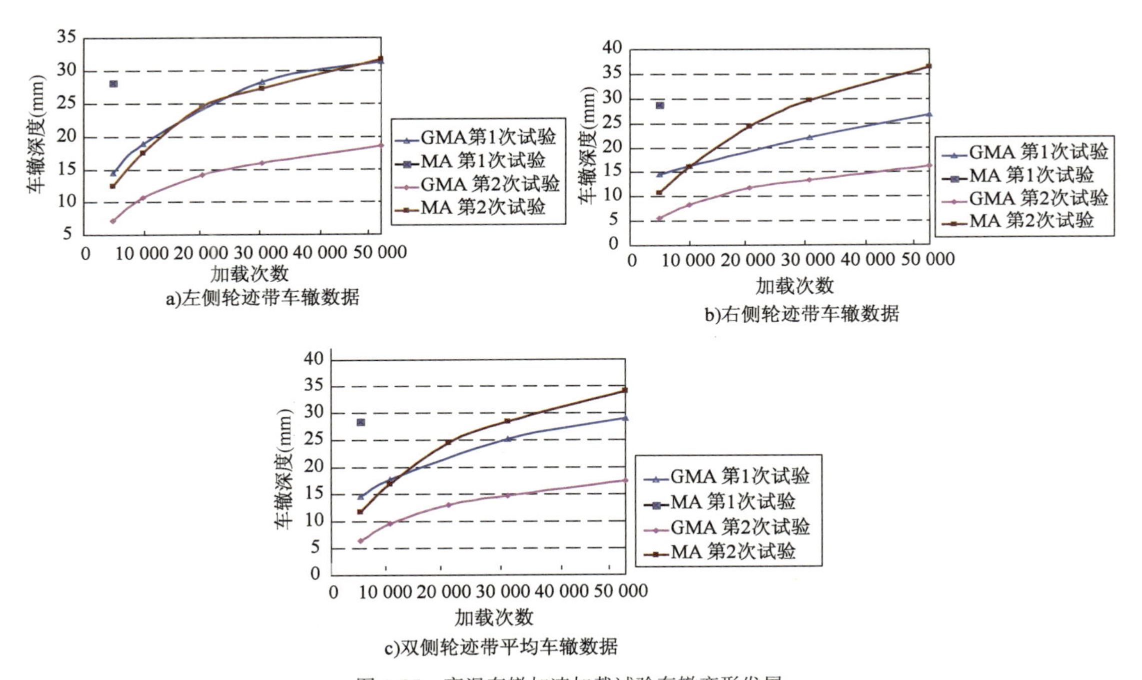

图 4-25 高温车辙加速加载试验车辙变形发展

第二次进行设计与施工工艺优化后，室内试验结果显示，高温性能提高明显。MA 类铺装材料的室内试验结果很低，经过优化设计后，室内车辙试验的实测结果基本在 300 ~ 500 次/mm 之间波动。而南京四桥对车辙试验动稳定度的设计要求与施工质量控制要求为不小于 350 次/mm，试验中采用的是日本的接地压力，即 0.63MPa，施工过程中，对主桥行车道的实测动稳定度数据显示，数值基本在 350 ~ 550 次/mm 之间波动。

两次加速加载试验表明，车辙变形发展趋势与 MA、GMA 的车辙试验结果（动稳定度）相关性很好，与复合结构的车辙试验结果（动稳定度）相关性也非常好。第二次加速加载中 MA

以及复合结构的车辙试验结果与第一次加速加载中 GMA 以及复合结构的车辙试验结果比较接近，而大型加速加载试验也表明，第二次加速加载中 MA + SMA 铺面结构产生的车辙发展趋势基本与第一次 GMA + SMA 铺面结构产生的车辙发展趋势相似。

a)MA施工段

b)GMA施工段

图 4-26　第二次高温加速加载 5 万次后的变形

室内车辙试验与两次加速加载试验结果同时表明，GMA 沥青混合料的高温性能可以达到，甚至优于 MA 沥青混合料。采用 GMA 工艺不仅解决了生产工效问题，同时 MA 类铺装材料的性能可以达到英国标准体系要求。

通过本研究的加速加载试验可以验证几种测试指标与加速加载试验结果的一致性，如表 4-6所示。结果表明，硬度值与车辙动稳定度与加速加载的试验结果的吻合度较高，而贯入度试验结果与加速加载试验的相关性较差。

技术指标与加速加载试验结果的关系　　表 4-6

批　次	硬度（0.1mm）	贯入度（mm）	贯入度增量（mm）	车辙（次/mm）	复合板车辙（次/mm）	加载次数下的车辙变形（mm）				
						5 000	10 000	20 000	30 000	50 000
①长大	10	3.24	0.84	301	823	14.47	17.59	—	25.22	29.11
②安达臣	17	8.48	1.80	205 *	408	28.49	—	—	—	—
③长大	5	3.22	0.71	864	3 043	6.36	9.48	13.02	14.67	17.40
④安达臣	11	3.49	0.66	268	1 020	11.66	16.87	24.44	28.46	34.01

注：* 表示部分车辙试验变形过大，测不出结果，这是测出的结果平均值，总体实验结果应小于此值。

4.2.3.2　加速加载试验疲劳试验数据与分析

传统 MA 与 GMA 工艺铺装体系分别进行疲劳性能加速加载试验，加载次数为 200 万次，每天的加载次数在 10 万次左右，因此每天安排两次应变测试，测试频率约为 5 万次/次，每次测试时间为 1 小时左右，有特殊测试计划的时候延长测试时间。测试时间及对应的次数整理的结果如表 4-7 所示。

应变测试时间记录　　表 4-7

每日应变测试							
第一次				第二次			
开始时间	结束时间	测试时长	对应总次数	开始时间	结束时间	测试时长	对应总次数
12:30	13:37	1.1	62 600	21:32	22:30	1.0	116 800
12:41	13:50	1.2	187 881	21:39	22:30	0.9	241 681
12:35	13:31	0.9	309 421	21:31	22:28	0.9	363 021
17:00	17:58	1.0	458 936	21:40	22:30	0.8	486 936
12:32	13:41	1.2	554 839				
1:18	1:50	0.5	609 833	1:52	9:10	7.3	613 233
12:30	14:04	1.6	799 608	21:50	22:25	0.6	855 608
21:35	22:30	0.9	976 513				
21:34	22:29	0.9	1 098 904				
12:25	13:28	1.1	1 143 140	21:48	22:27	0.7	1 199 440
16:40	17:56	1.3	1 291 203	21:34	22:26	0.9	1 320 603
12:30	13:25	0.9	1 389 628	21:37	22:28	0.8	1 444 328
12:36	13:20	0.7	1 512 559	21:45	22:27	0.7	1 567 459
13:19	14:00	0.7	1 639 428	21:40	22:29	0.8	1 689 528
17:24	18:00	0.6	1 786 264	21:35	22:27	0.9	1 811 364
17:19	17:57	0.6	1 908 132	21:38	22:26	0.8	1 934 032
11:06	11:52	0.8	1 992 447				

MLS66 的加载频率约为 6 000 次/h，即 1.67 次/s，DH3820 的监测频率为 10Hz，能较好地记录应变情况，但监测频率过高导致数据量过大，不便于分析处理数据，动态荷载下应变曲线为有规律的波形曲线如图 4-27 所示。

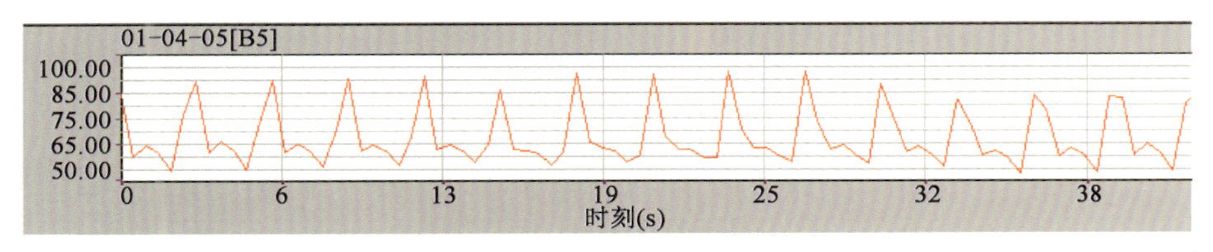

图 4-27　应变测试原文件曲线图

对原数据的记录分析发现，在短时间内数据较为稳定，因此按照每分钟取 1 个波峰值、1 个波谷值的频率对原数据进行了处理，处理原理参考图 4-28。处理后数据如表 4-8 所示。

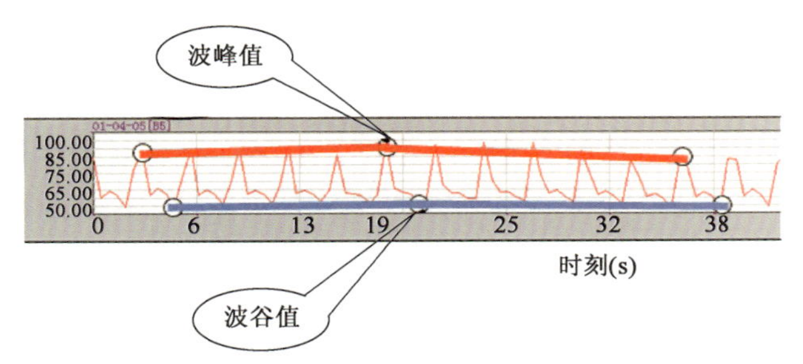

图 4-28　原文件数据处理

处理提取后应变数据表 表4-8

点位编号	1		5		6		7	
相对时间(h)	波谷值	波峰值	波谷值	波峰值	波谷值	波峰值	波谷值	波峰值
0.02	85.02	104.55	-518.69	-493.91	-99.53	-66.45	-94.41	-54.55
0.03	82.09	100.31	-522.16	-496.22	-98.73	-65.17	-95.45	-55.86
0.05	77.09	96.30	-524.83	-499.98	-98.28	-64.87	-96.69	-56.12
0.07	72.38	91.77	-527.85	-503.54	-97.95	-64.67	-97.72	-58.33
0.08	66.90	87.22	-530.33	-506.37	-97.81	-64.74	-98.79	-59.63
0.10	61.91	82.02	-532.31	-508.17	-97.45	-64.42	-100.19	-60.38
0.12	56.41	76.36	-534.06	-510.78	-96.88	-63.87	-101.27	-60.91
0.13	50.95	71.36	-536.63	-512.83	-96.68	-63.84	-101.80	-62.13
0.15	45.55	65.36	-538.65	-515.55	-96.59	-63.60	-103.15	-63.38
0.17	40.62	60.54	-540.73	-517.08	-96.24	-63.31	-103.73	-63.86
0.18	34.79	54.44	-542.05	-519.01	-96.09	-63.34	-104.15	-64.62
0.20	28.71	49.17	-542.79	-520.61	-95.94	-62.59	-104.50	-65.45
0.22	22.56	43.29	-544.56	-522.25	-95.71	-62.29	-104.48	-65.84
0.23	17.36	37.61	-546.73	-523.92	-95.45	-62.28	-105.26	-65.22
0.25	11.81	31.40	-547.50	-525.54	-95.55	-62.01	-105.94	-67.41
0.27	6.51	26.77	-548.59	-526.48	-95.36	-62.24	-106.69	-67.72
0.28	0.96	21.34	-550.10	-527.85	-95.10	-62.24	-107.00	-67.71
0.30	-4.32	16.40	-551.18	-528.97	-95.05	-62.36	-108.18	-68.93
0.32	-7.70	10.85	-552.07	-530.28	-94.78	-62.30	-108.68	-69.32
0.33	-10.85	6.62	-553.35	-530.94	-94.36	-61.41	-108.16	-69.58
0.35	-13.47	4.05	-554.68	-532.04	-94.68	-61.88	-108.88	-69.98
0.37	-15.30	1.45	-555.71	-532.83	-94.56	-61.05	-109.98	-70.49
0.38	-16.76	-0.28	-556.53	-533.72	-94.50	-61.62	-110.50	-70.92
0.40	-19.33	-1.68	-557.48	-534.74	-94.36	-61.94	-110.94	-71.48
0.42	-22.62	-4.54	-558.93	-535.54	-94.36	-61.20	-111.09	-71.31

位移数据采用YHD-50位移传感器进行记录，该传感器能将位移数据转化为微应变值进行记录，微应变同位移的转换关系为200微应变/mm。

第1次疲劳试验过程中，沥青表面轮迹带内应变片破坏较为严重，故第2次疲劳试验时将表面应变片布置在轮迹带两侧，存活率有较大提高。应变片整体存活率保持在65%~85%左右，主要破坏层位在沥青表面及层间，钢板底面应变片存活率较高，维持在90%以上。

MA工艺桥面铺装体系与GMA工艺铺装体系分别经过200万次的疲劳性能加速加载试验后，均无裂缝出现。

考虑到加速加载装置运行时梁模型支撑端荷载响应水平约为中间荷载的1.35倍，表4-9、

表4-10所示的实测结果与计算结果基本一致。

应变振幅计算结果 表4-9

节点号		12D	18D	24D
上层4cm沥青弹模3 000MPa, 下层3cm沥青弹模7 000MPa	上层沥青上表面	132	214	132
	下层沥青上表面	49	83	49

应变振幅计算结果与实测值比较 表4-10

节点号	12D	18D	24D
第一次加速加载疲劳试验测定结果	—	157	173
第二次加速加载疲劳试验测定结果	229	179	201

①跨中应变(18D)略小于相邻点(12D、24D)的应变水平;

②第二次加速加载疲劳试验测定的应变振幅略大于第一次加速加载疲劳试验;

③采用40mm标距的应变片测量结果略大于规定点的计算应变;

④两次加速加载疲劳试验的应变振幅大约为200μ左右。

以上结果表明有限元模型基本准确地反映了荷载作用下结构的内力情况,能够与试验数据保持基本的一致,考虑到试验情况与有限元模型的不同,有限元分析与试验结果的差异是可以接受的,结果可以证明本研究采用的有限元模型设计是合理的。

MA工艺桥面铺装体系与GMA工艺铺装体系分别经过200万次的疲劳性能加速加载试验后,均无裂缝出现。

根据室内研究得到的疲劳预测方程 $N_f = 10^{21.94} \times S_m^{-1.06} \times \varepsilon_t^{-4.64}$,可知应变增大一倍,疲劳寿命缩减大约24倍,而加速加载疲劳试验设计的应变值为实桥的2倍,因此200万次加速加载疲劳试验相当于实桥在行车荷载作用4 800万次,加速加载疲劳试验后,无疲劳裂缝产生,桥面铺装材料还有剩余寿命,MA、GMA铺装材料均能很好地满足桥面铺装材料疲劳性能设计要求。

4.3 小　结

本书采用足尺模型加速加载试验来进行模拟桥面铺装在设计年限内的车辆荷载和环境条件下的使用情况,主要对不同工艺条件的MA类铺装材料桥面铺装材料进行比较研究和材料行为的验证,以及预测桥面铺装在设计年限内的使用性能,并对室内铺装材料和铺装结构的研究成果进行可行性验证,为推荐的港珠澳大桥钢桥面铺装结构体系提供科学的理论依据。

连续钢箱梁桥面铺装方案加速加载试验研究主要包括加速加载试验模型设计、制作、研究加速加载试验运行保障措施与监控方案,通过开展不同施工工艺(传统MA/GMA)铺装材料高温性能加速加载试验、疲劳性能加速加载试验,结合室内研究成果,评估施工工艺对铺装层材料的性能的影响,为铺装层材料的施工工艺的优化、施工质量控制方法提供指导,并通过本研究确定桥面铺装层材料的技术要求。

通过研究得出如下主要结论：

(1)加速加载车辙试验结果表明,完全满足英国标准体系设计施工的 MA,高温抗车辙能力偏低,且室内车辙试验后的试件横断面与加速加载试验后的断面显示,MA/GMA 沥青混凝土铺装体系的抗车辙能力主要取决于 MA/GMA 沥青混凝土本身的抗变形能力,而非上层的 SMA 结构。第二次进行加速加载车辙试验结果表明,设计与施工工艺优化后的 MA/GMA 高温性能提高明显,加速加载试验也证实高温车辙变形显著减缓。

(2)两次加速加载试验表明,车辙变形发展趋势与 MA/GMA 的车辙试验结果(动稳定度)相关性很好,与复合结构的车辙试验结果(动稳定度)相关性也非常好,证明采用动稳定度评价高温性能并用于施工质量控制是非常有效的。

(3)加速加载疲劳试验模型在最不利位置测定的应变振幅水平与加速加载疲劳试验的设计值基本一致,验证了加速加载疲劳试验模型设计的正确性、科学性。

(4)根据室内研究得到的疲劳预测方程 $N_{\mathrm{f}}=10^{21.94}\times S_{\mathrm{m}}^{-1.06}\times\varepsilon_{\mathrm{t}}^{-4.64}$,可知应变增大一倍,疲劳寿命缩减大约 24 倍,而加速加载疲劳试验设计的应变值为实桥的 2 倍,因此 200 万次加速加载疲劳试验相当于实桥在行车荷载作用 4 800 万次,加速加载疲劳试验后,无疲劳裂缝产生,桥面铺装材料还有剩余寿命,因此, MA、GMA 铺装材料均能很好地满足桥面铺装材料疲劳性能设计要求。

本章参考文献

[1] 张志祥,陈荣生,白琦峰. LSM 沥青混合料疲劳极限试验研究[J]. 公路交通科技,2006,23(04):19-22.

[2] 平树江,深爱琴,李鹏长. 寿命路面沥青混合料疲劳极限研究[J]. 中国公路学报,2009,22(01):35-38.

[3] 徐欧明,韩森,高世君. 沥青混合料疲劳耐久极限研究[J]. 武汉理工大学学报,2010,32(08):45-48.

[4] Ghuzlan,Khalid. Fatigue Damage Analysis in Asphalt Concrete Mixtures Based Upon Dissipated Energy Concept [M]. Ph. D Thesis,University of Illinois at Ubana-Chanpaign,2001.

[5] Ghuzlan, Khalid, and S. H. Carpenter. An Energy-Derived Damage-Based Failure Criteria for Fatigue Testing [J]. Transportation Research Record No. 1723:131-141.

[6] 白曌宇,孟宪红,徐阿玲. 确定疲劳极限外推法[J]. 应用力学学报,2003,20(01):120-122.

[7] Jian-ping ZHU,Xing-hua Fan,Shuang Gao. Study on the Strain Fatigue Therehold of Asphalt Mixture for Long-Life Asphalt Pavement[J]. ICCTP,2010:3591-3597.

[8] 刘红瑛. 沥青膜厚对沥青混合料工程性能影响[J]. 公路交通技术,2002(3):30-34.

[9] Kandhal P S,Chakraborty S. Effect of Asphalt Film Thickness on Short and Long Term Aging of Asphalt Paving Mixture(C)// NCAT Report 96-01. Paper presented at the 75th Annual Meeting of the Transportation Research Board held in Washington,DC,1996,33(01):7-11.

[10] 陈少幸. 沥青路面疲劳性能加速加载试验研究[D]. 广州:华南理工大学博士学位论文,2005.

[11] 周志刚. 交通荷载下沥青类路面疲劳损伤开裂研究[D]. 长沙:中南大学博士学位论文,2003.

[12] 李春祥,李薇薇. 斜拉索风致动力疲劳损伤的研究[D]. 振动与冲击,2009,28(11),61-65.

[13] 余寿文,冯西桥. 损伤力学[M]. 北京:清华大学出版社,1997.

[14] 蔡四维,蔡敏. 混凝土的损伤断裂[M]. 北京:人民交通出版社,2000.

[15] 陈仕周. 桥面铺装温度场调查与分析[R]. 重庆:重庆交通科研设计院,2005.

[16] 余锦州. 马房大桥钢桥面沥青混凝土铺装层设计[J]. 公路,2004,08(08)47-50.

[17] 王育清,谢明. 马房大桥钢桥面的沥青混凝土铺装研究[J]. 交通科技,2005,02(01):43-46.

[18] 徐伟. 湛江海湾大桥钢桥面材料试验报告[R]. 华南理工大学,2006.

第5章　钢桥面铺装施工

港珠澳大桥钢桥面铺装面积达50万m^2,是世界上在建规模最大的钢桥面铺装工程。经充分研究论证,最终选择了香港地区成功应用的MA类浇注式沥青混凝土铺装体系作为港珠澳大桥桥面铺装设计推荐方案。其铺装结构下层为3cm厚的MA类浇注式沥青混凝土,上层为4cm厚的SMA SBS改性沥青混凝土,上层主要发挥抗松散、抗裂、抗车辙、抗滑等功能,下层结构主要发挥追随变形、防水等能力。英国传统MA浇注式沥青混凝土钢桥面铺装具有优良的工程应用案例,表现出较好的路用性能和耐久性,对于港珠澳大桥钢桥面铺装工程规模,传统的MA施工工艺很难满足港珠澳大桥工期要求。如何采用新的生产方式生产浇注式沥青混凝土,既可以显著提高工效,又能达到MA的性能水平已成为亟待破解的重要问题。

5.1　钢桥面铺装施工要求

5.1.1　施工控制必要性与意义

我国钢桥面铺装技术起步较晚,技术储备较弱,病害相对较多。桥面铺装主要病害类型及原因包括以下几个方面。

(1)纵、横向开裂:①汽车荷载过重(例如严重超载)引起铺装表面拉应变过大;②因桥梁结构特别是桥面系结构刚度不足(例如桥面板太薄、纵横向加劲间距过大等),引起铺装表面拉应变过大;③因铺装材料耐疲劳性能不足。

(2)车辙:①铺装热稳定性不足,在汽车荷载反复作用下,因混合料蠕变形成永久变形积累;②地区温度过高,长年高温季节过长及封闭式箱梁内部温度较高等引起铺装温度过高;③汽车荷载过重(超载)。

(3)脱层及推移:①铺装与钢板间结合强度不足,在高温下抗剪切推移变形能力不足;②钢板表面不平整及桥面系结构刚度较低(同时铺装与钢板间结合强度不足),在行车振动荷载下引起脱层,进而产生推移及斜向开裂;③铺装整体抗拉强度不足,在产生推移时形成斜向开裂。

(4)坑槽:①沥青抗水损害能力不足;②铺装与桥面板间结合力不足及结合界面结合材料抗水损害能力不足;③沥青空隙率较大。

(5)其他破坏:①在伸缩缝与铺装结合部,在长期行车荷载作用下形成破坏;②因行车磨耗作用及使用集料抗磨光能力较差而引起铺装抗滑性能不足;③浇注式沥青混凝土铺装施工中产生的气泡(鼓包)等破坏;④在加劲肋之上出现平行裂缝和铺装层位移。

我国钢桥面铺装早期损坏严重,除交通超载超重和设计原因外,施工技术和质量管理水平存在的显著不足也是这类早期损坏的重要原因:

(1)原材料:由于生产工艺水平的参差不齐,导致原材料规格、质量等不能符合规范设计要求;

(2)施工:在钢桥面铺装进行施工质量控制方面未能处于很好的受控状态,包括拌和楼沥青混合料的生产控制、运输环节的质量控制、现场摊铺和碾压过程中的控制等;

(3)质量验收:当前的工程质量验收仅仅是基于评分标准,得出合格与不合格的判定结果,这种简单验收模式和评分定义存在着很多主观因素,不能全面地体现工程的施工质量。

如何确保桥面铺装质量与设计一致性,杜绝或者减少浇注式沥青混凝土桥面铺装病害,确保钢桥面铺装工程施工质量和长寿命铺装使用期间的耐久性已成为课题组迫切需要突破的重要问题。

香港地区采用的英国 MA 类浇注式沥青混凝土技术,MA 具有天然湖沥青含量高,细集料级配严格、路用性能稳定的特点;但其生产工艺是先拌和沥青、矿粉和细集料生成沥青胶砂,再掺加粗集料拌和成品混合料的两阶段拌和工艺,拌和时间较长(4~6h),施工效率较低,不能很好地满足项目工程量大、施工期紧的要求。而以德国、日本为代表的 GA 浇注式沥青混凝土技术,采用沥青拌和楼对构成沥青混凝土的所有原材料进行集中拌和生产,连续施工,施工效率较高,但是配合比设计时,湖沥青用量较少,细集料级配要求较宽松,造成 GA 浇注式沥青混合料性能的稳定性不及 MA 浇注式沥青混合料。因此,课题组考虑充分发挥 MA 级配的性能稳定优势和 GA 工艺的工效优势,采取了用 GA 工艺生产英国传统 MA 级配的浇注式沥青混合料的方法破解了上述面临的第一问题,该工艺简称 GMA 工艺。GMA 工艺和英国传统 MA 工艺的差别主要在于拌和工艺,其他工艺如运输、摊铺等是一致的。为便于表述,将分别由 GMA 工艺和 MA 工艺生产摊铺成型的浇注式沥青混凝土统称为 MA 类浇注式沥青混凝土。

桥面铺装施工是实现桥面铺装工程设计意图形成工程实体的阶段,是最终形成工程产品质量和项目使用价值的重要阶段。建设项目施工阶段的控制是整个工程项目质量控制的关键环节,是从对投入原材料的质量控制开始,直到完成工程竣工验收和交工服务的系统过程。施工质量控制的总目标,是实现由建设工程项目决策、设计文件和施工合同所决定的预期使用功能和质量标准。因此,为了破解第二问题,保证港珠澳大桥的桥面铺装施工质量,确保铺装施工质量与设计的一致性,杜绝或者减少浇注式沥青混凝土的质量缺陷或者病害,课题组认为可通过加强浇注式沥青混凝土的全过程施工质量控制有效减少质量通病,尽可能使设计与施工质量保持一致性。

港珠澳大桥钢桥面铺装工程量巨大,面临高温多雨,频受台风影响,空气湿度大、风速较大等不利气候条件,将会对桥面铺装层的施工质量控制产生影响。GMA 工艺集合了 GA 工艺的工效高和 MA 工艺的混合料性能稳定优势,但是由于在世界上对这种工艺仍无成功经验可循。因此,为了保证港珠澳大桥按期完工,保证港珠澳大桥钢桥面铺装的使用质量和长寿命要求,需要重点对 GMA/MA 浇注式沥青混凝土钢桥面铺装施工技术展开深入研究。

项目质量控制可分为三阶段:事前控制、过程控制、事后控制。基于沥青路面施工过程特点,对于沥青路面施工质量过程控制的重点是事前控制和过程控制两个阶段,即前期准备、试验段检验总结及施工过程控制。

5.1.2 施工前的准备工作

钢桥面铺装施工是一项规模大、强度高、要求严格的系统工作,前期筹备工作对于施工质量管理非常关键,是影响施工质量的基础、前提条件。如果前期准备不足,在施工过程中很难得到弥补,例如原材料准备不充分,临时调配往往采购不到合适的材料,又如拌和楼设备产量不能满足要求,将会影响连续摊铺和工期。在前期准备工作中重点做好集料等原材料备料、设计资料审阅、施工设备条件检查。

原材料管理是影响施工质量的前提条件和基础。集料加工及其质量控制是目前路面施工质量管理中的薄弱环节和难点。在集料料源紧张情况下,集料质量控制尤其困难。如果集料质量不理想,在后续施工过程中纠正难度非常大,会给工程质量控制留下很大隐患和不确定因素。做好集料备料工作是影响沥青路面施工质量的前提条件。沥青质量控制仍然是一个重点,通过加强过程监控、抽检等措施进行质量控制。

审阅相关设计资料,结合项目特点调整优化相关技术指标,以为后期施工、材料设计建立基础。检查承包人的施工设备、试验室准备、工艺技术准备、管理技术人员情况,确定其是否满足工程质量要求,对于不满足要求的问题提出改进建议,以便保证正式施工时的施工条件和水平满足要求,避免因此影响工程质量和进度。

5.1.3 试验段与施工质量控制

抓好试验段工作是整体施工质量的前提和关键,通过试验段检验施工设备、管理、工艺、配合比等内容,并要求承包人把试验段作为工作重点对待,不能把试验段当作简单的过程或形式。通过试验段获得关键技术数据,检验和提高施工技术和管理水平,高质量完成试验段可为后续施工建立一个质量参照系。每个试验段施工前进行详细的技术交底和讨论,检查施工单位材料、设计、工艺的准备情况,对每个关键技术环节提出技术要求和建议。试验段总结是达到试验段目的的一个重要环节,通过试验段总结获得控制技术参数,评价施工质量和水平,总结存在的问题和不足,提升施工质量。如果第一次试验段施工质量不满足规范要求或施工工艺达不到相关要求,则需重新做试验段,直到试验段完全满足相关要求,检验施工条件成熟,才可以开展大面积施工。

5.1.4 施工质量过程控制

工程施工质量管理基本目的是“达到规定的质量标准,确保施工质量的稳定性”,但实际中工程质量的稳定性、均匀性是一个控制难点问题。沥青路面施工是一个多批次生产组合成一个单件产品的工业化生产过程,过程控制、动态控制对于控制产品质量是非常必要的。

为了提高钢桥面铺装施工质量检测代表性水平,一方面可以通过采用无损检测方法加大检测频率、覆盖率,更重要的是建立基于概率统计的分层随机取样方法,明确采用随机取样方法、确定取样位置的步骤。随机取样是材料或产品的任一部分有相同概率被选为样本的取样方式,所有试样无论试样的大小、类型或用途,在选择时都不带有偏向,而完全是随机的。在科学的确定取样频率、取样方法的基础上,对检测样本数据进行统计分析,为客观、全面评价沥青路面质量提供数据,进而为施工控制提供依据。

5.2　典型钢桥面铺装施工

5.2.1　环氧沥青混凝土铺装施工

环氧沥青混凝土具有优良的性能,在我国应用日益广泛,但其施工技术控制要求非常高,因此目前施工问题是影响环氧沥青混凝土应用和性能的一个主要问题。环氧沥青混凝土的施工过程和机理与普通沥青混合料施工具有显著差别,主要表现为:

①环氧沥青混凝土施工是一个环氧树脂固化反应的化学过程,而普通沥青混合料施工主要是高低温黏度变化的压实过程;

②因为环氧沥青混凝土施工是一个化学反应过程,因此对施工各环节的温度和时间要求非常严格,如果超过规定时间或温度要求,材料必须废弃,一般控制精度要求精确到时间为1min和温度为1℃;

③目前环氧沥青混凝土一般设计空隙率低于3%,基本处于不透气状态,因此施工过程中环氧沥青混凝土中严禁进入水,否则将产生鼓包开裂病害,因此环氧沥青混凝土施工过程受天气雨水影响非常显著;

④环氧沥青混凝土完成施工后需要一定时间的养生期,因材料不同养生期可能需要7~45天;

⑤环氧沥青混凝土造价昂贵,约是普通沥青混凝土造价的10倍,因此如果施工控制失误将造成较高的损失,因此要求钢桥面铺装环氧沥青混凝土施工中避免失误。

环氧沥青混凝土对施工技术要求也特别严格,环氧沥青混凝土的施工质量控制与保证是其工程应用的重要环节,为控制好环氧沥青混合料材料质量、按设计要求完成混合料运输,摊铺、碾压是保证环氧沥青混凝土铺装质量的基础。已有环氧沥青铺装工程使用和病害情况表明,环氧沥青桥面铺装使用性能受施工控制影响显著,多数局部病害与施工控制有关。因此开展环氧沥青桥面铺装施工技术和控制研究对保证钢桥面铺装具有重要的意义。

5.2.1.1　ChemCo 环氧沥青混凝土施工

环氧沥青混凝土一般应用常规拌和设备拌和,但需要进行一些改进:

①存储和计量环氧组分的装置、控制阀系统;

②电子监控烘干炉的温度,以精确控制集料温度;

③注入环氧沥青胶浆的导管。

一个拌和周期的时间约为2min,拌和温度非常关键,因为该温度也决定了环氧胶浆的固化时间,温度越高,固化时间越短,环氧沥青混合料拌和温度与施工时间关系要求严格。环氧树脂组分拌和前温度控制在80~85℃,沥青和固化剂混合组分拌和前温度控制在150~155℃,混合料出料温度控制在110~121℃。

环氧沥青混凝土施工难度较大,对材料施工温度、施工的工序时间安排要求非常严格(图5-1)。温度控制是环氧沥青混合料施工成功的关键,施工中拌和好的环氧沥青混合料先放入料斗中,检测混合料温度,如果混合料温度在允许范围外,这批料定为废料。环氧沥青混合料碾压要求也非常严格,如果压实不足(空隙率超过3%),可能造成早期磨损和疲劳开裂。

a)混合料拌和

b)混合料摊铺

c)混合料撒布碎石

图5-1 ChemCo环氧沥青施工

5.2.1.2 热拌环氧沥青混凝土施工

日本近代化成株式会社的环氧沥青与美国ChemCo公司的环氧沥青施工过程差别较大,

近代化成株式会社环氧沥青施工过程是先把环氧主剂与固化剂混合，并在混合料拌和过程中直接加入拌和仓，与集料、沥青拌和，拌和出环氧沥青混合料。近代化成株式会社环氧沥青对沥青无特殊要求，一般环氧树脂及固化剂与沥青比例为50:50，混合料拌和温度为160～185℃，可施工时间约为2h。

5.2.2　浇注式沥青混凝土铺装施工

5.2.2.1　GA施工工艺

浇注式沥青混合料施工与热碾压式沥青混合料施工有较大不同，主要表现为施工温度高，混合料摊铺后不需要碾压。德国及日本在生产浇注式沥青混合料的拌和站，填料都有一个单独的供应系统，一般有2～3个填料室，一个是从集尘袋中搜集细微的灰尘，另一个则搜集类似石灰石尘的高质量矿物填充料。在使用高剂量的填料时还必须有填充料的专用加热保温设备，由于拌制Guss沥青混凝土的方法和拌制一般沥青混凝土的方法不同，因此在传统的沥青厂进行初步Guss沥青混凝土拌和，由于矿粉用量约占Guss沥青混凝土的1/5，所以拌和厂拌和Guss沥青混凝土前，矿粉必须先预热，干拌时间必须增加以利于充分混合，且拌和温度不宜过高，约在180～200℃之间。拌和厂拌和完毕后，将初步拌和完毕的Guss沥青混凝土装入特殊热拌车（一般称之为Cooker），之后Guss沥青混凝土还需在特殊热拌车中以220～260℃的温度持续加热拌和40～60min，在持续加温拌和的过程中，Cooker车具有阻断空气进入，降低沥青老化的功能，在高温拌和后，Guss沥青混凝土才具有流动性，以满足浇注式施工要求。

浇注式沥青混合料施工过程如图5-2所示，分别为混合料拌和、运输、摊铺、撒布碎石。控制浇注式沥青混合料施工温度非常重要，如果施工温度过低，会造成混合料流动性低，无法浇注施工；如果施工温度过高，会造成沥青老化，尤其是聚合物改性沥青老化，进而影响浇注式桥面铺装性能和使用寿命。这也是浇注式沥青混合料桥面铺装技术发展中需要解决的技术难题。

5.2.2.2　MA施工工艺

英国沥青玛蹄脂混合料（MA），需要Cooker车内按一定的顺序逐步添加填料、细集料（冷料添加）和沥青，添加、拌和过程大约需要持续2～3h，生成沥青胶砂ME，然后将ME加入Cooker车中，加热的粗集料也按比例加入Cooker车，ME与粗集料在Cooker车内升温、保温经二次拌和生产沥青玛蹄脂MA，二次拌和与运输过程大约需要2～3h，虽然每个生产过程可以生产大约70t MA，但是MA的生产过程非常耗时，生产工效较低。MA拌和工艺流程如表5-1所示，MA施工工艺流程如图5-3所示。

a)浇注式沥青混合料拌和

b)浇注式沥青混合料运输

c)浇注式沥青混合料摊铺

d)浇注式沥青混合料撒布碎石

图 5-2　浇注式沥青混合料施工过程

MA 拌和生产工艺参数　　表 5-1

拌 和 步 骤		拌和时间(min)	混合料温度(℃)
a	矿粉	45	170 ~ 190
	TLA + AH-70 沥青	15	170 ~ 190
	细集料 A + 细集料 B + 细集料 C	90(三档料依次加入,每次搅拌10min,全部加入后再搅拌 60min)	180 ~ 200
b	一半粗骨料	60	200 ~ 215
c	一半粗骨料	60	200 ~ 215

图 5-3　MA 施工工艺流程图

5.2.2.3 GMA 施工工艺

GMA 施工工艺是指按照 MA 备料方式和要求备料,参照 MA 体系配合比设计方法进行设计,参照 MA 技术指标要求对沥青混凝土进行质量控制,而生产工艺采用 GA 生产工艺对沥青混合料进行集中拌制,将拌制的混合料装入 Cooker 车进行二次升温、保温拌和至一定时间后,达到设计、施工要求的沥青混凝土的生产过程。

GMA 生产分两个阶段进行:一阶段为沥青拌和楼(1 台 4000 型间歇式沥青拌和楼并配套相关设备)搅拌;二阶段为 Cooker(按正常容量为 10t 计)搅拌。

一阶段生产:4000 型沥青拌和楼拌缸容积为 4t,GMA 生产拌和时间(干拌加湿拌)为 1.5～2min,即 GMA 每小时产量正常为 120～160t,出料温度可控制在 190～200℃。

二阶段生产:GMA 卸入 Cooker 升温、保温时间约为 2～3h,GMA 可满足摊铺要求。在此阶段只要配置相应数量 Cooker 即可保证两阶段产量相匹配。

从混合料出料到摊铺仅需 2.5～3.5h,相比 MA 工艺可缩短 1/3～1/2 的时间,而且拌和站产量高(120～150t/h)可大规模连续生产,生产工效较高。

GMA 没有生产 ME 的过程,所有原材料在大型拌和楼内直接添加且原材料都是经过加热的,因此在拌和楼的拌和过程只需要 1～2min,每次生产混合料大约 4t,然后 GMA 也需要在 Cooker 中完成二次拌和与运输,时间大约为 2～3h。

Cooker 车的二次拌和与运输虽然比较耗时,但因为是生产的第二个独立阶段,可以通过配置合理台数的 Cooker 车,达到不影响生产混合料生产效率的目标,因此浇注式沥青混合料的生产瓶颈还是取决于 MA 工艺的 ME 生产效率与 GA 工艺的拌和楼生产效率。

MA 能够获得优良的使用性能以及众多的成功案例,与 MA 备料方式有很大关系,MA 的填料与细集料的备料非常细致,因此混合料的质量稳定性非常好,而且 MA 采用的是 TLA 与普通沥青作为胶结料,混合料的流动性很好,此外,MA 配合比设计过程、设计指标要求等也与 GA 不同。施工工艺参数见表 5-2,施工工艺流程见图 5-4。

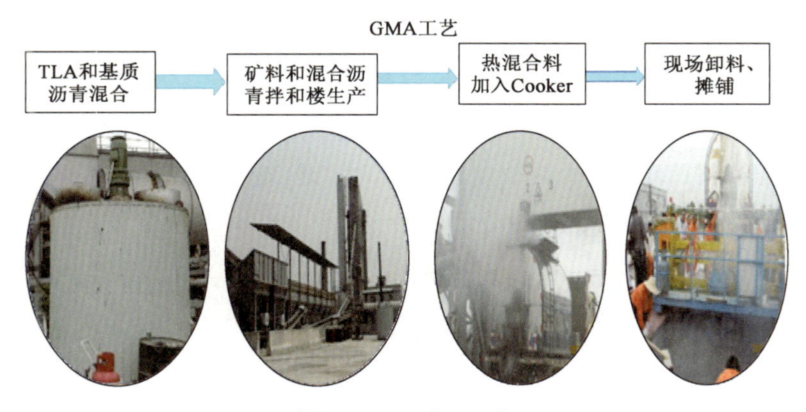

图 5-4 GMA 施工工艺

GMA 生产工艺参数 表 5-2

拌和步骤		拌和时间(min)	温度(℃)
a	矿粉 + 细集料 + 粗集料	1	220 ~ 240
b	TLA + AH-70 沥青	1	185 ~ 205
c	Cooker 车中混合料搅拌	150 ~ 180	210 ~ 240

5.3 钢桥面铺装施工质量控制

5.3.1 环氧沥青混凝土铺装施工质量控制

5.3.1.1 环氧沥青施工控制关键环节

主要研究内容包括 ChemCo 环氧沥青、日本热拌环氧沥青铺装施工控制技术研究。按照钢桥面环氧沥青铺装技术要求,开展环氧沥青桥面铺装施工的工艺技术、检测、质量监控研究。制定并提出环氧沥青施工指南要求,在整个桥面铺装施工过程中进行全面的检测、监控、质量控制,到达控制和保证环氧沥青桥面铺装施工质量的目标。

为保证钢桥面铺装工程质量,环氧沥青铺装施工中的技术难点和质量控制与保证的关键环节主要包括:

(1)施工设备、组织管理、施工工艺控制是保证环氧铺装质量的关键环节,工作中编制《钢桥面环氧沥青铺装施工技术指南》《钢桥面环氧沥青铺装施工质量控制方案》,做好前期准备、检查和培训工作。

(2)原材料备料,尤其是集料备料的质量、规格、含水率对环氧铺装质量影响非常大,混合料质量特性的稳定性问题十分突出。在加大检测频率同时,应用控制图等统计工具作为主要检测手段,保证施工质量的稳定,进行及时的质量纠错与改进。

(3)试验段检验、评价、完善工作是保证环氧铺装质量的关键前提条件,通过试验段的试铺、检验、改进来保证主桥铺装质量的可靠性。

(4)做好雨季施工的预防措施,尤其做好原材料的防水、防潮措施,并做好施工过程的防水控制和检验。

(5)施工过程控制是环氧沥青铺装施工质量的关键,施工过程精确控制施工时间、温度、工艺过程等环节,及时发现问题并改进处理。

5.3.1.2 环氧沥青施工控制主要技术措施

(1)施工质量管理控制机制及技术文件准备

建立铺装施工质量管理机制,建立相应质量管理机构,明确参建各方职责及工作方法,保证质量管理系统的快速、有效运转;完成相关技术文件准备工作,为施工过程质量控制提供依据。

(2)开展技术培训和技术交流

为了贯彻执行质量管理控制工作,监控单位集中组织业主、监理、施工等单位进行技术培训,使参建各方明确环氧沥青铺装施工控制要素、程序及措施,并指导施工单位对其全员组织施工控制技术培训,落实管理控制方法。

并在施工过程中每天组织开展施工总结和技术交流,及时发现和解决施工过程中的问题和隐患,保证施工质量。

(3)原材料质量检验与评价

①环氧沥青

严格按照设计要求对环氧沥青进行到岸和进场质量检验,通过试验评价其质量是否达到技术指标要求,同时施工过程中按一定频率进行随机抽检,以保证每批环氧沥青质量达到技术指标要求,并建立相应档案记录。

②集料

做好集料的质量控制工作非常关键,在集料生产备料阶段进行严格的现场检验,从料石源头开始进行控制,保证料石的洁净度、软石含量、含水量满足设计要求,生产过程中进行按照一定频率随机抽检,检验集料质量和规格的稳定性和可靠性,严禁不合格集料进场,从集料源头做好质量控制。

从集料试生产到正式生产过程监控人员现场全程跟踪,并进行抽检评价,严格监控集料生产质量。

在施工过程中做好集料运输、储存管理和检验工作,每天随机检验集料级配规格稳定性和含水率等关键指标,保证集料质量的稳定性。

(4)铺装环氧沥青混合料配合比复核评价

环氧沥青混合料配合比对其性能影响显著,有必要通过复核试验保证配合比的可靠性。确认最佳沥青用量和矿质混合料级配,提出环氧沥青混合料配合比复核优化建议及施工过程关键控制指标,保证环氧沥青混合料配合比的可靠性。

(5)施工技术、设备、管理等方面的准备与检查

环氧沥青施工是一个系统性能非常强的工作,对施工技术、设备、管理方面要求也非常高,因此施工准备阶段协同业主、监理、施工单位重点对这几个方面进行检察和改进提高,为正式施工做好准备。

(6)试验段检验评价与改进

由于环氧沥青造价高、施工连续性、可靠性要求非常严格,需要在环氧沥青铺装试验段中完成对材料设计、施工工艺、设备、管理、铺装性能等进行全面检验,保证主桥正式施工的100%可靠性。因此环氧沥青铺装试验段是一个关键环节,试验段中将增加检测频率,进行严格的检验和评价,对铺装的每一层铺筑进行施工前技术交底、过程检验和总结,不断改进和提

高，保证主桥施工前达到所有施工技术指标要求。

(7)施工过程动态控制

保证施工过程混合料和铺装质量稳定性和均匀性将决定桥面铺装整体性能和可靠性，将通过基于概率统计的动态控制和均匀性检测对施工过程进行检验评价，监控施工过程的混合料和铺装质量的均匀性和稳定性，通过移动平均控制图及时发现问题隐患并采取改进措施，保证铺装质量的整体稳定性和可靠性。

(8)钢板表面检察及黏结层质量控制

铺装层施工前严格检察钢板表面洁净度，清除灰尘、油污、水迹等，检验控制黏结层洒布的均匀性和精确度，尤其控制好边缘黏结层洒布量不能过多或不足，做好钢板及黏结层的保护工作。

(9)铺装混合料压实均匀性与接缝质量控制

环氧沥青铺装施工的混合料压实均匀性和接缝是控制的难点和重点之一，将结合无核密度均匀性检测评价压实的均匀性，对压实工艺进行监控指导，保证压实的均匀性和可靠性。同时对接缝的施工工艺和质量进行严格检察和监控，保证接缝的平顺和密实。

5.3.1.3 环氧沥青施工工艺改进与提升

根据环氧沥青施工技术要求特点，为保证和提高工程施工质量，在以下方面进行了改进和提升。

1)混合料生产的温度控制技术

环氧沥青这一类型的混合料对温度的要求是十分严格的，混合料的控制温度范围相对普通的沥青混合料要严得多，范围内的温度越高混合料允许的施工时间越短。温度的控制不好会直接影响整个施工的安排与施工质量。一旦出现超出允许温度范围的混合料当作废料处理，造成很大的经济损失，所以如何在施工中控制环氧沥青混合料温度是一个关系到工程施工质量、成本控制的关键。

可采取以下措施控制出料温度：首先用于施工的集料等原材料要优质干燥，处于均匀的常温下便于拌和楼能均衡地控制矿料的加热温度，拌和楼矿料的加热温度一定要控制在标准要求的110～130℃之间，A组分82～92℃，B组分125～135℃之间。其次，设置多级温度控制体系，细化温度控制环节。经过多个项目的磨合、总结，我公司已自主开发了环氧沥青混合料生产的温度控制技术，可保证出料温度的变化范围不超过3℃。

2)环氧沥青混凝土碾压工艺改进

合理的碾压工艺是保证混合料成型质量的关键。经过几个项目的摸索与实践，改进了原始的碾压工艺，并取得了良好效果。改进碾压工艺主要基于以下几点的考虑：

①环氧沥青混合料级配为悬浮密实型，当工作面不能及时展开，压路机过于集中时，将出现过碾现象。

②当施工环境中风速较大时,铺装层表面温度下降很快,此时压路机的行进速度、碾压路线将作适当调整。

③配合接缝的碾压工艺。

3)环氧沥青铺装接缝的处理工艺

环氧铺装施工一般分"道"进行,为保证"道"与"道"间接合紧密、平顺,无透水、离析等现象,要求对接缝的处理工艺进行专题研究。从以下几方面对该工艺进行完善,现已基本成熟,并取得了良好实用效果。

①黏结层油洒布时考虑接缝处理,针对接缝位置进行分别处理。

②接缝一侧由专人设置摊铺厚度、宽度等参数,及全程监控。

③使用筛分细料作为填缝材料,及时修补并刮平。

④压路机针对接缝处理改进碾压工艺。

⑤使用夯锤对接缝位置进行人工夯实。

4)混合料生产数量的控制技术

由于环氧沥青混凝土生产后约50min才进入容许卸料时间,在实际施工中,为保持出料的连续,在铺装完成前的一小时内,全部混合料已出料完毕。这就要求施工管理人员根据当时现场的摊铺情况,对混合料的生产总量进行预估。既不能预估过大,由于环氧沥青混合料价值较高,将造成可观的经济损失;也不能预估过小,如无足够的环氧混合料完成本次摊铺,将不可避免地要设置横缝,给施工质量带来隐患。掌握混合料生产数量的控制技术及相应的紧急处理方案,为确保施工质量、避免浪费,打下坚实的基础。

5.3.2 浇注式沥青混凝土铺装施工质量控制

根据港珠澳大桥钢桥面铺装工程方案设计和需要,重点开展了GMA(MA)浇注式沥青混凝土施工技术研究。

GMA(MA)类浇注式沥青混凝土常见施工技术问题主要分为生产浇注式沥青混合料的质量稳定性和施工均匀性两大类问题。混合料的生产质量稳定性问题包含集料的生产与控制、混合沥青的生产等方面,施工均匀性问题设计到施工分幅设计、鼓包病害、施工缝的处理等方面。正确认识这两大类施工技术问题,有助于实现浇注式钢桥面铺装施工质量与设计的一致性,确保桥面铺装的耐久性。

5.3.2.1 集料的生产与管理技术研究

港珠澳大桥桥面铺装中用到的碎石、细集料、矿粉等是拌制沥青混合料的主要原料,其品质与规格对保证沥青混合料产品的质量稳定性至关重要。特别细集料的生产规格要求高,国内无成熟加工生产规范。

1)粗集料加工与集料规格

优良品质的沥青混合料除了严格要求集料具有棱角性、限制扁平细长颗粒含量、限制黏土含量及坚固性、安定性、有害物质之外,其规格均匀性问题至关重要。对粗细集料的品质与规格管理应从集料生产开始抓起。目前,我国缺乏稳定地供应高速公路施工用料的专门大型碎石加工场,通常由许多家小型碎石场向一条在建高速公路供料,这种做法加剧了集料规格的变异。工程中杜绝或减少生产厂家的集料规格变异问题主要有以下措施:

①应统一个集料加工场配制碎石机的型号规格,品质需统一规格、同一厂家的筛网。不同料场采用原理与结构形式不同的碎石机导致集料规格变异。

②定期检修碎石和筛分设备的关键部件。碎石及筛分设备的关键部件,如衬板、筛网,在生产过程中容易磨损、破裂、堵塞,不能定期维护检修必定造成集料规格变异。

③需要严格控制碎石过程中的复破率。碎石场出于控制废弃率,通常会将较大孔径筛网的集料重新投入碎石机破损,反复破碎导致集料颗粒棱角性变差,甚至接近球体,从而降低了沥青混合料粗集料嵌挤程度。

港珠澳大桥主桥桥面铺装工程大,质量要求高,技术难度大,所用集料的需求量大,鉴于此项目的重要性和影响力,需特别重视保证集料品质优良,规格一致。

做好粗集料的质量控制工作非常关键,加工工艺可采用反击破工艺进行精加工处理,集料规格按4.75~9.5mm、9.5~13.2mm来分级。在集料生产备料阶段进行严格的现场检验,从料石源头开始进行控制,保证料石的洁净程度、软石含量、含水率满足设计要求,生产过程中进行安装一定频率随机抽检,检验集料质量和规格的稳定性和可靠性,严禁不合格集料进场,从集料源头做好质量控制。从集料试生产到正式生产过程监控人员现场全程跟踪,并进行抽检评价,严格监控集料生产质量。

2)细集料加工与规格

①浇注式沥青混凝土的细集料对基岩要求采用石灰岩,石灰岩中的碳酸钙含量不少于85%(按质量比计),同时选用与选定沥青相容性最佳的基岩。

②细集料按不大于0.075mm、0.075~0.212mm、0.212~0.6mm、0.6~2.36mm四种规格生产。

③细集料的级配要求见表5-3。

细集料的级配要求 表5-3

级配及要求	集料尺寸规格(mm)				
	>2.36	0.6~2.36	0.212~0.6	0.075~0.212	<0.075
英国规范要求(BS 1447:1988)	0	5~20	10~30	10~30	40~50

④集料加工时,应检验0.075mm、0.212mm、0.6mm、2.36mm的通过量按90%~95%并保

持稳定。

⑤为保证集料质量能完全满足 BS 1447 的要求,建议采用专门的集料加工生产线来完成集料加工,以保证集料质量。从目前了解的情况来看,国内还没有采用这种加工工艺及规格分级。

⑥对于基岩应采用同一矿口的岩石来加工,出自不同矿口的集料不得混用。

⑦按 2t 一包进行打包袋装,要注意防潮措施,建议编织袋内加一层防潮塑料膜。

⑧为了保证沥青用量适当增加不显著影响混合料的流动度和硬度,需要对矿粉的流动性和硬度试验(利用沥青胶泥)进行检测。

3)集料验收与储存管理

①验收。在施工过程中做好集料运输、储存管理和检验工作,每天随机检验集料级配规格稳定性和含水率等关键指标,保证集料质量的稳定性。

②合理堆放。集料的储存运输管理的不恰当也会对集料变异产生一定的影响。当生产出大量的各种规格的集料,而又不可能全部运输到工程项目的拌和场时,为了控制粗细集料的变异性,就必须对各种规格的碎石进行合理的存储堆放,并且应该对各种规格的集料进行现场的筛分检验后才能堆放至合适的位置,以免不合格的碎石“污染”原料堆的碎石,在存储的条件上,应该配备和现代化的石场相一致的大型、经过硬化和设置良好排水设施的堆放场地,并且对细集料应该搭建雨棚以防止被雨水淋湿,从而影响到细集料产品的质量稳定性。而在料堆的堆放方式上,对于粗细集料这种颗粒状散体物料,其装载和堆放不当时,均容易产生粗细颗粒的分离,工程管理中称之为抛料离析。粗细颗粒粒径差、落差、卸料速度是集料离析的主要影响因素。应该避免采用输送带堆料或采用卡车高位卸料。同时在堆料的高度方面,根据研究指出:对于粒径在 13.2 ~31.5mm 的碎石,当料堆高度为 6m 时,料堆底部粗集料集中,堆谷细集料偏多,料堆上部和下部 26.5mm 筛孔的通过率偏差范围达 37.9% ~94.6%,离析相当严重;而对于粒径在 2.36 ~9.5mm 集料,高度在 5.5m,其上、中、下粒径分布基本一致;细集料(0 ~2.36mm)堆料高度 5m,则料堆的上、下部离析明显,中部离析偏差较小;高度为 2m 时,料堆的上、下部的离析变异水平比高度为 5m 时要小。

由上述分析可知,在碎石的堆放高度上必须严格控制,做到不盲目、无限制地堆高集料,以免影响最终产品的级配组成,而使沥青混合料的质量产生较大的不均匀性。另外一方面,采取良好的堆料作业方式,将会对料堆的离析起到一定的控制作用。图 5-5 所示的为斜坡式分层堆料,其主要特点就是通过控制分层堆料的高度在 1m 范围内,再逐次升高,通过这种做法,能够达到降低因重力作用引起的离析概率,也可以在空间上把不同卡车运输的碎石进行一定的初步混合,以提高碎石的均匀性。

4)细集料的防雨措施

MA、GMA 混合料需要的细集料量大,质量规格要求严格,为了保证拌和设备准确供料,提高烘干筒温度控制精度,减少燃料消耗,细集料应搭棚或篷布覆盖,以防雨水淋湿,优先采用有内膜的编织袋包装,防潮效果佳。细集料的比表面积大,吸水前后含水率变化范围很大。含水率增大时颗粒间黏聚力增加、易结团,严重时可能会堵塞出料口,使得细集料供料间断。

图5-5　分层堆料

由于港珠澳大桥的桥面铺装集料需求数量较大,在细集料加工方面,国内尚无加工标准。根据前期研究成果,拟自购设备加工集料,必须对加工、包装生产线进行工厂化改装,使之满足桥面铺装对质量的要求,减少对环境的影响。

对加工出的产品配置合格标签,通过添加二维码等信息化技术,通过扫描获取生产及质量信息,随时掌握材料质量动态。在正式开工前做到100%备料,对桥面铺装的质量和进度大有益处。

5.3.2.2　浇注式沥青混合料用混合沥青生产技术

浇注式沥青混合料用混合沥青均须经过试加工,并进行性能检测合格后,方可在桥面铺装施工过程中按标准的加工工艺加工混合沥青。

(1)先将湖沥青融化后泵入专用混合罐,将基质沥青和湖沥青按比例在混合罐内进行搅拌混合均匀需60min,所需设备如图5-6所示。

(2)现场应备有保温及具有搅拌功能的沥青储罐。施工中储存温度不超过180℃。储存能力应不低于30t。

(3)每加工一釜(罐)混合沥青均应用涂膜、撕膜法检验是否加工均匀。已加工的改性沥青如因施工原因而需要储存24h以上时,应低温储存(150℃以下,搅拌),停止施工48h以上时,应冷却静止储存,施工前应升温至175~185℃,并搅拌至少30min后才能使用。

(4)TLA与70号基质沥青混合的质量控制要点

①控制基质沥青的质量,特别是在三大指标的基础上,宜增加旋转薄膜加热试验、闪点、针入度比等指标的检验,应注意旋转薄膜烘箱的质量损失指标是否满足要求。

②TLA改性沥青由于TLA用量达到70%,混合沥青加工设计宜采用专用设备,要求混合设备中有搅拌装置,同时采用循环泵进行外部循环,减少混合沥青中矿物质的离析。

③对于港珠澳大桥施工要求,GMA混合料的产量要达到每小时80~100t,沥青用量会达到约12t左右,因此必须采用专用的湖沥青混合装置来生产TLA改性沥青,并且产量≥12t/h,以满足浇注式沥青的要求。检测混合沥青是否均匀,可采用溶解度法或燃烧法进行检验。

a)天然湖沥青熔化设备

b)天然湖沥青熔化设备

c)混合沥青生产设备

d)沥青加热炉（拌和楼配套）

图5-6 混合沥青生产设备

④在沥青加热过程中，严格控制基质沥青的加热温度，预防沥青的老化。

⑤每批沥青进场应按关键指标进行检验，包括TLA中矿物质是否稳定，以保证浇注式混合料中稳定的有效沥青含量。未经检验的沥青不得注入沥青储存罐，对于70号基质沥青到达现场后，应有4h检验时间，利用沥青质量快速检测技术完成沥青质量的检测。在沥青采购合同中，应注明现场检验的时间要求，不得到场后未经检验要求卸货。

5.3.2.3 Cooker加热温度及加温时间的控制

GMA生产的混合料要在Cooker车中加热升温搅拌2～3h，Cooker搅拌运输设备的加热温度及加热时间，直接控制了混合料的性能，因此，在前期试验室中得到的控制参数（加热时间及加热温度）与质量之间的关系，首先要进行大Cooker与室内试验结果进行对比，确定实际生产时的控制参数。

由于实际生产中，不能每车都对质量指标进行检测，质量的控制变成对加热温度用加热时间的控制，根据目前试验结果，混合料的加热温度为220～230℃，加热时间为2～3.5h。在该范围内，老化性能、动稳定度均在符合的质量要求。

5.4 小　　结

对港珠澳大桥钢桥面铺装施工技术、施工设备、施工工效、施工组织管理技术等方面开展系统研究工作,根据研究成果,解决了一些技术难题,提出港珠澳大桥钢桥面铺装成套浇注式沥青混凝土钢桥面铺装施工工艺,为港珠澳大桥钢桥面铺装施工和管理提供技术支持和依据。

(1)拌和温度和拌和时间对 MA/GMA 的老化性能有较大影响。拌和温度越高,拌和时间越长,混合料的高温稳定性越好,低温抗疲劳能力越差。为了得到既满足高温稳定性和抗疲劳性能的理想混合料,需要合理摊铺施工时间和拌和温度。故控制 MA/GMA 混合料搅拌温度和拌和时间在一定范围,才能使混合料既能满足高温稳定性的要求,又能满足疲劳性能的要求。

(2)室内试验和加速加载试验表明,采用 GMA 工艺生产的浇注式沥青混合料的路用性能不低于传统 MA 混凝土的性能,GMA 工艺的生产工效高,而且 GMA 的生产过程可控性较好,可满足预期时间内完成钢桥面铺装的施工任务要求。

(3)在掌握 GMA 浇注式沥青混合料的材料特性和路用性能的基础上,基本确定生产工艺参数,提出 GMA 成套施工工艺与质量控制,加速加载试验验证了该工艺可行性和优越性,为确保港珠澳大桥钢桥面铺装工程按期保质完工提供重要技术支撑。

本章参考文献

[1] 张粤生. 国内大跨径钢桥面桥梁主要铺装类型介绍[J]. 中外公路,2007,27(4):143-145.

[2] 黄卫. 大跨径桥梁钢桥面铺装设计[J]. 土木工程学报,2007,40(9):65-77.

[3] 厉学武,曹进超. 钢桥面环氧沥青混凝土铺装层施工技术研究[J]. 城市道桥与防洪,2012(6):19-21.

[4] 陈志一. 大跨径正交异性钢桥面铺装防水黏结层研究[D]. 西安:长安大学,2008.

[5] 徐伟,张肖宁,涂长卫. 虎门大桥钢桥面铺装维修方案研究与工程实施[J]. 公路,2012(5): 68-71.

[6] 黄卫,钱振东,程刚,等. 大跨径钢桥面环氧沥青混凝土铺装研究[J]. 科学通报,2002,47(24):1894-1897.

[7] 刘晓文,张肖宁. 日本 TAF 环氧沥青混凝土在桥面铺装中的应用[J]. 桥隧机械 & 施工技术,2010(1):69-71.

[8] 洪涌强. 环氧沥青性能研究及设计优化[D]. 广州:华南理工大学,2010.

第6章 工程应用

6.1 工程简介

6.1.1 工程概况

港珠澳大桥跨越珠江口伶仃洋海域,是连接香港特别行政区、广东省珠海市、澳门特别行政区的大型跨海通道,是列入《国家高速公路网规划》的重要交通建设项目。建设内容包括:海中主体工程(粤港分界线至珠澳口岸之间区段)、香港界内跨海桥梁、香港口岸、珠澳口岸、香港连接线、珠海连接线及澳门连接桥。

主体工程范围:粤港分界线至珠澳口岸之间区段,总长29.6km,其中桥梁长约22.9km,沉管隧道长5.9km(不含桥隧过渡段),为实现桥隧转换设置两个长度各为625m的隧道人工岛。

港珠澳大桥主体工程桥梁工程施工图设计范围:东自西人工岛结合部非通航孔桥与深水区非通航孔桥的分界墩起(K13+413),西至拱北/明珠附近的海中填筑的珠海/澳门口岸人工岛止(K35+890),以及珠澳口岸人工岛大桥管理区互通立交,全长约22.9km。包括青州航道桥(主跨458m双塔双索面钢箱梁斜拉桥)、江海直达船航道桥(主跨2×258m三塔中央索面钢箱梁斜拉桥)、九洲航道桥(主跨268m双塔中央索面组合梁斜拉桥)三座通航孔桥及其余非通航孔桥。

港珠澳大桥主体工程包含15.8km深水区桥梁,除三座通航桥梁外,港珠澳大桥深水区非通航孔采用110m跨整墩整幅钢箱梁连续梁桥,浅水区非通航桥孔采用85m跨组合连续梁;钢箱连续梁桥面板主要采用正交异性钢箱梁桥面板结构形式。项目总平面布置见图6-1。

深水区非通航孔桥主梁采用单箱双室整幅等梁高钢箱梁,梁高4.5m,顶板挑臂长度5.5m,横肋间距2.5m,实腹式横隔板间距10m。顶板宽33.1m,顶板板厚在墩顶区为20mm,其余为18mm;顶板U肋高300mm,开口宽度为300mm,板厚8mm;顶板扁钢加劲肋,高160mm,板厚16mm。非通航孔桥主梁标准横断面见图6-2。

6.1.2 钢桥面铺装设计条件

钢桥面铺装设计需要重点考虑桥面板刚度、温度环境、交通荷载特点三个基本条件,针对港珠澳大桥分析这三个基本设计条件如下。

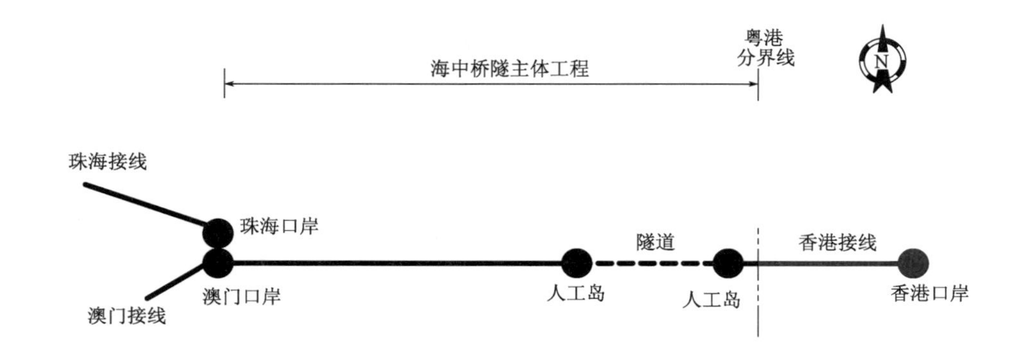

图 6-1　港珠澳大桥项目平面示意图

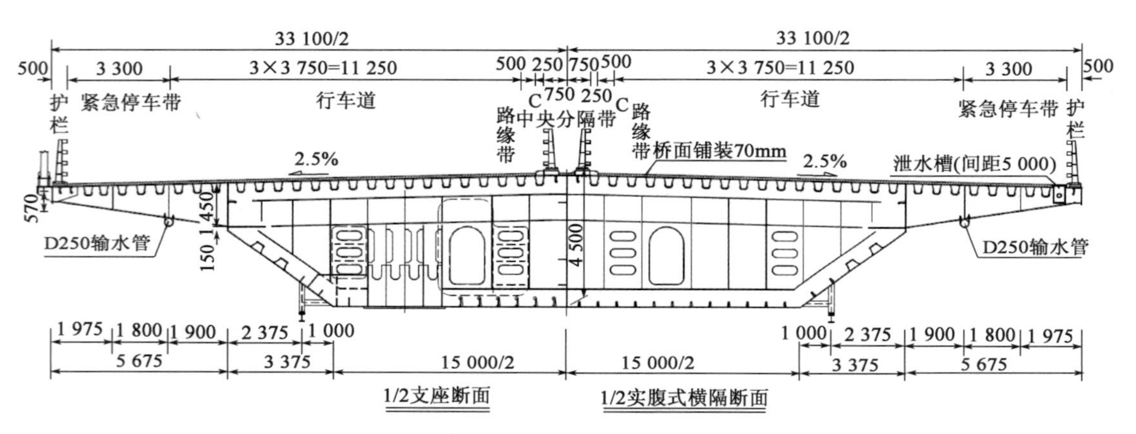

图 6-2　非通航孔桥(深水区)钢箱连续梁标准横断面(尺寸单位:mm)

(1)港珠澳大桥钢桥面板结构

①顶板最小厚度为 18mm;

②顶板 U 肋高 300mm,厚 8mm;

③横隔板纵向最大间距 10m,其间设置间距 2.5m 的横隔肋。

根据《公路钢箱梁桥面铺装设计与施工技术指南》的规定,港珠澳大桥钢桥面板:肋间相对挠度为 0.15mm,肋间曲率半径为 38m,满足指南里 0.4mm 和 20m 的规定。

港珠澳大桥钢桥面板结构具有相对较高的刚度,为钢桥面铺装的抗疲劳提供了良好的条件,有利于钢桥面铺装的抗疲劳耐久性。

(2)港珠澳大桥钢桥面铺装温度环境

根据与港珠澳大桥邻近区域和相似桥型的钢桥面铺装调查分析,确定港珠澳大桥钢桥面铺装温度范围为 0 ~ 60℃。

(3)港珠澳大桥钢桥面铺装交通荷载特点

根据预测分析港珠澳大桥铺装设计年限 15 年交通量为 1 140 万次/车道,属于中等交通条件。

6.1.3 钢桥面铺装建设条件

(1)工期条件:12 个月。

(2)钢桥面铺装面积约 50 万 m^2,工程规模巨大。

(3)施工条件:气候条件复杂,雨季时间长,不良天气较多,钢桥面铺装有效施工时间短。

(4)钢桥面铺装设计使用寿命:15 年。

6.1.4 钢桥面铺装设计基本原则

(1)考虑到港珠澳大桥的重要性和影响,充分借鉴港珠澳大桥相邻地区成熟的铺装技术,技术风险相对较小。

(2)根据港珠澳大桥交通荷载等级,选择相适应的钢桥面铺装方案。

(3)钢桥面铺装便于快速维修养护。

(4)便于选择具有丰富施工经验的钢桥面铺装承包商。

(5)钢桥面铺装经济性较好。

(6)钢桥面铺装方案满足施工工期和施工场地布置要求。

6.1.5 钢桥面铺装推荐方案

根据以上调查和研究分析,港珠澳大桥钢桥面铺装设计参数初步确定为如表 6-1。

港珠澳大桥钢桥面铺装的主要设计参数(建议) 表 6-1

项目	内容	项目	内容
计算行车速度	100km/h	设计标准轴载	BZZ-100
车辆荷载等级	公路—Ⅰ级	桥面沥青铺装层使用温度范围	0~60℃
设计交通量(累计标准轴载)	1 140 万次/车道	使用年限	15 年

根据港珠澳大桥钢桥面铺装方案确定原则,首先充分借鉴相邻地区成熟的铺装技术。香港青马大桥采用的是单层 MA 铺装方案,青马大桥自 1997 年 4 月开通以来,钢桥面铺装使用情况良好,整体表现良好,截至 2017 年 6 月运行已有 20 年时间。西部通道深圳湾大桥钢桥面铺装基本没有出现病害,2007 年 7 月开通以来使用情况良好,截至 2017 年 6 月,运行已有 10 年时间。

整体上浇注式沥青铺装应用历史较长,在中轻交通荷载条件下有较多成功案例,施工过程对雨水条件要求与普通沥青路面施工类似,采用 GA 生产方式的工效较高,浇注式沥青铺装维修方便快捷,浇注式沥青铺装造价显著低于环氧沥青铺装。结合港珠澳大桥相邻区域成功经验,考虑港珠澳大桥钢桥面铺装特点,浇注式沥青铺装较适合港珠澳大桥钢桥面铺装。

根据港珠澳大桥钢桥面铺装运行交通荷载、温度环境要求,考虑港珠澳大桥工程特点、施工条件、工期要求,结合典型铺装方案比较分析和借鉴相邻地区成熟的技术,港珠澳大桥钢桥面铺装推荐方案为“浇注式沥青 + SMA”方案,具体见表6-2。

港珠澳大桥钢桥面铺装推荐方案 表6-2

<table>
<tr><th rowspan="2">类别</th><th rowspan="2">范围</th><th colspan="2">桥面铺装结构设计</th></tr>
<tr><th>行车道、路肩</th><th>中央分隔带、检修道</th></tr>
<tr><td rowspan="6">钢桥面</td><td rowspan="6">主桥</td><td>铺装上层:改性沥青 SMA-13,厚度:38mm</td><td rowspan="2">铺装层:GMA-10,中央分隔带铺装厚度:68mm;检修道铺装厚度:30mm</td></tr>
<tr><td>铺装下层:GMA-10,厚度:30mm</td></tr>
<tr><td>黏结层,厚度:50 ~ 100μm</td><td>黏结层,厚度:50 ~ 100μm</td></tr>
<tr><td>防水层,厚度:2mm</td><td>防水层,厚度:2mm</td></tr>
<tr><td>底漆,厚度:50 ~ 75μm</td><td>底漆,厚度:50 ~ 75μm</td></tr>
<tr><td>喷砂除锈:清洁度 Sa2.5 级,粗糙度50 ~ 100μm</td><td>喷砂除锈:清洁度 Sa2.5 级,粗糙度50 ~ 100μm</td></tr>
</table>

6.2 新技术在工程中的应用

6.2.1 钢桥面铺装 GMA 工艺

根据港珠澳大桥钢桥面铺装工程特点,采用 GA 拌和方式生产 MA 类材料的 GMA 工艺不仅有效提高 MA 浇注式沥青混合料的生产工效,其性能达到 MA 英国标准体系要求的技术标准,同时满足香港西部通道钢桥面铺装技术要求。其车辙抵抗能力达到或超过国内泰州大桥、南京四桥等典型工程钢桥面铺装 GA 混凝土性能水平。

GMA 生产分两个阶段进行:一阶段为沥青拌和楼(1 台 4000 型间歇式沥青拌和楼并配套相关设备)搅拌;二阶段为 Cooker(按正常容量为 10t 计)搅拌。

一阶段生产:4000 型沥青拌和楼拌缸容积为 4t,GMA 生产拌和时间(干拌加湿拌)为 1.5 ~ 2min,即 GMA 每小时产量正常为 120 ~ 160t,出料温度可控制在 190 ~ 200℃。

二阶段生产:GMA 卸入 Cooker 升温、保温时间约为 2 ~ 3h,GMA 可满足摊铺要求。在此阶段只要配置相应数量 Cooker 即可保证两阶段产量相匹配。

从混合料出料到摊铺仅需 2.5 ~ 3.5h,相比 MA 工艺可缩短 1/3 ~ 1/2 的时间,而且拌和站产量高(120 ~ 150t/h)可大规模连续生产,生产工效较高。

港珠澳大桥采用足尺模型加速加载试验来进行模拟钢桥面铺装在设计年限内的车辆荷载和环境条件下的使用情况,主要对不同工艺条件的 MA 类铺装材料桥面铺装材料进行比较研究和材料行为的验证,以及预测桥面铺装在设计年限内的使用性能,并对室内铺装材料和铺装结构的研究成果进行可行性验证,为提出推荐的港珠澳大桥钢桥面铺装结构体系提供科学的理论依据。

港珠澳大桥钢桥面铺装方案加速加载试验研究主要包括加速加载试验模型设计、制作、研究加速加载试验运行保障措施与监控方案,通过开展不同施工工艺(传统 MA/GMA)铺装材料高温性能加速加载试验、疲劳性能加速加载试验,结合室内研究成果,评估施工工艺对铺装层材料的性能的影响,为铺装层材料的施工工艺的优化、施工质量控制方法提供指导。

港珠澳大桥钢桥面铺装实际实施分成了 2 个标段,2 个标段的承包商根据各自实际条件在前期试验研究成果的基础上分别进行了配方和工艺的优化,均达到了预期目标。以下分别对 2 个标段的施工实施情况进行总结分析。

6.2.2 港珠澳大桥钢桥面铺装标段 I 实施情况

6.2.2.1 GMA-10 配合比设计

GMA-10 用结合料采用 TLA 湖沥青与 A-70 号基质沥青混合料,质量比为 70:30,(TLA + A-70 号)混合沥青的设计指标要求与测试结果如表 6-3 所示。

(TLA + A-70 号)混合沥青指标要求及检测结果　　表 6-3

试验项目	单位	设计要求	检测结果	试验方法
针入度(25℃,100g,5s)	0.1mm	10 ~ 20	15	T 0604—2011
软化点 $T_{R\&B}$	℃	≥65	73.5	T 0606—2011
RTFOT 质量变化	%	≤1.0	0.16	T 0608—1993
三氯乙烯溶解度	%	≥66	—	T 0607—2011
总矿物	%	20 ~ 30	25.05	T 0614—2011

GMA-10 沥青混合料用粗集料规格为 5 ~ 10mm,材质为辉长岩,粗集料物理性能设计指标要求及检测结果如表 6-4 所示,筛分结果如表 6-5 所示。

粗集料(5 ~ 10mm)物理指标要求及检测结果　　表 6-4

试验项目	指标要求			
	单位	设计要求	检测结果	试验方法
针片状含量	%	≤12	1.8	JTG E42—2005 T 0312
坚固性	%	≤12	1	JTG E42—2005 T 0314
吸水率	%	≤2	0.4	JTG E42—2005 T 0304
洛杉矶磨耗损值	%	≤26	4.0	JTG E42—2005 T 0317
黏附性	级	≥4	5(S_{10})	JTG E20—2011 T 0616
压碎值	%	≤24	5.1(S_{10})	JTG E42—2005 T 0316

续上表

试验项目	指标要求			
	单位	设计要求	检测结果	试验方法
<0.075 颗粒含量	%	≤1	0.4	JTG E42—2005 T 0310
表观相对密度	g/cm³	≥2.60	2.940	JTG E42—2005 T 0304
软石含量	%	≤3	0.3	JTG E42—2005 T 0320

粗集料颗粒筛分检测结果　表 6-5

集料规格(mm)	通过下列各筛孔质量百分率(%)									试验方法
	13.2	9.5	4.75	2.36	1.18	0.60	0.3	0.15	0.075	JTG E42—2005
5~10	100	95.8	2.2	0.4	0.4	0.4	0.4	0.4	0.4	

细集料采用石灰岩破碎而成,分为 A(2.36~0.6mm)、B(0.6~0.212mm)、C(0.212~0.075mm)三个规格,细集料物理设计指标检测结果如表 6-6 所示,颗粒筛分结果如表 6-7 所示。

细集料物理指标要求及检测结果　表 6-6

试验项目	规格					
	单位	设计要求	A	B	C	试验方法
表观相对密度	g/cm³	≥2.5	2.718	2.724	2.728	JTG E42—2000 T 0328
坚固性(>0.3mm)	%	≤12	3.0	—	—	JTG E42—2000 T 0340
砂当量	%	≥60	96	90	68	JTG E42—2000 T 0334
亚甲蓝值	g/kg	≤2.5	0.5	0.6	0.8	JTG E42—2000 T 0349
棱角性(流动时间)	%	≥30	39.3	—	—	JTG E42—2000 T 0345

细集料颗粒筛分指标要求与检测结果　表 6-7

	材料	通过下列筛孔(mm)的质量百分率			
		2.36	0.6	0.212	0.075
通过百分率(%)	细集料 A	90~100	0~15	0~10	0~3
	检测结果	100	5.8	0.6	0.4
	细集料 B	100	80~100	0~10	0~5
	检测结果	100	87.6	9.6	1.9
	细集料 C	100	100	80~100	15~40
	检测结果	100	100	90.2	33.8

GMA10 填料采用石灰岩矿粉,矿粉技术指标要求及检测结果见表 6-8。

矿粉性能指标要求及检测结果 表 6-8

检 测 项 目		指 标 要 求			
		单位	指标要求	检测结果	试验方法
表观密度		g/cm³	≥2.5	2.766	JTG E42—2005
含水率		%	≤1	0.2	
通过率(%)	0.6mm	%	100	100	
	0.15mm	%	95~100	99.6	
	0.075mm	%	85~95	90.5	
亲水系数		—	<1	0.73	
塑性指数		%	<4	3.8	
外观		—	无团粒结块	无结团	—

GMA-10 配合比设计分为两步,第一步先进行 ME 设计,第二步进行 GMA 设计。ME 设计阶段的评价指标为 25℃的硬度,控制影响因素为可溶沥青含量。GMA 设计阶段评价指标为马歇尔稳定度、流值、流动性、硬度、车辙动稳定度、冲击韧性,控制影响因素为沥青(含矿物质)含量。初步拟合 ME 设计级配,如表 6-9 所示。

ME 级配设计通过率 表 6-9

材料规格	用量(%)	筛分通过率(%)				
		4.75	2.36	0.6	0.212	0.075
细集料 A	13	100.0	100.0	5.6	0.3	0.3
细集料 B	27	100	100.0	87.6	9.5	1.8
细集料 C	15	100	100	100	90.2	33.7
矿粉	45	100	100	100	99.6	90.5
范围上限	100	100	100	96	88	56
范围下限		100	97.5	76.5	44.5	40
范围中值		100	98.75	86.25	66.25	48
目标级配		100.0	100.0	84.4	61.0	46.3

根据设计文件与 BS 1447:1993 标准中的要求,GMA-10 中粗骨料含量应为 45% ±10%(占沥青混合料质量的比例)。参考港珠澳大桥主体工程桥梁施工图设计阶段钢桥面铺装专题研究报告成果,进行混合料拌制。通过以上对 GMA-10 沥青混合料配合比设计及混合料性能检验,其各项指标均满足设计要求,其目标配合比如表 6-10。

GMA10 目标配合比 表 6-10

材料种类	粗骨料(5~10mm)	ME				
目标配合比(%)	50.0	50.0				
		细集料 A	细集料 B	细集料 C	矿粉	沥青含量
		13	27	15	45	—
	50.0	5.06	10.48	5.82	17.47	10.5

6.2.2.2 GMA 目标配合比及实际生产级配

GMA 目标级配及实际生产检测级配、沥青含量数据见表 6-11。

GMA 目标级配及实际生产检测级配、沥青含量数据 表 6-11

筛孔尺寸(mm)	筛分通过率(%)							沥青含量(%)
	13.2	9.5	4.75	2.36	0.6	0.212	0.075	
配合比设计	100	99.2	44.8	43	36.6	27.4	20.42	10.5
实测值	100.0	99.3	45.4	42.4	36.3	27.7	20.7	10.3

6.2.2.3 GMA 沥青混合料性能检测

GMA 实际生产沥青混合料性能检测数据见表 6-12,对 2 车 Cooker 拌和时间对 GMA 性能影响规律检测数据见图 6-3、图 6-4,图中试验数据显示:

(1)硬度在拌和过程中整体稳定,满足在 5~20(0.1mm)范围内要求,但偏于下限分布。

(2)流动度有一定波动,整体在低于 20s 范围内;然后随着拌和时间延长,因沥青老化流动性降低,拌和 6、7h 后添加 A-70 号沥青作为再生剂,GMA 流动性显著提高。

(3)车辙动稳定度随拌和时间平稳增加,车辙动稳定度整体上在 400~500 次/mm 附近区域。

(4)冲击韧性随拌和时间逐渐下降,拌和初期下降较快,整体上高于 500N·mm,拌和 6、7h 后,分别添加 A-70 再生剂 0.5%、1%,GMA 冲击韧性有所提高,但添加 A-70 再生剂0.5%、1%的影响区别不显著。

GMA 实际生产性能检测数据 表 6-12

性能指标	硬度(0.01mm)	冲击韧性(N·mm)	单层 GMA10 动稳定度(次/mm)	组合结构动稳定度(次/mm)	流值 5mm 时马歇尔稳定度(kN)
技术要求	50~200	≥400	300~800	—	≥4
检测结果	90	589	513	3 552	7.6

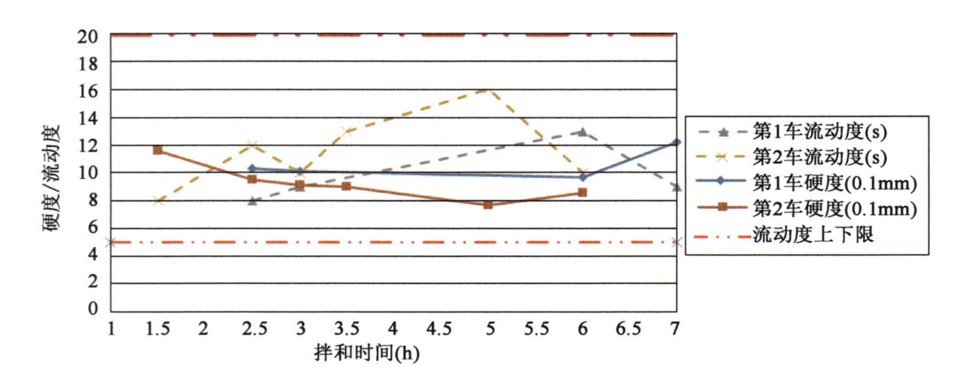

图 6-3 GMA 流动度、硬度与拌和时间关系

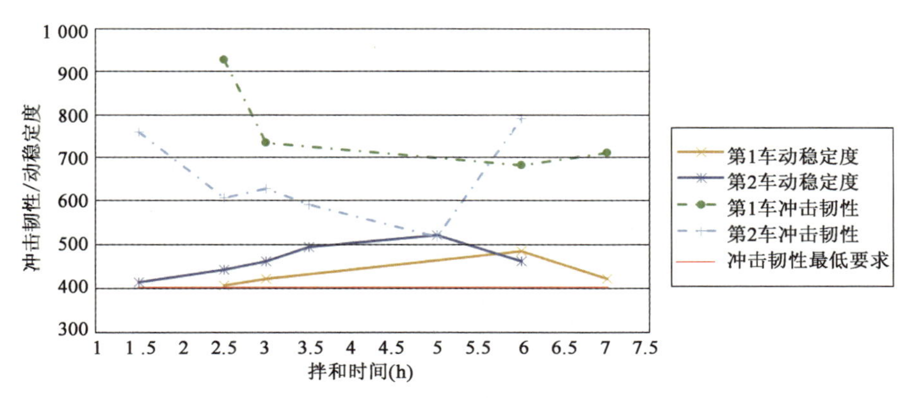

图 6-4　GMA 车辙动稳定度、冲击韧性与拌和时间关系

6.2.2.4　GMA 主要生产工艺参数

GMA 沥青混合料 Cooker 生产参数见表 6-13。

GMA 实际生产性能检测数据　　表 6-13

生产参数	单　位	实际控制
Cooker 搅拌时间	h	3～4.5
Cooker 搅拌温度	℃	220
Cooker 搅拌转速	r/min	6

6.2.2.5　GMA 施工过程照片

GMA 沥青混合料拌和、Cooker 运输搅拌、摊铺、完成施工过程照片见图 6-5。

a)GMA集料存放

b)GMA沥青混合料拌和站

c)TLA沥青脱桶融化

d)GMA沥青混合料拌和

图　6-5

e)GMA沥青混合料卸料

f)GMA沥青混合料Cooker拌和运输

g)GMA沥青混合料摊铺

h)GMA沥青铺装完成

图 6-5 GMA 施工工程照片

6.2.3 港珠澳大桥钢桥面铺装标段Ⅱ实施情况

为提高 GMA 高温稳定性，开展了添加高温改性剂 BRP 的研究。BRP 是以 PE 为主要材料并在其中加入各种稳定剂后聚合而成的一种新型 PE 高分子聚合物改性剂，它对沥青的改性主要为物理改性。BRP 沥青改性剂可以提高基质沥青的软化点至 25 ~ 35℃，不离析，储存稳定性好，普通沥青混合料的动稳定度大于 4 000 次/mm，完全满足沥青路面施工技术规范对改性沥青及沥青混合料热稳定性的要求，既能显著提高沥青高温稳定性同时又不降低其柔性，主用于夏季炎热地区的新型沥青路面改性剂。

BRP 沥青改性剂用于普通沥青混合料路面，也可以用于浇注式沥青混凝土桥面铺装，增加浇注式沥青混凝土的高温稳定性，而不显著降低浇注式沥青混凝土的流动性，克服浇注式沥青混凝土流动性与高温稳定性间的矛盾。

BRP 沥青改性剂既可以用“湿法”改性，又可以直接掺入混合料中拌和加热的“干法”改性，以便于不同生产条件下的应用。

经试验研究确定 GMA 添加混合料千分之三的 BRP 作为高温改性剂。

6.2.3.1 GMA-10 配合比设计

GMA-10 的原材料检测数据分别见表 6-14 ~ 表 6-19。

(**TLA + A-70**)混合沥青指标要求及检测结果　　表6-14

试验项目	单　位	设计要求	检测结果	试验方法
针入度(25℃,100g,5s)	0.1mm	10~20	13	T 0604—2011
软化点 $T_{R\&B}$	℃	≥65	69.5	T 0606—2011
RTFOT 质量变化	%	≤1.0	-1.20	T 0608—1993
三氯乙烯溶解度	%	≥66	75.3	T 0607—2011
总矿物	%	20~30	23.53	T 0614—2011

粗集料(5~10mm)物理指标要求及检测结果　　表6-15

试验项目	指标要求			
	单位	设计要求	检测结果	试验方法
针片状含量	%	≤12	0	JTG E42—2005 T 0312
坚固性	%	≤12	2	JTG E42—2005 T 0314
吸水率	%	≤2	0.50	JTG E42—2005 T 0304
洛杉矶磨耗损值	%	≤26	15.4	JTG E42—2005 T 0317
黏附性	级	≥4	5	JTG E42—2005 T 0616
压碎值(%)	%	≤24	—	JTG E42—2005 T 0316
<0.075 颗粒含量	%	≤1	0.0	JTG E42—2005 T 0310
表观相对密度		≥2.60	2.965	JTG E42—2005 T 0304
软石含量	%	≤3	0.3	JTG E42—2005 T 0320

粗集料颗粒筛分检测结果　　表6-16

集料规格(mm)	通过下列各筛孔质量百分率(%)									试验方法
	13.2	9.5	4.75	2.36	1.18	0.60	0.3	0.15	0.075	JTG E42—2005
5~10	100	97.4	3.2	0.1	0.1	0.1	0.1	0.1	0.1	

细集料物理指标要求及检测结果　　表6-17

试验项目	规格					
	单位	设计要求	A (2.36~0.6mm)	B (0.6~0.212mm)	C (0.212~0.075mm)	试验方法
表观相对密度		≥2.50	2.720	2.718	2.718	T 0328
坚固性	%	≤12	3	3	—	T 0340
砂当量	%	≥60	98	89	—	T 0334
亚甲蓝值	g/kg	≤2.5	0.5	0.8	2.0	T 0349
棱角性	s	≥30	50	34	37	T 0345

细集料颗粒筛分指标要求与检测结果 表 6-18

	材　料	通过下列筛孔(mm)的质量百分率			
		2.36	0.6	0.212	0.075
通过百分率(%)	细集料 A	90～100	0～20	0～10	0～3
	检测结果	99.4	10.3	1.3	1.0
	细集料 B	100	80～100	0～10	0～5
	检测结果	100.0	93.6	9.5	5.0
	细集料 C	100	100	80～100	20～40
	检测结果	100.0	100.0	86.4	37.9

矿粉性能指标要求及检测结果 表 6-19

检测项目		指标要求			
		单位	指标要求	检测结果	试验方法
表观密度		g/cm^3	≥2.5	2.740	JTG E42—2005
含水率		%	≤1	0.1	
通过率(%)	0.6mm	%	100	100.0	
	0.15mm	%	95～100	98.6	
	0.075mm	%	85～95	92.9	
亲水系数		—	<1	0.7	
塑性指数		%	<4	2	
外观		—	无团粒结块	无团粒结块	—

按照 A、B、C 及矿粉筛分结果,初步拟合 ME 设计级配,如表 6-20 所示。

ME 级配设计通过率 表 6-20

材料规格	用量(%)	筛分通过率(%)				
		4.75	2.36	0.6	0.212	0.075
细集料 A	18	100.0	99.4	10.3	1.3	1.0
细集料 B	24	100.0	100.0	93.6	9.5	5.0
细集料 C	8	100.0	100.0	100.0	86.4	37.9
矿粉	50	100.0	100.0	100.0	99.6	92.9
范围上限	100	100	100	96	88	56
范围下限		100	97.5	76.5	44.5	40
范围中值		100	98.75	86.25	66.25	48
目标级配		100.0	99.9	82.3	59.2	50.9

根据设计文件与 BS 1447:1993 标准中的要求,GMA10 中粗骨料含量应为 45% ±10%(占沥青混合料总量的比例)。参考港珠澳大桥主体工程桥梁施工图设计阶段钢桥面铺装专题研究报告成果,粗骨料含量控制目标值为 48%,按照已确定的最佳可溶沥青含量 14.3%,粗骨料

含量为48%，配制GMA10混合料，配制比例如表6-21所示。

GMA-10 配合比设计 表6-21

GMA 总量（%）	粗骨料5～10mm含量（%）	ME 含量（%）	ABC+矿粉含量（%）	AH70 含量（%）	TLA 含量（%）	ME 中可溶沥青含量（%）	沥青含量（含矿物质，%）
100.0	48.0	52.0	40.9	3.3	7.8	14.3	10.7

6.2.3.2 GMA 目标配合比及实际生产级配

GMA 目标级配及实际生产检测级配、沥青含量数据见表6-22。

GMA 目标级配及实际生产检测级配、沥青含量数据 表6-22

筛孔尺寸（mm）	筛分通过率（%）							沥青含量（%）
	13.2	9.5	4.75	2.36	0.6	0.212	0.075	
配合比设计	100	97	46.8	43.9	38.2	28.7	23.5	10.7
实测值	100	99.1	45.4	44.5	37.9	28.9	22.7	10.6

6.2.3.3 GMA 沥青混合料性能检测

GMA 混合料不同拌和时间的流动度及硬度数据、车辙动稳定度及冲击韧性试验数据曲线见图6-6和图6-7。

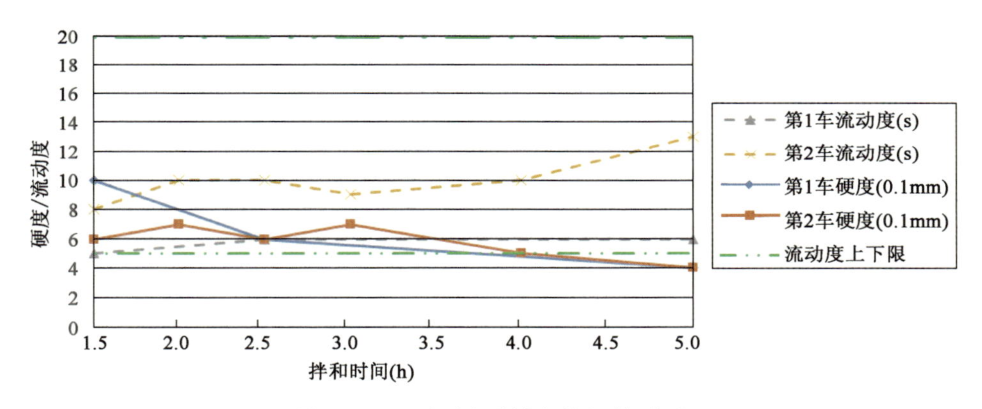

图6-6 GMA 流动度、硬度与拌和时间关系

（1）硬度在拌和过程中整体稳定，满足在5～20（0.1mm）范围内要求，但硬度偏于下限分布。

（2）流动度有一定波动，整体在低于20s范围内；然后随着拌和时间延长，因沥青老化流动性降低，变化不显著。降低0.4%沥青含量，对GMA的流动性影响显著。

（3）车辙动稳定度随拌和时间平稳增加，GMA车辙动稳定度整体上在400～500次/mm之间。

（4）第一车Cooker的GMA冲击韧性随拌和时间逐渐下降，第二车Cooker的GMA冲击韧性随拌和时间有一定波动，两车GMA冲击韧性整体上在400N·mm以上。

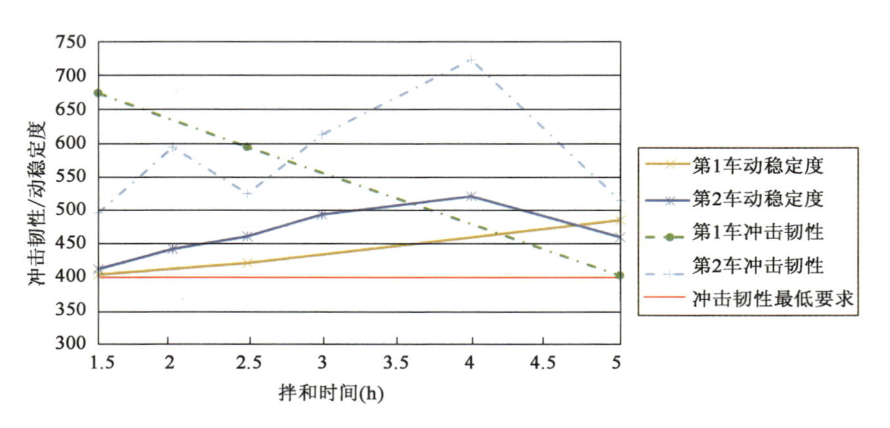

图 6-7 GMA 车辙动稳定度、冲击韧性与拌和时间关系

GMA 实际生产沥青混合料性能检测数据见表 6-23。

GMA 实际生产性能检测数据 表 6-23

性能指标	硬度（0.01mm）	冲击韧性（N · mm）	单层 GMA10 动稳定度（次/mm）	组合结构动稳定度（次/mm）	流值 5mm 时马歇尔稳定度（kN）
技术要求	50 ~ 200	≥400	300 ~ 800	—	≥4
检测结果	60	519	657	3 705	8.0

6.2.3.4 GMA 主要生产工艺参数

GMA 沥青混合料 Cooker 生产参数见表 6-24。

GMA 实际生产性能检测数据 表 6-24

生产参数	单位	实际控制
Cooker 搅拌时间	h	2.5 ~ 3.5
Cooker 搅拌温度	℃	216 ~ 225
Cooker 搅拌转速	r/min	5 ~ 6

6.2.3.5 GMA 制样及试验照片

GMA 制样及试验照片如图 6-8 所示。

a)温度及流动性检测

b)现场成型试件

图 6-8

c)冲击韧性试件

d)车辙试件

e)马歇尔试件

f)成型组合试件集料

g)硬度试验

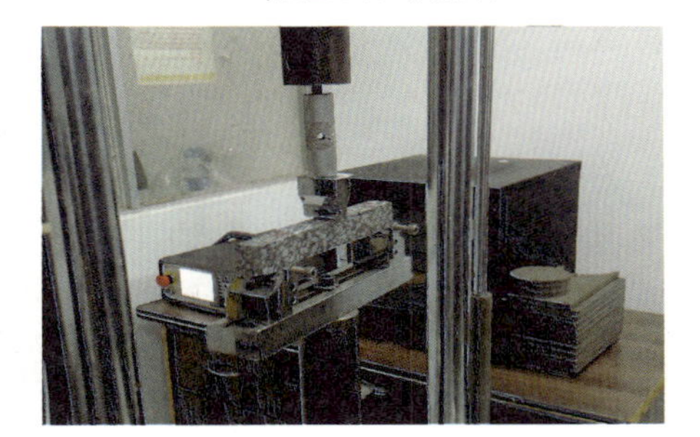

h)冲击韧性试验

图 6-8　GMA 制样及试验照片

索　引

y

z

图书在版编目(CIP)数据

长寿命钢桥面铺装关键技术 / 孟凡超等著. — 北京：人民交通出版社股份有限公司, 2018.3

ISBN 978-7-114-14615-2

Ⅰ. ①长… Ⅱ. ①孟… Ⅲ. ①桥面板—桥面铺装 Ⅳ. ①U443.33

中国版本图书馆 CIP 数据核字(2018)第 057797 号

"十三五"国家重点图书出版规划项目
交通运输科技丛书・公路基础设施建设与养护
港珠澳大桥跨海集群工程建设关键技术与创新成果书系
国家科技支撑计划资助项目(2011BAG07B03)

书　　名：**长寿命钢桥面铺装关键技术**
著 作 者：孟凡超　苏权科　徐　伟　邹桂莲　张革军　方明山　等
责任编辑：周　宇　牛家鸣　等
责任校对：赵媛媛
责任印制：张　凯
出版发行：人民交通出版社股份有限公司
地　　址：(100011)北京市朝阳区安定门外外馆斜街 3 号
网　　址：http://www.ccpress.com.cn
销售电话：(010)59757973
总 经 销：人民交通出版社股份有限公司发行部
经　　销：各地新华书店
印　　刷：北京雅昌艺术印刷有限公司
开　　本：787×1092　1/16
印　　张：15.75
字　　数：302 千
版　　次：2018 年 3 月　第 1 版
印　　次：2018 年 3 月　第 1 次印刷
书　　号：ISBN 978-7-114-14615-2
定　　价：100.00 元